清华大学人文学院中华发展模式研究专项编委会 主编

中华优秀传统文化的弘扬与传承

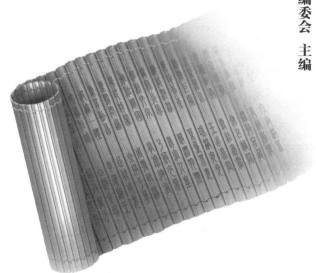

清华大学出版社
北 京

版权所有，侵权必究。举报：010-62782989，beiqinquan@tup.tsinghua.edu.cn。

图书在版编目（CIP）数据

中华优秀传统文化的弘扬与传承 / 清华大学人文学院中华发展模式研究专项编委会主编 . -- 北京：清华大学出版社，2025. 2.
ISBN 978-7-302-68027-7

Ⅰ. K203-53

中国国家版本馆 CIP 数据核字第 20258S35R0 号

责任编辑：杨爱臣
封面设计：杨泽蔚
责任校对：王荣静
责任印制：沈　露

出版发行：清华大学出版社
　　　网　　　址：https: //www.tup.com.cn，https: //www.wqxuetang.com
　　　地　　　址：北京清华大学学研大厦 A 座　　　邮　　编：100084
　　　社　总　机：010-83470000　　　邮　　购：010-62786544
　　　投稿与读者服务：010-62776969，c-service@tup.tsinghua.edu.cn
　　　质　量　反　馈：010-62772015，zhiliang@tup.tsinghua.edu.cn
印 装 者：天津鑫丰华印务有限公司
经　　销：全国新华书店
开　　本：170mm×240mm　　　印　　张：19.5　　　字　　数：348 千字
版　　次：2025 年 2 月第 1 版　　　印　　次：2025 年 2 月第 1 次印刷
定　　价：76.00 元

———————————————————————————————————

产品编号：104169-01

荣誉主编

胡显章　张慕葏　张凤昌　朱育和

主　编

彭顺生　周茂林

执行主编

许积年　冯永亮

副主编

蔡文鹏　余海生　王梓洪

编委

张祖英　刘致学　苏　君　童媛春　姚　洁　李　静（计算机系）
李建锋　李明明　邓祖林　刘　楠　高翔飞　孙家珅　汪宜勤
姜　楠　王天宝　陈帝宇　王　宾　李　静（人文学院）
秦雪迪　赵天宇　骆昱宇

前言 Preface

我国有百万年的人类史、一万年的文化史、五千多年的文明史。穿越历史的烟云，一个真理昭示天下：一个民族的复兴需要强大的物质力量，也需要强大的精神力量。没有高度的文化自信，没有文化的繁荣兴盛，就没有中华民族伟大复兴。

党的十八大以来，习近平总书记以高瞻远瞩的战略眼光、清醒勇毅的历史自觉、深沉坚定的文化自信，融汇古今、联通中外，在波澜壮阔的伟大实践中唤醒、激活、弘扬、光大中华优秀传统文化，使之焕发出勃勃生机。

五千年文脉绵延不绝，一百载奋斗生生不息。气势磅礴的复兴气象，积淀起前所未有的自信自强，化作中华儿女内心更深沉、更持久的力量，照亮古老民族奋勇前进的伟大征程！

中华优秀传统文化为中华民族在历史上曾经长期处于世界领先地位发挥过重要作用。用辩证唯物主义和历史唯物主义的观点方法来全面地看待文化、文化的本质、文化在社会系统中的地位和作用，那么肯定有优秀文化和糟粕文化，我们国家长期处于封建主义社会，那时的文化有自己萌芽、发展、鼎盛、衰落的过程，在不同的发展阶段，其文化的发展态势是不一样的，同样是传统文化，当其优秀、积极的成分被抑制时，糟粕、消极的成分就会泛滥起来。中华民族的优秀传统文化产生在阶级社会里，阶级利益、阶级立场的根本对立，使得诸多所谓的仁爱、民本、德治等因素根本无法实现。毛泽东同志曾经说，中国封建主义社会有地主阶级的文化，没有农民的文化。这就严重制约着优秀传统文化的发扬光大。我国漫长的封建社会历史，是小农经济基础上的私有制社会，家天下是中国封建主义突出的特征。打天下、坐江山，归根到底是为了以皇帝为代表的少数统治者的利益，私有制不可能有长期的政治开明，也不可能长久信奉天下为公的信念。尽管我们拥有优秀的传统文化，可封建制度、小农经济的局限性，往往限制了优秀传统文化的积极因素，限制了社会的发展活力、民族的创造活力，这就使得封建王朝不断发生更迭，从兴旺到灭亡不断轮回。

但是，优秀传统文化的基因永远不会湮灭，并且已经渗透到中华民族的血液当中，她积淀着中华民族最深沉的精神追求，代表着中华民族独特的精神标识，她的贡献功不可没。这种优秀的基因和科学的理论有着天然的契合和缘分，促进科学的理论以中国的气派和中国的风格在古老的中华大地扎根，进而催生了崭新的制度，也为优秀传统文化的发展创造了新的机遇。2021年仲春，福建武夷山，习近平总书记专程来到九曲溪畔的朱熹园，回望历史，感慨万千："如果没有中华五千年文明，哪里有什么中国特色？如果不是中国特色，哪有我们今天这么成功的中国特色社会主义道路？""问渠那得清如许？为有源头活水来。"跨越千年，朱子余音犹在。灿若星河的文化遗产，恰如"有源之水"，滋养中华民族绵延不绝。

习近平总书记在党的十九大报告中指出："文化是一个国家、一个民族的灵魂。文化兴国运兴，文化强民族强"。文化对于国家的兴旺、民族的发展具有重大作用。习近平总书记深刻认识到中华优秀传统文化的价值与意义，并将其作为治国理政的重要思想文化资源，深刻阐释了中华优秀传统文化是中华民族的根与魂，是最深厚的国家文化软实力，是中国特色社会主义根植的沃土，是我们坚定文化自信的力量源泉。我们有充分的理由为我们前人创造的优秀文化感到自豪并满怀敬意。现在，中华优秀传统文化依然有着强大的生命力，有着强大的理论意义和实践意义。对此，我们应该倍加珍惜，充分挖掘、积极利用。同时，中华优秀传统文化一定要向前发展。这就是习近平总书记要求的创造性转化、创新性发展。

因此，我们的研究就是要大力传承、挖掘、弘扬、发展中华优秀传统文化，弘扬中华文明蕴含的全人类共同价值，讲清楚中国人的宇宙观、天下观、社会观、道德观，来推动构建人类命运共同体。习近平总书记鲜明指出，要特别重视挖掘中华五千年文明中的精华，把弘扬优秀传统文化同马克思主义立场观点方法结合起来。我们的研究就是要更加紧密地团结在以习总书记为核心的党中央周围，全面贯彻习近平新时代中国特色社会主义思想，大力弘扬伟大建党精神，勿忘昨天的苦难辉煌，无愧今天的使命担当，不负明天的伟大梦想，以史为鉴、开创未来，埋头苦干、勇毅前行，坚定不移走中国特色社会主义道路，为实现第二个百年奋斗目标、实现中华民族伟大复兴的中国梦而不懈奋斗。

2021年12月30日，编委会召开"中华优秀传统文化的弘扬与传承"专题研究交流会，并提交文稿。本书是我们的课题研究员从各个不同层面、不同角度的研究成果，很精彩，可供学习交流。

清华大学人文学院"中华发展模式"研究专项编委会
许积年 执笔　2022年2月2日

目 录

试论中国国家制度与国家治理体系的优越性
　——以新冠治理和美国大选为例 …………………………… 张慕葎（001）
夯实优秀传统文化的根基　推进国家社会治理现代化 ………… 胡显章（026）
重新认识西方 ……………………………………………………… 朱育和（057）
中华优秀传统文化及其传承和弘扬路径探微 …………………… 周茂林（070）
弘扬中华优秀传统文化，推进人类命运共同体发展 …………… 许积年（081）
新时代中国精神研究 ……………………………………… 张祖英　李颖（090）
基层宗亲组织的治理模式成为乡村振兴的新动能
　……………………………………… 余海生　范贵裕　何应锦　梁海廷（117）
社会主义核心价值观建设中融入中华优秀传统文化的路径方法研究 … 刘致学（130）
以优秀传统文化为美丽乡村铸魂 ………………………………… 苏君（140）
横琴，起航新百年的圣地 ………………………………………… 童媛春（149）
《习近平谈治国理政》第三卷是夺取新胜利的强大思想武器 ……… 姚洁（152）
"三个倡导"核心价值观与《大学》的辩证关系及启示 ………… 蔡文鹏（155）
中华优秀文化传承与文化自信 …………………………………… 冯永亮（167）
传承中国文化　探寻中国式养老发展之路 ……………………… 李静（172）
传统中国画线性艺术的传承与弘扬 ……………………………… 李建锋（181）
儒家思想在构筑人类命运共同体中的伦理价值 ………………… 李明明（198）
中华优秀传统中医文化的传承与弘扬 …………………………… 邓祖林（210）
大力弘扬中华优秀传统文化　积极推动国家治理现代化 ……… 刘楠（213）
智能化视域下中华优秀传统文化传承与弘扬问题探析 ………… 高翔飞（221）
中华文化在海外的传播——以琉球首里城为例 ………………… 孙家坤（231）
以优秀传统文化观引导少年儿童健康成长 ……………………… 汪宜勤（240）
中国共产党将马克思主义同中华优秀传统文化相结合的百年进程 … 姜楠（247）

东亚文化圈"黏性"食物中的年味 …………………………………… 陈帝宇（260）
潮州窑与中华优秀传统文化的承继 …………………………………… 王宾（269）
中文书店"尚斯博库"与中国文化在海外传播与弘扬 ………………… 李静（277）
文旅结合：关于旅游助力中华传统文化传播的研究 ……………… 秦雪迪（284）
人工智能技术对弘扬优秀传统文化的影响探究 ………… 赵天宇 张文思（291）
文化大数据管理促进中华文化产品在互联网的传播 ……………… 骆昱宇（298）

试论中国国家制度与国家治理体系的优越性
——以新冠治理和美国大选为例

张慕萍

  一场新冠疫情横扫了全世界，新冠疫情不分国家、不分种族，各国都遭受到了重大灾难。新冠疫情又是一次大考，它考验了各国在与新冠病毒斗争中国家的制度、国家治理体系和治理能力的成绩和优劣。中国在这一场严峻的考验中有目共睹取得了优异成绩，新冠疫情以来，中国新冠死亡率处于世界最低水平，我国防控措施减少了数以百万计的人员病亡，而美国则是新冠病亡率世界最高的国家之一。2020年美国大选又震动了全世界，其高潮是在2021年1月最初的几天里，让全世界目瞪口呆。1月6日，成千上万的特朗普支持者攻占国会山，中止了参众两院对当选总统的确认进程，国会山外，几乎是一半对一半的美国人，是南北战争以来最激烈的对立，"正在把合众国拖向分裂国的境地"，这是美国历史上极为罕见的一幕，上一次国会山陷落还是207年前英国侵略军干的。一年后的2022年1月6日，时任总统拜登讲话说"这是把匕首插在美国的咽喉上"。美国前总统卡特发表撰文："美国在不断扩大的深渊边缘摇摇欲坠，如不采取行动……国内发生冲突并失去宝贵的民主。"从表面观察，这似乎是党派斗争的升级，并与美国总统特朗普"特立独行"的风格密切相关。但是这个制度既然能选出一个特朗普，就能选出第二个，特朗普也可能四年后再次当选。更何况，不管谁胜选，美国问题都不能彻底解决，美国选出黑人总统，种族问题化解了吗？美国政治的极端化和对立难道是从特朗普开始的吗？美国疫情极其严重，欧洲的英法德意西比等不也同样如此吗？公正地讲，美国问题的根源并不是特朗普，但他是美国正在衰败的产物，也是衰败的进一步促进者。他的出现只不过令美国曾经披上过华丽外衣的美国模式，以淋漓尽致的方式，暴露出它最不堪的一面而已。

  为什么中国抗击新冠疫情取得巨大成功而美国惨败？为什么美国大选暴露出如此大的丑闻？英国媒体BBC总结说：陷入危机的似乎不是中国的"权威主义"

而是西方的民主制度。正如美国《大西洋月刊》刊文指出的那样："腐败的政治阶层、僵化的官僚机构、冷酷的经济、分裂的公众……一场强烈和无处不在的新冠肺炎疫情暴露了美国已经身患严重的慢性病，却多年来得不到治疗。"美国身患的这些"慢性病"是抗疫失败和 2020 年美国大选丑闻的重要原因。但还要从更根本的经济制度、政治制度、文化渊源方面找出它的病根。并从中国和美国两种不同制度和文化差异比较中得到有益的启示。

一、经济制度方面的区别

（一）美国是典型的资本主义经济制度

美国是以私有制为基础，按资本分配为主体，实行自由的市场经济体制。国有企业仅占不到 1%。"美国模式"曾经创造了美国经济的辉煌，美国曾经是基建狂魔，也是制造业世界第一巨头。但美国经济的发展近年来暴露出了严重的问题和弊端。

1. 美国经济正处于下滑区间，面临经济衰退危机

美国经济分析局（Bureau of Economic Analysis，BEA）数据显示，2019 年美国实际 GDP 同比增长 2.3%，GDP 总量达 21.43 万亿美元，占全球 GDP 比重为 24.75%。从份额来看，并无明显变化，美国仍大幅领先其他国家。然而，与"二战"后 30 年间年均 3.7% 的增速相比，1980—2019 年间降至 2.7% 的年均增速表明，美国经济正处于下滑区间。尤其受到新冠疫情等影响，从目前经济指标看，正面临经济衰退的危机。

2. 美国社会形成了严重的贫富差距和两极分化

其原因之一是由于"二战"后，美国跨国企业渗透到世界各国，大量制造业工厂转移至国外，美国中产阶级在制造业走后他们的收入大幅度减少，就业困难。2008 年金融危机之前的几十年里，金融部门相对于实体经济的体量越来越大，资本源源不断地涌入金融部门，而非实体经济。2007—2016 年间，面临经济衰退的危机，小企业生存空间愈发狭小，能够吸纳的就业规模持续萎缩，工人的生存环境日益艰难。

造成严重贫富差距另一原因是企业行业垄断不断加大，受芝加哥派自由市场经济理论影响，美国反垄断法严重滞后，在 1997—2012 年间，有 75% 的行业出现市场集中度上升的情形。拥有强大市场势力的企业可以哄抬价格，拥有更大的攫取超额利润的能力,而大数据,更加剧了大企业的垄断。美国洛克菲勒、摩根等十大财团和一批二流财团,他们控制美国整个经济活动,通过其代理人或代言人控制国家政权,左右美国的内政、外交。不断增强的垄断企业市场势力已形成了美国市场经济的一个"毒瘤"。其后果是造成美国国民收入财富的贫富不均,贫富差距扩大,形成严重两极分化。

美国最富有的 1% 所拥有的财富占所有美国人财富的比例,从 1989 年的 23.6% 上升到了 2021 年上半年的 32.3%。据美联储数据,截至 2021 年第二季度,最富有 1% 的美国人掌握约 43.27 万亿美元的财富,超过底层 90% 的美国人财富(40.28 万亿美元),更是最底层 50% 的美国人财富(3.03 万亿美元)的 14.3 倍。截至 2021 年二季度,最富有的 10% 的美国人拥有美国约 89% 的公司股票和公募基金,美国最底层的 50% 家庭仅持有大约 0.6%。研究显示,美国中产阶级生活越来越艰难,中等收入阶层占总人口比例从 1971 年的 61% 缩小到了 2019 年的 51%,同时期低收入阶层却从 25% 升至 29%。自 1990 年来,美国贫困人口一直保持在 3000 万人以上,贫困率在 10%。贫困人口基本生存权得不到保障。与之形成鲜明对比的是占人口总数 1% 的精英阶层身份和地位的固化和占有财富额度的持续攀升。1965 年,美国最大 350 家企业首席执行官的平均年收入,是美国人均收入的 20 倍;到 2018 年,前者飙至 720 万美元,达到后者的 278 倍。美国富裕阶层的资产持续快速增长,截至 2020 年 11 月底,全美 650 名富豪持有的总财富近 4 万亿美元。让人更加惊讶的是,美国疾病控制和预防中心数据显示,2014 年开始,由于工作年龄段人群死亡率的明显上升,美国人均预期寿命曲线呈现逐年下降趋势,偏离了其他富裕国家的发展方向。藏在这些数据背后的是疾病、药物过量使用和枪支暴力自杀,是为数众多的、被日益边缘化的美国民众中弥漫着的深深的绝望。

3. 新冠疫情进一步加剧了贫富差距两极分化

这一次新冠疫情使美国失业率陡升和贫富悬殊恶化。疫情暴发后美国企业倒闭使底层民众面临更高的失业风险。盖洛普公司 2020 年 4 月公布调查结果显示受新冠疫情影响,将近三分之一的美国人经历了临时裁员、永久性失业、工时减少或收入减少,许多底层美国民众处于连食物等生活必需品都难以为继的窘境。美国农业部的数据显示,2020 年美国有 10.5% 的家庭、3830 万人面临饥饿问题,近 8 年来,美国露宿街头的人民数量年年走高。据统计,在 2020 年至少有 58 万名美国人民无家可归。美国现任总统拜登 2020 年 8 月 20 日在民主党全国代表大会上正式接受民主党总统候选人提名并发表演讲说:当年美国已有 5000 多万人申请失业，近六分之一小企业倒闭，逾 1000 万人将失去医保。疫情期间，财富加速向少数人手中聚集，《今日美国》网站 2020 年 12 月 1 日报道，美国 614 位亿万富翁集体净资产在疫情期间增加了 9310 亿美元。芝加哥大学和圣母大学机构研究显示，美国贫困率从 2020 年 6 月份的 9.3% 快速上升到 11 月份的 11.7%。美国有线电视新闻网 2022 年 4 月 7 日报道，美国人均预期寿命继 2020 年下降 1.19 岁之后，在 2021 年又下降了 0.4 岁。是自二战以来的最大降幅。美国贫富差距已扩大至 19 世纪末以来的历史最高水平，正在步入"1% 的社会"——巨额财富只在一个小圈子里积累、流转。被排除在外的是被剥削严重的普通劳动者。

美国现实告诉我们：美国早已走上一条少数人依靠经济权力集中来扭曲财富公平分配以攫取超额利润的道路。只要垄断者利用市场势力攫取超额利润的弊端未被终结，美国经济体制不平等的根源就将始终存在，中小企业、消费者、劳动者的利益仍会遭受损害，美国国民阶层的分裂就难以愈合。将会在今后每一个与自己利益攸关的问题上引爆对立和争端，迎来更加剧烈的爆发。国民阶层分裂，已然成为扎在美国人心头软肉上的芒刺，而其根源是陷入了美国制度性的泥潭。

（二）中国特色社会主义经济制度

中国是以公有制为主体，多种所有制共同发展；以按劳分配为主体，多种分配形式并存；社会主义市场经济体制。这一体制旨在发展生产力，促进经济快速发展和消除贫困，缩小贫富差距达到共同富裕。

邓小平同志曾深刻指出："坚持社会主义的发展方向，就要肯定社会主义的任务是发展生产力。""社会主义最大的优越性就是共同富裕，这是体现社会主义本质的一个东西。"2021 年 10 月 16 日出版的第 20 期《求是》杂志发表习近平同志的重要文章《扎实推动共同富裕》。文章指出："一些国家贫富分化，中产阶层塌陷，导致社会撕裂、政治极化、民粹主义泛滥，教训十分深刻！我国必须坚决防止两极分化，促进共同富裕，实现社会和谐安定。"

新中国成立以来，中国特色社会主义经济制度优势凸显，创造了世界发展史上罕见的成就。

1. 创造了世界经济发展史罕见的高速度

中国人均国内生产总值从不到 30 美元提升到超过 1 万美元，已经连续十余年成为总量为世界第二的经济体，其 GDP 已占世界总量的 18%，对世界经济增长的贡献率达到 25% 左右。创造了世界经济发展史罕见的高速度。新冠疫情期间2020年中国是世界唯一的一个经济正增长的经济体。

2. 为实现共同富裕，消灭了绝对贫困缩小贫富差距

2020年在中华民族几千年历史上首次消灭了绝对贫困。8亿以上人口实现脱贫，占世界贫困人口减贫80%的比例，为全球减贫事业做出了重要贡献，创造了世界减贫事业的奇迹。

为克服中国社会当前存在的贫富差距，中国不断推行缩小城乡、地区、收入差距的措施：城乡收入持续缩小，2013—2021年农村农民年平均收入增速比城镇居民快1.7%；2021年城乡居民人均可支配收入之比为2.5，比2012年下降0.38。地区内收入差距不断缩小，与2012年相比，2021年东部、中部、西部地区人均可支配收入分别累计增长110.1%、116.2%、123.5%，年均增长8.6%、8.9%、9.3%，西部增长最快，中部次之。还加快了垄断行业改革和监管，支持中小企业发展，加强对高收入的规范调节，着力扩大中等收入群体规模，促进基本公共服务均等化。

3. 抗击疫情中以公有制为主体，多种所有制共同发展的经济制度发挥了重要作用，显示了中国经济制度的优势

中国此次防疫抗疫的一个经验是，公立医疗机构为主导、非公立医疗机构共同发展的办医制度发挥了重要作用。公立医疗系统的优势体现在各级医务工作者可以被国家充分调动，得以广泛参与疫情排查、对病人进行治疗管理等专业工作，使全民抗疫具备坚实的技术力量；新冠疫情中有组织、成体系的重大抗疫行动，均由公立医疗机构挑起大梁，医院"姓公"，更能确保其公益性，使医院可以义无反顾地参与抗疫。若没有各地公立医院作为坚强后盾，短期内很难调集数万名医务人员，定点支援也容易受到利益羁绊。在受援地成建制接管整个科室或整所医院时，无论是支援单位还是受援单位，都可以无障碍地进行对接，没有体制和机制上的差异。其根源在于公立医疗机构统一听从国家、政府调遣，医疗机构虽属各地，但实为一家人，有共同的目标，都为国家和民众服务。公立医疗机构在此次防疫中作用突出，将来会有更大的施展空间，在改善民生和提高卫生防疫医疗中发挥更为重要的作用。

抗击新冠疫情中，中国的国有大型企业发挥了关键作用。国有医药企业在研发核酸检测、生产疫苗、药物、防疫的医用和防护设备等方面起了重要作用。面对疫情，中央医药企业第一时间启动了突发传染病应急反应机制，开展应急科研攻关。国药集团中生公司研发的新冠病毒灭活疫苗投入临床试验后，已经在国内和很多国家批准使用。部分企业加快医疗器械研发生产，航天科工研发出高性能、ICU级别的重症呼吸机，航天科工还在移动医院基础上打造"负压型模块化方舱医院"。随着疫情暴发蔓延，口罩等防疫物资纷纷告急。熔喷布作为口罩生产最重要的原料，市场供应十分紧张，价格轮番暴涨。中国石化第一时间立即把增上熔喷布生产线作为头号工程，历经76天，中国石化建成投产16条熔喷布生产线、产能1.35万吨/年，一举成为全球最大、质量领先的万吨级熔喷布生产基地，每年可助力增产135亿片医用口罩。截至2020年8月中国石化以远低于市场价格，累计向21省市165家企业配置熔喷布资源1877吨，助力增产口罩20亿片。 受疫情影响较大领域的央企率先复工复产，相关国有企业全力稳定全球供应链对海外援助项目做出了重要贡献。

新冠疫情中许多非公立医疗机构也全程参与抗疫，许多以个人名义驰援湖北的很多民营医院和私人诊所医务人员和很多民营企业也做出了重要的贡献。 中国抗疫斗争实践又一次证明：履行社会责任是国有企业和公立医疗机构的天职。作为国民经济的"压舱石"、民生保障的"顶梁柱"、急难险重任务的"定心丸"、海外履责的"排头兵"，国有企业、医疗机构在防疫中为经济社会持续健康稳定做出了重要贡献。这更是中国特色社会主义经济制度优越性的重要体现。同时，也要充分发挥非国有医疗机构和民营企业的重要作用，努力做到毫不动摇巩固和发展公有制经济，毫不动摇鼓励、支持、引导非公有制经济发展。

二、政治制度方面的区别

（一）美国的政治制度

美国是一个总统共和制的联邦制国家，实行三权分立相互制衡、两党制的政党制度。回顾历史，美国实行民主宪政制度在过去的两百多年里对人类社会，对全球的经济发展做出过重要的贡献。虽然美国的建国者们试图从制度层面为国家设定未来，但历史的发展不可能完全遵循他们的意志。美国自19世纪延续至今，政治制度的弊端已经发展激化到接近引发宪政危机的程度。近年来，美国民主宪政却逐渐蜕变，对内沦为少数人谋取私利的工具，侵犯人权，造成社会撕裂，对外成了美国维护霸权、干涉他国内政、破坏国际秩序的幌子和借口。

1. 美国的两党制

美国是两党竞争、轮流执政最典型的国家。美国建国初期没有政党。后来，

试论中国国家制度与国家治理体系的优越性——以新冠治理和美国大选为例

在议会联邦派和反联邦派斗争的基础上，美国走向了两党竞争轮流执政的道路。民主党代表南部种植园主的利益，维护奴隶制，共和党代表北部新兴工商业资产阶级的利益，主张自由贸易和解放黑奴，矛盾难以调和，最终通过南北战争，废除奴隶制，维护了美国的统一，并使美国的资本主义经济得到迅速的发展。南北战争后，民主党、共和党性质发生演变，都代表垄断财团，但分别代表某些利益不尽相同的财团。在一个制度、一本宪法的前提下，美国两党竞争、轮流执政的议会民主制才又得以推行。两党制两个党互相制约、监督，形成了对权力的一种制约机制，确保了美国政局的稳定和经济社会的发展。但美国政党制度是以资本主义私有制为经济基础并为其服务的，资产阶级政党无论采取何种方式执政都要维护资产阶级的根本利益。竞选中两党激烈的角逐，你争我夺，竞选后，执政的和在野的也相互对峙，不断攻讦，看起来势不两立，实际上它们都是资产阶级利益的代表者，都是代表资产阶级执政。轮流执政正是为了维护资产阶级长期统治。但两党制并不是完善的制度。他的弊端日易显露出来，在这次美国新冠疫情中表现得淋漓尽致。

美国抗疫失败凸显了两党政治利益高于人民生命。美国抗疫失败重要原因就在于新冠肺炎疫情被党派政治所绑架，党派利益在牺牲美国人民的生命利益，政治利益高于民众生命。2020年是美国大选年，新冠病毒疫情从一开始就和选举政治和两党各自的政党利益纠缠在一起。总统特朗普谋求连任，在美国影响选票的关键是经济指标，因此要淡化疫情、迅速重启经济，这有利于特朗普阵营的选情，特朗普还指责民主党人为了获得政治利益散布恐惧夸大疫情。在野的民主党人谋求夺回总统位置，因此民主党人以隐瞒疫情攻击特朗普政府，批评其"用美国人的生命发展经济"，并指责其防控不力、领导无能。两党从党派利益出发，导致美国一而再，再而三地坐失控制疫情的窗口期。新冠肺炎疫情暴发至今从核酸检测、佩戴口罩、保持社交距离、居家隔离、注射疫苗到医疗战略储备分配、紧急纾困法案等，联邦、州、地方各层级之间，行政、立法、司法各部门之间，以及保守派媒体和自由派媒体之间……都充满了两党分歧，让疫情防控陷入"政治化内耗"。时任美国冠状病毒危机小组委员会主席詹姆斯·克莱本指责称：疫情在美国暴发六个月后，联邦政府仍未制定统一的国家战略以保护人民健康。哥伦比亚大学疾病研究人员通过模型分析显示，如果美国政府2020年3月13日发布的疫情防控措施能够提前两星期，那么到5月3日时，美国有5.4万人的生命本可因此得救。

2021年1月6日，美国大选引起的国会遭冲击事件更是将美式民主彻底推向悬崖边缘，暴露了**美国政治体制中两党制长期存在的三大弊端**。

美式民主的两党制将社会一分为二，加剧对立。美式民主的两党派系，将社会一分为二，互相对立，导致仇恨情绪滋生并破坏了整个社会的信任基础。党派忠诚原则已经替代民主原则成为美国人的主流价值观，政治运行出现了"超级极化"（hyperpolarization）。政客利用选民之间相互厌恶的情绪滥骂诅咒对手，谎言谣言泛滥。特朗普称国内主流媒体是"假消息媒体""人民的敌人"。民主党也称特朗普和共和党是谣言和谎言的制造机。据统计，特朗普在任期间散布过超30000条谎言谣言，使选民无所适从、真假难辨。人们逐渐丧失了理性讨论问题的能力，取而代之的是拉帮结派的派性本能。

美式民主的两党制效率低下，削弱国家力量。美国两党制大大降低了政府办事效率，削弱了国家力量。美国政府在疫情期间始终难以建立有效统一的防疫策略，导致疫情失控，就是一个实例。

美国的两党制不利于国家发展的法律、政策连续性和稳定性。两党制一个执政党只有四年或八年执政时间，竞选时只提出一些短期受益、有利于拉选票的措施，不管四年或八年以后长远有利于国家的事。由于两个政党代表群体利益的不同，政党轮替时，总要提出与对方相反的方针政策，政策的连续性和稳定性会受到影响，这就难以形成长远的、可持续的国家政策和发展规划。

在此次大选中，拜登获得了7900多万张选票，特朗普也有超过7300万张选票，创造美国大选投票新高。这也意味着，他们背后各自代表的群体的对立也达到一个新的高点，从而进一步加剧社会撕裂与政治极化，如何真正消除美国社会肌体中对立与仇恨的病毒，目前还没有一剂有效的"疫苗"。无论谁赢得了大选，"美国已经回不去了"。美国媒体对大选的这句评价是十分有道理的。

2. 美国的联邦制

根据1787年制定的《美利坚合众国宪法》，美国实行联邦、州和地方三级政府分层治理，各州保有相当广泛的自主权，美国先有50部州宪法，后来才有1部联邦宪法，而且，州宪法始终是美国法治的基础，在美国宪制体系中居于核心地位。联邦宪法和州宪法，在各自管辖范围内都具有"最高效力"。联邦有最高法院，各州也有自己的最高法院。类似新冠肺炎疫情这样的公共卫生事务属于内政，以州和地方政府为主进行管理。各州可以根据自身情况制定不同的防疫措施，而联邦政府只管统一调配医疗战略储备和给予地方政府补助等。**联邦制给美国三级政府之间的合作抗疫带来明显的负面作用**。

联邦政府面临着扩权与限权之间的矛盾。2020年3月，白宫表示考虑以联邦政府名义下达对纽约州等三个疫情严重州的强制隔离，遭到纽约州州长科莫的强烈反对，认为这是"联邦政府向这些州宣战"。联邦政府的防疫行政计划也无法在另一党所掌权州层面通过、实施。如拜登在2021年9月份曾签署两项行政令，分别要求美国政府雇员和为政府服务承包商必须接种新冠疫苗。然而拜登的行政令刚刚推出，得克萨斯州州长阿博特马上在该州颁布行政令，禁止任何实体公司，包括私营企业对员工或客户实施新冠疫苗接种要求；佛罗里达州州长罗恩·德桑蒂斯立即对拜登政府的疫苗行政令进行起诉，称该行政令违宪。

两个不同政党主政的州和城市对疫情防控的指令不一，很难建立起统一的国家战略来遏制疫情并重振经济。2020年4月，纽约州等美国东海岸7个州组建"多州协定"，加州等美国西海岸3个民主党主政州组建"西部州协定"，不接受联邦政府领导，自行组建联盟协调防疫和复工等问题。由于共和党主政州的疫情防控措施和民主党主政的下属城市的疫情防控措施不一致，形成了得克萨斯共和党主政州和民主党主政城市休斯敦的防疫措施对立格局。

党争渗透到抗疫物资的采购和调配之中。联邦政府与多个州政府竞价抢夺抗疫物资，甚至有些州自行购买的抗疫物资被联邦政府征收后再另行拍卖。联邦政府调配抗疫物资以党派利益为重，优先照顾共和党主政州和对共和党选举比较重要的州。民主党主政州与联邦政府就此不断暴发矛盾和冲突。

3. 全民的选举制度

"要赢得选举需要两样东西，第一个是金钱，第二个我就记不得了。"每逢美国选举，100多年前竞选专家马克·汉纳的话总会被媒体反复引用。这句话在2020年大选中再次被有力印证。美无党派机构响应性政治中心估测，2020年美国大选花费近140亿美元，达历史新高，而2022年11月的美国中期选举，据美国政治捐献数据库网站统计累计花费预计超过167亿美元，成为美国史上最贵中期选举。巨额的选举费用实则大多来自美国富豪的口袋。每到大选年，两党总统候选人都需要富人为其选举造势提供资金支持。华尔街在2020年美国选举期间资助竞选和政治游说的花费高达29亿美元。2014年，美国联邦最高法院裁定取消个人对联邦候选人及政党参与竞选活动最高捐款总额限额。这意味着，富人可以无限制地为自己支持的政客捐款。"拿人钱财，替人消灾"，当一小部分富人用钞票为参选人堆起总统宝座，胜选后的政治家必定要投桃报李，为这些富人的企业、产业项目提供政策支持。2020年美国选举期间，美国制药企业针对两党进行了大量政治捐款，民主党政府上台后"投桃报李"投入巨额资金回馈相关企业，仅莫德纳公司就获益近10亿美元。

制定美国国策法律的参、众两院，也成为名副其实的"富翁俱乐部"。1978年参议员的总财产已达到每人平均100万美元以上。美国议员依赖1%的钱连任，为1%的人服务，甚至离任时再靠1%的赏赐。一项针对美国国会参议院投票模式的研究发现，相比于其他类型的群体，参议员的偏好更反映捐赠者的偏好。而针对美国众议院的一项研究则表明，仅占选区人口5%的百万富翁获得的代表权约为该地区50%最贫穷的群体的两倍。

在竞选时，普通民众一次次相信了美国政客的"口头承诺"，可在离任时，却发现当初的承诺很少实现。为了改变美国现状。奥巴马竞选的时候，信誓旦旦要让80%美国人在未来坐上高铁，结果奥巴马在位8年，一寸高铁都没有修好。特朗普"美国第一"，首要的是制造业回归美国、基础设施建设带动经济复苏，为此得到了大批蓝领"红脖子"们的狂热欢呼。最终在特朗普离开白宫之际，除了特朗普让美国退出了13个国际组织、协议和条约；几乎所有国家没有一个有影响的制造业行业真正回归美国，基础设施照旧如故。金钱至上，是资本主义政治经济制度的基本逻辑，只要这个逻辑没有改变，美国民主"金钱政治"的本质也不会改变，所谓"民主政治"彻底成为"金主政治"，现实中的美国民主，就是华丽的遮羞布。美国在"民主"的名义下，能够体现自己意志的却是"钱主"（Money-cracy）、"枪主"（Gun-cracy）、"白主"（White-cracy）、"媒主"（Media-cracy）、"军主"（Milita-cracy）、"药主"（Drug-cracy）。能做主的并不是人民，"一国六主，实无民主"。

4. 三权分立制度

美国实行立法、司法、行政相互制约的三权分立制度，美国的开国者们设计了"权力分立与制衡制度"，是为了防止权力腐败与权力滥用，发展到当前，"美国的三权分立体系正受到威胁""最高权力部门道德逐渐沦丧"，美国人民对于美国政府的信任度也已经"降至冰点附近"。

美国政客权力滥用的方式不断"创新"。虽然宪法在制定时的初衷是防止权力滥用，即使选出不适任的领导人，由于有三权分立和制衡，领导人也不能胡作非为，滥用权力。但两百年前的权力制衡框架难以堵住权力滥用的新实践。我们就看看特朗普这四年是如何恣意任性滥用权力的。特朗普拥有行政权，最重要的一项是人事任命权，内阁部长级官员是要得到国会批准。但特朗普可以让提名人代理，绕过这一制衡。所以才会出现这样的奇特现象：最多的时候政府里的部长四分之一是代理，包括国防部长、内政部长、司法部长等重要职位。有的代理部长时间长到被另一个代理更换，也等不到国会批准的那一天。至于特朗普任命自己的女儿和女婿，明目张胆地搞裙带，谁能制衡？新冠疫情发生后，特朗普犯了多少严重错误，谁能制衡，谁能纠错？另外，特朗普拥有的外交权力是不受制衡的。他退出 TPP、世界卫生组织、巴黎气候协定等 13 个国际组织、协议和条约都无须国会批准。包括他下令轰炸阿富汗、导弹袭击叙利亚、暗杀伊朗高级官员苏莱曼尼、把使馆迁至耶路撒冷等的决策。所有这些行为都对美国和世界的安全、和平、稳定造成巨大危害，却没有受到三权分立的权利制约。

议员也滥用立法权力。议员的基本义务是代表人民通过立法。如今议员们心思看起来并没有放在立法上，而用在党派利益斗争上。2021 年 5 月，参议院少数党领袖米奇·麦康奈尔公开声称"会把 100% 的精力用在对付拜登政府上"。议员在对提案的投票过程中也难以保持党派中立，党派内部的政治威胁让议员如坐针毡。在 2021 年 11 月 5 日众议院进行的拜登基建法案投票中，有 13 名共和党议员投出了赞成票，而这招来了其他共和党议员对他们的辱骂呼吁从党内清除。议员在对一个立法问题进行投票时，已经无法关注提案本身的合理性，他们不得不服从党派利益和为自己的个人政治安全甚至人身安全担忧。在 2020 年，针对议员的人身威胁比 2019 年上升了一倍。

司法权也一样，司法权是否对总统制衡取决于掌握在那个政党的手里。这也是为什么特朗普一定要在大选时期提名最高大法官。虽然大法官任命后是独立的，但其理念决定了如何解释法律和对政治的立场。以至于 2000 年大选出现争执，最高法院裁定小布什胜选，很重要的原因是多数法官都是老布什总统提名的。所以虽然行政、立法和司法机构可以独立设置，但由于组成的人未必独立，相当程度地受政党立场和被谁提名的影响，严重削弱了它的制衡作用。

三权分立也不能防止权力腐败，近年来，美国的腐败程度年年提升，已经达到 2012 年以来的最高水平。政客们滥用制度大肆敛财合法腐败成为常态。利用制度漏洞进行腐败的行为呈上升态势。对竞选团体进行政治献金与对议员进行游说是有法律依据的。大公司只要搞定议员，就可以推动国会制定只对自己公司与行业有利的法律，全然不顾民众利益。同时，议员本身可以利用游说与政治献金的制度漏洞谋取私利。虽然议员年薪为税前 17.4 万美元，但大部分议员却都是百万富翁。

美国大企业高管和政府要员开启政商间旋转门，形成官商勾结的腐败。以军工行业为例，军工企业高管可以摇身成为政要，卸任的政府要员又可再次进入企业担任高管。拜登政府的国防部长劳埃德·奥斯汀在提名前就是雷神公司董事会成员。拜登负责审查高层任命履历的国防机构过渡团队中，有三分之一的人来自

"武器工业资助的组织"。这种任命可以使军工企业得到政府订单和高额利润。医药行业高管通过旋转门机制进入政府的高官保护了处在垄断地位的医疗利益团体、大型医药公司，使得他们利用专利及垄断得到高额利润。

美国的最高权力在谁的手中呢？ 美国前总统伍德罗-威尔逊曾经说过："假如你们到华盛顿去设法同你们的政府联系……你们会发现，他们实际上的顾问是有着最大利害关系的人……大银行家、大制造商、商业巨头……，美国政府的主宰者就是联合起来的资本家和企业主。"另一位美国社会学家柯克帕特李克-塞尔在《权势转移》一书中指出："实际上美国是被一系列工业、金融、政治、学术和文化中心所统治，而这些中心是同卡内基·梅隆、洛克菲勒、摩根、福特、麦考密克、范德比尔特……的姓名分不开的。就是这个系统影响了总统候选人的挑选，控制了国会两院，决定了美国的对外政策，规定了方面优先考虑的方针，形成了文化和道德的标准，确立了谁该有权和谁该无权……"不少从事实证研究的学者对美国1700多项政策的制定过程进行研究，发现90%以上的政策实际上为亿万富翁所控制。中国最富有的100个人是不可能左右中央政治局的决策的，但美国最富有的50个人足以左右白宫的决策。美利坚第一共和国的"三权分立"已经发展为被两党建制派精英＋华尔街金融资本＋互联网寡头这个超级利益集团所绑架和控制。他们向全世界表明，他们才是统治全美国的真正主人，并且要用霸权统治全世界。

（二）中国的政治制度

1. 新中国的四大基本政治制度

新中国建立了四大基本政治制度——国体、政体、政党制度、国家结构的形成和确立：**（1）人民民主专政的国体。（2）人民代表大会制度的政体。** 人民代表大会制度一个重要的核心载体是召开人民代表大会来选举产生国家机构。全国人民代表大会是国家最高权力机构，国务院是最高行政机构。**（3）政党制度，** 是中国共产党领导的多党合作和政治协商制度。**（4）民族区域自治为补充单一制的确立。** 当今世界，国家结构分为两种，单一制和复合制。我们放弃了联邦制，选择了适合中国国情的、以民族区域自治为补充形式的单一制。

2. 新冠疫情凸显中国特色社会主义最本质特征和最大优势是中国共产党领导

中国共产党领导的多党合作和政治协商制度，是中国的一项基本政治制度。它不同于某些国家的一党制，在中国，除共产党外，还有8个民主党派，中国宪法规定了中国共产党长期执政的领导地位，其他民主党派都接受共产党的领导，不存在轮流执政问题。中国共产党和其他民主党派的关系,不像西方多党制那样是执政党和在野党、反对党的关系而是执政党与参政党、合作党的关系,实行"长期共存,互相监督"的方针,这是符合中国国情的一种新型政党制度。

3. 新冠疫情重大危机是考验执政党执政理念、执政能力的试金石

疫情暴发后,中国共产党提出人民至上、生命至上的要求,生命至上,集中体现了中国人民深厚的仁爱传统和中国共产党人以人民为中心的价值追求。"爱人利物之谓仁。"人的生命是最宝贵的,生命只有一次,失去不会再来。在保护人民生命安全面前,必须不惜一切代价,也能够做到不惜一切代价,因为中国共产党的根本宗旨是全心全意为人民服务,我们的国家是人民当家作主的社会主义国家。我们用举国之力,快速有效调动全国资源和力量,不惜一切代价维护人民生命安全和身体健康。全国上下紧急行动,依托强大综合国力,开展全方位的人力组织战、物资保障战、科技突击战、资源运动战,全力支援湖北省和武汉市抗击疫情,在最短时间集中最大力量阻断疫情传播。自2020年1月24日除夕至3月8日,全国共调集346支家医疗队、4.26万名医务人员、900多名公共卫生人员驰援湖北。19个省份以对口支援、以省包市的方式支援湖北省除武汉市以外16个地市,人民解放军派出4000多名医务人员支援湖北,空军出动运输机紧急运送医疗物资。从全国调集4万名建设者和几千台机械设备,仅用10天建成有1000张病床的火神山医院,仅用12天建成有1600张病床的雷神山医院。短短10多天建成16座方舱医院。大规模、强有力的医疗支援行动,有力保障了湖北省和武汉市救治,极大缓解了重灾区医疗资源严重不足的压力。外媒反映"中方行动速度之快、规模之大,世所罕见,展现出中国速度、中国规模、中国效率"。面对疫情,中国共产党有以人民为中心的执政理念,也有严密的组织体系和高效的运行机制,在短时间内建立横向到边、纵向到底的危机应对机制,有效调动各方积极性。中国共产党460多万个基层组织,广泛动员群众、组织群众、筑起一座座抗击疫情的坚强堡垒。在疫情危及人民生命安全危难关头,共产党员冲在最前面,全国3900多万名党员、干部战斗在抗疫一线,1300多万名党员参加志愿服务,近400名党员、干部为保卫人民生命安全献出了宝贵生命。注重在疫情考验中锤炼党员干部,检验为民初心和责任担当,对不担当、不作为、失职渎职的党员干部严肃问责调整补充,对敢于担当、认真负责的党员干部大力褒奖、大胆使用,立起了鲜明导向。历经疫情磨砺,中国人民更加深切地认识到,风雨来袭,中国共产党的领导是最重要的保障,对中国共产党更加拥护和信赖,对中国制度更加充满信心。25000多名优秀分子在抗击疫情火线上宣誓入党。

4. 中国人民当家做主政治体制是中国特色社会主义制度的最大优势

（1）中国的政治制度是社会主义的民主政治是人民当家作主制度体系。其内涵是"坚持党的领导、人民当家作主、依法治国有机统一"，"人民代表大会制度是坚持党的领导、人民当家作主、依法治国有机统一的根本政治制度安排。"人民代表大会是中国的最高权力机关，在共产党领导下，行使立法权、决定权、任免权、监督权，这种民意机关高于行政、司法机关的制度体现了社会主义国家人民当家作主的本质，也可以使决策更有效率。在中央、省、市、县人大组建监察委员会，实现对所有行使公权力的公职人员监察全覆盖。人大对行政、司法等公权力的监督实现法律监督、工作监督和反腐败监督全覆盖。各级人民代表都是各行各业的先进分子，他们的当选不受财团势力政治献金的影响，而在西方，金钱和政治的联姻则是一种刚性的制度腐败，这是共产党领导的人民民主制度绝对不能允许的。政治协商是社会主义政治民主的重要形式，它不是多数票定，而是更广泛地听取不同意见，协商出共同意见。可以更好地保护少数人民的意见。可以弥补选举票决民主的不足。

（2）中国现有政治制度可以制定国家长远的发展规划和保持政策的稳定性、连续性，而不受立场不同、政治主张相异政党更替的影响。中国共产党所设计、规划的中国特色社会主义建设目标，即"温饱""小康""全面小康""基本实现社会主义现代化""建成富强民主文明和谐美丽的社会主义现代化国家"，进而实现中华民族伟大复兴，勾画了中国近一个世纪发展蓝图，各个时期的领导人都把全国人民凝聚在明确的近期和长远奋斗目标上，从而激发出巨大的向心力和创造力。

（3）中国不因换届而领导人员全部更换，造成人才浪费。每五年中国各级党和政府领导班子都要换届，但各届领导班子之间是接力队员的关系，他们也会根据国情、世情、民情的变化，调整自己的政策，但绝不会偏离共同奋斗的目标和道路，也不因换届而领导人员全部更换。西方政党轮替，整个国家政治人才随政党进退，一党获胜，哪怕原来的政务官员再有能力，也要统统换血，造成人才浪费；中国政治人才的培养、选拔、任用模式可以避免西方政党制度造成的人才损失。

（4）中国政治制度的决策效率高。中国的人民民主制度建立在民主集中制的基础上，可以更好地集中民意，及时有效地做出决策并执行，而西方三权分立制度的任何一项决策都要经过不同利益集团反复冗长的博弈，这是其低效率的根本原因。

（5）中国的政治制度能够集中力量办大事。由于有共产党领导统筹全局、协调各方，可以把工农商学兵政党各方力量拧成一股绳，把政府、市场、社会这三驾马车驾驭在同一轨道上，集中力量成功应对各种机遇和挑战。中国成功应对汶川、玉树、舟曲等特大自然灾害，成功应对世界金融危机的挑战，乃至成功举办奥运会、世博会、新冠疫情治理等的实践反复证明了这一点。

三、东西方文化的差异

文化是一个民族和国家的"基因""血脉"和"精神命脉"。中华传统文化是中华民族精神的源头。中国特色社会主义文化，渊源于中华民族五千多年文明历史所孕育的中华优秀传统文化，吸收了国外优秀文化，继承了近代中国的革命文化和社会主义文化，已成为应对国内外重大挑战、实现中华民族伟大复兴，推动构建"人类命运共同体"的强大精神力量。以中国儒学思想为代表的优秀传统文化是东方文化的代表。美国社会的主流文化是源于欧洲的西方资本主义文化。这两种文化有着显著的差异和不同的特点。中国人历来抱有家国情怀，崇尚天下为公、克己奉公，信奉天下兴亡、匹夫有责，强调和衷共济、风雨同舟，倡导守望相助、尊老爱幼，讲求自由和自律统一、权利和责任统一。在这次抗疫斗争中，突出地显示了出来。中国国学学者陈来曾深刻指出：中华文明价值观念和西方价值观相比有四个特点即"责任先于自由""义务先于权利""群体高于个人""和谐高于冲突"。两种文化的特点和差异在中国的抗疫斗争和美国的抗疫、大选等重大事件中都有很明显的表现，这也是应对新冠病毒疫情中国取得成功而美国惨败的一个重要根源。分述如下。

（一）义务与权利

西方文化强调"人权"，即是个人权利的优先性，而且经常把它作为道德的制高点用来作为打压其他国家的棍棒。人权是面对国家而要求的一种权利，保障人权也是政府的责任和义务。这次疫情更使得美国长期存在的社会撕裂、贫富分化、种族歧视、弱势群体权益保障不力等问题充分持续恶化，导致美国民众陷入深重的人权灾难，更充分暴露了美国"人权"的虚伪性。

1. 人权首要第一位是生存权。枪支的泛滥，一直是美国民主体制下难以治愈的伤痛，威胁着每一个美国人基本人权

与全球可比较的国家相比，美国拥有最薄弱的枪支法律和最多的枪支。在全球现有 8.57 亿支民用枪支中,美国人拥有 3.93 亿支,约占 46%。每 100 个美国人就有 120 支枪,人均超过 1 支。民用枪支数量比人口多,这种情况在全世界绝无仅有。美国每年 3 万人死于枪击。2020 年,受疫情影响,美国枪击事件变得更加严重,有 4.5 万人被枪杀。疫情期间 2020 年美国谋杀案同比激增 25%,其中芝加哥、纽约等城市的谋杀案比 2019 年多数百起。美国人在枪支杀人案中被杀的可能性是其他高收入国家人民的 25 倍。**美国人权的虚伪性在疫情灾难面前暴露一览无余,约 100 万生命死于"屠杀"**。截至 2022 年 4 月,美国约有 8000 万人感染了新冠,死亡人数约 100 万。美国疾病控制和预防中心前主任威廉·福奇在写给美疾控中心现主任罗伯特·雷德菲尔德的一封信件中,直斥美国疫情的情况"堪比一场屠杀"。

对于社会弱势和边缘群体的生存照顾,代表了一个社会的良心,也是验证一国真实人权状况的试金石。疫情期间,美国的"残酷资本主义"特征暴露无遗,致使老年人和儿童陷入悲惨境地,老年人成为政府抗疫不力的"牺牲品"。在疫情中原本就面临更大风险的美国老年人群体,生命权无法得到基本保障。2020 年 3 月 23 日和 4 月 22 日,得克萨斯州副州长丹·帕特里克在接受福克斯新闻网采访时两次表示,他"宁愿死也不愿看到公共卫生措施损害美国经济",同意以老年人的生命为代价"冒险重启美国经济"。美国右翼媒体《每日连线》新闻网主编本·夏皮罗 4 月 29 日在一个访谈节目中冷血地宣称,"81 岁的人死于新冠肺炎和 30 岁的人死于新冠肺炎不是一个概念";"如果一个 81 岁的老奶奶死在养老院,这虽然很悲惨,但美国人的预期寿命就是 80 岁"。美国"即时医学新闻"网站 2021 年 8 月 30 日报道,截至 2021 年 8 月,美国死于新冠肺炎疫情的老年人已超过 50 万,占死亡总人数的五分之四。《华盛顿邮报》网站 5 月 9 日报道称,美国的抗疫行动"成了一场国家批准的屠杀","它故意牺牲老年人、工人、非洲裔和拉美裔人口"。

贫困儿童和移民儿童状况堪忧。美国至今未批准联合国《儿童权利公约》这一核心国际人权公约。近年来,美国的儿童贫困和受虐待问题一直非常严重,疫情暴发使之进一步加剧。美国布鲁金斯学会 2020 年 5 月 6 日调查结果显示,有 12 岁及以下孩子的受访家庭中,17.4% 的家庭选择了"我家孩子吃不饱,因为我们买不起足够的食物"的选项。而在 2008 年金融危机时这个数字只有 5.7%。福克斯新闻网 2020 年 5 月 9 日报道,疫情期间美国有关儿童问题的报告数量激增,全国失踪和受虐儿童中心 2020 年 4 月收到 420 万份相关报告,比 3 月增长 200 万份,比 2019 年 4 月增长近 300 万份。更令人担忧的是,美国关押着大量无人陪伴的移民儿童，在病毒大流行中处于极端危险境地。

2. "人民群众生命安全和身体健康始终是第一位的"这是中国政府对人民的庄严承诺

"老吾老以及人之老，幼吾幼以及人之幼"，尊敬老者、呵护幼儿，这也是中华文化的优良传统。在这场疫情防控阻击战中，不分老幼、无论贫富，"生命至上"成为中国疫情防控的基本准则。为尽可能挽救湖北和武汉重症患者生命，中国政府把他们安排到高水平医院进行集中救治，国家级医疗团队专门制定从出生婴儿至高龄老人"一人一策"诊治方案；武汉确诊的 2500 多位 80 岁以上高龄患者中，救治成功率达 70%，年纪最长者为 108 岁；疫情发生以来，湖北省成功治愈 3000 余位 80 岁以上、7 位百岁以上新冠肺炎患者，多位重症老年患者是从死亡线上抢救回来的。一位 70 岁老人身患新冠肺炎，10 多名医护人员精心救护几十天，终于挽回了老人生命，治疗费用近 150 万元全部由国家承担。截至 2020 年 4 月 6 日，中国确诊住院的重症患者人均治疗费用超过 15 万元，少数危重症患者治疗费用达到几十万元甚至百万元以上，除医疗保险给予报销外，个人负担费用将由国家财政进行补助。从出生仅 30 多个小时的婴儿到 100 多岁的老人，从在华外国留学生到来华外国人员，每一个生命都得到全力护佑，人的生命、人的价值、人的尊严得到悉心呵护。这是中华文明人命关天的道德观念的最好体现！这也是中国人民敬仰生命的人文精神的最好印证！

西方的人权观念只涉及政府的责任和义务，却无法界定个人对社会、家庭的义务和责任。这种权利观念是西方近代自由主义哲学的核心。由于把焦点集中在个人对社会的要求，而往往忽视个人对社会的责任；集中在个人对权利的保护，而忽视了个人也应有尊重他人权利的责任。这也是美国抗疫失败重要的文化原因。

（二）群体与个人

中国春秋时期已明确提出的以人为本的观念。近代西方在文艺复兴之后也倡导以人为本，但是西方近代人本主义更多的是以个人为本，形成个人本位的社会。而中国文化的以人为本是以群体为本，所以在价值观上群体是高于个人的。中国文化的主流思想不强调个人的权利或利益，认为社会比个人重要，强调个人对群体的义务，强调社群整体利益的重要性如"群能""保家""报国"等。对社会优先的表述则通过"公—私"对立加以突出和强调，中国文化倡导"先公后私"最大的公是天下的公平、公益、正义，故说"天下为公"。

1. 中国共产党秉承"天下为公"传统文化，立党为公，执政为民

在人民生命和经济利益之间果断抉择生命至上。疫情暴发后，以宁可一段时间内经济下滑甚至短期"停摆"，也要对人民生命负责。中国果断关闭离汉离鄂通道，实施史无前例的严格管控。作出这一决策，需要巨大的政治勇气，需要果敢的历史担当。为了保护人民生命安全，我们什么都可以豁得出来！同时，在全国范围内严控人员流动，延长春节假期，停止人员聚集性活动，决定全国企业和学校延期开工开学，迅速遏制疫情的传播蔓延，避免更多人受到感染。这是中国共产党执政为民理念的最好诠释！充分体现了以人民为中心的执政理念。

2. 美国领导人在疫情面前是一切为了资本，优先满足政党和个人的私利

《纽约时报》网站 2020 年 4 月 13 日报道，白宫新冠病毒应对工作组与国家安全委员会在 2020 年 2 月 14 日就合作准备了一份题为《美国政府应对 2019 年新型冠状病毒的措施》的备忘录，其中明确建议采取包括"大幅限制公众集会规模，取消几乎所有体育赛事和表演，取消不能通过电话召开的公众和私人会议，考虑学校停课"等严格的疫情管制措施。然而决策层在听取相关措施后，做出将导致美国股市崩盘的判断，立刻否决了该备忘录。可见美国政府在抗疫决策上对资本和人民生命之间价值排序，是资本第一，一切为了资本。导致政府既未对民众进行有效示警，也没有为疫情大流行所需要的医疗资源做准备，而把美国民众推向感染和死亡的边缘。更有甚者，包括时任美国国会参议院情报委员会主席的理查德·伯尔在内的多名国会议员，还涉嫌内幕交易丑闻——他们利用职务之便较早了解疫情严峻形势，却一边对公众淡化疫情风险，一边在疫情引发股市大跌之前抛售大量股票，上演"完美"避险的丑剧。

（三）责任与自由

中国文化的价值观很强调个人对他人、对社群，甚至对自然所负有的责任，体现出强烈的责任意识。中国社会道德行为的取向，是要人承担对于他人、对于社会的责任。这种责任之心是儒家文化培养的人普遍价值心理。现代西方自由主义主张个人的自由权利优先，人人有权根据自己的价值观从事活动，认为把一种共同的善的观念要求所有人民，是违背基本的个人自由权力。

1. 新冠疫情以来，美国爆发了"口罩自由战争"

相当一部分美国人认为不戴口罩是个人自由，与反对居家令、反对疫苗等思潮等一道形成了"新冠文化战争"。口罩、居家令和疫苗对大部分国家而言，都是防疫的基本需求，但对美国却未必。他们认为这些防疫规定侵犯了个人自由权利，抗议体现了"不自由毋宁死""生命诚可贵、爱情价更高、若为自由故、二者皆可抛"执着追求个人自由的精神。CNN认为，这场牵扯精力、浪费资源的文化战争正在杀死美国人。其实，《独立宣言》中保障"自由"（Liberty）的权利，与部分人声称要保护不戴口罩的"自由"（Freedom）并不是一回事。前者是在系统性规则的基础上负责、有序地行使自由的权利；而后者的涵义较广，更多指向奴役的反义词、心理或人身不受拘束等。这不该包含导致其他人生病甚至死亡的"自由"。然而，美国领导人却在煽动着这场"战争"。特朗普在任时期先称支持佩戴口罩，自己却很少佩戴，甚至还在自己确诊前不久，公开嘲笑过后来当选的拜登总是戴着口罩。特朗普还多次发声反对多州居家令等限制措施，发推特声称"解放密歇根""解放弗吉尼亚""解放明尼苏达"，引致一些支持者认为这是"武装冲突"的信号，不少美国人甚至持枪走上街头抗议。当前这种"超载自由"导致的文化战争，"耽误了美国的防疫"。对于这样的"自由"，纽约大学一名教授写道："直白地讲，病房里难谈自由，墓地里没有自由。"

2. 疫情期间中国人民则很自觉实施防疫基本需求，认为这是个人对社会防疫应该尽的责任，责任应先于个人自由

危难面前，14亿名中国人民显示出高度的责任意识、自律观念、奉献精神、友爱情怀，铸就起团结一心、众志成城的强大精神防线。中国人民勇敢承担起社会责任，为取得抗疫胜利约束自我乃至牺牲自我。疫情暴发正值春节假期，国家一声令下，全民响应，一致行动，整个社会紧急停下脚步。人们取消了春节期间的走亲访友和各种聚会，克服困难就地隔离，外出自觉佩戴口罩、测量体温、保持社交距离。保护自己就是保护别人、就是为国家作贡献成为社会共识和每个人的自觉行动。人们长时间在家隔离，上网课、学美食、陪家人，用各种方式缓解压力，以积极乐观的态度抗击疫情。

14亿名中国人民发扬国家兴亡、匹夫有责，守望相助的传统文化精神，不论岗位分工，坚韧团结、和衷共济，担负起抗击疫情的社会责任。医务工作者白衣执甲逆行出征。从年逾古稀的院士专家，到"90后""00后"的年轻医护人员，数百万名医务人员战斗在全国抗疫一线，挽救了一个又一个垂危生命，用血肉之躯构筑起阻击病毒的钢铁长城。他们与病毒直面战斗，付出巨大牺牲，2000多人确诊感染，几十人以身殉职。武汉、湖北人民面对离汉离鄂通道关闭后与外隔绝、交通停滞、城市"停摆"，克服了长时间隔离带来的困难，忍住失去至爱亲朋的痛苦，服从大局，团结坚守，为阻击病毒作出巨大牺牲。400万名社区工作者基层干部、下沉干部奋战在全国65万个城乡社区中，监测疫情、守好疫情防控"第一关口"。公安民警及辅警驻守医院、转运病人、维护秩序，面对急难险重任务勇挑重担，130多人牺牲在工作岗位。海关关员依法履行卫生检疫职责，筑牢口岸检疫防线。数百万快递员顶风冒雪、冒疫前行，给人们送来温暖。全国180万名环卫工人起早贪黑、不辞辛劳，高标准做好卫生清扫、消毒杀菌、医疗废物集中处理、垃圾清理清运。许多城市出租车司机没有停工，有力保障疫情防控、生产生活物资运输和复工复产。新闻工作者不惧风险、深入一线，记录中国抗疫的点点滴滴，传递中国人民抗击疫情的温情和力量。截至2020年5月31日，全国参与疫情防控的注册志愿者达到881万人，志愿服务项目超过46万个，记录志愿服务时间超过2.9亿小时。危急时刻，又见遍地英雄。各条战线的抗疫勇士临危不惧、视死如归，困难面前豁得出、关键时刻冲得上，以生命赴使命，他们中间，有把生的希望留给他人而自己错过救治的医院院长，有永远无法向妻子兑现婚礼承诺的丈夫，也有牺牲在救治岗位留下幼小孩子的妈妈……面对疫情，中国人民没有被吓倒，而是用明知山有虎、偏向虎山行的壮举，书写下可歌可泣的壮丽篇章！正如国外媒体所说："所有好的做法如果想要奏效，必须要有公众的集体意愿。正因如此，中国有能力通过传统公共卫生干预方法应对一种新型的未知病毒。"这种"集体意愿"正是中国传统文化中的家国情怀和对国家、社会高度责任感的体现。

（四）和谐与冲突

中国文化强调人间的和谐，注重以和为贵，中华文明强调追求多样性的和谐。对"和"的追求成为中国文化思想的普遍理想，塑造了中华文明的思维方式、价值取向。西方的文化里有一种冲突意识，总是想用自己的力量，以自我为中心，克服非我、宰制他者、占有别人。在美国这一西方文化表现对内则是"白人至上"的种族歧视，对外则是凌驾于他国之上，控制他国的霸权主义。美国多年来长期存在对各个少数族裔的歧视，新冠疫情更加激化了美国严重的种族矛盾。新冠疫情就像一面放大镜，将种族歧视带来的恶果以更加悲剧的形式呈现出来。2013年开始的"黑人的命也是命"运动广受全球关注，但悲剧却从未停止。即使在令全球震惊的黑人乔治·弗洛伊德被暴力执法致死事件一周年后，全美警察至少又杀害了229名黑人。研究表明黑人男子在其一生中被警察杀害的可能性是白人男子2.5倍。前总统特朗普就曾明目张胆进行种族主义攻击，扬言让4名民主党少数族裔女议员"滚回老家",去修整她们归属的那些破败且犯罪猖獗的地方。在自诩为"自由灯塔"的美国,总统公然煽动、引导和纵容种族歧视,无异于对现代人权观念的悍然羞辱。

非洲裔和拉美裔在疫情中承受巨大种族不平等。美国疾病预防与控制中心公布的全国性统计数据显示,截至2020年5月13日美国新冠肺炎致死病例中非洲裔占22.4%,明显高于其人口在美国12.5%的份额。拉美裔在疫情中也招致更高的感染和致死率。根据纽约市4月初公布新冠肺炎死亡病例种族分布,拉美裔占34%。英国《金融时报》网站5月15日报道指出:"没有什么比这场疫情中的生与死更能体现美国的肤色差异了。"疫苗接种的步伐也印证了这种社会不公。截至2021年3月3日,美国38个州和哥伦比亚特区中,白人疫苗覆盖率是黑人的2.1倍,更是西班牙裔的2.9倍。根据2021年3月的数据,纽约市平均收入越高的区域疫苗接种率越高,其中平均收入最高的曼哈顿与最低的布朗克斯疫苗接种率也分别为最高和最低,为31%和20%,差距达到了11%。

新冠疫情期间美国泛起反华种族主义和遏制中国的政策,使亚裔美国人成为仇恨攻击的目标。关于新冠病毒起源于中国阴谋论加剧了对亚裔的欺凌和仇恨,根据非营利机构"停止仇恨亚裔与太平洋岛民联盟"2021年3月发布的一项统计:新冠疫情开始以来仅2021年3月一个月内,亚裔歧视案件就激增了近一倍。疫情加剧了亚裔在美国社会中遭受歧视乃至攻击的状况。加利福尼亚作为美国亚裔人数最多的州,该州司法部的报告,2020年针对亚裔仇恨犯罪翻倍,远高于仇恨犯罪总体增长率的31%。皮尤研究中心2021年4月的民调显示,81%的受访者认同针对亚裔美国人的暴行在增加,32%的亚裔成年人害怕受到威胁或人身攻击。

1. 中国政府发扬"和为贵"传统文化精神,提出各民族一律平等,建设相互学习合作和谐的大家庭

中国的56个少数民族和汉族共同建设发展,并实施民族区域自治制度,支持促进少数民族地区发展。如新疆、西藏等少数民族聚居地区更是中国少数民族发展进步的典范。过去60多年来,新疆经济总量增长了200多倍,人均生产总值增长了近40倍,人均预期寿命由30岁提高到72岁。在抗击新冠疫情中,不分种族,不分地区,中国全力保障健康权,不惜一切代价以最快速度遏制了疫情蔓延。

2. 美国以霸权、行霸道、施霸凌的国际形象在特朗普任职总统期间达到了新

的高峰。但美国的霸权、霸道、霸凌形象在特朗普之前也并不光鲜

长期以来，美国在世界范围内的一系列霸权主义、强权政治行径将不少国家拖入连年的战争和动乱状态，进而引发经济灾难；美国频繁发动颜色革命，推翻他国合法政权，扶植亲美政权；美国肆意制裁他国，造成人道主义灾难。自1880年首次发动对外军事干预以来，截至2017年，美国一共进行了392次对外军事干预。美国有超过92%的时间处于战争状态，其和平时间不足20年。截至2021年10月，美国仍然在80个外国和殖民地（领土）维持着大约750个海外军事基地。美国对外国的军事干预上瘾，但却给其他国家和地区的人民带来了无尽的灾难。《今日美国》网站2021年2月25日报道，布朗大学沃森国际和公共事务研究所战争代价项目研究显示，美国近20年发动的所谓"反恐"战争已经夺去超过92.9万人的生命。美国在阿富汗20年的军事行动，累计造成包括3万多名平民在内的17.4万人死亡，受伤人数超过6万。美国发动的阿富汗战争彻底摧毁了阿富汗的整个国民经济。美国通过美元霸权收取全球铸币税，成为全球食利国，利用美元收割全世界，为维护美元霸权不择手段。经济繁荣时，美国常常用别国的钱让自己更富；经济萧条时，美国用别国的钱让自己脱险。美国还肆意制裁世界其他国家，使其深陷社会动荡、国家衰退的困境。截至2021年6月，受到美国制裁的国家或地区（单方面或部分）包括俄罗斯、伊拉克、伊朗、黎巴嫩、利比亚、白俄罗斯、古巴、刚果民主共和国、南苏丹等。伊朗由于长期受美国制裁，很难购买到新的大型客机，客机日渐陈旧，最近20年来，已经有约20架客机坠毁，超过1千人死于空难。

3. 新冠疫情期间美国又肆意破坏全球抗疫

这是美国"以自身利益主导世界"霸权主义的延续，美国非但没有承担起应负的国际责任，还对全球抗疫合作构成了破坏性影响。**放任病毒输出充当"疫情扩散国"**。美国新冠疫情确诊病例和死亡病例长期位列全球之首。它不仅没有控制好境内疫情，还在不断向境外输出病毒。面对疫情失控，美国政府未采取任何实质有效的出境管控措施，根据美国国家旅游办公室发布的数据，2020年4月至2021年3月，美国公民累计出国2319.5万人次。其出国目的地不仅遍布全球，更重要的是，美国疫情峰值期与美国公民出国高峰期叠加。美国对疫情在全球范围内的扩散具有不可推卸的责任。美国不顾国际社会反对，无视国际道义，大规模遣返非法移民，造成部分发展中国家疫情加剧。**拒绝国际疫苗合作，退出世卫组织**。在推广新冠疫苗接种的早期阶段，美国大搞"疫苗民族主义"，制造"免疫鸿沟"，将疫苗合作政治化，阻碍疫苗、诊疗、联防联控等方面的全球合作，使得贫穷国家难以获取疫苗，导致全球疫苗供给不平衡。新冠疫情期间，美国不但没有为全球抗击疫情贡献足够力量，反而宣布退出世卫组织。此举受到国内及国际社会广泛批评，拜登政府执政后宣布美国将重新加入世界卫生组织。然而拜登政府的"再加入"不是为了国际抗疫合作，而是为了向国际社会释放"美国回归"的信号，拉拢更多盟友和国际组织来对抗中国。**甩锅他国将疫情武器化**。在向全球输出病毒的同时，美国还通过将抗疫科学问题政治化的手段，对外推责甩锅，正如美国知名学者艾利森所述，在整个疫情期间，华盛顿政治精英始终将矛头对准中国。疫情在全美开始大规模蔓延之后，特朗普政府和执政的共和党，为摆脱抗疫不力的窘境，故意树立"中国病毒""武汉病毒"等标靶。拜登政府上任后不久在新冠疫情溯源问题上再度掀起"实验室泄漏论"炒作，2021年5月末，拜登为了实现"实验室泄漏论"的预设立场，抛弃科学研究，让情报部门在90天内拿出溯源调查结论，这无疑是一场彻头彻尾的政治闹剧。美国极力推动在他国进行所谓的病毒溯源，胁迫世界卫生组织和部分科学家放弃客观公正的立场，妄图使其在霸权、霸凌面前低头。否认"实验室泄漏论"的部分专家甚至遭受到网络暴力、骚扰及人身威胁。但却不允许世界卫生组织的国际专家团队对美国境内相关生物实验室进行实地访问与调查，充分暴露了美国在病毒溯源上的恐怖主义和霸权主义。

4. 中国秉承"四海之内皆兄弟""协和万邦"传统文化理念，提出共同构建人类卫生健康共同体

中国主张，各国应为全人类前途命运和子孙后代福祉作出正确选择，秉持人类命运共同体理念，齐心协力、守望相助、携手应对，坚决遏制疫情蔓延势头，打赢疫情防控全球阻击战。中国积极开展国际交流合作，中国共产党同110多个国家的240个政党发出共同呼吁，呼吁各方以人类安全健康为重，秉持人类命运共同体理念，携手加强国际抗疫合作。2020年5月18日，习近平主席在第73届世界卫生大会视频会议开幕式上发表致辞，呼吁各国团结合作战胜疫情，共同构建人类卫生健康共同体，提出全力搞好疫情防控、发挥世界卫生组织作用、加大对非洲国家支持、加强全球公共卫生治理、恢复经济社会发展、加强国际合作等6点建议，并宣布两年内提供20亿美元国际援助、中国新冠疫苗研发完成并投入使用后将作为全球公共产品，同二十国集团成员一道落实"暂缓最贫困国家债务偿付倡议"等中国支持全球抗疫的一系列重大举措。2021年9月21日习近平在第76届联合国大会讲话宣布：未来三年将提供30亿美元国际援助，用于支持发展中国家抗疫和经济社会发展；2021年对外提供的20亿剂疫苗，在捐赠1亿美元基础上，再向发展中国家无偿捐赠 1 亿剂疫苗。中国坚持疫苗是全球公共产品，至 2021 年 10 月 30 日已向 100 个国家、国际组织提供 16 亿剂疫苗与 16 个国家联合生产疫苗 7 亿剂产能。中国与有关国家，开展 70 多次疫情防控交流活动。国家卫生健康委汇编诊疗和防控方案并翻译成 3 个语种，分享给全球 180 多个国家、10 多个国际和地区组织参照使用，在自身疫情防控仍然面临巨大压力的情况下，力所能及地为国际社会提供援助。截至 2020 年 5 月 31 日，中国共向 27 个国家派出 29 支医疗专家组，已经向 150 个国家和 4 个国际组织提供抗疫援助；向 150 多个国家、地区和国际组织捐赠抗疫物资。已向 200 多个国家、地区输出抗疫物资。开展国际科研交流合作。同有关国家在溯源、药物、疫苗、检测开展科研交流合作。新冠疫情以一种特殊形式告诫世人，人类是荣辱与共的命运共同体，重大危机面前没有任何一个国家可以独善其身，团结合作才是人间正道。中国将继续推进疫情防控国际合作，支持世界卫生组织发挥全球抗疫领导作用，同各国分享防控和救治经验，继续向应对疫情能力薄弱的国家和地区提供帮助，发挥全球抗疫物资最大供应国作用，推动构建人类卫生健康共同体。

通过以上的分析可以看到。衡量一个国家的制度是否成功、是否优越，一个重要方面就是看其在重大风险挑战面前，能不能号令四面、组织八方共同应对。中国特色社会主义制度具有非凡的组织动员能力、统筹协调能力、贯彻执行能力，能够充分发挥集中力量办大事、办难事、办急事的独特优势，这次抗疫斗争有力彰显了中国国家制度和国家治理体系的优越性。这一次新冠疫情和美国大选以铁的事实证明还将继续证明西方中心论的破产；中国特色社会主义制度和国家治理体系治理能力的显著优势；我们要更坚定对中国特色社会主义的道路、理论、制度、文化自信。自觉做中国特色社会主义坚定信仰者和忠实实践者，为把祖国建设成为社会主义现代化强国而努力奋斗！任何势力都阻挡不了中国人民中华民族伟大复兴宏伟目标的实现！

参考文献

[1] 习近平．在全国抗击新冠肺炎疫情表彰大会上的讲话 [R]. 2020-09-08.

[2] 林泰．坚持和加强共产党的领导．清华大学人文学院中华发展模式研究专项编委会．中华优秀传统文化与新时代思想研究 [M]. 北京：清华大学出版社，2019.

[3] 陈来．中华文明的核心价值 [M]. 北京：生活·读书·新知三联书店，2017.

[4] 华祎. 美国民主制度漫谈[M]. 北京：清华大学出版社，1987.

[5] 中国国务院新闻办公室. 抗击新冠肺炎疫情的中国行动[M]. 北京：人民出版社，2020.

[6] 新华社. 新冠肺炎疫情凸显"美式人权"危机[M]. 中国人权研究会，2020.

[7] 中国人民大学重阳金融研究院联合太和智库、海国图智研究院.《美国第一？！——美国抗疫真相》研究报告[R]. 2021-08-09.

[8] 中国人民大学重阳金融研究院.《十问美国民主？》研究报告[R]. 环球网发布，2021-12-06.

[9] 国务院新闻办公室，新华社. 2021年美国侵犯人权报告[R]. 北京：2022-02-28.

2022年3月13日在海南完成修改第二稿
2022年4月20日在海南完成修改第三稿

夯实优秀传统文化的根基
推进国家社会治理现代化

胡显章

实现国家与社会治理现代化是我们国家全面实现社会主义现代化的一项重大战略任务，是全面深化改革的总目标，是中华民族伟大复兴的必然要求。而国家与社会治理现代化应该植根于优秀的文化传统，正如习近平同志指出的："国家的治理体系和治理能力是与这个国家的历史传承和文化传统密切相关的"[①]，"我国今天的国家治理体系，是在我国历史传承、文化传统、经济社会发展的基础上长期发展、渐进改进、内生性演化的结果"[②]。2014年10月13日在中央政治局就我国历史上的国家治理进行集体学习时，习近平强调："要治理好今天的中国，需要对我国历史和传统文化有深入的了解，也需要对我国古代治国理政的探索和智慧进行积极总结。"我们需要切实把握好优秀传统文化作为实现国家与社会治理现代化的根基。

一、以高度的文化自觉自信深入认识优秀传统文化是治理现代化重要资源

人类文明进步实践表明，文化是一种深深熔铸在民族生命力、凝聚力和创造力的重要原动力，对于民族精神的开发培育和国家治理水平的提升具有不可替代的作用。国家治理现代化的进程，不仅取决于制度框架的合理设定，还有赖于文化根基这一重要资源的传承与开发。

---

① 习近平，2014年10月13日，在十八届中央政治局第十八次集体学习时的讲话。
② 习近平谈治国理政[M]. 北京：外文出版社，2014：105.

社会进步有三要素：政治治国，经济兴国，文化立国。只有优秀的文化，才能保障政治清明公正，经济健康发展，社会和谐稳定，才能使一个国家真正强大，自立于世界国家之林。CCTV《大国崛起》纪录片曾剖析了15世纪以来9个大国崛起之路，在解说词中说："上百位接受采访的国内外专家在谈论这个话题时，都十分看重思想文化的影响力在大国崛起中的作用。在历史上产生过重大影响的政治家在推动国家崛起中，都十分重视文化的力量。英国首相丘吉尔有这样一句名言：我宁愿失去一个印度，也不肯失去一个莎士比亚。在成为大国的过程中，戏剧家莎士比亚的作品提升了英国的人文精神，科学家牛顿的力学定律开启了英国工业革命的大门，经济学家亚当·斯密的《国富论》为英国提供了一个新的经济秩序。他们的名字，十分醒目地写在英国走过的大国之路上。"同时，正如联合国教科文组织所指："发展最终应以文化概念来定义，文化的繁荣是发展的最高目标"[1]。因为只有文化的繁荣，人才能得到自由全面发展。如《共产党宣言》指出，在人类理想社会"每个人的自由发展是一切人自由发展的条件"。马克思在《资本论》中又进而指出，理想社会是"以每个人的全面而自由的发展为基本原则的社会形式"。恩格斯指出："文化上的每一个进步，都是迈向自由的一步"[2]。人类的文明进步史就是一部追求自由与解放的历史。正是文化启迪和孕育了人的理性的自由意识，并延伸了人的自由全面发展的空间与内涵。习近平同志强调："文化是力量，或者我们称之为构成综合竞争力的文化软实力，总是'润物细无声'地融入经济力量、政治力量、社会力量之中，成为经济发展的'助推器'、政治文明的'导航灯'、社会和谐的'黏合剂'。""一位哲学家曾经做过这样的比喻：政治是骨髓，经济是血肉，文化是灵魂。这一比喻形象地说明了文化对人类社会发展所起的作用"[3]。由此，新时期中国共产党在执政过程中，越来越重视文化的作用，党的十九大指出："文化是一个国家、一个民族的灵魂。文化兴国运兴，文化强民族强。没有高度的文化自信，没有文化的繁荣兴盛，就没有中华民族伟大复兴。"而且"中国特色社会主义文化，源自于中华民族五千多年所孕育的中华优秀传统文化"，表明了中国共产党高度的文化自觉与自信。

那么，怎样看待传统文化在治国理政现代化中的作用？2014年10月13日，习近平同志主持中共中央政治局第十八次集体学习时强调："要治理好今天的中

---

[1] 见联合国教科文组织（UNESCO）.1996年人类发展报告.
[2] 马克思恩格斯选集：第3卷[M].北京：人民出版社，2012：492.
[3] 习近平."文化是灵魂"[M]//之江新语.杭州：浙江人民出版社，2007：149.

国,需要对我国历史和传统文化有深入的了解,也需要对我国古代治国理政的探索和智慧进行积极的总结。""中国优秀传统文化的丰富哲学思想、人文精神、教化思想、道德理念等,可以为人们认识和改造世界提供有益启迪,可以为治国理政提供有益启示,也可以为道德建设提供有益启发。"表明为了推进国家治理体系和治理能力的现代化必须充分汲取中华优秀传统文化资源精华。

二、努力通过实践做好传统文化的创造性转化和创新性发展

正如著名社会学家、人类学家费孝通先生所说,文化传统如同种子或基因,既需要继承,也要发展。只有不断创造,才能赋予传统以生命。①2014年2月24日,习近平在主持十八届中央政治局第十三次集体学习时指出,弘扬中华优秀传统文化,"要处理好继承和创造性发展的关系,重点做好创造性转化和创新性发展"②。

习近平总书记提出的"创造性转化和创新性发展",是指导传承发展中华优秀传统文化的重要方针。坚持"两创"方针,关键是把握处理好继承和创新的关系,处理好传统文化与当今时代的关系,使中华民族最基本的文化基因与当代文化相适应、与现代社会相协调。主要看能不能解决今天中国的问题,能不能回应时代的需求和挑战,能不能转化为提高素质、增强本领、民族复兴、国家富强、人民幸福的有益精神财富。为此,要坚持辩证唯物主义和历史唯物主义,秉持客观、科学、礼敬和分析的态度,取其精华、去其糟粕,扬弃继承、转化创新,不复古泥古,不简单否定,不断赋予新的时代内涵和现代表达形式,不断补充、拓展、完善,使之成为有利于解决现实问题的文化,有利于助推社会发展的文化,有利于弘扬民族精神和时代精神的文化。

关键环节在于实践。马克思说:"理论在一个国家实现的程度,总是决定于理论满足这个国家的需要的程度。"他又说:"理论的对立本身的解决,只有通过实践方式,只有借助于人的实践力量,才是可能的。"③按照毛泽东《实践论》的观点,"理论的基础是实践,又转过来为实践服务""真理的标准只能是社会的实践。"文化也是这样。以上的"两创"方针,都是实践的要求和付诸实践、服务实践的行为。中国传统文化只有通过自身的创造性转化和创新性发展的实践,

---

① 费孝通. 文化的生与死. 经典珍藏版[M]. 上海:上海人民出版社,2013:221-222.
② 习近平. 培育和弘扬社会主义核心价值观[M]// 习近平谈治国理政. 北京:外文出版社,2014.
③ 马克思. 马克思恩格斯文集:第1卷[M]. 北京:人民出版社,2009:12,192.

才能适应并体现时代发展的诉求，才能显示出它的当代价值，才能成为当今国人行为中具有强大生命力的活性因子。

自从中国共产党登上历史舞台以来，就领导中国人民特别是中国知识分子开启了在马克思主义指导下探索传统文化现代转化的创新实践。曾任国务院哲学评议组召集人、中国哲学史学会会长的方克立曾指出，在当代的境遇下，由哲学家张申府、张岱年倡导的中西马"三流合一""综合创新"就是我们的文化旗帜，"马魂、中体、西用"就是我们文化旗帜。中国文化现代化的道路就是坚持以马克思主义为指导、坚持民族文化的主体性与面向世界的学术眼光相结合，体现时代性与民族主体性、历史继承性与综合创造性的统一。①这样，正如习近平同志指出的："当代中国共产党人和中国人民应该而且一定能够担负起新的文化使命，在实践中进行文化创造，在历史进步中实现文化进步！"②而且，一个重要的指导思想与实践路径就是如习近平在庆祝中国共产党成立100周年大会上的讲话所强调的"坚持把马克思主义基本原理同中国具体实际相结合、同中华优秀传统文化相结合"。

三、以史为鉴，推陈出新

在中国"以史为鉴，可知兴替"的道理深入人心。清代思想家、中国改良主义运动的先驱人物龚自珍在《定庵续集》说："欲知大道，必先为史。灭人之国，必先去其史。"他又在《尊史》篇中指出："出乎史，入乎道。欲知大道，必先为史。"清华历史系教授张国刚曾经对我国古代家国兴衰的历史做过系统的剖析，他认为："长期不间断的历史书写，国家政权和知识精英对历史的重视和坚持，是中华文明有别于世界其他民族的文化特色"③。我们党的早期领导人认识到马克思主义要有民族形式和特点，要继承中华传统文化的精华。1938年10月，毛泽东同志在中共六届六中全会上所作的《中国共产党在民族战争中的地位》报告中指出："今天的中国是历史的中国的一个发展；我们是马克思主义的历史主义者，我们不应当割断历史。从孔夫子到孙中山，我们应当给以总结，承继这一

---

① 方克立，等.马魂 中体 西用——中国文化发展的现实道路[M].北京：人民出版社，2015：119-124.
② 习近平.决胜全面建成小康社会 夺取新时代中国特色社会主义伟大胜利——在中国共产党第十九次全国代表大会上的报告[M].北京：人民出版社，2017：44.
③ 张国刚.资治通鉴与家国兴衰.后记[M].北京：中华书局，2016.

份珍贵的遗产。"习近平总书记把对中华优秀传统文化的重视提高到了空前的高度,强调"中国共产党从成立之日起,既是中国先进文化的积极引领者和践行者,又是中华优秀传统文化的忠实传承者和弘扬者""要把坚持马克思主义同弘扬中华优秀传统文化有机结合起来"。历史充分证明,马克思主义只有与中华优秀传统文化相结合,才能深深植根于中华文化沃土,绽放出强大的真理力量和实践伟力,让中华文化展现新的时代风采。党的十八大以来,以习近平同志为核心的党中央高度重视在国家治理体系和治理能力现代化进程中吸纳我国优秀历史文化传统的智慧,以提高遵循客观规律的理性自觉。在庆祝中国共产党成立100周年大会上,习近平同志对"以史为鉴,开创未来"进行了系统论述。

怎样看待传统文化在治国理政中的作用?有什么智慧值得总结,有什么经验值得借鉴?英国著名历史学家阿诺德·约瑟夫·汤因比在被誉为"现代学者最伟大的成就"的巨著《历史研究》中论述了世界各主要民族的兴衰及其缘由,以其为基础,他在与池田大作的对话中,指出人类的希望在东方,特别是中国文明将为未来世界转型和21世纪人类社会提供无尽的文化宝藏和思想资源。汤因比将得出上述结论的主要缘由归纳为:

(1)中国在漫长的21个世纪里,尽管也多次经历过混乱和解体,但是从大历史的角度来看,中国人完整地守护了一个超级文明,长时间生活在一个文明帝国的稳定秩序中,中国模式作为一种区域的世界主义模式可以为今天的人类提供宝贵的经验。

(2)中国人在其漫长的历史中都保持着人类社会中可贵的天下主义的精神,恰恰中国文化是距离狭隘的民族主义最远的。

(3)儒家的人文主义价值观使得中国文明符合了新时代人类社会整合的需求。

(4)在儒家和佛教思想中都存在合理主义思想,使得中国人在漫长的时代中有分寸地建立和坚守着自己的文明。

(5)道家思想有对宇宙和人类之间奥义的认识,以及对人类社会试图主宰宇宙的不以为然,恰恰是中国的道家为人类文明提供了节制性与合理性发展观的哲学基础。

(6)东方宗教和哲学思想中对于人与自然和谐的追求,以及反对针对自然和环境世界的统治和征伐欲望。……

"中国人在漫长的历史中已经证明了依靠文化和文明的力量可以将亿万人民根据文化情感纽带的联系而组织在一个以天下主义和世界主义为文明基准的国

家。……汤因比对未来人类社会开出的药方不是武力和军事,不是民主和选举,不是西方的霸权,而是文化引领世界,这个文化就是博大精深的中华文明"①。

汤因比真不愧为被誉为"近世以来最伟大的历史学家",他的预言很大程度上正在被历史的现实所证明。无独有偶,中国新儒家代表人物梁漱溟也曾经预言:未来的社会,未来的人类生活在很大程度上要接受中国文化。他认为西方文化是一种向外用力的文化,是一种以自我为中心的文化,是通过向外索取来满足自己,而中国有所不同,是向内用力,把自己的精神调节到恰到好处,同时与所有的人处于一种恰当的关系中。中国的儒家思想追求仁者爱人,而佛家将仁爱扩至一切生物,强调无我而救世,是更高的境界。他认定世界未来的文化就是中国文化复兴。② 诚然,他们二人共同认为,需要努力推进东西方文化的互通和融合。下面,笔者试图以中西古今会通的方式对其大历史观进行剖析并予以充实。

(一)集中统一的政治文化与制度优势带来稳定的秩序和凝聚的力量

马克思在《路易·波拿巴的雾月十八日》一文中提道:"人们自己创造自己的历史,但是他们并不是随心所欲地创造,并不是在他们自己选定的条件下创造,而是在直接碰到的、既定的、从过去承继下来的条件下创造"③。这里一个"从过去承继下来的条件"就是:在中国这样一个疆域宏大、民族多样的人口大国,要实现高效稳定的国家治理,必须有共同政治文化引导下政治体制的集中统一领导,才能总体上"完整地守护了一个超级文明,长时间生活在一个文明帝国的稳定秩序中"。在儒家政治文化中有着明确的大一统的理念,如西汉政治家董仲舒所言"春秋大一统者,天地之常经,古今之通谊也"(《汉书·董仲舒传》)。在中国历史上有着正反两面的经验教训,无论是春秋战国、魏晋南北朝的群雄争霸,或是民国时期的军阀混战,都造成了治理混乱、战火频仍、经济凋敝、民生苦难。同时,在中国经历了多个稳定而强盛的朝代,这些朝代如毛泽东在《七律·读〈封建论〉,呈郭老》一诗所说的"百代都行秦政法",肯定了秦始皇统一中国后,废除了"封建制",打破自西周以来的世卿世禄制度,施行"郡县制",由中央王朝任命郡县长官,强化中央对地方的控制,从而结束了春秋战国五百年诸侯纷争割据的局面,稳固了中央集权,维护了国家的统一。同时,又推行车同轨、

---

① 《展望二十一世纪:汤因比与池田大作对话录》中文序言[M].荀春生,朱继征,陈国梁,译.北京:国际文化出版公司,1985.
② 个人图书馆,2019-08-03,为何梁漱溟曾说佛家思想高于儒家思想?
③ 马克思恩格斯选集:第一卷[M].北京:人民出版社,1972:603.

书同文、行同伦，统一文化习俗，由而强化了大一统的凝聚力，成为中国历史上第一个多民族共融的中央集权制国家，成就了几千年来中国政治体制的一个基本格局，奠定中国大一统王朝的统治基础。唐代的文学家、哲学家和政治家柳宗元曾为此写了《封建论》，称赞秦始皇这一改革的历史贡献。也正是基于此，毛泽东说："解决中国的问题，须马克思加秦始皇"[①]。

当今，我国实施经过长期斗争磨练的中国共产党集中统一领导制度体系，充分彰显了中国特色社会主义制度集中力量为人民办大事的政治优势，规避了谋一时一域的局限性，从而保证了国家的稳定发展，保障了国民的长远的最大利益。比如，面对霸权国家的核威胁，1955年1月15日毛泽东主持召开书记扩大会，决定中国要搞原子弹，中共中央成立了以周恩来总理为主任，7位副总理、7位部长组成的中央专委会，全面领导、协调核试工程，全国一盘棋，组织26个部委，900多家工厂企业参加，充分发挥社会主义集中精力办大事的优越性。终于在1964年10月16日第一颗原子弹成功爆炸；1967年6月17日第一颗氢弹成功爆炸；1967年12月，导弹核武器试验成功；1970年4月24日第一颗人造卫星发射成功。核试验的速度远远超过了美、苏、英、法，极大地巩固了中国国防，提高了中国的国际地位。在2020年初新冠病毒突袭面前，中共中央实施对全国疫情防控的统一领导，统一指挥，做到党政军民学，东西南北中，全国一盘棋，凸显了巨大的凝聚力。在武汉10天建成1000张床位的火神山医院，12天建成1600张床位的雷神山医院，并将各种配套设施、医疗设备及时调配到位。还先后建立16家方舱医院，床位达到1.4万余张，中央决定全国支援湖北和武汉，建立了19个省份对口支援湖北除武汉以外的16个市州及县级市的机制。在一个多月的时间里，全国各地和军队的援鄂人员迅速集结，346支医疗队、4.26万名医务人员以及6.5万余件医疗设备从四面八方会聚武汉、驰援湖北各地，创造了人类防疫建设史上的奇迹。中国只用一个多月的时间遏制了疫情蔓延势头，用3个月左右的时间取得了武汉保卫战、湖北保卫战的决定性成果。中国规模、中国速度、中国效率、中国力量再次震撼世界。中国同一些西方国家特别是美国的抗疫决策混乱、上下抗争、人心涣散、措施不力形成鲜明对比和巨大反差。[②] 这样的事例举不胜举。当今，越来越多的西方学者和政治家对中国的政治文化模式进行了理性肯定。美国麦肯锡荣休高级合伙人、《大国竞合》一书作者彼得·沃克

---

① 汪建新. 毛泽东诗词中的帝王将相. 学习时报，中国共产党新闻网，2020年07月10日.
② 曲青山. 我国制度优势在抗击疫情中的力量彰显[N]. 人民日报，2020-06-17.

指出：中国的稳定繁荣的直接原因是由优秀人才组成的高效的中央政府，而根基在于其历史文化。中国政府的高效在此次抗击疫情中得到充分的展现。美国《新闻周刊》曾高调肯定中国模式："中国的指令——控制制度较其他经济学家所重视的制度运转有效得多""他们以连贯的方式推动和引导人民和国家的资源达到共同的目标""它很值得牢记，中国是世界上唯一一个没有金融危机和信心危机的大国，没有人会担心中国领导人解决问题的能力""至少到现在，中国人民很相信他们体系"[①]。这个体系的根本性特征就是有中国共产党的全面的、统一的、坚强的领导。正如美国政治学家塞缪尔·亨廷顿所说，要想在一个稳定的政治环境中实施现代化战略，至少必须有一个强有力的政党。[②] 当然，这个党必须出以公心，不断完善自身的领导能力，做好符合历史发展规律的事情。习近平在建党百年庆祝大会指出："以史为鉴，开创未来，必须坚持中国共产党坚强领导。办好中国的事情，关键在党。""在新的征程上，我们必须坚持党的全面领导，不断完善党的领导，……不断提高党科学执政、民主执政、依法执政水平，充分发挥党总揽全局、协调各方的领导核心作用！"

自秦汉开创多民族统一以来，国家统一始终成为中国各民族的核心价值和政治文化自觉，也是中国共产党的初心。新中国成立之初，毛泽东同志就强调指出："国家的统一，人民的团结，国内各民族的团结，这是我们的事业必定要胜利的基本保证。"带领全党全国人民奠定了国家政治、经济和文化统一坚实基础。改革开放之初，邓小平同志为推进国家完全统一，创造性地提出"一国两制"的伟大战略构想，推进了香港、澳门的回归。2019年1月2日，在《告台湾同胞书》发表40周年纪念会上，习近平同志强调"支持和追求国家统一是民族大义，应该得到全民族肯定。"同时提出五点主张，全面阐述了立足新时代、在民族复兴伟大征程中推进祖国和平统一的重大政策主张。在庆祝中国共产党成立100周年大会上习近平同志庄严宣示："解决台湾问题、实现祖国完全统一，是中国共产党矢志不渝的历史任务，是全体中华儿女的共同愿望。""任何人都不要低估中国人民捍卫国家主权和领土完整的坚强决心、坚定意志、强大能力！"中华人民共和国宪法明确规定："中华人民共和国公民有维护国家统一和全国各民族团结的义务。维护国家统一所包含的内容是：公民要维护国家主

---

① 《美刊研究中国模式 指中国打破经济学教科书常规》，http://huanghenews.com.cn/content/2009-01/14/content-19818.htm；《美媒研究中国模式：羡慕中国的国家干预能力》，http://www.milchina.com/Get/zz/085423270.htm；《美国〈新闻周刊〉高调肯定中国模式的背后》.

② 亨廷顿. 变动社会的政治秩序[M]. 上海：上海译文出版社，1989：440.

权不被侵犯,维护国家领土完整和国家政权不被侵犯,维护国家领土的完整和国家政权及其统一。"维护国家统一和民族团结是党和国家治国理政的一个核心环节。

(二)古代精神文化奠定了中华民族价值观世界观的重要基因

清华大学国学院陈来院长认为:以孔子学说为代表的儒家思想"确立了中国文化的价值理性,奠定了中国文化的价值观,赋予了中国文化基本的道德精神和道德力量,使儒家文明成为'道德文明'""成为中华文明的最突出的软实力"。[①] 习近平同志在 2014 年孔子诞辰 2565 年纪念大会讲话中指出:孔子与儒家思想"蕴藏着解决当代人类面临的难题的重要启示"。

中国古代精神文化在中华文明中怎样发挥作用,又给与当代怎样的启示呢?

1. 以民为本的价值观

民本是中国古代治道的核心观念。《尚书·五子之歌》借大禹之口提出"民为邦本,本固邦宁"的晓喻后世的治理之道。老子在《道德经》有"圣人无常心,以百姓心为心"之说,表明了民本思想得以实施的关键要素。从先秦至西汉,儒家政治文化有一条主线就是民本思想。孔子主张贵民、爱民、安民、利民、富民,包括在道德修养上"修己以安百姓";而孟子更加明确地提出儒家民本思想,指出民是社会与国家之基,"民为贵,社稷次之,君为轻"。主张施仁政,强调统治者应当与民同乐,并注重教民化民,在富民的基础上进行德教;荀子提出了"君舟民水"的观念,具有较大的进步意义。直至西汉初叶,陆贾等主张"得之于民"的重民思想,认识到政权得失、国家兴衰之根本在于民心向背,西汉董仲舒提出"天立王以为民"的理念;到了宋明时期以叶适、张载、二程、朱熹为代表的民本思想更加丰富且系统化。朱熹在《四书章句集注·大学章句》中有句"言能絜矩而以民心为己心,则是爱民如子,而民爱之如父母矣。"提出了治国者应该达到的境界,表明了"道得众则得国"的道理。尽管儒家是站在统治阶级立场上提出民本思想,服务于王者统治的稳固,但是,依然关照到民间利益,在总体上是利于文明进步的。

马克思列宁主义首开站在全人类的立场上探索人的自由解放理论之先河,中国共产党从成立起就拥有"民本"自觉,就是共产党人的初心,就是"全心全意为人民服务的根本宗旨",就是"为中国人民谋幸福,为中华民族谋复兴",就

---

① 陈来. 国学散论 [M]. 北京:清华大学出版社,2019:4.

是"为人民做实事""以人民为中心"等,它所依托的就是自古以来的民本思想和后来发展起来的历史唯物主义世界观。中国共产党认识到,只有实施以人民为中心的宗旨,才能最大限度地凝聚人民的力量,为人民谋幸福,为民族谋复兴;只有确立"江山就是人民"的理念,才能最大限度地发挥集中统一的制度优势,体现"人民就是江山"的力量。正如习近平同志所说:"唐太宗李世民和大臣们在贞观年间总结隋炀帝亡国的教训时说,治理国家'必须先存百姓,若损百姓以奉其身,犹割股以啖腹,腹饱而身毙'。古代封建统治者尚能认识到存养百姓的重要性,我们党的各级领导干部更应自觉坚持全心全意为人民服务的根本宗旨,保持同人民群众的血肉联系,始终与人民同呼吸、共命运、心连心,团结带领人民续写改革新篇章,确保改革取得成功"①。相反,以美国为代表的西方国家的政客,所维护的是资本的利益,所着眼的是自己的选票,致使整个国家在疫情侵袭面前,呈现一盘散沙的局面而失去抗击疫情的时机和能力,也不能凝聚民心民智着力于具有战略意义的民生事业,不能"以连贯的方式推动和引导人民和国家的资源达到共同的目标"。这应该是中国能够在短时间里超越发展,使西方当权者感到"威胁"的根本性原因。这正是汤因比所指的中国儒家的人文主义价值观使得中国文明符合了新时代人类社会整合的需求,而且,在中国共产党领导下在长期斗争的实践中得到切实的发展。从毛泽东同志所确立的"全心全意为人民服务"的宗旨,到党的十八大以来,习近平同志提出"树立以人民为中心的工作导向","坚持以人民为中心"成为中国特色社会主义的一个基本方略,体现了人民的主体性,这是对中国古代民本思想的重大超越,也是对马克思主义的重大发展。也正因为如此,中国特色社会主义思想才能赢得人民的信服,中国共产党才能赢得人民的拥护,这也正是中国共产党执政合法性的基本前提。为此,习近平同志提出:"中国共产党将坚持以人民为中心的发展思想,在宏阔的时空维度中思考民族复兴和人类进步的深刻命题,团结带领中国人民上下求索、锐意进取,创造更加美好的未来"②。

在论及国家治理时,习近平同志指出:"始终代表最广大人民根本利益,保证人民当家作主,体现人民共同意志,维护人民合法权益,是我国国家制度和国家治理体系的本质属性,也是我国国家制度和国家治理体系有效运行、充满活力

---

① 习近平.坚持历史唯物主义不断开辟当代中国马克思主义发展新境界[J].求是,2020(1).
② 习近平.2021年7月6日在中国共产党与世界政党领导人峰会的主旨讲话.

的根本所在"①。强调了保证人民当家作主的重要性，而切实的民主正是中国特色社会主义事业的重要组成部分，是保证人民当家作主的重要途径。中国古代民本思想应该是近代民主思想的重要基础。中国夏商周时期氏族社会具有民主萌芽。春秋法家代表人物管仲在《管子·桓公问》中谈及黄帝、尧、舜、禹治政时注意倾听臣民意见："黄帝立明召之议者，上观于贤也。尧有衢室之问者，下听于人也。舜有告善之旌，而主不蔽也。禹立谏鼓于朝，而备讯矣。"在《管子·霸业》中明确提出："夫霸王之所始也，以人为本。本理则国固，本乱则国危。"到了春秋战国形成封建社会的动荡时期，民本理念进一步兴起，有"国将兴，听于民，将亡，听于神"（《左传·庄公二十三年》）之说。在孔、孟、荀的发挥下，开始形成比较系统的民本为政思想。孟子有"得其民斯得天下"（《孟子·离娄上》）"君子有大过则谏，反复之而不听，则易位。"（《孟子·万章下》）。汉初政论家贾谊提出"闻之为政也，民无不为本也"。（《贾谊新书·大政》），民本为政思想更加明确。到近代，在西方启蒙思想影响下，开始有了明确的民主理念。维新启蒙政论家郑观应提出"君主者，权偏于上；民主者，权偏于下"（《盛世危言·议院》）。一个世纪前兴起的新文化运动，则高举起"民主"与"科学"的大旗，继而在中国共产党人领导下开启了新民主主义革命，对民本为政思想的认识与实践走上了一个全新的探索与发展阶段。

1945年黄炎培先生在延安曾问毛泽东主席，中国共产党能不能跳出历史上"其兴也勃焉，其亡也忽焉"的历史周期率。毛泽东同志回答说："行，这就是民主。"

在当代，中国共产党统一领导下的人民代表大会制度和多党合作的政治协商制度，是我国政治生活中社会主义民主的重要形式，既凸显了集中统一领导的制度优势，同时，使得古代君王克己纳谏制度的优越性得以扩展，局限性得到弥补，成为我国政治体制和国家治理体系的重要组成部分，成为发展全过程人民民主的重要保障。2021年10月13日在中央人大工作会议上，习近平强调人民代表大会制度是符合我国国情和实际、体现社会主义国家性质、保证人民当家作主、保障实现中华民族伟大复兴的好制度，是我们党领导人民在人类政治制度史上的伟大创造，是在我国政治发展史乃至世界政治发展史上具有重大意义的全新政治制度。人民代表大会制度，坚持国家一切权力属于人民，最大限度保障人民当家作主，把党的领导、人民当家作主、依法治国有机结合起来，有效保证国家治理跳出治

---

① 习近平. 2019年10月31日在党的十九届四中全会第二次全体会议上讲话.

乱兴衰的历史周期率。2021年6月25日,国务院新闻办发表《中国新型政党制度》白皮书,白皮书指出"中国共产党领导的多党合作和政治协商制度是中国的一项基本政治制度。这一制度既植根中国土壤、彰显中国智慧,又积极借鉴和吸收人类政治文明优秀成果,是中国新型政党制度。""实践证明,中国新型政党制度具有历史的必然性、伟大的创造性、巨大的优越性和强大的生命力,体现了中华优秀传统文化的精髓,反映了社会主义制度的本质要求,符合中国国情和国家治理需要,是有利于国家发展、民族振兴、社会进步、人民幸福的基本政治制度。"这一制度得到中国民众的欢迎,也得到越来越多国际有识之士的肯定。据俄罗斯《独立版》2021年6月28日文章"中国民主是'全球最有效的'"的作者称"中国新型政党制度是马克思主义政党理论与中国实际相结合的产物,是中国共产党、中国人民和各民主党派、无党派人士的伟大政治创造。它的本质是中国共产党执政,各民主党派在中共领导下参政议政。俄罗斯的一些政治家和政论家称中国的经验具有启发性,值得认真研究",该文还提到"丹麦奥尔堡大学教授李形说,民主党派是一面镜子,中共可以从中看到自己的不足。"2008年2月7日《新德意志报》文章说"目前中国正在进行当代最伟大的社会实践……中国定将实现一种特殊的民主,这种民主将考虑这个大国的社会、文化和经济特点。这种亚洲'社会主义民主'所涉及的是史无前例的继续思考,不是抽象地复制西方资本主义民主。"美国"软实力"概念提出者约瑟夫·奈说:"中国的经济增长不仅使发展中国家获益巨大,中国的特殊发展模式包括特殊的民主方式也被一些发达国家称为可效仿的模式,更重要的是将来,中国倡导的民主价值观、社会发展模式和对外政策做法,会进一步在世界公众中产生共鸣和影响力"[①]。在一个时期里,以美国为首的西方政治家一直向世界包括向中国推介他们的竞争式的民主模式。但是,我国的民主政治建设和政治体制改革是从中国实际出发,立足全民族的最大利益,采取了协商式民主模式,被实践证明是符合中国实际的。中国传统文化中"以民为本"与"和""合"观念是协商式民主所依据重要的文化基因。只有继承发展好这一基因,才能体现最广大人民的意愿和利益。正如习近平同志指出的:"在中国社会主义制度下,找到全社会意愿和要求的最大公约数,是人民民主的真谛。"习近平同志又指出:"照抄照搬他国的政治制度行不通,会水土不服,会画虎不成反类犬,甚至会把国家前途命运葬送掉。只有扎根本国

---

① 许峰.中国的改革开放怎样影响了世界[J].红旗文稿,2019(1).

土壤、汲取充沛养分的制度，才最可靠、也最管用"①。

中国古代以民为本的治道，是建立在以人为本的哲学理念基础上，正如哲学家冯友兰先生在《中国哲学的特质》一文中所说："中国文化有一个特点，就是对人的评价很高。人在宇宙中间占了很高的地位，人为万物之灵。"中国共产党在成长过程中特别关注"人"，发挥人的作用。毛泽东说"世间一切事物中，人是第一个可宝贵的""兵民是胜利之本"；习近平强调"中国共产党根基在人民、血脉在人民""人民就是江山，江山就是人民"。所以，我们不仅要使制定的路线、方针、政策都充分体现了最广大人民的根本利益，而且，必须自觉坚持党的群众路线，为了人民，依靠人民，从群众中来，到群众中去，真正全面体现以人民为中心的理念。

正如习近平所说，"评价一个国家政治制度是不是民主的、有效的，主要看国家领导层能否依法有序更替，全体人民能否依法管理国家事务和社会事务、管理经济和文化事业，人民群众能否畅通表达利益要求，社会各方面能否有效参与国家政治生活，国家决策能否实现科学化、民主化，各方面人才能否通过公平竞争进入国家领导和管理体系，执政党能否依照宪法法律规定实现对国家事务的领导，权力运用能否得到有效制约和监督"②。民主是全人类的共同价值，民主的核心内涵，一是国家各级管理者要为民做主，尊重民众的意愿，维护人民的根本利益；二是国家的治理要由人民当家作主。一个国家的民主制度好不好，不能由个别人说了算，也不能由外部少数人来评判，本国的广大民众最有发言权。2021年11月12日，中央政策研究室主任江金权在十九届六中全会新闻发布会回应中国全过程民主的相关问题时指出：一些西方国家所引以为傲的选举民主，实际上是资本支配的选举，是资本集团的游戏，是有钱人的"民主"，不是真民主。2021年10月31日，美国广播公司公布民调结果：全球57%的受访者、美国72%的受访者认为美国不是民主的良好样板。美国的另一项民意调查显示：超过81%的美国民众对美国民主表示担忧。美国两次民调结果显示：中国民众对中国党和政府的满意度达到95%和98%。孰优孰劣，明眼人一看自明。江金权继而指出：党的十八大以来，以习近平同志为核心的党中央坚持中国特色社会主义政治发展道路，坚持党的领导、人民当家作主、依法治国有机统一，走出了一条发展全过程人民民主的民主道路。我国全过程人民民主是一个完整的制度链条，包括

---

① 习近平. 2014年9月21日，在中国人民政治协商会议成立65周年大会上的讲话.
② 习近平. 2021年10月13日，在中央人大工作会议上的讲话.

选举民主、协商民主、社会民主、基层民主、公民民主等民主政治的全部要素，涵盖了民主选举、民主协商、民主决策、民主管理、民主监督等民主过程的一切领域，不仅有完整的制度程序，而且有完整的参与实践，实现了过程民主和成果民主、程序民主和实质民主、直接民主和间接民主、人民民主和国家意志相统一，是全链条、全方位、全覆盖的民主，是最广泛、最真实、最管用的社会主义民主，以多样、畅通、有序的民主渠道，有效保证了全体人民依法通过各种途径和形式管理国家事务、管理经济和文化事业、管理社会事务。中国人民有着高度的政治制度自信，根本原因就在于我国全过程人民民主是民主含量高、民主成色足、深受中国人民欢迎的民主，这才是真正的人民民主。

当然，国家治理民主化的进程仍在行进之中，我们还要积极借鉴人类治理民主化中一切有益的成果，努力以中国共产党的党内民主化引领和保障国家治理民主化的不断完善。努力做好《中共中央关于党的百年奋斗重大成就和历史经验的决议》指出的："治国必先治党，治党务必从严，聚精会神抓好党的建设，开创和推进党的建设新的伟大工程。党制定关于党内政治生活的若干准则，健全民主集中制，发扬党内民主，实现党内政治生活正常化""坚持党的领导、人民当家作主、依法治国有机统一，积极发展全过程人民民主，健全全面、广泛、有机衔接的人民当家作主制度体系，构建多样、畅通、有序的民主渠道，丰富民主形式，从各层次各领域扩大人民有序政治参与，使各方面制度和国家治理更好体现人民意志、保障人民权益、激发人民创造。"

2. 天下为公，实现大同的社会理想

作为大一统架构的政治文化基础，天下为公的政治生态和实现大同的社会理想逐渐成中华民族的共同追求。

史前史研究表明，中华民族在起源时代即表现出追求大一统的趋势。孔子认为周朝的分封制就是"公天下"理想社会的典范，孔子及其弟子在《礼记·礼运》中曾论述了大同的社会理想和天下为公的道德境界："大道之行也，天下为公。选贤与能，讲信修睦，故人不独亲其亲，不独子其子，使老有所终，壮有所用，幼有所长，矜寡孤独废疾者，皆有所养。男有分，女有归。货，恶其弃于地也，不必藏于己；力，恶其不出于身也，不必为己。是故，谋闭而不兴，盗窃乱贼而不作，故外户而不闭，是谓大同。"天下为公，世界大同的美好愿景，经过后人的发扬，内涵愈加丰富。清末的康有为在古代"大同"理想的基础上，吸收欧洲空想社会主义和达尔文进化论的思想，写出了《大同书》，提出了他心目中的理想社会：去国界合大地、去级界平民族、去种界同人类、去家界为天民、去产界公生业、去乱界治太平、去类界爱众生，达至去苦界至极乐之境界，宣扬"大同之世，天下为公，无有阶级，一切平等"。虽然《大同书》带有空想主义色彩，如毛泽东所言"他没有也不可能找到一条到达大同的路"，但是仍然具有进步意义；后来，中国民主革命的伟大先驱孙中山先生提出了民族、民权、民生的三民主义，立誓要以"博爱""天下为公""世界大同"为己任。虽然他领导的革命尚未成功，但以深刻的影响力推动了近代中国社会变革。

　　天下主义的观念及其提供的大一统价值秩序和大同的社会理想，是中国士人所追求的重要文明发展原则。历史学家梁漱溟在《中国文化要义》中曾言："中国人怀抱着天下观念，自古迄今一直未改，真是郭然大公，发乎理性之无对。说民族性，这才是中国的民族性。" 以"我将无我，不负人民"为初心使命的中国共产党人，始终为中国人民谋幸福、为中华民族谋复兴，也始终胸怀天下，为人类谋进步、为世界谋大同，将中华文化传统的天下精神弘扬到极致，是中华民族民族性的突出代表。正如《中共中央关于党的百年奋斗重大成就和历史经验的决议》指出的，党中央不仅强调"人民对美好生活的向往就是我们的奋斗目标，增进民生福祉是我们坚持立党为公、执政为民的本质要求，让老百姓过上好日子是我们一切工作的出发点和落脚点"，而且"坚持胸怀天下。大道之行，天下为公。党始终以世界眼光关注人类前途命运，从人类发展大潮流、世界变化大格局、中国发展大历史正确认识和处理同外部世界的关系，坚持开放、不搞封闭，坚持互利共赢、不搞零和博弈，坚持主持公道、伸张正义，站在历史正确的一边，站在人类进步的一边。"

　　中国传统天下主义的观念并非囿于狭隘的地域文明，中国古圣先贤相信"四海之内皆兄弟"，自古以来就有对人类之价值关怀。天下主义虽诞生于黄河之滨的华夏土地，但关涉的是整个人类之价值理想。天下观思考的对象就是整个世界，天下主义就是对世界负责的一种价值理论。英国著名学者、剑桥大学发展研究中心主任彼得·诺兰在其近著《十字路口：疯狂资本主义的终结和人类的未来》中写道：要克服西方主导的经济全球化所带来的矛盾和弊端，唯一的出路就是要按"天下为公"的原则实现平等互利的国际合作。他寄希望于切实借鉴和运用中国文化的智慧和中国当今发展提供的经验，来实现这样的目标。诺兰教授的这种看法，应该说是一种基于中国发展实践的真知灼见。而这些识见，在西方的学者和政要中也不乏其例。①

---

① 滕文生.天下为公：中华文明的世界贡献[N].北京日报，2017-12-04.

3. 修齐治平的德治理念

中国古代是一个伦理本位的社会，因而儒家十分注重修身与德治，此为社会太平，民心凝聚的前提，体现了"道统"对"政统"的制约。《大学》宣扬"自天子以至于庶人，壹是皆以修身为本。"子曰："道之以政，齐之以刑，民免而无耻；道之以德，齐之以礼，有耻且格。"（《论语·为政》），季康子问政于孔子，孔子对曰："政者，正也。子帅以正，孰敢不正？"（《论语·颜渊篇》），因为"其身正，不令而行；其身不正，虽令不从。"（《论语·子路篇》）。"为政以德，譬如北辰，居其所而众星共之。"（《论语·为政篇》）强调德治和为政者的示范作用。

中国共产党在百年奋斗史中，十分重视道德教化和礼仪规范。例如"三大纪律，八项注意"表明了中国共产党十分重视注重内部的纪律道德及其示范凝聚作用。在新的历史时期，习近平一再强调"积极借鉴我国历史上优秀廉政文化，不断提高党的领导和执政水平、提高拒腐防变和抵御风险能力，确保党始终成为中国特色社会主义事业的坚强领导核心"。指出"研究我国反腐倡廉历史，了解我国古代廉政文化，考察我国历史上反腐倡廉的成败得失，可以给人以深刻启迪，有利于运用历史智慧推进反腐倡廉建设"。[①]

在中国古代历史上，强调克己复礼。颜渊问仁。子曰："克己复礼为仁。一日克己复礼，天下归仁焉！为仁由己，而由人乎哉？"颜渊曰："请问其目"，"子曰：非礼勿视，非礼勿听，非礼勿言，非礼勿动。"（《论语·颜渊》）宋代大儒朱熹解析克己复礼曰："克是克去己私。己私既克，天理自复，譬如尘垢既去，则镜自明；瓦砾既扫，则室自清。""克己复礼，间不容发，无私便是仁。"又曰："天理人欲，相为消长，克得人欲，乃能复礼。"（《朱子语类》卷四十一论语二十三）朱熹认为，仁就是人内心的完美道德境界。唐太宗《贞观政要》一书，突出了古代君王在律己纳谏方面做出的努力，为历代当政者和士人所推崇，其要旨就是克己复礼。唐太宗说："朕每思伤其身者，不在外物，皆由嗜欲以成其祸。……朕每思此，不敢纵逸。"强调"人欲自照，必须明镜；主欲知过，必藉忠臣"[②]，唐太宗克己纳谏达成贞观之治成为历史佳话，他总结出"以铜为镜，可以正衣冠；以古为镜，可以知兴替；以人为镜，可以明得失"亦成千古名言。[③] 但是，正如

---

① 习近平. 2013年5月25日，在中共中央政治局就我国历史上的反腐倡廉进行第五次集体学习会上讲话.

② 唐·吴兢. 贞观政要·君道.

③ 后晋·刘昫. 旧唐书：卷七十一 [M]// 魏征列传. 北京：中华书局，1975.

张国刚教授在《资治通鉴与家国兴衰》中指出的：唐宋以后的君王自我约束的克己制度尽管仍然在继续发展，它的发展和完善都是注重于如何控制臣下方面。

中国共产党自从夺取政权之初就十分重视以史为鉴，律己从政。毛泽东提出"进京赶考""不做李自成"，并给出了"务必使同志们继续地保持谦虚、谨慎、不骄、不躁的作风，务必使同志们继续地保持艰苦奋斗的作风"的对策，给出了共产党人应怎样经受革命胜利和执政考验的历史性答卷。在新形势下，以习近平同志为核心的党中央站在党和国家事业发展全局高度，坚持打铁必须自身硬，强调办好中国的事情关键在党，关键在坚持党要管党、全面从严治党，并首先做到"我将无我，不负人民。"在新时代新征程上，带领全党不忘初心，牢记使命，坚持"以人民为中心"的大德，保持"无我"的崇高境界，反对形式主义、官僚主义、享乐主义和奢靡之风，并通过巡视制度等，达至严以修身、严以用权、严于律己，以一种全新的方式，领导中国人民"建立和坚守着自己的文明"，创造出超越千古历史并让世界刮目相看的奇迹。现今，以习近平同志为核心的党中央将"立德树人"作为教育的中心环节，将为提高全民族素质，实现中华民族伟大复兴奠定关键性基础。

4. 贵仁忠恕的天下精神

"贵仁"是儒家最重要的道德追求，"仁者爱人"是孔子和儒家思想的核心和最高美德，儒学一贯将仁德置于道德和价值体系之首。同时，孔子不仅突出了仁的重要性，而且把仁展开为两方面的实践原理，即"己所不欲，勿施于人"（《论语·卫灵公》）和"己欲立而立人，己欲达而达人"（《论语·雍也》）。这是儒家处世之道的重要原则，即以忠恕之心对待他人，达到推己及人、和谐共生的境界。20世纪90年代以来，"己所不欲，勿施于人"已经被确认为世界伦理的金律，而在中华文明2500年以来的发展历程中，孔子仁学的这一教诲早已深入人心，化为中华文明的道德精神。[①]当今，这一精神已成为中华民族塑造和谐社会、推进人类命运共同体的道德基础，它与所谓的"美国优先"的霸权理念形成了鲜明的对照。同时，也印证了汤因比的论点："中国人在其漫长的历史中都保持着人类社会中可贵的天下主义的精神，恰恰中国文化是距离狭隘的民族主义最远的"。而仁爱、忠恕就是这种天下精神的根基，对于实现国家和世界治理现代化具有核心导引作用。正如中共十八大报告所指出的："在追求本国利益时兼顾他国合理关切，在谋求本国发展中促进各国共同发展，建立更加平等均衡的新型全

---

① 陈来. 国学散论[M]. 北京：清华大学出版社，2019：5.

球发展伙伴关系，同舟共济，责权共担，增进人类共同利益。"体现了中国作为一个负责任的大国在实现自身伟大复兴进程中的对于世界共同发展的责任担当，是对古代贵仁忠恕天下精神的当代发展。

5. 守中尚和的处世哲学

中庸是儒家重要的世界观、认识论与方法论，体现在三个基本原则：致中和、执两用中、和而不同。中庸之道的核心就是恪守中正，以马克思主义的观点，便是适度原则。在《中庸》开篇提出了"致中和，天地位焉，万物育焉"的观点，这种思想影响了中国文化与民族性格几千年。著名社会学家潘光旦先生借鉴"致中和，天地位焉，万物育焉"的思想，提出了"位育"的概念，指出"位者"是"安其所也"，"育者"为"遂其生也"，教育就是"安所遂生""从每一个人的位育做起，而终于全人类的位育"①。为此要注重知识的"中和"，学术的兼容并包，治学的融会贯通，使受教育者通过"自求""自得"，成为"健全、完整的人"，由而提高全民族的素养。潘先生的教育思想与当前提倡的素质教育和人本思想是相通的；但中庸、中和并非一味求同，而是"君子和而不同"的追求。"和而不同"追求的是内在的和谐统一，而不是表象上的相同一致。"和而不同"的思想对我们追求和谐的现实生活乃至"和而日新"起着重要的指导作用。

孔子不仅提出"君子和而不同，小人同而不和"（《论语·子路》），还主张"和为贵"（《论语·学而》），在认同差异的前提下寻求和谐。对内建设和谐社会，对外按照儒家经典《尚书》提出的"协和万邦"理念，追求和平共处的世界，成为中华民族千年永续的治国经世的法宝。

同时，应该深刻认识与运用"会通"的理路。"会通"一词最早可见于《周易·系辞上》："圣人有以见天下之动，而观其会通，以行其典礼。"由于在思维方式上强调整体性、综合性、和谐性是中华传统文化的显著特征，"会通"成为中国学人长期遵循的观察事理研究学问的方法。正是依据会通的理路实现了中国思想文化上儒、释、道的融合，促进了中华多民族的文化凝聚和合，通过思想文化的融会贯通与经世致用的结合，使得中华文化得以传承发展而经久不衰，成为唯一未曾中断的四大文明之一。

自古以来，中国思想文化的会通就注重中外文明的交融。西汉张骞西域之行开启了古代丝绸之路中外文明交流的先河；明代郑和七下西洋，通过海上丝绸之路促进了中外文明的交流交融。明末科学家徐光启在中西文化交流激荡中，敏感

---

① 潘光旦文集：第 6 卷 [M]. 北京：北京大学出版社，1995：138-139.

地认识到"欲求超胜，必先会通"，他继承了中华文化会通的传统，并以超前的眼光、开放的心态、求变的志向和学以致用的理念，为推进中西文化交流和中国现代科学进步做出了开拓性贡献。

有关"会通"的理念在近现代变得越发明晰而引人关注。到了晚清和民国初年，伴随着西方列强经济、军事的入侵，在文化上加速了西学东渐的进程。此时，实践中西古今文化的融合会通成为许多有识之士追求的文化自觉。在中国改革开放的新时期，"会通"的理路达至全新的境界。会通实际上是一种文化自觉或者说一种哲学自觉。哲学家张岱年先生在 20 世纪 80 年代，发表了《综合创新，建立社会主义新文化》，明确提出了"文化综合创新论"文化观，指出"建设社会主义新文化，一定要继承和发扬本民族优秀的传统文化，同时汲取西方有价值的文化，逐步形成一个以马克思列宁主义思想为指导，以社会主义价值观来综合中西优秀文化而创造出一种新型的文化体系"，为中国文化的发展提供了一个明晰的哲学模式。而所依据的就是他的"兼和"哲学观，即"最高的价值准则曰兼赅众异而得其平衡。简云兼和，古代谓之曰和，亦曰富有日新而一以贯之"①，亦即通过综合融会各种不同的观点或事物而达至创新。"兼和"哲学观是对中国古代"和而不同"哲学的继承与发展，是张岱年先生在哲学原理上的重大创见；对于文化创新、文化育人和建设和谐文明有着重要的指导意义。英国历史学家汤因比曾指出："人类已掌握了可以毁灭自己的高度技术文化手段，同时又处于极端对立的政治意识形态的营垒中，当前，最重要的精神就是中国文明的精髓——和谐"②。努力弘扬"和谐"哲学观，是文化发展与文明进步的灵魂所在，是实现中国梦和世界梦的灵魂所在。同时，我们还需要了解的是钱学森先生的哲学观和方法论，他经过长期的实践与探索，提出了解决复杂系统问题的"大成智慧工程"，主张跳出几个世纪前开始的那种将复杂系统不断简化的研究方法——还原论方法。他说必须集哲学与科学、科学与人文艺术、集人类知识之大成，才能得智慧。他还指出：大成智慧的核心就是要打通各行业、各学科的界限，相互渗透，相互促进，创造性成果往往出现在这些交叉点上，学科跨度越大，创新程度也越大。"必集大成，才能得智慧！"③ "大成智慧学"实际是在当今这个知识爆炸、信息如潮的时代里，发展了的中国古代"和而不同"的哲学观和马克思主义辩证唯物主义

---

① 张岱年文集：第三卷 [M].北京：清华大学出版社，1992：213.
② 展望二十一世纪：汤因比与池田大作对话录 [M].荀春生，朱继征，陈国梁，译.北京：国际文化出版公司，1985：46.
③ 卢明森，鲍世行编.钱学森论大成智慧 [M].北京：清华大学出版社，2014.

的世界观、方法论,一种新型的思维方式和人—机结合的思维体系。

无论是"和而不同"的哲学观或是"融会贯通"的方法论,得以实施的一个重要的前提就是"厚德载物"的襟怀。张岱年先生认为"'厚德载物'就是要有博大的胸怀,兼容并包。在中国,儒、道、释三家彼此相容,这种现象只有中国才有。西方历史有宗教战争,中国则无,这无疑是中国文化的一大特点"①。在当今推进治理体系与治理能力现代化的过程中,既要以高度的文化自觉自信,植根于深厚的中国优秀文化,亦要亦博大的襟怀,吸纳人类一切成功的经验和理念。只有如此,才能达至"各美其美,美人之美,美美与共,天下大同"的境界。

6. 法德礼合一的法治观念

这一点在汤因比以上的分析中被忽视了,法家的法治思想是我国古代思想家、政治家和改革家重要的理论与实践结晶,古代法家与儒家、道家的"法德礼合一"的思想和观念融入封建正统思想支撑了两千余年中华帝国,可以成为当今依法治国和以德治国的基础。正如习近平同志所强调的"中华法系在世界几大法系中独树一帜。要注意研究我国古代法制传统和成败得失,挖掘和传承中华法律文化精华,汲取营养,择善而用"②。

儒家的治理思想是以伦理道德、礼仪法则为基础实施社会管理和国家治理的,强调作为社会行为规范的"礼"可以"经国家,定社稷,序民人,利后嗣"(《左传·隐公·卷四·传十一年》),而孔子在《论语·泰伯》中提出"兴于诗,立于礼,成于乐",在《宪问》中提出"文之以礼乐,亦可以为成人矣",在《季氏》中主张"不学礼,无以立",他要求"克己复礼"做到"非礼勿视,非礼勿听,非礼勿言,非礼勿动。"(见〈颜渊第十二〉)都强调对行为规范的重视。《孔子家语·刑政》有"太上以德教民,而以礼齐之。其次以政导民,以刑禁之,刑不刑也。"主张以德、礼作为刑之用的前提。孟子进而指出:"徒善不足以为政,徒法不能自行。"(《孟子·离娄上》),主张"德主刑辅";认同"性恶论"的荀子,在《荀子·劝学》中提出"礼者,法之大分,类之纲纪也。故学至乎礼而止矣。夫是谓道德之极。"同时认为"百吏畏法结绳,然后国常不乱。"(《荀子·王霸》),"君法明,论有常,表仪既设民知方。进退有律,莫得贵贱,熟私王?"(《荀子·成相》)。荀子的思想特征应该是"儒法并进""隆礼重法";到了汉武帝以始,"援礼入法"使儒家伦理纲常理念引入立法、司法

---

① 张岱年. 张岱年自传 通往爱智之门 [M]. 北京:北京大学出版社,2011:141-142.
② 习近平. 加快建设社会主义法治国家 [J]. 求是,2015(01).

实践，开启了国家治理法德礼合一的新阶段，对后世产生重要影响。

法家本质上主张依法治国，最先提出依法治国的是春秋时期担任齐相的管仲，他在《管仲·七臣七主》中提出："法者，所以兴功惧暴也；律者，所以定分止争也；令者，所以令人知事也；法律政令者，吏民规矩绳墨也"，他提出了一套依法理政的治国方略，使齐桓公登上春秋霸主宝座，对后世法家具有启迪作用。改革家商鞅是战国时期法家的代表，他在法家著名代表作《商君书》中，强调垂法而治的重要性，指出"发令者，民之命也，治之本也，所以备民也"。与儒家"性本善论"相对，在"性恶论"的基础上，主张"重罚""严刑"，以达到"去奸""民莫敢为非"；又提出"以刑去刑""重刑反于德"的通过法治达至德治的治理理念；同时，主张"刑无等级"，否定了商周"刑不上大夫，礼不下庶人"的观念。这些对当今"德法兼顾"，强化依法治国有借鉴意义。同时，应该看到，儒家重德轻刑常常失之宽柔，而法家重罚严刑又往往失之严峻，后世君王所取的将儒家"修己以安百姓"的柔性与法家"以法治吏"的刚性相结合的刚柔并济的吏治之法是值得借鉴的，这一点在历史上也是有教训的。明太祖朱元璋推行重典治吏，严刑惩罚贪官污吏。但是，未能有效地与德化礼教相结合，致使"法出而奸生，令下而诈起""朝杀而暮犯"，在总结30年施政经验后，将德化礼教法治相结合，将宽严相济视为国策。当今，中国共产党在汲取先贤经验基础上，形成了廉政建设的规范。习近平总书记一再强调要构建不敢腐、不能腐、不想腐的有效机制，即以零容忍态度惩治腐败，有腐必反、有贪必肃，致使"不敢腐"；扎牢制度笼子，完善监管措施，强化"不能腐"；推进党性教育、法治教育和道德教育，促进"不想腐"。通过自我净化、自我完善、自我革新、自我提高，走出一条中国特色反腐倡廉道路。

当今中国特色社会主义法治与古代法家主张相比较有着本质的发展。古代法治本质上是帝王意志的体现，强调"权制独断于君则威"，而保持公正施法的前提是"惟明主爱权重信，而不以私害法"（《商君书·修权》）。一般君王难以真正无私施法，容易走向"人治"。而当今依法治国在本质上是人民意志的体现，是体现公平正义，维护人民的最大利益。2013年4月19日，习近平在中共中央政治局第五次集体学习时的讲话强调："制度问题更带有根本性、全局性、稳定性、长期性。关键是要健全权力运行制约和监督体系，让人民监督权力，让权力在阳光下运行，把权力关进制度的笼子里。"这样我们既继承了历史上垂法而治的法治理念，又有效地规避了"人治"的弊端。同时，实现坚持党的领导、人民当家作主、依法治国和以德治国的有机统一。党的十八届四中全会通过的《中共中央关于全面推进依法治国若干重大问题的决定》，将"坚持依法治国和以德治国相结合"作为建设中国特色社会主义法治体系和建设社会主义法治国家的基本原则。这是在科学总结历史经验教训的基础上，并充分考虑我国现实社会的实际提出来的，具有重大而深远的意义。

提到教训，我们不得不看到中国的封建政治文化是建立在小农经济基础上的，在政治上遵循的是封建等级观念和等级制度，由于等级观念容易滋生特权思想，形成"官本位"政治文化。所谓"官大一级压死人"成为等级观念的写照，而所谓"书中自黄金屋，书中自有颜如玉"，则把封建科举制度与官本位的特权的追求紧密相连。当今在中国民众中，这种封建"官本位"的观念，仍然有着普遍的影响力，在干部队伍中，这更是背离"为人民服务"革命传统的文化根源。邓小平指出："当前，也还有些干部，不把自己看作是人民的公仆，而把自己看作是人民的主人，搞特权，特殊化，引起群众的强烈不满，损害党的威信，如不坚决改正，势必使我们的干部队伍发生腐化。我们今天所反对的特权，就是政治上经济上在法律和制度之外的权利。搞特权，这是封建主义残余影响尚未肃清的表现"[①]。

由于中国长期在农业文明条件下，人主要生活在由血缘宗法关系维系的责任秩序中，其日常交往是以血缘关系、宗法关系和天然感情为基础的。而长期运行的中国农业文明具有成熟性、稳定性和持久性的特点。在中国，虽然现代化进程已持续了一个多世纪，并经受着信息化、全球化以及蓝色文明的冲击，但是，我们的农业文明仍然以特有的成熟方式持续生存着，传承着。而且，由于我们的一些政策仍在维系城乡二元化结构，使得广大农村依然容易为血缘宗法关系维系的责任秩序所支配，并影响着城市的文化生态。在这样的背景下，中国传统社会生活常是一个人情世界。在人情面前，可以牺牲原则、正义、平等、公正，法治、规则可以置之不顾。 正如列宁所说："假设我们以为写上几个法令就可以改变农村的全部生活，那我们就会是十足的傻瓜"[②]。在现实的社会中，凭经验、靠关系行事常常成为无所不在的运行机制，反映了中国传统经验性和人情化文化模式的保守性和顽固性，同时，中国人特别关注"面子"，这些是缺乏理性的表现，这些文化特性往往呈现一种超稳定的结构，表明中国传统文化的现代转型的艰巨性和长期性，由而也可以体察反腐斗争的艰巨性和长期性。

---

① 邓小平.党和国家领导制度的改革[M]// 邓小平文选：第二卷，1993：332.
② 列宁选集：第3卷[M].北京：人民出版社，1960：836.

同时，我国一直存在着重视功利的实用理性的文化心理结构。古时的士人对政治事功的兴趣远胜于对知识的兴趣，读书的目的就是谋取功名，有了功名便有了一切。中国知识分子阶层不同程度以"事功"为准则的观念与追求学术的知识本位观是相悖的，这种影响是造成我国大学学术精神缺乏，独立自由理念不足进而导致创新乏力的一个深层文化原因。

马克思曾经指出："社会不是以法律为基础的，那是法学家的幻想。相反的，法律应该以社会为基础"①。被广泛誉为20世纪最具影响力的经济学家、1976年诺贝尔经济学奖得主米尔顿·弗里德曼（Milton Friedman）认为："从文化上讲，违反大家感情和道德愿望的法律很难执行"，而"利用文化，汲取其力量的法律则可以极为有效"。② 我们应该自觉运用中国独特的文化传统的优秀内涵，特别是法德礼合一的法治理念，规避中华文化的消极因素，达至依法治国和以德治国有效结合的高境界。

实际上，在中国古代法德礼合一的治理理念一个重要体现在于"任贤使能"上，如《诗经·大雅蒸民序》所说："任贤使能，周室中兴焉。"姜子牙渭水垂钓遇周文王被尊为国相，成就周之中兴便是任贤使能的典故。后来，《孔子家语·哀公问政》记载鲁哀公问政于孔子，孔子答曰："文武之政，布在方策；其人存，则其政举；其人亡，则其政息；故为政在于得人。"《汉书·京房传》有"任贤必治，任不肖必乱，必然之道也"。《后汉书·第五伦传》进而指明"务进仁贤，以仁时政，不过数人，则风俗自化矣。"都是道出"任贤使能"对治国化民的重要性。唐太宗李世民特别重视"任贤使能"，主张"致安之本，惟在得人"，并尊重魏征等贤能之臣的进谏，开创了贞观之治的繁荣盛世，而唐玄宗后唐衰落源于李林甫、杨国忠等奸臣。故此，司马光在《资治通鉴》中感言"为治之要，莫先于用人。"加拿大学者、曾任清华大学哲学系教授、现为山东大学政治学与公共管理学院院长的贝淡宁认为，贤能政治过去是也会一直是中国政治文化的核心。他认为贤能政治有两个关键因素：（1）政治领袖有超过平均水平的才能和品德；（2）设计用来选拔这种领袖的机制。当今世界，贤能政治已在政治理论中黯然失色，但是，在中国背景下，复兴并重新解释这种政治理念尚有三个重要理由。其一，贤能政治过去是，也会一直是中国政治文化的核心；其二，西方民主是一种有缺陷的政治体制，而贤能政治有助于弥补其部分缺陷；其三，过去30多年里，

---

① 马克思恩格斯全集：第6卷 [M]. 北京：人民出版社，1957：291.
② [美] 米尔顿·弗里德曼. 法律制度 [M]. 李琼海，等译. 北京：中国政法大学出版社，1994：126.

中国共产党本身正变得越来越崇尚贤能。① 中国共产党总书记习近平一步步由基层党支部书记成为国家最高领导人并政绩卓著,举世公认,本身便是中国共产党"任贤使能"的典范;此与毫无从政经历的商人特朗普运用资本的力量通过竞选直抵美国总统的高位,孰优孰劣形成鲜明对照。回溯《君子·君道》所言:"论德而定次,量能而授官,皆使人载其事而各行其所宜。"正是对当今中国共产党干部组织路线的映照。正如党的十八大报告所述:"坚持五湖四海、任人唯贤,坚持德才兼备、以德为先,坚持注重实绩、群众公认,深化干部人事制度改革,使各方面优秀干部充分涌现,各尽其能,人尽其才。"党的十九大报告继而提出:"坚持严管和厚爱结合,激励和约束并重,完善干部考核评价机制,建立激励机制和容错纠错机制,旗帜鲜明为那些敢于担当、踏实做事、不谋私利的干部撑腰鼓劲。"表明中国共产党在坚持以人民为中心的宗旨下,使得古代"任贤使能"的传统得到创造性发展。

7. 刚健不息的日新追求

著名哲学家冯友兰先生在抗战胜利后北归前夕,受命为西南联大校址书写纪念碑文,他联想到联大刚毅坚卓的奋斗,创造了教育史的奇迹,以及艰难抗战终于取胜而无限感慨,写道:"并世列强,虽新而不古;希腊罗马,有古而无今。唯我国家,亘古亘今,亦新亦旧,斯所谓'周虽旧邦,其命维新'者也!"其中"周虽旧邦,其命维新"出自《诗经·大雅·文王》,此句演绎为中国虽为古国,但是通过不断的革故鼎新而生生不息。这句诗蕴涵深刻的哲理,由其引发出《易传》"刚健日新"的思想,展示着中国传统文化自强不息的民族精神,激励中华民族不断革新、持续奋进。

在《易传》中有"富有之谓大业,日新之谓盛德,生生之谓易"之说,表明中国古代哲学与西方机械宇宙观的不同,强调宇宙是生生不息运动变化的,人应该与之相适应,将日新看成高尚的德行,不断追求"苟日新,日日新,又日新"的境界。正如《周易》所说"易穷则变,变则通,通则久。"正是秉承了这种宝贵的刚健不息的日新追求,中国古代取得了许多重大的发明创造成果。

2014年6月9日,习近平同志在两院院士大会上指出:中华民族是富有创新精神的民族。我们的先人们早就提出:"周虽旧邦,其命维新""天行健,君子以自强不息""苟日新,日日新,又日新。"可以说,创新精神是中华民族最鲜明的禀赋。在5000多年文明发展进程中,中华民族创造了高度发达的文明。

---

① 贝淡宁. 贤能政治是个好东西 [J]. 当代世界,2012(8).

他又指出，明代以后，由于封建统治者闭关锁国、夜郎自大，中国同世界科技发展潮流渐行渐远，屡次错失富民强国的历史机遇。鸦片战争之后，中国更是一次次被经济总量、人口规模、领土幅员远远不如自己的国家打败。他进而指出，新中国成立以来，党中央高度重视科技事业，团结带领广大科技工作者和全国各族人民自力更生、艰苦奋斗，取得了一个又一个举世瞩目的科技成就。今天，要在全社会积极营造鼓励大胆创新、勇于创新、包容创新的良好氛围，为人才发挥作用、施展才华提供更加广阔的天地。2020年7月21日，习近平总书记主持召开企业家座谈会引用"富有之谓大业，日新之谓盛德"《周易》这一典故，强调了创新的重要性，他还勉励大家："大疫当前，百业艰难，但危中有机，唯创新者胜。"

我们深信，只要我们弘扬刚健不息的日新追求，加上集中力量办大事的体制优势，一定能够不断开拓科技和管理创新的崭新局面。

在这里需要加大关注力度的是，要将对刚健不息的日新追求有效地通过教育革新，落实到人的精神生命的创新上面，此为理论创新、制度创新、科技创新的前提和基础。具体而言，应该从生命论哲学出发，将教育看成发展人的生命的事业，注重人的自由全面发展，为人的个性发展创造更好的条件，鼓励"又红又专，全面发展"，实施责任与学问的统一，发扬注重家国情怀的历史责任感，弘扬"独立之思想，自由之精神"，营造建设性的批判思维和鼓励创新宽容失败的创新文化氛围。

我们在考虑中国批判性思维的历史发展和现状时，不能取虚无主义和一概否定的态度。实际上，儒家典籍所倡导的"博学之，审问之，慎思之，明辨之，笃行之"体现了中国古代学人对批判性思维的追求，对当今中国高等教育乃至整个社会创新文化的发展都有积极影响。从战国时期齐国稷下学宫所体现的学术自由、相互兼容的风范，到岳麓书院"朱张会讲"自由讲学、互相讨论、求同存异，体现了"疑误定要力争"的追求真理的精神，一直到2005年开启的湖南大学"明伦堂讲会"，以"承朱张之绪，弘湖湘学统，沐书院清风，谈天下学术"，乃至遵循"以人为本，和而不同"宗旨的清华会讲，通过学术交流与自由辩论，拓展学术视野，活跃学术气氛，促进理论创新，我们不难看到中国学人身上宝贵的批判性思维表征。从历史长河来看，在中国封建集权的境遇下，统治者推崇的是"民可使由之，不可使知之"的治国之术，批判性思维未能得到普遍的发扬。加上中国传统文化缺乏科学实证与逻辑推理以及过于强调师道尊严，不利于批判性思维的传播和养成。同时，从中国高校师生的批判性思维现状看，整体上是存在不足的，所以，当今中国高校将发展批判性思维作为文化素质教育的一个重要深化方向是有其现实意义的。

8. 居安思危的忧患意识

自古以来，中华民族在自身的生存发展的历史中，形成了居安思危的忧患意识，并能够持续转化为战胜艰难困苦和强敌的力量。正如新儒家代表人物徐复观所言："希腊文化的动机是好奇，中国文化的动机是忧患。"在他看来，中国文化是"对人的忧患负责而形成发展的"。所谓"对人的忧患负责"，第一是对自己的人格负责，第二是对人类负责。①

"忧患"一辞出于《易传·系辞下》："《易》之兴也，其于中古乎？作《易》者，其有忧患乎？"其背景是周文王有忧患意识能够化险为夷，"安而不忘危，存而不忘亡，治而不忘乱，是以身安而国家可保。"（《易传·系辞下》）；《孟子·告子下》有"生于忧患，死于安乐"之说。这些都反映了中华古代文化朴素的辩证思维，这种思维在《道德经》《孙子兵法》中均有体现。在其后，唐代名相魏征言："思所以危则安矣，思所以乱则治矣，思所以亡则存矣。"（《新唐书·魏征传》），北宋政治家范仲淹的名言"居庙堂之高，则忧其民；处江湖之远，则忧其君。是进亦忧，退亦忧。然则，何时而乐耶？其必答：先天下之忧而忧，后天下之乐而乐。"则把忧患意识上升到忧国忧民的高度，影响深远。

与忧患意识相伴的是"多难兴邦，殷忧启圣"的意识。《左传·昭公四年》有言："邻国之难，不可虞也。或多难以固其国，启其疆土；或无难以丧其国，失其守宇。"晋政治家、军事家刘琨《劝进表》曰："或多难以固邦国，或殷忧以启圣明。"均体现矛盾的对立统一，在一定条件下互相转化，磨难会激发一个国家、民族自强不息精神。

诞生于民族危难时刻的中国共产党，始终把忧患意识贯穿于党的奋斗历程之中。1944年3月，郭沫若写了《甲申三百年祭》纪念李自成领导农民起义300周年，毛泽东同志盛赞此文，要全党"引为鉴戒，不要重犯胜利时骄傲的错误"。1945年，毛泽东同志在党的七大上，列举了中国革命可能遇到的17种困难，要求全党做到有备无患。增强忧患意识，注重防范风险，是习近平同志总体战略思维的一个重要组成。党的十八大以来，习近平同志反复强调要增强忧患意识，并把增强忧患意识、防范风险挑战提到前所未有的高度。在庆祝中国共产党成立100周年大会讲话中强调："新的征程上，我们必须增强忧患意识、始终居安思危，贯彻总体国家安全观，统筹发展和安全，统筹中华民族伟大复兴战略全局和世界百年未有之大变局，深刻认识我国社会主要矛盾变化带来的新特征新要求，深刻认

---

① 启良. 新儒学批判 [M]. 上海：上海三联书店，1995：325-326.

识错综复杂的国际环境带来的新矛盾新挑战，敢于斗争，善于斗争，逢山开道、遇水架桥，勇于战胜一切风险挑战！"为全党同志全国人民提出了居安思危的新的要求。

忧患意识常常会激励自胜自强的追求。《道德经》第33章有："知人者智，自知者明；胜人者有力，自胜者强。"体现了中华民族自强不息的精神。中国共产党在带领中国人民进行立国强国的斗争中，一直秉承"自强不息，自胜不息"的精神，不仅坚持自力更生，与外部的艰难困苦作斗争，而且，以高度的自觉同自身的弱点和错误作斗争，创造了人类政党史上的奇迹。正如习近平总书记在庆祝中国共产党成立100周年大会讲话中所说："勇于自我革命是中国共产党区别于其他政党的显著标志。我们党历经千锤百炼而朝气蓬勃，一个很重要的原因就是我们始终坚持党要管党、全面从严治党，不断应对好自身在各个历史时期面临的风险考验"，他号召："新的征程上，我们要牢记打铁必须自身硬的道理，增强全面从严治党永远在路上的政治自觉，以党的政治建设为统领，继续推进新时代党的建设新的伟大工程，不断严密党的组织体系，着力建设德才兼备的高素质干部队伍，坚定不移推进党风廉政建设和反腐败斗争，坚决清除一切损害党的先进性和纯洁性的因素，清除一切侵蚀党的健康肌体的病毒，确保党不变质、不变色、不变味，确保党在新时代坚持和发展中国特色社会主义的历史进程中始终成为坚强领导核心！"

9. 天人合一的整体性关联性系统性思维

法国社会人类学家葛兰言在《中国的思想》中提出中国人的思维是把各种事物看成关联性存在，认为这是中国人思维的主要特征。美国当代著名中国学家、人类文明比较研究专家史华慈认为，道家代表人物老子思想带有整体主义特征；而现代新儒家杜维明先生认为中国人的宇宙观强调万物是连续性存在的整体，连续性、整体性与动态性是把握中国宇宙观的要点；著名科技史学家李约瑟也认为强调事物的关联、协调、不可分的统一性是中华文明的特点。注重整体性、关联性、和谐性是中华文明维系长期持续发展的法宝，与西方文明强调细分、对立、冲突的思维形成鲜明对照。正如英国汉学家葛瑞汉所说："中国人倾向于把对立双方看成互补的，而西方人则强调二者的冲突"[①]。清华国学院陈来院长指出："人类世界的一切问题都根源于如何处理各种对立的关系，中国古老文明的阴阳平衡思维不仅是古代中国的基本思维方式，在现代仍然有其普遍的意义。""关

---

① 葛瑞汉. 论道者 [M]. 北京：中国社会科学出版社，2003：379.

联思维即普遍联系的思维,其特点就是对一般人只看到分别、分立、无关的事物能看到其相互联系,特别是把天、地、人、万事万物看成关联的整体。而关联是互动、和谐的基础,互动、和谐是关联的本质要求。""关联事物的相互依存、相互关系、相互作用、相互影响、相互感通,关注整体与部分间的相互包含,早已成为中国思维的重要特征。""注重关联性不仅是中华文明的思维方式,也反映中华文明的价值取向,……今天,面对西方现代性的问题,我们提倡东西方思想多元互补,提倡对交互伦理、关联社群、合作政治、共生和谐的追求,必须珍视多元文明的价值,扩大人类解决困境的选择。"①

中国传统文化的整体思维、系统观念反映在多个方面。在《孙子兵法》中就有多处体现,孙子主张"必以全争于天下",通过"全知""全谋"来达到"全胜""全利"的目的。他没有孤立看待战争,而是将其放在同政治、经济、社会、自然条件等矛盾关系中来考察思考。

"天人合一"观念就是这种关联性哲学思维的重要表征。从殷周"敬天保民,以德配天""天人合德"的天命观,到春秋时期老子"天人合道"的观念,再到西汉董仲舒提出"天人之际,合二而一",《淮南子·精神训》曰:"天地运而相通,万物总而为一",直至宋代张载明确提出"天人合一"(见《正蒙·乾称》),中国传统文化重视人与自然、自然规律与道德法则、人与人之间的关联与和谐。陈来院长进而指出:"人与人,人与万物,人与自然,应该成为共生和谐的整体"②。中国哲学家提出"天人合一"的思想,是对人与自然关系的反思,对于正确认识人与自然的关系,促进人与自然和谐发展,科学保护环境是十分有益的。正如汤因比所指:"东方宗教和哲学思想中对于人与自然和谐的追求,以及反对针对自然和环境世界的统治和征伐欲望。""道家思想对宇宙和人类之间奥义的认识,以及对人类社会试图主宰宇宙的不以为然。恰恰是中国的道家为人类文明提供了节制性与合理性发展观的哲学基础。"实际上,在儒学、佛学中均有从不同视角对"天人合一"的阐释和追求。马克思主义关于人与自然和谐相处的观念同中国古代哲学中"天人合一"观念强调人与自然的和谐整体性是一致的。恩格斯指出我们连同我们的肉、血和头脑都属于自然之中,"我们不要过分陶醉于我们人类

---

① 陈来.中华文明的核心价值 国学流变与传统价值观[M].北京:生活·读书·新知三联书店,2015:18-19,34-35.

② 陈来.中华文明的核心价值 国学流变与传统价值观[M].北京:生活·读书·新知三联书店,2015:31.

对自然界的胜利。对于每一次这样的胜利，自然界都对我们进行报复"①。而习近平提出"绿水青山就是金山银山"，一再强调"生态保护是功在当代、利在千秋的事业"，党的十八大报告指出："建设生态文明，是关系人民福祉、关乎民族未来的长远大计。面对资源约束趋紧、环境污染严重、生态系统退化的严峻形势，必须树立尊重自然、顺应自然、保护自然的生态文明理念，把生态文明建设放在突出地位，融入经济建设、政治建设、文化建设、社会建设各方面和全过程，努力建设美丽中国，实现中华民族永续发展。"在中国共产党人的带领下，广大民众投身美丽中国的建设，成效卓著。体现了中国传统文化中的系统观念在当代社会主义建设的实践中得到了坚持和发展。

当今以追求文化整体性为特色的文化哲学，对于形成整体的知识观和文化观，促进人文文化与科学文化的融合、工具理性与价值理性的统一，推进大学科的交融，对于解决重大的自然科技和社会问题，对于提高培养和谐完整的人的教育自觉和精神追求，具有积极意义。党的十八大以来，习近平总书记就坚持系统观念做出一系列重要论述，提出一系列重要指示和要求，为我们提供了思想和行动遵循。比如强调"党的领导必须是全面的、系统的、整体的，必须体现到经济建设、政治建设、文化建设、社会建设、生态文明建设和国防军队、祖国统一、外交工作、党的建设等各方面"。②我们知道，不谋全局者，不足以谋一域；不谋万世者，不足以谋一时。习近平总书记指出："系统观念是具有基础性的思想和工作方法。"系统观念正是以系统思维为出发点，立足整体与战略视域把握事物发展规律、通过系统思维分析事物内在机理、运用系统方法处理事物发展矛盾。习近平同志特别将"坚持系统观念"作为我国经济社会发展必须遵循的原则，指明了提高社会主义现代化事业组织管理水平的方向。

四、在世界百年未有之大变局中增强政治文化认同与影响力

当前，面临世界加速演进之大变局，全球治理问题突出地摆在世人面前，全球治理面临巨大的"治理赤字"，正引起越来越多的有识之士的关注。2020年9月，联合国秘书长古特雷斯在世界领导人会议——联合国大会一般性辩论上指出，当

---

① 恩格斯.论权威[M]//马克思恩格斯选集.北京：人民出版社，2009：319.
② 习近平.改革开放四十年积累的宝贵经验.2018年12月18日在庆祝改革开放40周年大会上讲话.

今世界面临五大挑战：严重的地缘紧张局势、气候危机、全球互不信任、数字世界的黑暗面和新冠疫情。强调应通过制定新型的公平社会契约并改进全球治理，来征服这五大威胁。面对这些重大威胁，更加凸显构建人类命运共同体的重要性和紧迫性，更加凸显了将国家治理与全球治理协调推进的重大价值。而中华民族优秀传统文化正是建设和平发展的人类命运共同体的重要理论基础。

CCTV《大国崛起》解说词提到法国前总统吉斯卡尔·德斯坦曾说过："一个具有伟大文化传统和智慧的文明大国的崛起，对我们全球是有好处的。"历史学家汤因比率先呼吁"西方观察者不应低估这样一种可能性：中国有可能自觉地把西方更灵活、也更激烈的火力与自身保守的、稳定的传统文化熔为一炉。如果这种有意识、有节制地进行的恰当融合取得成功，其结果可能为人类的文明提供一个全新的文化起点"。[1]当代中国正是将诞生于西方的马克思主义以及西方文化中的普适内涵与中国传统文化相结合，形成了中国特色的革命文化和当代先进文化，成为治理现代化的重要基础，并产生了越来越重大的国际影响力。

多样性是人类文明发展的基本特征，坚持本土文化价值观和特色，不仅是一个国家民族坚守自身灵魂的行动，也是维护世界文化多样性的手段。联合国教科文组织2001年曾经通过了《世界文化多样性宣言》，强调"尊重文化多样性、宽容、对话及合作是国际和平与安全的最佳保障之一"。2005年5月联合国教科文组织曾以压倒多数通过《文化信息和艺术表现的多样性保护协议》。文化交流互鉴可以增进相互了解，激励共同进步。《中庸》语："万物并育而不相害，道并行而不相悖"，《三国志》云："和羹之美，在于合异。"费孝通先生倡导，对于世界各国、各民族文化应秉持"各美其美，美人之美，美美与共，天下大同"[2]的态度，以开阔的世界眼光和以天下为己任的博大襟怀，吸纳一切优秀的文化精华。2015年10月12日，在中共中央政治局第27次集体学习会上，习近平总书记指出，"全球治理体制变革离不开理念的引领，全球治理规则体现更加公正合理的要求离不开对人类各种优秀文明成果的吸收。要推动全球治理理念创新发展，积极发掘中华文化中积极的处世之道和治理理念同当今时代的共鸣点，继续丰富打造人类命运共同体等主张，弘扬共商共建共享的全球治理理念。要加强对全球治理的理论研究，高度重视全球治理方面的人才培养"。在庆祝中国共产党成立

---

[1] 汤因比.文明在空间中的接触[M]//历史研究.刘北成,郭小凌,译.上海：上海世纪出版集团,上海人民出版社,2005：344.

[2] 费孝通："美美与共"和人类文明——2004年8月于"北京论坛"人民网,2009年06月05日.

100周年大会上,习近平同志进而强调:"中国共产党将继续同一切爱好和平的国家和人民一道,弘扬和平、发展、公平、正义、民主、自由的全人类共同价值,坚持合作、不搞对抗,坚持开放、不搞封闭,坚持互利共赢、不搞零和博弈,反对霸权主义和强权政治,推动历史车轮向着光明的目标前进!"习近平的论述为中国参与全球治理提供了基本原则,指明了工作方向。体现了中国积极参与国际事务的负责任的大国姿态,为破解当今人类社会面临的难题提供了新原则、新思路,为构建人类命运共同体注入了新动力、新活力。目前,习近平提出的"构建人类命运共同体"理念已经多次被写入联合国决议,而"共商共建共享"的全球治理观已经被纳入第71届联合国大会通过的"联合国与全球经济治理"决议之中,标志着有关全球治理的中国倡议正在加速成为全球共识。

  同时,我们应该清醒认识到,以美国为首的西方霸权主义,不愿意看到中国的和平崛起,他们正在对中国发起政治、经济、科技、军事、舆论和文化的全面包围打压,甚至纠集恐怖势力破坏中华民族伟大复兴的环境。我们应该一方面团结最大多数友华力量,努力增强政治文化认同与影响力,持续推进构建人类命运共同体建设;另一方面对一切敌对势力,特别是牵头的一霸,主动的应对,遵循人不犯我,我不犯人,人若犯我,我必反击的原则。正如毛泽东同志所说:"我们爱好和平,但以斗争求和平则和平存,以妥协求和平则和平亡。"和平是目的,而斗争则是争得和平的手段;我们务必坚持以斗争求和平的原则。

  "只要我们坚持和平发展道路,既通过维护世界和平发展自己,又通过自身发展维护世界和平,同世界上一切进步力量携手前进,不依附别人,不掠夺别人,永远不称霸,就一定能够不断为人类文明进步贡献智慧和力量,同世界各国人民一道,推动历史车轮向着光明的前途前进"[①]。

---

① 见《中共中央关于党的百年奋斗重大成就和历史经验的决议》。

重新认识西方

朱育和

近代中国人艳羡西方"文明""富强",并将西方之所以能够"文明""富强"的原因归结为"以自由为体,以民主为用"[①]。1915年,陈独秀创刊《青年》杂志(后改为《新青年》),发起新文化运动,认为西方人发明了"人权"("民主")与"科学",它们就像"车之两轮,鸟之两翼"[②]一样,驱动着西方国家不断往前发展。陈独秀将之比作"德先生""赛先生",希望把这两位"先生"请来改造中国。陈独秀认定:"我们现在认定只有这两位先生,可以救治中国政治上道德上学术上思想上一切的黑暗。若因为所拥护这两位先生,一切政府的压迫,社会的攻击笑骂,就是断头流血,都不推辞"[③]。到了20世纪30年代,胡适、陈序经等更是主张"全盘西化",试图完全按照西方模板来改造中国。

在很长的一段时间里,中国人总是"高看"西方一眼,即使嘴里不说,心里也会想:西方什么都比我们好,连其月亮都比中国的圆。

近代以来,西方率先完成工业革命,率先实现现代化,在科学技术和经济发展等方面确实走在世界前列。但是,这只是问题的一面,是西方"美"的一面,而其"丑"的一面则常常被人忽略。近年来的现实,尤其是"新冠"疫情发生以来的现实,却把西方"丑"的一面暴露无遗。在新的时代环境下,重新认识西方,成为一个很有价值的课题。

一、人权

长期以来,社会上不少人都认为,西方自古以来就是讲究"人权"的,形成

---

① 王栻主编. 严复集:第一册[M]. 北京:中华书局,1986:11.
② 陈独秀文集:第一卷[M]. 北京:人民出版社,2013:95.
③ 陈独秀文集:第一卷[M]. 北京:人民出版社,2013:362.

了重视"人权"的良好传统，他们在人权领域"一直"都是领先者，而中国等"传统型社会"在此问题上则都是"落后分子"，要想进入"现代社会"，就必须告别"传统"，学习西方，走西方道路。但是，历史的真实情况又如何？

要弄清楚这一问题，首先必须明确"人权"一词的渊源和内涵。

构成"人权"的"人""权"二字都是中文中很早就有的字汇，但是，二字结合构成一个完整的词，却不是中文原有的，而是清朝末年才从日文借来的，而日文则是从西文"human right"翻译而来。这样，满打满算，"人权"一词也就只有100多年的历史。

尤须指出的是，这个从日文借来的"人权"，本身就存在严重问题。有关这一问题，近代思想家严复在致梁启超信中曾经有过深入讨论。严复指出："Rights一字，仆三年前始读西国政理诸书时，即苦此字无译，强译权利二字，是以霸译王，于理想为害不细。后因偶披《汉书》，遇'朱虚侯忿刘氏不得职'一语，恍然知此职字，即 Rights 的译。然苦其名义与 Duty 相混，难以通用，即亦置之。后又读高邮《经义述闻》，见其解《毛诗》'爰得我直'一语，谓直当读为职。如上章'爰得我所'，其义正同。叠引《管子》'孤寡老弱，不失其直，使者以闻'，又《管子》'法天地以覆载万物，故莫不得其职'等语。乃信前译之不误，而以直字翻 Rights 尤为铁案不可动也。""Rights 字，西文亦有直义，故几何谓之 Right Line，直角谓之 Right Angle，可知中西申义正同。此以直而通职，彼以物象之正者，通民生之所应享，可谓天经地义，至正大中，岂若权利之近于力征经营，而本非其所固有者乎？且西文有 Born Right 及 God and my right 诸名词，谓与生俱来应得之民直可，谓与生俱来应享之权利不可。何则？生人之初，固有直而无权无利故也"①。正是由于这样的考虑，严复把"Political liberty""political rights"译作"自由国典""民直"②。

严复所提到的王引之《经义述闻》中所引的"爰得我直"，出自《诗经》中的《硕鼠》："硕鼠硕鼠，无食我麦。三岁贯女，莫我肯德。逝将去女，适彼乐国。乐国乐国，爰得我直。"（老鼠啊老鼠，不要偷吃我的麦子。让你偷吃了三年，你都不念我的好处。我一定要离开你，搬迁到乐国去。乐国乐国，哪里一定让我得到我应该得到的。）历代注释家解释其中的"直"字，一般解作"直，犹宜也"，或"直，得其正道也"。

---

① 王栻主编．严复集：第三册[M]．北京：中华书局，1986：519．
② 穆勒原著．群己权界论[M]//严译名著丛刊本，上海：商务印书馆，1931：2．

严复对日语借词"人权"的批评,切中要害,道出了中国人与日本人对"human right"的不同理解和认识,从某种意义上说,也道出了中国人与西方人对"human right"一词的不同认识:在中国文化传统中,人本来天生就具有这样的价值,这种价值是内在于其生命的,不是外在的,不是其他人赏赐的,不是官府或法律所规定的,也不因其后天的年龄大小、身体强弱、境遇穷达、地位高下、身份贵贱等等而发生改变。中国文化典籍中,体现人的这种价值的材料很多,如:

"天之所生,地之所养,无人为大。"(《礼记·祭义》)

老子:"道大,天大,地大,人亦大。域中有四大,而人居其一焉。"(《道德经》第二十五章)。

孔子:"厩焚。子退朝,曰:'伤人乎?'不问马。"(《论语·乡党》)

孟子:"民为贵,社稷次之,君为轻。"(《孟子·尽心下》)

贾谊:"闻于政也,民无不为本也。国以为本,君以为本,吏以为本。故国以民为安危,君以民为威侮,吏以民为贵贱,此之谓民无不为本也。"(《新书·大政上》)

董仲舒:"天地之精所以生物者,莫贵于人。人受命于天也,故超然有以倚。"(《春秋繁露·人副天数》)

何迁:"人也者,天地之灵也,万物之命也,往古之藏,来今之准。"(《明儒学案》卷三十八《甘泉学案》)

如果我们把这一问题放到历史进程中去考察,就会看得更加清楚。

众所周知,西方在很长的历史时期里,尤其是在中世纪长达1000多年的所谓"黑暗"时代,宗教僧侣、封建贵族享有种种特权,而广大民众却连最基本的生命权、财产权等都没有保障。甚至到了近代以后,这种情况也没有根本性改变,不仅大量农村居民在圈地运动中被剥夺了赖以维持生计的土地而被迫进入城镇沦为除了自身劳动力之外一无所有的"自由"无产者,城镇中原有的依靠自己的手艺生活的手工业者和普通市民因无力与大资本竞争而失业破产加入无产阶级劳动大军,而且更有奴隶制度存在,非洲等地黑人被长期大规模地"捕猎"、贩卖,成为连无产阶级都不如的没有自由、牛马不如的奴隶。

正是由于历史上西方社会中人的基本权利长期被践踏的残酷现实,催生了近代以来西方各国的人权斗争,人权成为西方资产阶级革命中的重要目标。在资产阶级与欧洲封建势力斗争的过程中,"人权"确实起到了动员、鼓舞民众起来反抗封建势力的作用,英国的《大宪章》,美国的《独立宣言》,法国的《人权和公民权利宣言》等,都是这一过程中的代表性成果,它们奠定了近代人权理论的基础。这一时期欧美资产阶级人权理论与实践的基本特征是：第一，将人的自然权利与人的公共权利相统一，倡导"天赋人权"，以捍卫自由民主平等为口号。第二，视公民权利、政治权利等个人人权为主要的人权，这些权利包括生命、财产安全以及言论、宗教信仰和集会自由等。

这一时期欧美国家在其国内人权方面确实走在人类前列，为人类文明增添了光彩。但是，这种光彩的背后，却也有着极不光彩的一面。主要表现在于：第一，它破坏甚至逐渐消灭了中世纪的封建等级制度，但却不仅没有建立起"平等"的社会，反而代之以更加不平等的制度，阶级差别和对立更加严重，曾经与资产阶级联合推翻封建势力统治的无产阶级和农民、城市手工业者和贫民不仅没有享受到他们所期盼的"人权"，生存境况反而更加悲惨。欧美国家的无产阶级甚至哀叹：自己没有享受到任何人权，要求"人权"，还不如要求"马权"，因为马在干活之后主人还得让它吃饱、休息好后才能继续干活，母马在怀孕期间不能干重活，小马驹在未成年之前还可以自由地在草地上吃草、玩耍，而无产阶级的妇女及其未成年的子女却完全享受不到这种待遇，为了维持生存，她（他）们也必须每天十几个小时地工作①。第二，政治上，无产阶级、妇女、少数族裔等没有选举权和被选举权，又因为受教育程度低或根本没有受到任何教育，所谓的言论、出版自由等"人权"，根本不可能享受，所谓的"人权"，实际上是有产阶级、统治阶级的专利品。第三，奉行种族主义政策，把白色人种视为"优等民族""文明民族"，把有色人种看作"劣等民族""未开化民族"，长期实行奴隶制度，剥夺黑人等有色人种的人权，将之当作牛马一样地任意买卖、转让。第四，尤其恶劣的是，西方国家在对内方面还虚伪地高唱"人权"的调子，蒙上一层遮羞的面纱，而在对外方面，则连这种虚伪的调子和面纱也抛在一边，明火执仗地在非西方国家和地区大肆推行其殖民侵略政策，武力掠夺殖民地国家和人民的财产，剥夺殖民地人民的自由，任意杀戮殖民地人民的生命，留下了人类文明史上最可耻的记录。西方国家这种在国内标榜"人权"而在殖民地破坏"人权"的行为，开创了西方国家在人权领域实行"双重标准"的恶例。

1917年俄国十月革命后，社会主义人权观迅速发展。与此前西方资产阶级人权观不同的是，社会主义人权观不是主张少数人的权利，而是主张以工农为主

---

① 参见 Paul Lafargue：The Rights of the Horse and the Rights of Man，in International Socialist Review，Vol.Ⅵ, No.3（September 1905），pp.145-148.

体的占人口绝大多数人民的权利，不仅主张人民的政治权利及自由，而且更加突出强调经济、社会、文化权利及民族平等的重要性，工作权、受教育权等成为人权的重要内容，人权的内涵得到极大拓展。特别是经过两次世界大战的空前浩劫后，人类对自身的尊严和价值有了新的认识和理解，尊重和保障人权已成为不可阻挡的世界潮流。以《联合国宪章》《世界人权宣言》《日内瓦公约》《消除一切形式种族歧视国际公约》等为代表的重要文件相继诞生，人权在全球范围内快速上升并成为重要国际议题，国际人权保障话语、原则、制度、体系得以建立起来。

20 世纪 80 年代以后，冷战宣告结束，人类社会进入和平与发展时代。这一时期，联合国《人民享有和平权利宣言》《发展权利宣言》《二十一世纪发展议程》《消除对妇女一切形式歧视公约》等国际或区域人权文书相继问世，使和平、发展、可持续三大理念与人权有机地联系在一起，翻开了世界人权事业发展史新的一页。此时，人权向更广泛、更综合方向发展，注重普遍、多元、集体、可持续，注重发展中国家人民各项基本权利特别是发展权的实现，强调各项人权全面协调发展，人权全球共识明显增强。

进入 21 世纪后，经济全球化加速发展，各国共同应对人类社会发展面临新挑战。习近平提出共同构建人类命运共同体重大理念，联合国《千年宣言》及《世界文化多样性宣言》《2030 年可持续发展议程》《巴黎协定》等相继问世。此时，世界人权发展进入了"以发展促人权"的新时期。

从上述过程看，近代以来，世界人权历史的基本趋势和特点是：

第一，从范围看，人权覆盖面在逐步扩大，不断向社会各阶层、世界各国家各民族延伸，最终成为国际主流话语。

第二，从观念看，人类对人权的认知不断拓宽，从最初只重视个人人权，到集体人权不断得到重视，再到可持续发展的人权，又到以构建人类命运共同体为目的的全体人权，人类对人权的认知不断提升。

第三，从取向看，人权保障与发展中的普惠性、包容性、全面性、平衡性不断增强，成为人类社会发展的共同追求。由此可见，人权的历史发展过程，也可以说是人权国际化、主流化、普遍化的过程，与人类社会发展不可分割。

第四，从主导力量看，19 世纪以前西方资本主义国家居于领先地位，但进入 20 世纪以后，随着社会主义国家登上世界历史舞台，社会主义人权观成为引领人类人权事业不断向前发展的主要力量。到了 21 世纪的今天，随着中国等新兴国家的崛起，中国所倡导的"以人民为中心"的人权观，在国际上得到越来越多国家和民族的认同和支持,并被写进了联合国人权决议,而西方国家所顽固坚持并欲以霸权方式强行推广的人权观,则已经远远落后于时代,在很大程度上仍然停留在 18、19 世纪甚至更古的时代,为各国人民所厌弃。最近三年的新冠疫情对世界各国的人权思想与人权政策都是一场名副其实的大考。考试的结果表明:整天挥舞人权大棒诬蔑攻击制裁别人的西方,自己在人权方面表现极为恶劣,老人、儿童、少数族裔、社会下层染疫后得不到救治而大量死亡,疫苗被有权有势者垄断,普通民众得不到平等接种疫苗的权利。不仅如此,疫情期间美国频频发生的少数族裔被杀、被辱事件,连续不断的枪击事件,私人"黑监狱"事件等,引发"黑人的命也是命"等大规模社会抗议运动甚至武装暴动。西方所倡导的"平等""博爱"等人权观的虚伪性暴露无遗。而中国所奉行的"人民中心""生命至上"的人权观①,则重视每个人的生命,无论老幼,无论穷富,无论种族,无论中国国民还是在华外国公民,都一视同仁地得到及时有效的救治,无数的生命被挽救,与西方形成极其鲜明的对照。

二、自由

自由是近代西方人权制度中最重要的内容之一。由于西方在中世纪 1000 多年的"黑暗时代",教会和封建贵族专制,人民的生命财产和信仰自由等最基本的权利都没有任何保障。在资产阶级革命过程中,包括新兴的资产阶级在内的各阶层人民为了争取人身生命安全、财产、居住和迁徙、宗教信仰、出版、言论、集会、结社等基本权利而经过长期奋斗,流血牺牲,最终才争取到以法律的形式把这些权利规定下来。这在当时是具有历史进步意义的。

但是,我们必须认识到,近代西方资产阶级革命中所形成的"自由"观从一开始就存在着严重的缺陷和弊端。主要表现在:

第一,这种"自由"在政治上是有产阶级专享的自由,无产阶级等无权享受。代替封建势力坐上统治宝座的资产阶级无视劳动者的基本人权。

第二,这种"自由"在经济上允许剥削、剥夺他人。英国历史上的"圈地运动"强行剥夺农民的田地、资产阶级为不断追求利润而想尽办法榨取剩余价值等,

---

① 有关当代中国人权观的最新、最系统的表述,参见《为了人民幸福生活——当代中国人权观的实践和理论探索》,中国人权发展基金会、新华社高端智库,2022 年 12 月。

都是典型的例证。

第三，这种"自由"在法律、社会上是建立在奴隶制基础上的自由。英美等国长期保留奴隶制度、允许庄园主等有钱有势者合法而自由地贩卖、拥有奴隶，就是典型的表现。一些被西方公认为"自由主义思想大家"的人，有的其本人就是奴隶主。例如，19世纪中期曾经担任过美国副总统的约翰·C.卡尔霍恩（John C. Calhoun），对个体自由高度赞赏，对"专制独裁"和"权力集中"坚决反对，因此被自由主义者奉为"政治真理的真正完美的典范"。① 与此同时，他又极力为奴隶制度辩护，声称非洲黑人原来是野蛮而未开化的，但自从到美国当奴隶后，才"不仅在身体上，而且在道德和智力上得到改善、文明起来"，"作为一个人种才普遍幸福起来"，宣称在现存制度下，奴隶制度不仅不是一种"罪恶"，而且是一种"善"，一种"积极的善"（"instead of evil, a good—a positive good"）②。美国为废除奴隶制而发生"南北战争"，主持废奴的林肯总统为此丧命，南北战争结束后，美国的奴隶制度表面上看似乎已经解决，但在思想文化方面，社会方面，甚至法律层面，尤其是在实践方面，至今犹困扰着美国社会。

第四，为了确保资本集团尤其是军工集团的利益，西方国家不断在世界各地制造摩擦与争端，自己则乘机向这些地区强行推销军火，另外，西方个别国家又以"保障民权"为由，允许私人有合法持有枪械的自由，从而在其社会内部造成枪支泛滥。以美国为例。据不完全统计，2021年美国死于各类涉枪事件的人数为47000多人，而在1990—2021年的32年间，美国死于各类涉枪事件的总人数多达111万多人。③

第五，在一些重大问题上，西方社会强调个人自由，而不太重视集体自由。在疫情期间，很多西方人以法律所规定的人权自由为挡箭牌，拒不执行戴口罩、保持社交距离、禁止大规模聚集等行政命令，把个人自由置于集体生命安全之上。西式"自由"的弊端暴露无遗。个人有自由，群体无自由，"小我"自由自在无拘无束，"大我"受害瘫痪束手待毙。这样的自由，其利弊何待再言？

---

① [意] 多米尼克·洛苏尔多. 自由主义批判史[M]. 王崇兴，张蓉，译. 北京：商务印书馆，2014：2.
② John C. Calhoun: Union and Liberty: The Political Philosophy of John C. Calhoun, edited by Ross M. Lence, Indianapolis: Liberty Fund, 1992, p.380.
③ 《美国医学会杂志》子刊《美国医学会杂志网络公开》网站. 此据《中国日报网》所发《过去32年超110万人死于涉枪事件》，"中国日报网"2022年12月1日.

三、民主

同"自由"一样,"民主"是长期以来西方所标榜的价值观,也是它们用来打压、制裁非西方国家的大棒。但是,一查其历史,我们就知道,西方所吹嘘的"民主",历史记录并不漂亮,现实中更是百弊丛生,就连西方一些政治家和学者也都对之叹息不止。

从历史上看,在相当长的历史时期里,西方对民主是嗤之以鼻的。从"民主"(democracy)一词的构词法看,其词根 demo 是"众民""乱民""暴民"之意,其后缀 cracy 表示"统治""控制"之意,合起来则指"暴民之治""乱民之治"。有的西方政治思想家给"民主"下过这样的"定义":"当邪恶的统治权是由多数人实行时,那就叫做民主。"在他们看来,民主政体"必然是专制政体",它"一向是骚乱与争斗之大观,从未看到它能与人身安全或财产权相容,一般来说,它们总是短命的,而且总是暴死"[①]。在西方古代的政体分类学中,"民主"被定性为"暴政"的一种。直到19世纪中期,西方一些著名的政治学者还对民主心存恐惧。例如,《美国的民主》一书的作者托克维尔(Charles Alexis de Tocqueville,1805—1859)认为,大众中蕴含着一种危险的文化倾向,直接威胁到个人自由,大众民主,很可能会产生"多数暴政"。英国政治思想家约翰·穆勒(John S. Mill,1806—1873)也认为"多数人的暴政"对个人自由的压制有甚于专制君主。正因为有这样的恐惧心理,资产阶级一方面标榜自由、民主,另一方面却又极力抬高自由、民主的门槛,想方设法把人民大众挡在自由、民主的门槛之外,把所谓的民主、自由的殿堂牢牢掌控在资产阶级少数人手中。例如,法国著名的《人权宣言》和《1791年宪法》的执笔者西哀士主张将选举权限定在纳税者的范围内,而把家仆、流浪汉、妇女等都排斥在外。按此标准,1791年法国的2100万人口中,只有约400万名男性公民可以享有选举权。1795年的法国宪法进一步倒退,以财产权作为选举权的基本条件,限制更加严格,合格选民只剩10万人。经过无产阶级的长期不断斗争,法国公民能够享有选举权的人数逐渐扩大,但妇女获得选举权,则是在1944年,那时,第二次世界大战已接近尾声。而在英国,1832年议会改革前,有选举权的公民只占人口总数的3.1%,改革之后,有选举权者也不过占总人口的4.5%。1867年,第二次议会改革,有

[①] [美]乔万尼·萨托利. 民主新论[M]. 冯克利,阎克文,译. 上海:上海人民出版社,2009:314-315.

选举权者增至成年公民的 15%。1885 年，成年男子获得普选权。40 年后，即 1928 年，英国妇女才获得普选权。就连为西方资产阶级民主辩护的学者也不得不承认："自古希腊到现代，一些人都无一例外地作为无资格者被排除在外，而且，直至 20 世纪，妇女才获得了普选权，被排斥的人数仍然超过——有时像在雅典一样，存在广泛的边缘地带——被包容的人数。在最早的现代'民主制'中，情况也是如此，美国不仅排除了妇女，当然也包括儿童，而且排除了大多数的黑人和土著美洲人"①。在其他欧美资本主义国家，公民获得普选权是在 20 世纪后期，而且是经过无产阶级和各阶层人民长期不断斗争才实现的。

时至今日，西方民主经过三四百年的发展，已经弊端重重，缺陷尽显。主要表现在：

程序化。民主的本意是广大人民当家作主，决定与每个人都息息相关的重大问题。但资产阶级夺取政权后，民主越来越失去原有的意义。作为"民主"的人民，却"主"不了事关人民自身的大事，他们所拥有的唯一的"民主"权力，就是每隔几年说被定期拉出来一次，通过投票选出国会议员和总统，由他们来代表自己决定国家大事。这样，所谓的"民主"就变成了让人民在几个相互竞争的政党或政治集团中进行选择，"民主"就成为程序化的政党竞争，成为一种定期上演的政治表演仪式，而人民主权则被抛在九霄云外。② 一旦选举完成，选民即再无法发挥任何作用，直到下届选举。

"民主"的主人成了"民主"的道具，被选者也好不到哪里，他们不就是资产阶级推举出来替自己表演的"木偶""傀儡"而已，真正掌握大权的是大老板，亦即"金钱"决定一切。以美国为例。按照美国人的说法，通往白宫的路是用金钱铺就的，通往国会山庄的路也不例外。在奥巴马时代，美国总统和国会议员选举的花费大约是十数亿到数十亿美元，已经高得离谱。但是，2022 年 12 月结束的美国中期选举中，共和、民主两党在选举中花费的资金，据美国非营利机构"公开秘密"（Open Secrets）测算，高达 167 亿美元，超过了全球 70 多个国家 2021 年全年的 GDP。这些钱摞起来据说有 18000 米高，相当于珠穆朗玛峰高度的 2 倍还要多（2020 年测量的珠峰高度是 8848.86 米）。这么多的金钱，其主要来源，一是选民个人捐款，一是大财团和机构捐款。据"公开秘密"的调查，按企业和

---

① [美] 罗伯特·A. 达尔. 民主及其批评者 [M]. 曹海军，佟德志，译. 北京：中国人民大学出版社，2016：5.
② 参见：熊彼得. 资本主义、社会主义与民主 [M]. 吴良健，译. 北京：商务印书馆，2021.

机构统计，排名前 50 的企业及机构捐赠近 12 亿美元。更详细的分类统计显示，占美国总人口 0.48% 的美国富人捐赠了 47.5 亿多美元，占此次中期选举个人捐款总额的 74.36%。一项针对国会议员选举当选者和竞选资金关系的调查显示，自 2000 年到 2020 年的 11 次国会议员选举中，因资金更多而赢得参议院席位的候选人超过 70%，因此而赢得众议院席位的比例更高，达 80%。这些大财团、机构和有钱人给两党捐款显然不是为了做慈善事业，而是"以小钱换大钱"，目的是影响政党决策，为自己谋求更大利益。金钱选出来的当然并不一定是最好、最能干的人，恰恰相反，它所选出的可能是最不好的人，难怪马克·吐温才会说："美国唯一明显的犯罪团伙就是国会"①。有的学者甚至毫不客气地批评西方的民主制度有四大罪状："腐败、无法律、软弱和不民主"②。

民粹化、街头政治化。从其发展历史看，西方的民主是用"数脑袋"代替"打脑袋"，它的核心是政党，舞台是议会，在议会中占多数的党派实际决定国家大政方针。这种政治的基本原则是"少数服从多数"，参与竞争的各政党愿赌服输，胜者不可能长期霸占政府，败者几年后或可东山再起，卷土重来。但是，由于政党本身只是社会特定阶层和势力的代表，其代表性存在相当大的局限，注定无法形成代表全社会整体的政治力量，因此，实行西方式政党政治的国家，其社会一般是分裂的。在政党政治下，资产阶级内部不同集团和派系分赃，轮流坐庄，一党在朝，一党在野，一守一攻，只问党派，不问是非，只看执政期限之内，不计长远，只看集团利益，不问大众福利疾苦。再加上金钱政治现象越来越严重，资本操控一切，反映"民意"的媒体舆论越来越脱离民众，民主政治在人民心目中的形象越来越差，对选举的认可度越来越低。在这种情况下，很难选举出公认的有威信的领导人，在选举中败选的一方往往不愿意承认选举结果、不接受失败的现实，有时甚至会演变为暴力抗争。有的候选人看准了这种情况，便有意识地利用自媒体等新型舆论工具，诉诸选民中普遍存在的民粹主义倾向，浑水摸鱼，乱中夺权，由此形成"街头暴力"。2021 年 1 月美国发生的支持特朗普的选民在特朗普败选后前往冲击国会山庄，企图以暴力方式帮助特朗普继续执掌大权，就是一个典型的例子。

结构性缺陷。西方民主政治多以"三权分立"为基本原则。单纯从理论角度

---

① 参见 Roland N. Stromberg: Democracy: A Short Analytical History, Armonk, NY: M.E. Sharp, 1996, p.71.

② 参见：[美]霍伊.自由主义政治哲学：哈耶克的政治思想[M].北京：生活·读书·新知三联书店，1992：172.

看,这种设计有其合理性,本意是为限制政府权力、防止政府专制,用意不为不美。但是,实际运作过程中经常出现互相推诿扯皮甚至互相牵制、互相拆台现象,或者政府关门,或者议会解散,致使国家时常出现"无政府"状态。

在中央和地方关系方面,美国等一些西方国家采用联邦制或邦联制,国家有联邦宪法和法律,各州亦有自己的宪法和法律,中央政府很难要求各州完全按照中央政府的意图行事,在抗击"新冠"这样的重大疫情等行动中,其中央政府很难在全国范围内统一调配人力、物力资源,统一采取严格而有效的封控等措施,对那些拒不执行抗疫措施的地方官员等,也无法采取有效措施加以惩处。再加上各政党各有私利,谁都不愿意为有效抗疫而得罪选民,由此造成明知佩戴口罩、保持社交距离、不聚集等简单有效的政策对抗击疫情、保护人民生命健康极为有效而执政党不敢执行、一旦执行则在野党极力批评攻击的荒唐局面,从而造成大量民众感染疫情甚至死亡。

西方一些政治学家认为,时至今日,"三权分立是一种过时的理论。职能分立和人事分立原则已经因为种种例外面临千疮百孔,必须被抛弃"[1]。

四、科学

在人类历史上,西方国家由于特殊的因缘而率先完成工业革命,率先进入发达社会。从整体上看,西方国家科学技术高度发达,远远领先世界其他国家和地区。但是,令人遗憾的是,发达的科学并没有完全成为造福人类的工具,而是成为少数人发财致富的工具,成为西方对外侵略扩张的武器,普通民众无法享受到科学技术发展所带来的好处。在医药卫生领域,情况尤其如此。

以美国为例。美国有6000多家医院,80多万张床位,医疗卫生从业人员有1500多万人。美国的人口总数,截至2021年初,为3.33亿,不到中国人口总数的1/4,而其医疗卫生从业人员总数却比中国医疗卫生从业人员还要多近400万人(2021年中国医疗卫生从业人员总数为1123万人。这意味着,美国医疗业从业人员是中国的1.3倍还多,美国每百人拥有4.5名医护人员,而中国每百人仅拥有0.8名医护人员)。医疗保险方面,美国有1000多家私营医疗保险公司,提供2000多种医疗管理计划。根据购买力平价法,2019年,经合组织(OECD)

---

[1] [丹麦]莫恩斯·赫尔曼·汉森.三权分立是一种过时的理论[M]// 本书编写组.西式民主怎么了Ⅱ——西方人士评西方民主(Ⅱ).北京:学习出版社,2014:69.

国家人均医疗开支为 4000 美元，其中，美国最高，为 1 万多美元，是德国的 1.6 倍，是英国的 2.5 倍。在这 1 万多元的医疗开支中，公共财政支出部分是 4993 美元，低于德国的 5056 美元。美国的医疗产业超过美国的能源、军工和教育产业，是美国第一大产业。2018 年美国 500 强企业中，66 家为医疗保健公司。在前 100 强企业中，则有 19 家医疗企业。美国联合健康企业集团（United Health）2018 年营业额为 2012 亿美元，居当年美国企业第 5 位，超过通用汽车、亚马逊，与苹果公司相当。这一数字相当于我国辽宁省当年国民生产总值（25300 亿元人民币）的 1/2 还多，接近于当年山西省全年的国民生产总值（16818 亿元人民币），相当于当年青海省全年国民生产总值（2865 亿元人民币）的 5 倍。为了确保美国政府政策上对其垄断利益加以保护，这些医疗卫生企业会把大笔资金捐给有可能保护其利益的政党候选人。2016 年，美国医疗养老企业为美国大选活动捐款 9500 多万美元，制药企业捐款 2.5 亿美元，占美国大选捐款总额的 14.4%，与医疗卫生产业在美国 GDP 中所占比例大体相当。①

　　正是由于长期以来形成的这种政党 - 医疗企业相互勾结的盘根错节、根深蒂固的利益格局，任何政治家即使看到了问题的症结所在，要想动一动医疗卫生企业的利益，也难上加难。奥巴马担任总统期间，有针对性地提出了全面医改计划，希望解决这一涉及美国千家万户尤其是下层民众和少数族裔健康福祉的大事，但最终未能取得成功，在他任内所取得的有限成果，也在他下台后很快丧失殆尽。此次新冠疫情暴发以来，美国虽拥有最先进的医学技术、最先进的医疗系统、最丰富的医疗资源，但大量的老弱病残者因没有医疗保险亦即没有钱得不到及时救治而死亡，大量少年儿童被感染。

　　由此可见，人类渴盼科学发达，但科学发达不一定必然造福人类。发展科学技术是一大难题，如何让科学技术的发展成果让人民共享，则是一个更大的难题。第一次世界大战后期，欧洲科学发明的最新成果，包括飞机、巨型火炮、毒气弹等被大规划应用于实战，造成人类战史上空前巨大的伤亡。中国思想界受此冲击，开始对科学对人类社会的作用进行反思。以译介西学著称的严复，曾经赋诗批评欧洲国家对科学的滥用造成人道灾难。诗中说："太息春秋无义战，群雄何苦自相残。欧洲三百年科学，尽作驱禽食肉看"②。"洄漩螺艇指潜渊，突兀奇肬上九天。长炮扶摇三百里，更看绿气坠飞鸢"③。在严复看来，科学固有助于国家富强，

---

① 参见：张家栋. 美国发达的医疗卫生体系为何阻挡不了疫情 [J]. 人民论坛，2020-6.
② 王栻主编. 严复集：第二册 [M]. 北京：中华书局，1986：403.
③ 王栻主编. 严复集：第二册 [M]. 北京：中华书局，1986：403.

但如果仅强调富强而不尊重人道，则这样的科学显然背离了其初衷，不仅无助于人道幸福，反而有害。长期以来，人们都批评严复对科学的批评是"倒退"，是"复古"，是"否定西学""反对科学"。实际上，严复所反对的绝不是科学，他所反对的，只是资本主义制度下科学被滥用来做杀人武器，而没有用来增加人类幸福。

  总之，新冠疫情三年，包括中国和西方在内的世界各国，在同一抗疫战场上竞技比赛，表现孰优孰劣，事实俱在，清清楚楚，明明白白。西方国家的种种表现，促使我们对长期以来形成的有关西方的种种认识，尤其是关于人权、自由、民主、科学等方面的认识，进行深刻反思。这种反思不仅有利于我们加深对西方的认识，而且能够帮助我们更好地重新认识中国自身，进一步增强道路自信、理论自信、制度自信、文化自信、历史自信。

中华优秀传统文化及其传承和弘扬路径探微

周茂林

中国共产党人在百年奋斗历程中特别重视传承和弘扬中华优秀传统文化，视中华优秀传统文化为本民族的基因，是历经 5000 余年孕育、汇聚炎黄子孙生生不息、砥砺前行并薪火相传的物质和精神符号。有关传承中华优秀传统文化路径的探讨可谓仁者见仁、智者见智，笔者认为，基于文化的三个主要特征，即人民性、民族性和历史—时代性，在对中华优秀传统文化的历史意蕴及其演绎予以阐释的同时，倾力构筑"中华优秀传统文化记忆"权威数字化平台，使中华优秀传统文化鲜活起来，当成为传承和弘扬中华优秀传统文化行之有效的路径。

一、国家精神：中华优秀传统文化的历史意蕴

所谓文化，广义指人类社会历史实践过程中所创造的物质财富和精神财富的总和。狭义指社会的意识形态，以及与之相适应的制度和组织机构。是一种历史现象，每个社会都有与其相适应的文化，并随着社会物质生产的发展而发展。作为意识形态的文化，是一定社会的政治和经济的反映，又作用于一定社会的政治和经济。随着民族的产生和发展，文化具有民族性，通过民族形式的发展，形成民族的传统。文化的发展具有历史的连续性，社会物质生产发展的历史连续性是文化发展历史连续性的基础。[①] 在中国古代，文化指古代封建王朝所施的文治和教化的总称，如"设神理以景俗，敷文化以柔远"[②] 等表述。

文化作为一种观念，承载着不同历史时期人们的精神创造和引领同期社会价

---

① 辞海编辑委员会编. 辞海 [M]. 上海：上海辞书出版社，1989：4022.
② （南齐）王融. 三月三日曲水诗序 [M]// 高步瀛. 南北朝文举要. 北京：中华书局，1998：149.

值诉求的使命。中华优秀传统文化具有悠久而深厚的精神内涵,是以孔子为代表的儒学为中心,并与其他思想文化相贯通的综合体,是一个包含许多相辅相成的子系统的复杂思想体系。① 正如习近平所言:"中华文明经历了 5000 多年的历史变迁,但始终一脉相承,积淀着中华民族最深层的精神追求,代表着中华民族独特的精神标识,为中华民族生生不息、发展壮大提供了丰厚滋养"②。中华优秀传统文化的形成和发展,"大体经历了中国先秦诸子百家争鸣、两汉经学兴盛、魏晋南北朝玄学流行、隋唐儒释道并立、宋明理学发展等几个历史时期"③,要"深入挖掘和阐发中华优秀传统文化讲仁爱、重民本、守诚信、崇正义、尚和合、求大同的时代价值,使中华优秀传统文化成为涵养社会主义核心价值观的重要源泉"④。

显然,论及传承和弘扬中华优秀传统文化,需从解读其讲仁爱、重民本、守诚信、崇正义、尚和合、求大同做切入。

"讲仁爱"是中华传统文化最基本的价值理念。何以为"仁"?"仁者人也,亲亲为大",本指人与人相互亲爱。孔子言"仁",以"爱人"为核心,包括恭、宽、信、敏、惠、智、勇、忠、恕、孝、弟等内容;而以"己所不欲,勿施于人""己欲立而立人,己欲达而达人"为实行方法;又引申为具有仁德的人以及"仁政"。⑤ "仁爱"是儒家思想的核心,为历代儒客推崇,如"尧立孝慈仁爱,使民如子弟"⑥ "仁爱士卒,士卒皆争为死"⑦ "我西王母使者,使蓬莱,不慎为鸥枭所搏。君仁爱见拯,实感盛德"⑧ "盖虽天心仁爱,欲以助陛下宵旰之忧,而隆嘉靖之治,意者民之危苦无聊,所以感伤和气者,亦容有之乎"⑨

---

① 张岱年,程宜山. 中国文化争论 [M]. 北京:中国人民大学出版社,2006:118.
② 习近平. 文明交流互鉴是推动人类文明进步和世界和平发展的重要动力 [J]. 求是,2019(9):6.
③ 习近平. 在纪念孔子诞辰 2565 周年国际学术研讨会暨国际儒学联合会第五届会员大会开幕会上的讲话 [N]. 人民日报,2014 年 9 月 25 日,第 2 版.
④ 习近平. 把培育和弘扬社会主义核心价值观作为凝魂聚气强基固本的基础工程 [N]. 人民日报,2014 年 2 月 26 日,第 1 版.
⑤ 辞海编辑委员会编. 辞海 [M]. 上海:上海辞书出版社,1989:542.
⑥ (汉)刘安及其门客. 淮南子·内篇·卷十九 修务训 [M]//(汉)刘安编. 淮南鸿烈集解. 北京:中华书局,2013:630.
⑦ (汉)司马迁. 史记(卷一百一). 袁盎晁错列传第四十一 [M]//(汉)司马迁 撰,(南朝宋)裴骃 集解,(唐)司马贞 索隐,(唐)张守节. 史记正义. 北京:中华书局,1982:2741.
⑧ (东晋)干宝. 搜神记(卷二十)[M]//(唐)宋之问. 宋之问集校注. 北京:中华书局,2001:715.
⑨ (明)唐顺之. 廷试策 [M]//(明)唐顺之. 唐顺之集. 杭州:浙江古籍出版社,2014:790.

等表述堪称"仁爱"经典，流传至今。而"仁政"则是儒家德政理念的哲学基础和价值目标，是一种国家精神。

"重民本"是中华传统文化的重要内容。何以为"民"？中国古代泛指被统治的庶人。"民惟邦本"①"民为贵，社稷次之，君为轻"②等表述凸显儒家民本思想的价值取向。"国将兴，听于民；将亡，听于神"③实言重民贵民，强调"民"关乎国家兴亡；"兼相爱，交相利"④实言爱民仁民；"欲至于万年，惟王子子孙孙永保民"⑤。实言安民保民；重民贵民、爱民仁民和安民保民正是重民本的三重内涵，而"水能载舟，亦能覆舟"⑥"得民心者得天下，失民心者失天下"⑦更是被中华5000年历史实践反复印证的颠扑不破的真理，是重民本的生动写照，因而亦成为一种国家精神。

"守诚信"是中华传统道德体系的重要观念。"诚"与"信"是相通的德行，何以为"诚"？孟子用以为自然界和人类社会的最高道德境界，提出："诚者，天之道也；思诚者，人之道也"⑧。如"诚者自成也，而道自道也。诚者物之始终，不诚无物"⑨"诚者，圣人之本。'大哉乾元，万物资始'，诚之源也"⑩"诚者，

---

① 尚书·夏书·五子之歌 [M]//（清）阮元 校刻．十三经注疏 清嘉庆刊本．北京：中华书局，2009：330.

② 孟子·尽心下·第十四章 [M]//（清）阮元 校刻．十三经注疏 清嘉庆刊本．北京：中华书局，2009：6037.

③ 左传·庄公三十二年 [M]//（清）阮元 校刻．十三经注疏 清嘉庆刊本．北京：中华书局，2009：1112.

④ 墨子·兼爱下 [M]//（清）刘宝楠．论语正义．北京：中华书局，1990：759.

⑤ 尚书·周书·梓材 [M]//（清）阮元 校刻．十三经注疏 清嘉庆刊本．北京：中华书局，2009：6035.

⑥ 《荀子·王制》："君者，舟也，庶人者，水也，水则载舟，水则覆舟"，载：郭沂．子曰全集 [M]．北京：中华书局，2017，第359页；《贞观政要·论政体》："君，舟也；人，水也。水能载舟，亦能覆舟"，载（唐）吴兢 撰，谢保成 集校：《贞观政要集校》，北京：中华书局，2009，第34页；（唐）魏徵《谏太宗十思疏》："怨不在大，可畏惟人，载舟覆舟，所宜深慎"，载（唐）吴兢 撰，谢保成 集校．贞观政要集校 [M]．北京：中华书局，2009，第18页。

⑦ 《孟子·离娄上·第九章》："得天下有道，得其民，斯得天下矣。得其民有道，得其心，斯得民矣。得其心有道，所欲与之聚之，所恶勿施尔也"[M]//（清）阮元 校刻．十三经注疏 清嘉庆刊本．北京：中华书局，2009：5918.

⑧ 孟子·离娄上·第十二章 [M]//（清）阮元 校刻．十三经注疏 清嘉庆刊本．北京：中华书局，2009：5919.

⑨ 中庸·第三十一章 [M]// 王文锦．礼记译解．北京：中华书局，2016：817.

⑩ 通书·诚上第一章 [M]//（清）黄宗羲 原撰，（清）全祖望 补修．宋元学案．北京：中华书局，1986：482.

天之道也，阴阳有实之谓诚"①等表述，用以为"圣人之性"、至高无上的宇宙本体，抑或宇宙的一般规律。何以为"信"？孔子把"信"作为"仁"的重要表现之一，要求"敬事而信""谨而信"；②孟子认为，"可欲之谓善，有诸己之谓信"③。中国古圣先贤的逻辑是：经由"天道""地道"至"人道"，即经由天地的"诚"至人的"信"，正所谓"诚者，天之道也；诚之者，人之道也"④。这里的"人"并非指单一个体，而是指国家、社会、群体，故诚信原本之意，实为国家精神的特质。

"崇正义"毋庸置疑体现为一种国家精神。何以为"正义"？一层涵义指公正的道理，如"不学问，无正义，以富利为隆，是俗人者也"⑤的表述；又一层涵义指符合政治和道德准则的行为，如"正利而为谓之事，正义而为谓之行"⑥的表述；又有"义者，宜也"⑦的表述，即因时制宜、因地制宜、因人制宜，要求必以国家的整体利益为标准，属国家追求的价值标准；而中华民族传统义利观的要义是"先义后利"。

"尚和合"是中华优秀传统文化的思想精华。何以为"和合"？意指中国古代神话中象征夫妻相爱的神名。旧时民间举行婚礼时，每喜陈列和合像，以图吉利。后引申为"贵和谐"，对历代中国社会产生了深远影响。何以为"和"？内涵和谐、和平、中和等意；何以为"合"？内涵符合、协同、汇聚等意；"和"与"合"以"和"为要，如"中也者，天下之大本也。和也者，天下之达道也。致中和，天地位焉，万物育焉"⑧的表述，"中"即"时中"，意指时间维度的动态平衡；"和"即"致和"，意指空间维度的综合平衡，"中和"引申为中华民族文化中包含的多元一体、动态平衡的世界观，进而引申为化解矛盾、平衡国家复杂利益关系的原则和方法。

---

① 张子正蒙注·太和篇 [M]//（清）王夫之．张子正蒙注．北京：中华书局，1975：10．
② 论语·学而 [M]//（清）阮元 校刻．十三经注疏 清嘉庆刊本．北京：中华书局，2009：5336，5337．
③ 孟子·尽心下·第二十五章 [M]//（清）阮元 校刻．十三经注疏 清嘉庆刊本．北京：中华书局，2009：6040．
④ 中庸·第二十章 [M]//（清）阮元 校刻．十三经注疏 清嘉庆刊本．北京：中华书局，2009：3542．
⑤ 荀子·儒效 [M]//（战国）荀况 著．梁启雄 整理．荀子简释．北京：中华书局，1983：92．
⑥ 荀子·正名 [M]//（战国）荀况 著．梁启雄 整理．荀子简释．北京：中华书局，1983：310．
⑦ 中庸·第二十章 [M]//（清）阮元 校刻．十三经注疏 清嘉庆刊本．北京：中华书局，2009：27．
⑧ 中庸·第一章 [M]//（清）刘宝楠．论语正义．北京：中华书局，1990：248．

"求大同"是中国传统文化凝练的一种国家理想,何以为"大同"?重要的含义之一是指儒家的理想社会,所谓"大道之行也,天下为公。"在其社会里,"老有所终,壮有所用,幼有所长,矜寡孤独废疾者皆有所养""货恶其弃于地也,不必藏于己;力恶其不出于身也,不必为己""是谓大同"。① 又有"颂论形躯,合乎大同。大同而无己"② 等表述。作为古圣先贤设定的最高社会政治理想,亦是中华民族亘古通今的政治诉求,大同思想自然是一种国家精神的呈现。

一言蔽之,将中华传统文化精炼为讲仁爱、重民本、守诚信、崇正义、尚和合、求大同,实则从六个角度强调一个核心问题,即如何塑造国家精神的气质?正如习近平所言:"优秀传统文化是一个国家、一个民族传承和发展的根本,如果丢掉了,就割断了精神命脉"③。

二、建国、富国、强国:中华优秀传统文化的历史演绎

诚然,基于中国共产党的根本宗旨,塑造国家精神的气质必与文化之基——人民性密切融合,并随着历史的演进不断赋予其新的时代内涵。正如习近平所言:"历史就是历史,历史不能任意选择,一个民族的历史是一个民族安身立命的基础,不论发生过什么波折和曲折,不论出现过什么苦难和困难,中华民族5000多年的文明史,中国人民近代以来170多年的斗争史,中国共产党90多年的奋斗史,中华人民共和国60多年的发展史都是人民书写的历史"④。这就清晰地勾勒出中华传统文化源与流的内在关联,即中华民族5000余年的文明史、近代以来180余年的斗争史、中国共产党100年的奋斗史以及70余年的共和国史,均系同族、同史、同源,均由人民书就。

与此同时,习近平强调:"在带领中国人民进行革命、建设、改革的长期历

---

① 礼记·礼运·第九章[M]//(清)阮元 校刻.十三经注疏 清嘉庆刊本.北京:中华书局,2009:3062.
② 庄子·外篇·在宥·第十一章[M]//王叔岷.庄子校诠.北京:中华书局,2007:403.
③ 习近平.在纪念孔子诞辰2565周年国际学术研讨会暨国际儒学联合会第五届会员大会开幕会上的讲话[N].人民日报,2014年9月25日,第2版.
④ 习近平.在纪念毛泽东同志诞辰120周年座谈会上的讲话[N].人民日报,2013年12月27日,第2版.

史实践中，中国共产党人始终是中华优秀传统文化的忠实继承者和弘扬者"①。这表明，中国共产党在建国、富国、强国的历史征程中秉持"以人民为中心"的发展理念，坚定地传承和弘扬中华优秀传统文化。

"以人民为中心"是中国共产党建党的初心，全心全意为人民服务是中国共产党区别于其他政党的显著标志。1944年9月，毛泽东发表《为人民服务》，明确要求全党要完全地、彻底地为人民服务；1945年4月，毛泽东在中共七大做《论联合政府》报告时强调："我们共产党人区别于其他任何政党的又一个显著的标志，就是和最广大的人民群众取得最密切的联系。全心全意地为人民服务，一刻也不脱离群众；一切从人民的利益出发"②。同年6月，毛泽东还在中共七大闭幕词中阐释愚公移山精神，将人民喻为中国共产党人的"上帝"，指出，正是中国共产党人用自身精神感动了人民这个"上帝"，使人民"甘心情愿和我们一起奋斗"③。1957年3月，毛泽东再次重申："要全心全意为人民服务，不要半心半意或者三分之二的心三分之二的意为人民服务"④。由此，为人民服务成为中国共产党人耳熟能详的行为准则，为人民谋利益成为中国共产党建国、富国、强国一以贯之的精神动力，中国共产党为之奋斗的事业就是人民的事业，"江山就是人民、人民就是江山，打江山、守江山，守的是人民的心"⑤。

建国、富国、强国矢志不渝地坚持文化建设，即传承和弘扬中华优秀传统文化必须坚持为人民服务的宗旨。1940年1月，毛泽东发表《新民主主义的政治与新民主主义的文化》⑥演讲，指出：新民主主义文化"应为全民族中百分之九十以上的工农劳苦民众服务，并逐渐成为他们的文化"⑦。1949年9月，毛泽东预言："随着经济建设的高潮的到来，不可避免地将要出现一个文化建设的高潮。中国人被人认为不文明的时代已经过去了，我们将以一个具有高度文化的民

---

① 习近平.在纪念孔子诞辰2565周年国际学术研讨会暨国际儒学联合会第五届会员大会开幕会上的讲话[N].人民日报，2014年9月25日，第2版.

② 毛泽东.论联合政府[M]//毛泽东选集：第3卷.北京：人民出版社，1991：1094.

③ 毛泽东.愚公移山[M]//毛泽东选集：第3卷.北京：人民出版社，1991：1101.

④ 毛泽东.坚持艰苦奋斗，密切联系群众[M]//毛泽东文集：第7卷.北京：人民出版社，1999：285.

⑤ 习近平.在庆祝中国共产党成立100周年大会上的讲话[N].人民日报，2021年7月2日，第2版.

⑥ 这是毛泽东1940年1月9日在陕甘宁边区文化协会第一次代表大会上的讲演，原标题为《新民主主义的政治与新民主主义的文化》，载1940年2月15日延安出版的《中国文化》创刊号。同年2月20日在延安出版的《解放》第98、99期合刊登载时，标题改为《新民主主义论》。

⑦ 毛泽东.新民主主义论[M]//毛泽东选集：第2卷.北京：人民出版社，1991：708.

族出现于世界"①。1979年10月,邓小平强调:"我们要继续坚持毛泽东同志提出的文艺为最广大的人民群众、首先为工农兵服务的方向"②。1991年7月,江泽民指出:"必须坚持为人民服务、为社会主义服务的方向和百花齐放、百家争鸣的方针,繁荣和发展社会主义文化"③。2007年10月,胡锦涛指出:"要坚持为人民服务、为社会主义服务的方向和百花齐放、百家争鸣的方针,贴近实际、贴近生活、贴近群众,始终把社会效益放在首位,做到经济效益与社会效益相统一"④。2021年7月,习近平强调指出:"新的征程上,我们必须紧紧依靠人民创造历史,坚持全心全意为人民服务的根本宗旨,站稳人民立场,贯彻党的群众路线,尊重人民首创精神,践行以人民为中心的发展思想,发展全过程人民民主,维护社会公平正义,着力解决发展不平衡不充分问题和人民群众急难愁盼问题,推动人的全面发展、全体人民共同富裕取得更为明显的实质性进展!"⑤

进言之,中国共产党传承和弘扬中华优秀传统文化矢志不渝地强调人民的属性和人民的主体地位。1944年10月,毛泽东指出:"我们的文化是人民的文化"⑥。1979年10月,邓小平指出:"人民需要艺术,艺术更需要人民。""作品的思想成就和艺术成就,应当由人民来评定"⑦。1994年1月,江泽民指出:"弘扬主旋律、提倡多样化,是坚持'二为'方向和'双百'方针的具体体现。""必须以科学的理论武装人,以正确的舆论引导人,以高尚的精神塑造人,以优秀的作品鼓舞人,不断培养和造就一代又一代有理想、有道德、有文化、有纪律的社会主义新人"⑧。2011年11月,胡锦涛指出:"一切进步的文艺创作都源于人

---

① 毛泽东.中国人民站立起来了[M]// 毛泽东文集:第5卷.北京:人民出版社,1996:345.
② 邓小平.在中国文学艺术工作者第四次代表大会上的祝词[M]// 邓小平文选:第2卷.北京:人民出版社,1994:210.
③ 江泽民.当代中国共产党人的庄严使命[M]// 江泽民文选:第1卷.北京:人民出版社,2006:158.
④ 胡锦涛.高举中国特色社会主义伟大旗帜,为夺取全面建设小康社会新胜利而奋斗[M]// 中共中央文献研究室编.十七大以来重要文献选编(上).北京:中央文献出版社,2009:28.
⑤ 习近平.在庆祝中国共产党成立100周年大会上的讲话[N].人民日报,2021年7月2日,第2版.
⑥ 毛泽东.文化工作中的统一战线[M]// 毛泽东选集:第3卷.北京:人民出版社,1991:1012.
⑦ 邓小平.在中国文学艺术工作者第四次代表大会上的祝词[M]// 邓小平文选:第2卷.北京:人民出版社,1994:210,211.
⑧ 江泽民.在全国宣传思想工作会议上的讲话[M]// 江泽民.论党的建设.北京:中央文献出版社,2001:134,125.

民、为了人民、属于人民。""要把人民作为文艺的表现主体"①。2021年7月，习近平强调指出："中国共产党根基在人民、血脉在人民、力量在人民"②。

正因为经典作家在社会实践中不断赋予中华优秀传统文化以同期最深邃的民族特质，致使中华优秀传统文化彰显出同时代的风采：建国前期，形成了红船精神、井冈山精神、长征精神、延安精神、抗战精神、西柏坡精神，等等；建国初期，形成了铁人精神、雷锋精神、焦裕禄精神、"两弹一星"精神，等等；富国、强国时期，形成了创业精神、抗洪精神、孔繁森精神、抗"非典"精神、载人航天精神、青藏铁路精神、抗震救灾精神、奥运精神、抗疫精神，等等；这些精神富含同期最具先进性、代表性的精神风采和文化精髓，是中华民族精神在建国、富国、强国进程中的时代写照。

对此，习近平予以深刻的总结："中国特色社会主义文化，源自于中华民族五千多年文明历史所孕育的中华优秀传统文化，熔铸于党领导人民在革命、建设、改革中创造的革命文化和社会主义先进文化，植根于中国特色社会主义伟大实践"③。它富含宝贵的精神资源，塑造了中华民族的精神世界、思维方式和价值体系，荟萃了中华民族集体记忆的精粹。

三、权威数字化平台：新时代中华优秀传统文化的传承和弘扬

众所周知，中华优秀传统文化是新时代中国特色社会主义先进文化的本源文化，那么，在当下"文化兴国运兴，文化强民族强"④的社会主义先进文化建设中，如何使中华优秀传统文化鲜活起来，即"让收藏在禁宫里的文物、陈列在广阔大地上的遗产、书写在古籍里的文字都活起来"⑤，是集文化的人民性、民族性、历史—时代性高度统一的系统工程，必须将先进技术手段付诸传承和弘扬中

---

① 胡锦涛.在中国文联第九次全国代表大会、中国作协第八次全国代表大会上的讲话[N].人民日报，2011年11月23日，第2版.

② 习近平.在庆祝中国共产党成立100周年大会上的讲话[N].人民日报，2021年7月2日，第2版.

③ 习近平.决胜全面建成小康社会 夺取新时代中国特色社会主义伟大胜利——在中国共产党第十九次全国代表大会上的报告[N].人民日报，2017年10月28日，第4版.

④ 习近平.决胜全面建成小康社会 夺取新时代中国特色社会主义伟大胜利——在中国共产党第十九次全国代表大会上的报告[N].人民日报，2017年10月28日，第1版.

⑤ 习近平.建设社会主义文化强国 着力提高国家文化软实力[N].人民日报，2014年1月1日，第1版.

华优秀传统文化的实践中，"努力实现传统文化的创造性转化、创新性发展，使之与现实文化相融相通，共同服务以文化人的时代任务"①。而所谓"创造性转化，就是要按照时代特点和要求，对那些至今仍有借鉴价值的内涵和陈旧的表现形式加以改造，赋予其新的时代内涵和现代表达形式，激活其生命力。创新性发展，就是要按照时代的新进步新进展，对中华优秀传统文化的内涵加以补充、拓展、完善，增强其影响力和感召力"②。由此，构筑国家主导的权威数字化平台，用以传承和弘扬中华优秀传统文化势在必行。

第一，这个数字化平台经由国家主导，其理念和所展示的内容应体现文化的人民性、民族性和历史—时代性的高度统一。

具体言之，这个数字化平台经由国家主导，可通过"中华优秀传统文化记忆"项目③的形式推进，旨在树立"共享型"文化理念，使中华优秀传统文化的发展成果为人民共享，满足人民多样化、多层次、多元化的文化需求，保障人民的文化权益；进而使中华优秀传统文化的发展成果为世界借鉴。

这个数字化平台以"中华优秀传统文化记忆"命名，其所展示的内容既要契合世界"文化遗产"界定的内涵，更要凸显中华优秀传统文化的民族特质。

根据联合国教科文组织第十七届会议通过的《保护世界文化和自然遗产公约》，对"文化遗产"做出包括文物、建筑群和遗址在内的如下定义："文物：从历史、艺术或科学角度看具有突出的普遍价值的建筑物、碑雕和碑画、具有考古性质成分或结构、铭文、窟洞以及联合体；建筑群：从历史、艺术或科学角度看在建筑式样、分布均匀或与环境景色结合方面具有突出的普遍价值的单立或连接的建筑群；遗址：从历史、审美、人种学或人类学角度看具有突出的普遍价值的人类工程或自然与人联合工程以及考古地址等地方"④。而中华优秀传统文化遗产特指中华5000余年文明发展历程中铸就的物质文化和精神文化精髓的融合体，其物质文化特指中华文明各个历史时期的"人、物、事"经典以及与之密切

---

① 习近平．在纪念孔子诞辰2565周年国际学术研讨会暨国际儒学联合会第五届会员大会开幕会上的讲话[N]．人民日报，2014年9月25日，第2版．

② 习近平．《习近平总书记系列重要讲话读本（2016年版）》十一、用社会主义核心价值观凝心聚力——关于建设社会主义文化强国[N]．人民日报，2016年5月5日，第9版．

③ 1992年，联合国教科文组织启动"世界的记忆"项目，旨在通过文化遗产数字化推动社会公众更广泛地享有人类文化遗产；"中华优秀传统文化记忆"项目将借鉴"世界的记忆"项目累积的实践经验，使之更富内涵、更趋完善．

④ 保护世界文化和自然遗产公约．// 联合国公约与宣言检索系统．https://www.un.org/zh/documents/treaty/files/whc.shtml．

相关的文物、建筑群和遗址精粹；其精神文化特指"讲仁爱、重民本、守诚信、崇正义、尚和合、求大同"的国家精神，将这些极富民族特质的文化遗产汇聚成文献资源、影像资源、物质资源呈现于世，势必使中华优秀传统文化可持续传承，并不断发扬光大。

第二，这个数字化平台经由国家主导，其技术手段应运用世界最前沿技术，并汇聚人才精英团队付诸实现，精准地表达中华优秀传统文化的民族特质，彰显中华文化软实力。

具体言之，构筑"中华优秀传统文化记忆"数字化平台，即通过现代数字化信息获取与处理技术，把各类中华优秀传统文化资源进行整理、归类，对相关的图、文、声、像及三维数据信息进行记录、编排和再现，转化为数字化格式，存储于计算机硬盘、光盘等介质中，使人们通过网络和计算机清晰地、全方位地体验各类中华优秀传统文化资源的实感魅力。进言之，"中华优秀传统文化记忆"数字化平台将以更直观、生动的方式实现中华优秀传统文化的保护和传承，这种方式可灵便地进行图、文、声、像与数字信息的双向转换；可自如地对文献资源、影像资源和物质资源进行编辑、排序、移位、备份和增减；可快速地通过网络传递信息；可高效地根据需求进行文献检索和使用；还可通过互动、开放的数字化平台建设实现全球文化资源共享，让中华优秀传统文化精粹走向世界。

应强调指出的是，"中华优秀传统文化记忆"数字化平台从资源采集到资源存储、传输、管理是一项系统工程，更是一项文化战略工程，在该项工程建设中理应植入科技智慧和智能因子等元素，以确保其权威性，并起到示范工程效应。毋庸置疑，资源数据库建设是其基础性工作的重中之重，当借助 5G 技术、[①] 人工智能（AI 技术）、[②] 虚拟现实（VR 技术）、[③] 大数据、云计算等世界前沿科技手段，拓宽中华优秀传统文化资源的收集、整理和归档，不断地借助科技之力

---

① 5G 技术（5th Generation Mobile Communication Technology，简称 5G），是具有高速率、低时延和大连接等特点的新一代宽带移动通信技术，是实现人机物互联的网络基础设施。

② 人工智能（Artificial Intelligence，简称 AI），是研究、开发用于模拟、延伸和扩展人的智能的理论、方法、技术及应用系统的新的技术科学，属自然科学、社会科学和技术科学三向交叉学科；分为通用人工智能和专用人工智能；被称之为 21 世纪三大尖端技术——基因工程、纳米科学、人工智能之一。

③ 虚拟现实（Virtual Reality，简称 VR），是当今世界前沿科学技术之一，是以仿真的方式给用户创造一个实时反映实体对象变化与相互作用的三维虚拟世界，并通过头盔显示器（HMD）、数据手套等辅助传感设备，给用户提供一个观测与该虚拟世界交互的三维界面，使用户可直接参与并探索仿真对象在所处环境中的作用与变化，产生沉浸感，因而被誉为人机接口技术的一场深刻革命。

将中华优秀传统文化资源鲜活化。以 AI 技术为例，目前，尽管通用 AI 系统的研发尚处于起步阶段，但专用 AI 系统由于任务单一、需求明确、应用边界清晰、领域知识丰富、建模相对简单，在局部智能水平的单项测试中业已超越人类智能，实现了 AI 领域的单点突破。正是由于 AI 技术具有精准化、智能化、生活化等优势，可将中华优秀传统文化内容更直观、更生动地呈现出来，让参与者在技术的辅助下品味中华优秀传统文化精粹；还可通过智能互动等形式，使 AI 技术更直接、更立体地参与中华优秀传统文化的传承和弘扬；一言蔽之，AI 技术的出现不仅使中华优秀传统文化实现了"现代化"，而且还助力于中华优秀传统文化的传承和弘扬；再以 VR 技术为例，由于 VR 技术具有仿真性、可控性、交互性以及环保性等优势，该技术可用于古建筑遗迹等大型不可移动文物的虚拟交互全景展示，也可用于单件文物的 720 度展示，还可助力于文物细节复原，等等，这都为中华优秀传统文化资源高精度、高逼真的数字化保护和传承提供了坚实的技术基础。

综上，"中华优秀传统文化记忆"数字化平台，将通过遍及世界的链接，汇集海量多源数据，实现中华优秀传统文化数据智能；应用各种新 ICT 技术，[①] 使中华优秀传统文化物质—精神资源与数字世界真正融合；纵向打通云—管—端，实现新 ICT 能力优化，内置品牌 AI 芯片的智能摄像头，帧级优化采集和边缘计算处理，网络 CDN 加速，端至端切片，视频实时无损回传，云端部署专属服务器和全闪存存储；横向融合新 ICT 能力，消除应用构建的复杂；全栈、全场景的 AI 能力，为平台赋予无所不及的智能；基于端至端的安全设计，打造安全可信的应用环境，使之精准地服务于中华优秀传统文化的传承和弘扬。

一个不争的事实是，相关尖端技术人才是构筑"中华优秀传统文化记忆"数字化平台的关键因素，为此，应以国家尖端人才政策为导向，多层次、多渠道、多形式地汇聚技术精英，与人文社科相关领域优秀人才携手，形成跨学科集群优势，创"中华优秀传统文化记忆"权威数字化示范平台，激活中华优秀传统文化的人文魅力，实现中华优秀传统文化的创造性转化和创新性发展，可谓功在当代、利在千秋。

---

① ICT 是信息、通信和技术三个英文单词的首字母组合（Information，Communications，Technology，简称 ICT），是信息技术与通信技术相融合而形成的一个新概念，属新技术领域。

弘扬中华优秀传统文化，推进人类命运共同体发展

许积年

习近平总书记在庆祝中国共产党成立 100 周年大会上代表党和人民庄严宣告："经过全党全国各族人民持续奋斗，我们实现了第一个百年奋斗目标，在中华大地上全面建成了小康社会，历史性地解决了绝对贫困问题，正在意气风发向着全面建成社会主义现代化强国的第二个百年奋斗目标迈进。这是中华民族的伟大光荣！这是中国人民的伟大光荣！这是中国共产党的伟大光荣！"实现中华民族伟大复兴，是近代以来中华民族最伟大的梦想，是激励中华儿女团结奋进、开辟未来的精神旗帜。而弘扬中华优秀传统文化，推进人类命运共同体发展是实现中华民族伟大复兴的重要战略步骤，是习近平新时代中国特色社会主义思想的重要组成部分，也是马克思主义国际战略重要思想的追根溯源的探索。

一、中华优秀传统文化的核心价值观是人类命运共同体的根基

（一）中华优秀传统文化是中华民族的根与魂

习近平总书记在党的十九大报告中指出："文化是一个国家、一个民族的灵魂。文化兴国运兴，文化强民族强。"习总书记深刻认识中华优秀传统文化的价值与意义，她的思想观念、人文精神、道德规范、意志品质等不仅承载着先辈们的智慧精髓，更是滋养当代中国人精神世界、提振当代中国人精神力量的源头活水和不竭动力。

（二）中国革命文化和社会主义先进文化是继承了中华优秀传统文化的核心价值

习近平总书记指出："中国特色社会主义植根于中华文化沃土、反映中国人民意愿、适应中国和时代发展进步要求，有着深厚历史渊源和广泛现实基础。"中国共产党在领导人民进行革命、建设和改革的伟大实践中继承了中华优秀传统文化的核心价值，创造了时代的革命文化和社会主义先进文化。党的十九大报告指出，"中国特色社会主义文化，源自于中华民族五千多年文明历史所孕育的中华优秀传统文化，熔铸于党领导人民在革命、建设、改革中创造的革命文化和社会主义先进文化"。中国特色社会主义文化积淀着中华民族最深沉的精神追求，是激励全党全国各族人民奋勇前进的强大精神力量。

习总书记明确地指出："独特的文化传统，独特的历史命运，独特的基本国情，注定了我们必然要走适合自己特点的发展道路。"中国特色社会主义道路、制度的选择与发展不仅立足于中华优秀传统文化所形成的既定历史基础，其精神品质也为道路、制度的选择和发展提供了启迪和良好思想文化环境。

中国特色社会主义是由中华文明5000多年的传承发展中得来的，密不可分，百年多来，中国共产党扎根于中国历史优秀文化传统，并由此获得无穷的生命力，她是中国特色社会主义重要的思想根基，也是文化之根、文明之源。其理论体系的形成与发展是坚持马克思主义基本原理与中国的具体实际相结合，与中华优秀传统文化核心价值相结合的产物。

（三）"人类命运共同体"必然以中华优秀传统文化为根基

习近平总书记的"人类命运共同体"理念由来已久，2011年《中国的和平发展》的白皮书就提出，要以"命运共同体"的新视角，寻求人类共同利益和共同价值的新内涵。2013年3月，习总书记在莫斯科国际关系学院发表演讲，首次向国际社会发出构建人类命运共同体的倡议。

在人类文明历史长河中，中国人民创造了源远流长、博大精深的优秀传统文化，她的丰富哲学思想、人文精神、价值理念、道德规范等，为中华民族生生不息、发展壮大提供了强大精神支撑。新中国坚持走和平发展的道路，是我们中国共产党根据时代发展潮流和我国根本利益作出的战略抉择，也是我们中华民族的优秀传统。

当今世界面临着百年未有之大变局，面临诸多共同挑战，也已经处在一个命运共同体中生活着。同时，以应对人类共同挑战为目的的一种全球价值观已开始形成，并逐步成为国际社会的广泛共识，中华优秀传统文化的价值观，在世界文明的历史进程中独树一帜，已经被爱好和平的国家和人民所接受，也必然是推进人类命运共同体的思想根基。中国共产党关注人类前途命运，同世界上一切进步力量携手前进，中国始终是世界和平的建设者、全球发展的贡献者、国际秩序的维护者！"人类命运共同体"也必然以中华优秀传统文化为重要根基。

二、中华优秀传统文化对马克思主义的影响

（一）马克思主义学说的理论渊源

马克思主义揭示了人类社会发展规律，是认识世界、改造世界的科学真理，是一个开放的科学思想体系。列宁指出："马克思这一革命无产阶级的思想体系赢得了世界历史性的意义，是因为它并没有抛弃资产阶级时代最宝贵的成就，相反却吸收和改造了两千多年来人类思想和文化发展中一切有价值的东西。"指明了马克思主义来源中有更广泛的人类思想文化根源，也包括中华优秀传统文化。马克思说："中国的社会主义跟欧洲的社会主义像中国哲学跟黑格尔哲学一样具有共同之点。"就足以证明马克思主义的理论学说中包含有中华优秀传统文化的要素。

（二）中国传统文化向欧洲的传播、对欧洲启蒙运动的影响

明清之际，西方传教士给中国带来了西方文化，同时也向欧洲输送中国的大量文化信息，形成了16—18世纪风靡整个欧洲的"中国热"。当时，正值欧洲文艺复兴的尾声和法国资产阶级启蒙运动勃兴之际，来自中国文化信息，无疑给欧洲思想家提供了可以利用的重要思想资源。

欧洲启蒙运动是一场资产阶级和人民大众的反封建、反教会的思想文化运动，它不仅为资产阶级革命做好了舆论准备，为美国独立战争与法国大革命提供了理论，导致了资本主义的兴起，而且也促进了现代无产阶级先驱者意识的觉醒。启蒙运动的著名代表人物都深入研究了中国文化，因而中国思想文化的介入，在西欧成为新兴资产阶级反对教会神权的重要思想武器之一，推动了法国启蒙运动，他们对中国哲学、科学、艺术、道德成就和政治、经济模式理想化的赞叹，充分反映了中华优秀传统文化对传统的欧洲中心主义的冲击，以及资产阶级启蒙思想

家向东方寻求真理以反对封建主义的强烈愿望,推动了启蒙运动的兴起,中国儒学也是启蒙运动的哲学基础"理性主义"的重要思想来源和要素之一。

马克思主义三个直接来源的理论和学说都曾深受启蒙运动思想家的影响,而那时是中国儒学等优秀传统文化在欧洲传播的重要时期,无疑给欧洲进步思想家提供了可以利用的思想资源。

(三)中国传统文化对马克思主义理论形成来源的影响

我们把中华优秀传统文化对马克思主义三个直接理论来源的影响分析清楚了,那么,马克思主义的学说理论中包括中华优秀传统文化的要素也就显而易见了。

1. 中国儒学对德国古典哲学的影响

在16世纪之前,欧洲思想界基本上是神学天下。笛卡儿和斯宾诺莎学说的出现标志着欧洲复兴了真正的理性哲学,德国古典哲学的诞生使近代欧洲理性主义哲学达到了高峰,有学者指出正是由于中国哲学的传入促进了欧洲思想界告别了"神学时代"进入了"哲学时代"。因此,谈马克思主义哲学不能不探究德国古典哲学的思想源流。

(1)莱布尼茨和沃尔弗学派。莱布尼茨的哲学思想对德国古典哲学的创建产生了重要影响,也是欧洲推进研究中国哲学的中坚力量,他终生对中国哲学孜孜不倦的研究,是把道家、儒家和佛教思想引入欧洲知识界的输送者,东方哲学就成了欧洲哲学的一个基本特色。德国谢林对中国的宗教、习俗、语言、哲学和民族形成的过程都有深入的研究。他认为,中华民族是唯一没有神话和宗教传统的国家。当欧洲在迎来了法国革命之时,落后的德国思想界正在进行着使哲学旨在用中国的纯粹理性上帝来替代基督教人格化上帝而努力。

(2)康德博士是德国古典哲学的创始人,他所进行的"哥白尼变革"标志着德国古典哲学的形成。他考察了中国儒、道哲学,还广泛关注中国各种文化。他哲学思想的中国特色十分明显,故有"哥尼斯堡的中国人"之称。康德的辩证法思想,正和《易经》和《老子》辩证法思想吻合。儒家哲学思想对于康德发起的德国哲学的"哥白尼革命"、对于法国资产阶级大革命都产生了深刻影响,如法国大革命中的《人权宣言》中就提出资产阶级革命的道德界限:"己所不欲,勿施于人。"

(3)黑格尔是德国古典哲学的集大成者,是欧洲理性主义哲学的集大成者。它完成了谢林所说的欧洲哲学用意识、精神或纯粹理性"上帝"代替基督教"上帝"的哲学原则的历史使命。它也是马克思主义哲学之前中西哲学会通和超越传统的最高成就。黑格尔本人的哲学研究工作中已能直接掌握欧译的中国哲学资料，阅读研究过大量中国文化资料。在黑格尔哲学中明显地含有中国哲学，马克思曾指出过，中国哲学跟黑格尔哲学具有共同之点。整个庞大的黑格尔辩证法体系是典型的中国思想，而只有中国哲学早于黑格尔2000年就提出过的命题。

（4）费尔巴哈是德国古典哲学第一个公开与基督教决裂的形而上学唯物主义者。他把德国哲学的思想趋向进一步引向"人"和"人性"，是"哲学革命"维度上的一个突进。费尔巴哈一样受到中国哲学思想的影响，他的无神论和人本主义思想吸收了儒学成分。

中国的实践理性和辩证思维方法推动了西方哲学变革，促进了德国古典哲学的诞生。马克思主义哲学在继承改造了费尔巴哈唯物论的"基本内核"和批判吸收黑格尔辩证法的"合理内核"前提下诞生的。马克思对黑格尔的辩证法作了扬弃，把黑格尔"倒立"了的主客关系重新"倒立"回来，第一次把辩证法树立在真正科学的基础之上，使辩证法成为无产阶级革命的世界观和方法论。德国古典哲学是马克思主义的最重要的理论来源之一，德国古典哲学与中国哲学的联系，自然构成了马克思主义哲学内容中的有机组成部分，当马克思指出"中国哲学跟黑格尔哲学具有共同之点"时，就昭示了他本人的哲学来源也与中国哲学具有共同之点。

2. 中国儒学对法国空想社会主义的影响

在19世纪的空想社会主义思想正是在法国启蒙思想的熏陶中和"中国热"的文化背景下滋生起来的。中国儒家的"大同"空想社会主义学说和几乎所有空想社会主义学说相比，早出2000年，马克思曾说："欧洲的空想社会主义与中国的空想社会主义有相同之处。"法国社会主义更接近中国"大同"的社会主义思想。

马克思同样吸收和改造了18世纪法国唯物主义和空想社会主义，从而创立了辩证唯物主义和历史唯物主义的思想体系。儒学的"大同"社会理想、唯物主义、"理性"学说、人文关怀精神以及"人性本善"的思想和教育思想等，早已纳入了马克思主义创始人思想的考察范围，马克思和恩格斯得出了"中国的社会主义与欧洲的社会主义具有共同之点"的结论。所以马克思主义的科学共产主义理论也包含着儒家社会学说中有价值的部分。

3. 中国儒学对英国古典政治经济学的影响

马克思主义的政治经济学理论来源于英国的古典经济学。英国人亚当·斯密思想是近代资本主义的自由市场经济理论的鼻祖,他不但独立地接触中国思想,还借鉴和运用中国哲学思想。法国学者盖伊于 1963 年说:"自然秩序"思想受到过老子"无为"哲学的启发。英国学者克拉克更进一步认为"自由放任"一词实乃"无为"在法语中的译文。魁奈是劳动价值论的最早提出者,而"自由市场"这个概念,是亚当借用了法语"自由放任"一词,而这一词的初创者正是魁奈,是他第一个使用这个法文词来指称《老子》的"道",即"自然法"。他们学说中包含的源于中国的政治经济思想被马克思主义所内在地吸收和改造。

总而言之,英国古典政治经济学、法国空想社会主义和黑格尔哲学,为马克思主义的科学思想体系的产生提供了广阔的历史、文化和思想背景,事实证明马克思主义科学体系三个直接来源的文化和思想背景中包含着重要的中国文化要素。来自西方的马克思主义为什么能在中国传播和实践,并且取得伟大的成功?从思想本身来说,科学的马克思主义在历史发展和理论学说上,代表着近代人类社会最先进的思想文化是最基本的。中国先进知识分子接受马克思主义,不仅由于俄国十月革命的胜利和第一次世界大战引发的西方文化危机对中国知识分子所产生冲击和影响有关,一个重要原因是马克思主义理论来源中具有中华优秀传统文化的要素,有着深刻的中华优秀传统文化背景。英国学者李约瑟曾写道:"现代中国人如此热情地接受(马克思的)辩证唯物主义,有很多西方人觉得不可思议。为什么这样一个古老的东方民族竟会如此毫不犹豫、满怀信心接受一种初看起来完全是欧洲的思想体系。……是因为,从某种意义上说,这种哲学思想正是他们自己所产生的。"五四时期,郭沫若发表一篇《马克思进文庙》的小品文,其中写道:"马克思(对孔子)说:'我想不到两千年前,在远远的东方,已经有了你这样一位老同志,你我的见解完全是一致的。'"郭沫若的看法代表着整整一代最早接受马克思主义的中国知识分子的心路历程。

三、弘扬中华优秀传统文化,推进人类命运共同体的发展

构建人类命运共同体的绝妙战略思想,是习近平总书记着眼人类发展和世界前途提出的中国理念、中国方案,受到国际社会的高度评价和热烈响应,已被多次写入联合国文件,产生日益广泛而深远的国际影响,成为中国引领时代潮流和人类文明进步方向的鲜明旗帜。

人类命运共同体把利益共同体、风险共同体、责任共同体聚集在美好生活的命运打造上,它通过打造持久和平、普遍安全、共同繁荣、开放包容、清洁美丽的未来世界这一普遍性信念,构建具有凝聚力机制的发展共同体,构建以"人类"为基本单元、以天下为基本空间、以合作共赢为基本目标、以共商共建共享为基本原则、以共同发展为基本模式的全球治理观从而以人类未来的美好愿景来助推全球治理的合理公正转向。

早在1894年恩格斯预见到:"在中国进行的战争(1894年中日甲午战争)给古老的中国以致命的打击。闭关自守已经不可能了……而中国人的竞争一旦规模大起来,就会给你们那里(美国)和我们这里(英国)迅速地造成极端尖锐的形势,这样一来,资本主义征服中国的同时也将促进欧洲和美洲资本主义的崩溃。"可见"弘扬中华优秀传统文化,推进人类命运共同体的发展"这是历史必然的一部分,也是奏响了共产主义伟大理想的扬帆起航曲。

(一)人类生活在同一个地球村里

习近平总书记指出:"人类生活在同一个地球村里,生活在历史和现实交汇的同一个时空里,越来越成为你中有我、我中有你的命运共同体。"马克思、恩格斯说:"各民族的原始封闭状态由于日益完善的生产方式、交往以及因交往而自然形成的不同民族之间的分工消灭得越是彻底,历史也就越是成为世界历史。"历史和现实日益证明这个预言的科学价值。今天,经济全球化大潮滚滚向前,……人类交往的世界性比过去任何时候都更深入……,和平、发展、合作、共赢已成为时代潮流。谁拒绝这个一体化的世界,这个世界也会拒绝他。构建人类命运共同体是21世纪人类新文明。正如习近平总书记指出的那样,世界经济的大海,你要还是不要,都在那儿,是回避不了的。站在人类道德道义的制高点上,坚定不移地举起人类命运共同体的旗帜,共同推动建立以合作共赢为核心的新型国际关系,努力把世界各国人民对美好生活的向往变为现实,把我们人类现在唯一的地球建成一个和睦的大家庭、充满阳光的大同世界,人类的明天一定会更加美好。

(二)促进"一带一路"国际合作,建设持久和平、普遍安全、共同繁荣、开放包容、清洁美丽的世界

习近平总书记提出的共建"一带一路"倡议正在成为我国参与全球开放合作、改善全球经济治理体系、促进全球共同发展繁荣、推动构建人类命运共同体的中

国方案。推动建设新型国际关系，是构建人类命运共同体的基本路径，秉持相互尊重、公平正义的合作共赢原则，走出一条对话而不对抗、结伴而不结盟、以合作取代对抗、以共赢取代独占的国与国交往新路。"一带一路"已经真正成为当今世界范围最广、规模最大的国际合作平台，总书记形象地指出，"一带一路"就像一对腾飞的翅膀，正飞向和平、发展、合作、共赢的远方。

（三）兼容并蓄、海纳百川，容纳世界优秀文化

习近平主席在 2018 年博鳌亚洲论坛上指出："中国 40 年改革开放给人们提供了许多弥足珍贵的启示，其中最重要的一条就是，一个国家、一个民族要振兴，就必须在历史前进的逻辑中前进、在时代发展的潮流中发展。"中华民族是一个兼容并蓄、海纳百川的民族，在漫长历史进程中，学习借鉴各国人民创造的优秀文明成果，积极吸纳其中的有益成分。在新时代我国要坚持对外开放的基本国策，形成全方位、多层次、宽领域的全面开放新格局。面对当前文化安全问题凸显，国际上西方文化霸权主义的影响，充分发挥中华优秀传统文化的独特优势，促进中华优秀传统文化的创造性转化与创新性发展。习近平总书记指出："要讲清楚中华优秀传统文化的历史渊源、发展脉络、基本走向，讲清楚中华文化的独特创造、价值理念、鲜明特色，增强文化自信和价值观自信。"中华优秀传统文化在保持自身独特性的同时，积极吸收借鉴国外一切优秀文化，博采众长、兼收并蓄，在国际文化交流中彰显中华文化的包容与创新。

弘扬中华优秀传统文化，促进人类命运共同体的发展，中国先进文化应该对人类社会进步、文明发展作出更大贡献。

习总书记在 2017 年瑞士日内瓦发表的《共同构建人类命运共同体》重要演讲中指出："中国已成为多边主义的重要支柱，而我们践行多边主义的目的，就是要建立人类命运共同体。"这一号召，秉承世界大同、协和万邦、兼爱非攻、崇尚和合的中国优秀文化的思想智慧，体现了人类对和平发展的期盼，在世界范围产生持续强烈的积极反响，已被多次写入联合国文件。习近平指出其内涵是要"建设持久和平、普遍安全、共同繁荣、开放包容、清洁美丽的世界"。第 71 届联合国大会主席彼得·汤姆森感叹说，人类命运共同体是人类在这个星球上唯一的未来。这反映了人类社会共同价值追求，对中国发展、世界进步都具有重大深远意义。

中国共产党以马克思主义为指导，立足中国实际，发扬中华文化的优秀传统，汲取世界各民族文化的优点，与人民同心，与时代同步，在内容和形式上积极创

新，使中国特色社会主义不断取得丰硕成果，使中华文化在现代以来奏响了堪称华夏五千年文明历程的辉煌乐章。中国特色社会主义是马克思主义与中华优秀传统文化相结合的产物，它既是马克思主义在中国土壤上的创新和发展，也是对中国传统文化的提高与升华。中国共产党将以高度的文化自信忠实传承和弘扬中华优秀传统文化，积极倡导和发展中国特色先进文化，以习近平新时代中国特色社会主义思想为指导，坚持和发展中国特色社会主义事业，为实现两个百年奋斗目标，为实现中华民族伟大复兴而不懈努力奋斗！

新时代中国精神研究

张祖英 李颖

新时代中国精神是中国特色社会主义进入新时代的中国精神，是新时代中华民族精神和时代精神。习近平总书记高度重视构筑和弘扬新时代中国精神问题。党的十八大以来，习近平总书记多次阐述弘扬中国精神，注重丰富人民精神世界，生动描绘中国精神谱系，强调发挥中国精神力量；在一系列重大历史事件纪念以及重大考察与表彰活动中，习总书记都反复强调党的伟大精神的重要性，并且对于新时代中国精神作出精辟概括和阐述。2013年3月17日，担任总书记后第一次出席全国人大会议（十二届全国人大一次会议闭幕会）时强调："实现中国梦必须弘扬中国精神。这就是以爱国主义为核心的民族精神，以改革创新为核心的时代精神。这种精神是凝心聚力的兴国之魂、强国之魂"①。2014年2月17日，在省部级领导干部学习贯彻十八届三中全会精神全面深化改革专题研讨班讲话："国无德不兴，人无德不立。一个民族、一个人能不能把握自己，很大程度上取决于道德价值。……如果没有自己的精神独立性，那政治、思想、文化、制度等方面的独立性就会被釜底抽薪"②。2018年3月，他在第十三届全国人民代表大会第一次会议上再次当选中华人民共和国主席发表讲话中高度概括指出，中国人民是具有伟大创造精神、伟大奋斗精神、伟大团结精神、伟大梦想精神的人民。"有这样伟大的人民，有这样伟大的民族，有这样的伟大民族精神，是我们的骄傲"③。2020年9月8日，在全国抗击新冠肺炎疫情表彰大会上，习总书记首次全面阐述伟大抗疫精神指出，同困难作斗争，是物质的角力，也是精神的对垒。伟大抗疫精神进一步拓展了中国精神的谱系。它和伟大抗战精神一样，都是中国人民弥

---

① 在第十二届全国人民代表大会第一次会议上的讲话（2013年3月17日）[M]//十八大以来重要文献选编（上）．北京：中央文献出版社，2014：280.

② 习近平关于社会主义文化建设论述摘编[M]．北京：中央文献出版社，2917：139.

③ 习近平治国理政（第三卷）[M]．北京：外文出版社，2020：142.

足珍贵的精神财富。2021年7月1日，在庆祝中国共产党成立100周年大会上，习总书记首次提出"坚持真理、坚守理想，践行初心、担当使命，不怕牺牲、英勇斗争，对党忠诚、不负人民"的伟大建党精神。高度概括的32字伟大建党精神，凝结了党的百年奋斗伟大品格，"这是中国共产党的精神之源"，也是百年来中华民族精神家园的奠基石。2021年8月《求是》杂志刊发《党的伟大精神永远是党和国家的宝贵精神财富》的重要文章，集中反映了习总书记关于传承党的伟大精神和发扬新时代中国精神的重要论述。

习总书记关于党的伟大精神和中国精神的一系列重要论述，是党在新时代治国理政的重大雄韬伟略，是习近平新时代中国特色社会主义思想的重要组成部分。认真学习贯彻习总书记这些重要思想，深入研究构筑和弘扬新时代中国精神对于全面推进新时代中国特色社会主义事业，具有十分重大和深远的意义。

一、一个追问——新时代中国精神境界

我们不妨从精神与精神世界等基本范畴说起。

（一）精神与精神世界

1. 什么是精神

这是问精神的定义。古今中外对于精神的释义诸多。古汉语有曰"精神四达并流，无所不极，上际于天，下际于地，化育万物，不可为象"。

马克思主义哲学告诉我们，客观世界与主观世界，物质与精神，都是认识和把握世界的基本范畴。客观世界万事万物都是物质，其总和为物质世界；主观世界千头万绪归为精神，其总和为精神世界。世界是物质的，物质是运动的，运动是永恒的，永恒的运动存在方式是时间和空间。无论何时何地即无论何种方式运动存在的世界，人类社会物质与精神同在，物质决定精神，物质是第一性的；精神对于物质具有反作用，精神是第二性的。显然，精神及精神世界是由物质及物质世界决定的主观世界，它对于客观世界具有反作用。当然哲学上与这些基本范畴紧密联系的还有思维与存在、人的认识活动与实践活动等基本范畴。

2. 什么是精神世界

这是问精神的内涵。可有狭义精神世界与广义精神世界之分。狭义精神世界包括思想观念、道德伦理、心理素质和形象风貌等等内容。我们将狭义精神世界的四方面内涵视为构成精神世界的四个维度。

在狭义精神世界四个维度中，核心的是思想观念或说是思想理论。思想观念是人的思维活动的结果，是关于对象的理性思考的逻辑表达，是对于客观世界的理性认识。客观事物千千万万都是具体的，作为对于存在反映的思维活动的结果也是千千万万具体的，但总体而言，作为世界观和方法论并且集中体现为人生观和价值观包括理想信念等信仰目标为核心的思想观念，既是精神世界各个维度的奠基石，又起着支撑引领作用并且融入精神世界的各个维度。

道德伦理是做人做事的规矩，道德与伦理是两个紧密联系的概念，伦理是道德中处理人际关系的规矩。如古人云："何谓伦？父子、君臣、夫妇、长幼、朋友，五者之伦序是也。何谓理？即父子有亲、君臣有义、夫妇有别、长幼有序、朋友有信，五者之天理是也。"（《敬轩文集·戒子书》）其中君臣、父子、夫妇三伦更重要，称为'三纲'，与五德合并称作'三纲五常'"[①]。心理素质是以生理素质为基础，在实践中通过主体与客体相互作用而发展形成的个体的认识能力、情绪和情感品质、意志品质、气质和性格等个性品质。形象风貌是精神世界内涵的外在表现。如言行举止以及相关环境氛围等，亦称精神面貌。比如说体现了新时代共产党人的精神品质；展示了我国青少年德智体美劳全面发展的精神风貌；党的十八大以来，我们党的面貌、国家的面貌、人民的面貌、军队的面貌、中华民族的面貌发生了前所未有的变化等等。

上述狭义精神世界四方面内容紧密联系，你中有我、我中有你、浑然一体、不可分离。若论四者之间的相互地位与作用，显然核心的思想观念之权重最大，其对于另外三者的影响张力最大。狭义精神世界就是理想信念、价值理念、道德观念、心理素质和良好精神风貌的统一。狭义精神世界有被视为"人文精神"，是人们安放心灵的精神家园，是社会文明程度的精神标志。其中的思想观念是精神支柱，是精神境界核心标尺之所在，是社会上层建筑中的主流意识形态。

广义精神世界有五个维度构成：思想观念、道德伦理、心理素质、形象风貌加上科技文化知识。即上述狭义精神世界内容加上科技文化知识就是广义精神世界内涵。按照科学技术是第一生产力的观点，科技文化知识具有双重属性，作为

---

① 高令印. 中国传统文化的核心价值和现代化 [J]. 朱子文化，2021（2）：26.27.

社会生产力它属于物质范畴,作为社会文化它又被纳入精神世界的范围(有道是非政治上层建筑)。显然无论个人、组织或社会的精神文明状况,由精神世界的这五个内涵综合反映。广义精神世界,就是由人的历史活动所创造的文化构成的人的精神家园。体现广义精神世界内涵的基本方式诸多:理想信念、宗教信仰、神话寄托、伦理择从、艺术创造、哲学和科技等等。这些亦称之为人的文化素质,如公民文化素质、企业文化素质、民族文化素质等等。素质是人们安身立命的基本品质,人们一般称狭义精神世界为包含人文精神的人文素质,相应称科技文化为包含科学精神的科学素质。人的素质全面发展要求着人文精神和科学精神的全面发展,人文素质和科学素质的全面提升。

(二)什么是精神境界

1. 精神境界定义

境界,是主观世界范畴,其静态是一种客观状态,动态则是一种主观追求。精神境界,是以一定客观标准衡量判断的精神世界层次状态,是以世界观人生观价值观为基础,以理想信念即信仰目标取向为主要标志,精神世界总体追求的层次高度,从这个意义上说,精神境界是褒义词。有据于此笔者认为统而言之,"有境界"的反义不仅仅是"无境界",准确地说是"反境界"。精神境界既是主观世界内在的精神追求与状态,也是内在的精神追求与状态呈现于客观世界的精神高度和力量,其彰显出的精神对于物质反作用的力量,不仅反映某个具体的个体(个人、组织、社会等)的文明程度,总体起来就是社会发展和人类文明进步的精神力量,是历史前进不可或缺的标志和引领力量。

2. 精神境界的两个经典考量

古往今来人们不断追问考量精神境界问题。基本指的是狭义精神世界的境界,有道是人生境界,亦被认为是伦理境界问题。在此奉举冯友兰先生和陈来教授堪称经典的论述。冯友兰先生曾经提出人的精神境界从低到高的四境界:自然境界、功利境界、道德境界、天地境界。他说:"境界有高低。此所谓高低的分别,是以到某种境界所需要的觉解的多少为标准。其需要觉解多者,其境界高;其需要觉解少者,其境界低。自然境界,需要最少底觉解,所以自然境界是最低底境界。功利境界高于自然境界,而低于道德境界。道德境界,高于功利境界,而低于天地境界。天地境界,需要最多底觉解,所以天地境界是最高底境界。至此种境界,人的觉解已发展至最高底程度。至此种程度人已尽其性。在此种境界中底人,谓之圣人。①

陈来教授在研究冯友兰境界说的基础上提出了"三层九境"的精神境界论。他结合当代生活实际，提出对冯友兰先生境界说的一些改良和修正的想法，在继承冯先生把精神境界作为人生境界的前提下"第一，取消冯先生所谓的'自然境界'，而以大多数普通人的功利境界为最低层的境界，其中又分为几层，即利己害人、利己心强而不害人以及有利己心而不强。在现代社会要对一般的合理利己境界加以宽容，有所肯定。第二，以无功利境界为第二层次的境界，亦可分为几层，儒家的道德境界、道家的自然境界、和佛家的无相境界，以对治功利境界，改造人生的精神境界。第三，以终极关怀境界为第三层境界，其中又可分为几层，社会理想境界、万物一体的境界、东西方古今宗教境界，作为更高的精神境界。……我们的改良体系中，有三个层次，共九种境界。""这里所说的终极关怀境界则包括儒释道之外其他宗教尤其是西方宗教的信仰，也包括其他政治社会信仰如共产主义信仰"②。

3. 新时代中国精神境界的追问

人的精神世界丰富多样，而精神境界则是多层次交叉叠加的。笔者试将人的精神世界由高至低或说是从正到反概括为三层次境界：理想性境界（自由境界）、依赖性境界（半自由境界）、反境界（或者称异己境界、"丛林境界"，里外里的强盗逻辑与弱肉强食的丛林逻辑）。若以真善美作为精神境界的判据，则分别对应着事物判断的三个尺度：科学尺度、价值尺度和审美尺度。换句话说，拿这三个尺度统一来衡量包括思想观念、道德伦理、心理素质和形象风貌等内涵的精神世界，就是以真善美的统一要求作为其境界的判别标准。

所谓理想性境界，是主体精神世界（包含四个维度内容）均符合三个尺度即实现了真善美统一的最高层次精神境界，这是实现了与天地自然合一、与他人社会和谐的境界，是人的自由全面发展即实现了彻底解放的最美好精神境界，当今时代达到理想境界者，是社会成员中的先进模范分子，有朝一日全社会总体普遍达到理想境界，就是达到了社会文明进步的理想境地——实现了理想的社会形态即共产主义理想社会。

所谓依赖性境界，是尚未完全符合三个尺度即部分达到真善美统一要求的中间层次精神境界，这里的依赖性指人的生存发展过程中，除了有基于对于人的依

---

① 冯友兰. 冯友兰文集：第五卷 [M]. 长春：长春出版社，2008：30.
② 陈来. 境界伦理学的典范及其改善 [J]. 北京大学学报（哲学社会科学版），2016（1）：45、46.

赖或物的依赖而产生的精神状态与追求之外，现代社会中还有这种精神状态与追求存在的法理性依赖，即有法度的依赖。中国共产党大力倡导并践行理想精神境界，但受社会经济基础制约我国社会现实中比较普遍体现的是依赖性境界，因此我们今天仍处于与之相适应的文明程度的社会发展阶段（社会形态）——社会主义初级阶段。

所谓反境界（或说丛林性境界），是背离三个尺度统一要求甚至是假恶丑的精神状态，这在当下中国或多或少仍然存在，在有些方面甚至比较严重地表现出来。例如党内腐败现象，社会上黑恶现象，以及各种坑蒙拐骗、黄赌毒盗等现象中折射出的反境界状态，这些问题恰恰说明了发展中国特色社会主义必须大力加强依法治国，加强社会主义精神文明建设。

在科学技术日益发达的今天，分析判断人的行为所反映的精神境界时，强调真善美统一即三个尺度的统一性要求非常重要。因为现实生活中没有做到真善美统一，即不符合三个尺度衡量统一性要求的现象客观存在。试举一例，对于当下飞速发展着的计算机科学技术和网络通信技术普遍应用中造成极大破坏性困扰的"黑客"问题，如果用科学尺度衡量，它是采用计算机编程技术实现的有科技含量的软件，看似有可谓"真"；但是用价值尺度衡量，它就完全是"丛林法则"的强盗逻辑（害你没商量），是极其不道德的对于他人和社会具有破坏性的恶行。黑客行为的技术含量上虽有其真（这里隐含着科学技术的属性问题，是社会生产力即是物质的还是上层建筑即文化精神的），但在人文精神世界里找不到其真，更无其善与美可言。所以若论"黑客"的精神境界无疑属于反境界，对于黑客的批判，不仅仅是对于某些制造"黑客"的个体的谴责，实质上是对于信息社会发展和人类文明进步起障碍性作用的一种破坏力量的谴责。以黑客为例，不仅想说明精神境界判据的统一性，也试图说明精神及其精神境界对于社会历史进步的意义。可见精神及其精神境界是与"物质的生活关系"紧密联系的，是与社会生产力发展首先决定的时代及其社会进步紧密联系在一起的。显然，我们对于精神及其精神境界的追问是意在对于时代精神的追问；与社会相联系的就是对于民族国家的民族精神和时代精神的追问；是关于人类社会历史发展根本规律和终究正义的追问。

站在人类社会历史发展的广阔视野，继续追问或说是终极追问：如果理想境界的真善美及其统一性由科学尺度、价值尺度与审美尺度及其统一性决定，那么这三个尺度又由谁确定呢？笔者认为这个问题可以看成是关于新时代中国精神境界的一个终极追问，是对于人与自然、人与社会、人与自我的终极价值关怀。这种人类终极价值关怀需要不断探寻物质与精神以及反思思维和存在的关系问题，以"寻求作为世界统一性的'终极存在'和作为知识统一性的'终极解释'……"①这无疑是更深层次的哲学思考，显然也是个关于历史哲学的命题。迄今为止，马克思主义作出了最令人信服的考究和回答。

综观人类思想史，"人类对自身历史的认识经历了一个从'神'到'人'，再到用物质生产和社会关系去说明社会历史的、漫长的、曲折的发展进程"②。在一个相当长的历史时期内，"'神'是当时人们回答历史之谜的总答案，神学历史观禁锢着人们的头脑。这种情况不论是在中国还是在外国，都是如此。这是人类对自己历史认识的一个不可避免的阶段。它不仅是物质生产力和人们精神世界发展的产物，而且也是人们的需要，特别是统治阶级进行政治统治的需要。例如，中国的'天命''天道'观，……其兴，必有祯祥；其亡，必有妖孽。在西方则认为，上帝是世界万物的最高'主宰''一切事物都是由神布排的'（托马斯·阿奎那）……都是宣扬一种唯心主义的神学历史观"③。

"文艺复兴时期开始的人道主义思想，标志着从'神'到'人'的历史性转折……人道主义也称人文主义，作为一种社会思潮，始自 14 世纪到 16 世纪的文艺复兴时代。它表现为古典学术研究的形式，实质是以古典文化对抗中世纪的基督教文化，含有鲜明的反对封建专制制度及其精神支柱宗教神学的意义"④。到了 17—18 世纪资产阶级革命时期，以自由、平等、博爱为中心内容的人道主义，突出表现为"天赋人权"思想，认为自由、平等是人所固有的，与生俱来的"自然权利"。"这种以自然权利和自然法为依据、以'人权'形式出现的人道主义，虽然并非科学，但没有妨碍它成为资产阶级反对封建主义的强大的思想武器……但是，历史上的人道主义在理论上的致命弱点，是离开社会关系和历史发展来谈人和人性，赋予'人'以普遍的抽象形式，并把这种抽象的人作为自己学说的中心和出发点，作为说明社会历史现象的主要原则……所以这种抽象的人道主义，尽管是人类认识史上的进步，但它不可能成为说明社会历史的真正科学的学说。""不论是神学历史还是人道主义历史观，实质都是用某种观念来解释历史的唯心史观。因为，不论是'神'还是'人'，都是被抽象化了的观念产物，

---

① 孙正聿. 人的精神家园 [M]. 南京：江苏人民出版社，江苏凤凰美术出版社，2014：36.
② 靳辉明. 马克思主义原理及其当代价值研究 [M]. 北京：中国社会科学出版社，2013：16.
③ 靳辉明. 马克思主义原理及其当代价值研究 [M]. 北京：中国社会科学出版社，2013：17.
④ 靳辉明. 马克思主义原理及其当代价值研究 [M]. 北京：中国社会科学出版社，2013：17.

并把它们'描述成历史的动力'"①。

近代西方启蒙历史哲学有一个明显特征,将"理性"作为一种思想方法,"这一哲学范式的基本特征是以'理性'作为尺度,将历史发展理解为一种先验意识的运动过程。如康德从客观先验出发,将历史理解为由'大自然的隐蔽计划'引导的道德运动史";又如黑格尔从主观先验出发,把形形色色的看法抽象化为绝对观念。"将历史理解为'绝对精神'不断实现其自身的过程。"启蒙历史哲学思辨性所构建的"思想大厦",有其缜密逻辑,但仅仅是在意识层面为历史找依据。无论是康德意义上的'大自然',还是黑格尔意义上的'绝对精神',作为现实存在的社会现象的"精神世界与精神境界"成了理性的注脚,"历史在其中都呈现为意识对存在的审定"这在根本上使得理想精神境界的追求失去了客观世界根基和历史存在的支撑。真,指的是科学,科学是客观规律。无所谓真,其善与美亦乏善可陈。

显然我们这里所指的真善美及其对应的三个尺度,不是先验的历史理性。我们把实现了人的自由解放作为理想精神境界,这是在人与自然关系和人与人关系方面实现了真善美统一的理想境界。这个境界追求的是在关于人的生命、生存(吃、喝、住、穿、用等)基本需要、生活享乐以及高层次精神文化需要及其社会发展等等人与自然界关系方面,关于个体、组织、民族、社会、人类,情感、爱情、忠诚、反叛、奉献、罪恶、信念、信仰等等人与人(社会)关系问题上的本真而又具体和彻底的自由解放。

找寻这样人的本真自由解放的根基,必须走进马克思。"任何理论的发展,都是在前人已经取得的成果基础上,并回答时代问题的前提下实现的。马克思面临的时代课题,首先是'在理论上发展唯物主义''修盖好唯物主义哲学这所建筑的上层',创立唯物主义历史观,为社会历史认识提供科学的理论依据。"

马克思是在 19 世纪 40 年代的德国开始自己的理论活动。"1845—1846 年,马克思在《德意志意识形态》中全面制定了唯物主义历史观的基本原理,他科学地揭示了社会结构和社会形态及其发展规律,把社会看成是受生产力制约、以生产关系为基础的有结构的有机体……他不再从'人的本质'出发,而是直接考察物质生产活动的基本内容,阐明生产关系存在和更替的客观必然性。他通过对交往、交往关系、交往形式和所有制形式的分析,揭示了这些关系之间的内在联系,清楚地认识到,人们的精神交往不过是'人们物质关系的直接产物',而各种物

---

① 靳辉明. 马克思主义原理及其当代价值研究 [M]. 北京:中国社会科学出版社,2013:17.

质关系中生产关系又是最基本的"。

"物质生活的生产方式制约着整个社会生活、政治生活、和精神生活的过程。不是人们的意识决定人们的存在，相反，是人们的社会存在决定人们的意识。社会的物质生产力发展到一定阶段，便同它们一直在其中运动的现存生产关系或财产关系（这只是生产关系的法律用语）发生矛盾。于是这些生产关系便由生产力的发展形式变成生产力的桎梏。那时社会革命的时代就到来了。随着经济基础的变更，全部庞大的上层建筑也或慢或快地发生变革。"

马克思完全改变了以往用"神""人"和"观念""理性"说明社会历史的唯心史观。"而是把物质生产和社会生活作为历史的发源地，把人们所有的社会关系作为说明人和一切社会现象的基本依据，从而破天荒第一次把对社会历史的认识奠定在科学的基础之上"[①]。

唯物史观是马克思主义思想体系的理论基石。没有它就没有马克思主义，就没有科学社会主义。马克思不仅在历史观上实现了伟大变革，而且在社会实践上得出非常革命的结论。马克思主义或者说科学社会主义是关于无产阶级革命谋求解放和全人类解放的学说。追求人类解放是马克思一生不变的主题，也是马克思为之奋斗献身的目标与根本价值诉求。1848年，马克思在《共产党宣言》中说"代替那存在着阶级和阶级对立的资产阶级旧社会的，将是这样一个联合体，在那里，每个人的自由发展是一切人的自由发展的条件。"马克思从历史主体即人的自由解放和全面发展角度揭示人类社会发展规律，将人的自由发展程度与社会发展阶段或说是社会形态紧密联系。马克思在《政治经济学批判（1857—1858年草稿）》中提出"三大社会形态"或"三大阶段"论说。"人的依赖关系（起初完全是自然发生的），"是最初的社会形态，在这种形态下，人的生产能力只是在狭窄的范围内和孤立的地点上发展着。以物的依赖性为基础的人的独立性，是第二大形态，在这种形态下，才形成普遍的社会物质交换，全面的关系，多方面的需求以及全面的能力体系。建立在个人全面能力发展和他们共同的社会生产能力成为他们的社会财富这一基础上的自由个性，是第三个阶段。第二个阶段为第三个阶段创造条件。[②]

马克思关于三个阶段或三大形态的思想，从人的主体发展层面探讨社会发展阶段（社会形态），将人的自由发展程度与社会发展阶段或说是社会形态紧密

[①] 靳辉明. 马克思主义原理及其当代价值研究 [M]. 北京：中国社会科学出版社，2013：20.
[②] 马克思恩格斯全集：第 46 卷 [M]. 北京：人民出版社，1979：104.

联系,这是从历史主体即人的自由解放和全面发展角度揭示人类社会发展规律。马克思说的进入第三大阶段的特征是"建立在个人全面能力发展和他们共同的社会生产能力成为他们的社会财富这一基础上的自由个性"。显然这与《共产党宣言》所说"每个人的自由发展是一切人的自由发展的条件。"那样一个联合体——共产主义社会是一致的;是与马克思恩格斯一生不变的主题且终身为之奋斗的目标——无产阶级及其人类解放是一致的。

马克思关于社会形态的理论以生产方式为核心,有五形态与三形态之说。无论哪种形态,都离不开社会生产力与生产关系、经济基础(生产关系)与政治上层建筑(意识形态)等等社会存在与社会意识之间的社会矛盾运动,都离不开马克思主义关于无产阶级及其人类解放的主题。

正是基于上述马克思主义思想原理,笔者将精神境界分为理想性境界、依赖性境界、反境界等三层次。理想性境界,是以马克思在《共产党宣言》中阐明并且毕生为之奋斗的"代替那存在着阶级和阶级对立的资产阶级旧社会的,将是这样一个联合体,在那里,每个人的自由发展是一切人的自由发展的条件。"和马克思在《政治经济学批判(1857—1858年草稿)》中阐释的第三大阶段特征的理想社会为依据。人是社会的人,人的本质是一切社会关系的总和。将"每个人的自由发展是一切人的自由发展的条件"视为人的自由解放,这是人的精神世界的核心成分,是人的精神境界的自由理想高度,是人与人之间在本质上的和谐共存,是每一个人自由全面发展的根本价值理想。形成这样一个联合体的社会形态,是人类社会文明进步在解决人与社会、人与自然关系之两大主题上找到了理想答案;追求和达到这个理想精神境界,就是追求并且实践做一个把自己的存在发展与他人和社会的存在发展紧密联系在一起,并且自觉将自身的存在发展作为他人(社会)的存在发展条件的社会主体,"从来就没有什么救世主,也不靠神仙皇帝",这样的主体是人类历史的真正主人,是创造世界的神明精灵,这就是一个愿意并且能够为他人(社会)奉献甚至牺牲的社会主体。在精神世界的各个维度上追求真善美统一的理想境界,根本的就是追求这个精神境界,就是追求和实现"这样一个共同体"——这就是共产主义理想社会,她的第一阶段是社会主义社会。这样的思想行为是符合社会文明进步和符合人类社会发展规律的。"因为,马克思的人类解放的社会理想'不是基于道德原则,也不是基于信仰的宗教千年王国,而是由一系列基本原理的科学论证作为理论支撑的'"[1]。列宁将马克思

---

[1] 刘同舫.马克思人类解放理论的演进逻辑[M].北京:人民出版社,2011:2.

的唯物史观和社会形态理论称之为"科学思想中的最大成果",是"唯一的科学的历史观",是"社会科学的同义词"。

对于精神境界把握科学尺度、价值尺度和审美尺度的统一性,即真善美的统一性的终极追问中,我们惊喜地领受到马克思主义所揭示的那令人豁然开朗穿越时空的真理光芒。将人类的精神世界植根于物质的生产活动,以"历史的大尺度"反省历史进程,据此得以从人类对于真善美的统一追求中反思社会实践。马克思主义"不仅是基于自然规律和社会规律的一种真理性学说,也是立足于工人阶级及广大劳动人民的根本利益,以实现全人类解放和人的自由全面发展为宗旨的价值体系"①。(每个人的自由发展是一切人的自由发展的前提)在对于精神世界四个维度全面分析判断其境界过程中,理想精神境界是符合马克思主义所揭示的人类社会发展客观规律的科学理想的;社会成员的自由全面发展是马克思主义的价值理想,这个理想境界具有高尚道德情操——将自身的存在和自由发展作为他人(社会)的存在和自由发展条件的价值取向;有这样崇高理想的思想观念和道德情操支撑,有关主体(个人、组织或社会)的内在情感、情绪、意志等身心健康的心理素质,以及形象、作风、能力等精神世界的外在表现(精神风貌),就有了符合社会文明进步审美要求的内在基础(如追求人民至上、我将无我、公而忘私、活着就是要使别人过得更美好、积极利他、共建共享等等),就能够积极创造并且努力展现出符合社会文明进步审美要求的精神境界(形神兼备、情景交融、赏心悦目等审美追求,如五讲四美三热爱等),即达到真善美统一的精神境界的基础。达到理想境界的人,是真正精神自由的人,是当今时代的先进分子,是具有共产主义理想信仰的人。这样的自由人越多,社会文明进步的程度越好,社会成员普遍具有理想境界的社会,也是社会的一切管理都服务于人的物质和精神彻底自由的社会,这是人类理想的社会,这是马克思所设想的那样一个共同体——共产主义社会。共产主义的实现,并不是历史的终结,而是人类社会历史一个新的开端。"在《资本论》中,马克思提出:'把经济的社会形态的发展理解为一种自然史的过程'"②。共产主义社会不是历史的终结,作为人类社会历史的一个新开端,开启的将是人类社会文明进步在不断实践过程中螺旋式地新发展。"只有在共产主义社会'人们成为自然界的自觉的和真正的主人……只有从

---

① 王伟光主编. 人的精神家园 [M]. 北京:人民出版社,中国社会科学出版社,2014:3.
② 张雯. 马克思社会进步理论的双重逻辑 [N]. 中国社会科学报,2021年5月11日,第2版.

这时起，人们才完全自觉地自己创造自己的历史。'"①

依赖性境界的人，不妨称为依赖人，他们在精神世界中尚未获得完全彻底自由解放，可谓不自由或半自由人。依赖人的存在是历史范畴，这是社会物质的生活关系决定的历史性存在。依赖性境界的提升不仅要求社会文明的进程中经济基础的不断进步，社会上层建筑领域社会治理体系和治理能力的建设不可或缺，社会精神文明建设不可或缺。

反境界的人，不妨称其为异己人，是人的本性异化（俗话所云："没有人性了""如同禽兽"）了的人类社会异己分子。他们的精神世界中个人意识膨胀，自身利益至上，充斥着对于他人以及社会的伤害性，一旦付诸行动便会造成危害他人以及社会的结果，因此他们是人类的异己分子。必须加强法治建设，对于这类人员应依法严惩不贷。

与精神境界接近的另一个词是精神品质。人们往往将品行视为精神或称精神品质。如果境界是纵向的精神高度，品质则不妨视为横向的精神态度（立场、胸怀、眼界、风骨、气度、神态、作风、德性、品味等等）；境界是精神世界灵魂的写照，注重心灵；品质是精神世界风骨的写照，注重德行；境界提升品质，品质烘托境界，境界越高品质越好，品质越好境界越高。两者都反映精神世界状态及其追求。现实生活中，亦有视品质为精神者。

精神境界，特别是核心思想观念，是精神文化最深层次内核，决定着精神文化的性质和方向，体现着一个人、一个国家、一个民族以及社会总体的理想信仰和精神高度。马克思说过"哲学家们只是用不同的方式解释世界，问题在于改变世界"②。我们这样认识精神境界，不仅仅有对于精神世界静态的直观的解释描述，还有对于人的精神境界的动态实践追求的价值取向，即"改变世界"的理想追求的意志表达。

---

① 赵松.重新认识马克思主义进步观[N].中国社会科学报，2021年5月11日，第2版。
② 马克思恩格斯选集：第1卷[M].北京：人民出版社，1995：57.

二、一个体系——新时代中国精神谱系

（一）新时代中国

1. 时代

时代是一个关于世界或民族国家所处历史方位的重要政治历史概念。一个大时代是指一种更高的社会形态代替前一种社会形态的大的历史阶段，这样的一个大时代还包括若干小时代。新时代中国，是中国特色社会主义进程中的一个具有鲜明新的发展特征的时代，是现代中国或说是当代中国中的时代。

1840 年以来至 1949 年新中国成立前的中国是近代中国，这期间从 1921 年中国共产党成立开始，党领导人民完成了反帝、反封建、反官僚资本主义的新民主主义革命，建立了中华人民共和国。

对于新中国成立之后的历史，有专家认为可分为现代中国与当代中国，其中：1949 年建国之后到 1978 年称现代中国，党领导进行了社会主义革命和建设，确立了社会主义基本制度和奠定了国民经济及各方面社会主义事业建设基础；1978 年至今称当代中国，党领导开创了改革开放新的伟大革命，即开创发展了中国特色社会主义伟大事业；党的十八大以来，即从 1978 年十一届三中全会开始到 2012 年党的十八大召开前的 30 多年改革开放历程之后，中国特色社会主义进入一个新时代。这个新时代既可以说是现代中国中的新时代，也可以说是当代中国中的新时代，笔者认为更为贴切的说法当为后者。习近平总书记在党的十九大报告指出"中国特色社会主义进入新时代，意味着近代以来久经磨难的中华民族迎来了从站起来、富起来到强起来的伟大飞跃"。[①]"这个新时代，是承前启后、继往开来、在新的历史条件下继续夺取中国特色社会主义伟大胜利的时代"[②]。

2. 新时代中国是又一个社会转型的时代

新时代中国仍然处于社会主义初级阶段，但却是已经迎来又一个社会转型并且将要实现又一个中国社会历史性跨越的时代。处于中国特色社会主义新时代的中国，必须继续进行伟大复兴事业，需要与之相适应的精神支撑。"社

---

① 习近平.《决胜全面建成小康社会 夺取新时代中国特色社会主义伟大胜利》——在中国共产党第十九次全国代表大会上的讲话[M].北京：人民出版社，2017：10.

② 习近平.《决胜全面建成小康社会 夺取新时代中国特色社会主义伟大胜利》——在中国共产党第十九次全国代表大会上的讲话[M].北京：人民出版社，2017：10、11.

主义初级阶段是我们党以马克思主义社会形态理论为指导,对我国现实社会所作出历史方位的判断:它是我国生产力相对落后、商品经济不发达条件下建设社会主义的一个阶段。……这一阶段是一个相当长的历史阶段,从我国基本完成社会主义改造开始,大致需要一百年时间"[1]。到 2050 年,我国社会主义初级阶段就基本经历 100 年了。恩格斯曾经论述:"每一历史时代主要的经济生产方式和交往方式以及必然由此产生的社会结构,是该时代政治的和精神的历史所赖以确立的基础"[2]。物质决定精神,存在决定意识。任何社会转型都将发生社会生产力与生产关系的变化,经济基础的变化都决定并且要求着社会观念与之相适应。作为上层建筑的新时代中国精神,要不断适应新时代建立和巩固中国特色社会主义经济基础的要求,不断适应解决新时代中国社会主要矛盾的要求,为新时代强国目标实现共同富裕服务,为进入更为高级阶段的中国特色社会主义服务。

社会主要矛盾的变化是社会发展阶段的重要标志。我国不断发展的社会生产力,目前能够满足人民群众日益增长的物质文化需要,原有的社会主要矛盾转变为人民日益增长的美好生活需要和不平衡不充分的发展之间的矛盾。新的社会主要矛盾是中国特色社会主义进入新时代的标志,人民的生活需要发生了历史性变化。除了衣食住行等基本生存需求,人们日益渴求社会生活中的安全、尊重、友谊、爱情、欢乐祥和、顺心如意、高雅审美,知识更新,理想实现等等,诸如此类美好精神生活的需要不断增长。习近平总书记强调"满足人民过上美好生活的新期待,必须提供丰富的精神食粮"。

3. 新时代中国面临世界百年未有之大变局

新时代中国的国际背景,如习近平总书记指出"我们依然处在马克思主义所指明的历史时代"[3]。"当今世界正面临百年未有之大变局,和平与发展仍然是时代主题,同时不稳定性不确定性更加突出,人类面临许多共同挑战"[4]。人类社会发展如滔滔江河,奔流不息。在人类纪元的两个千年里,人类社会经历了奴隶社会、封建社会和资本主义社会。20 世纪初叶,在马克思主义指导下,社会主义开辟了人类历史一个崭新的时代。当今世界,是"一球两制"的格局。"尽管马克思主义经典作家早就敲响了资本主义的丧钟,但旧制度的寿终正寝

---

[1] 彭才栋. 深刻把握新发展阶段的时代意蕴 [N]. 中国社会科学报,2021 年 4 月 29 日,第八版.
[2] 马克思恩格斯文集:第 2 卷 [M]. 北京:人民出版社,2009:14.
[3] 习近平谈治国理政:第 2 卷 [M]. 北京:外文出版社,2017:66.
[4] 习近平谈治国理政:第 3 卷 [M]. 北京:外文出版社,2020:460.

是一个漫长的历史过程。……资本主义不仅没有马上'死亡'，反而表现出一定的活力，然而其不可克服的内在矛盾导致的衰退趋势是不可逆转的；苏东巨变后，尽管国际共产主义运动陷入低潮，但社会主义中国以改革开放为主旋律蓬勃兴起，中国特色社会主义的成功开拓，推动共产主义运动始出低谷。资本主义与社会主义的竞争、较量、博弈正以一种新的形式全面展开"①。100年前，列宁领导的布尔什维克及其苏维埃事业，像一只仰首挺立在东方的雄鸡报晓划破了资本主义笼罩的夜空；那么100年后的今天，中国共产党领导中国人民创造的中国特色社会主义就是一只英勇顽强地冲破资本主义主导世界寒流的报春鸟。习近平总书记指出"从顺应历史潮流、增进人类福祉出发，我提出构建人类命运共同体的倡议。……我希望，各国人民同心协力、携手前行，努力构建人类命运共同体，共创和平、安宁、繁荣、开放、美丽的亚洲和世界"②。在新世纪，着眼于人类发展和世界前途的中国理念、中国方案中，闪耀着中国智慧和中国精神的光芒，展现了中华民族和中国人民新时代面貌，体现了中国特色社会主义风景这边独好。展望未来，人类社会在21世纪乃至于更加遥远未来的文明进步，需要中国精神的新时代光彩融入具有多元多样文化结构的"人类命运共同体"之中。

（二）新时代中国精神谱系

1. 伟大建党精神是百年来中国精神谱系的总谱

在庆祝中国共产党成立100周年大会上，习总书记首次提出伟大的建党精神。"坚持真理、坚守理想，践行初心、担当使命，不怕牺牲、英勇斗争，对党忠诚、不负人民"。"这是中国共产党的精神之源"，也是百年来中国共产党团结带领全国各族人民为了民族复兴，而不懈奋斗的中华民族伟大奋斗精神之源、精神之基。伟大建党精神是马克思主义与中国实际相结合的产物，因此论中国精神谱系，则马克思主义与中国实际相结合产生的伟大建党精神是百年来中国精神谱系的总谱。问渠那得清如许，为有源头活水来。新时代中国精神闪耀着马克思主义的灿烂光辉；新时代中国精神积淀着中华民族最深沉的精神追求，代表着中华民族最独特的精神标识。2016年11月30日，习总书记在中

---

① 王伟光 主编. 人的精神家园 [M]. 北京：人民出版社，中国社会科学出版社，2014：2.
② 习近平. 开放共创繁荣 创新引领未来：在博鳌亚洲论坛2018年年会开幕式上的主旨演讲 [M]. 北京：人民出版社，2018：7.

国文联十大、中国作协九大开幕式讲话指出：中华民族精神，"体现在中国人民的奋斗历程和奋斗业绩中，体现在中国人民的精神生活和精神世界中"。① 党的十九届五中全会，《中共中央关于制定国民经济和社会发展第十四个五年规划和二〇三五年远景目标的建议》要求：加强党史、新中国史、改革开放史、社会主义发展史教育，加强爱国主义、集体主义、社会主义教育，弘扬党和人民在各个历史时期奋斗中形成的伟大精神。习总书记在讲话中强调："一百年来，中国共产党弘扬伟大建党精神，在长期奋斗中构建起中国共产党人的精神谱系，锤炼出鲜明的政治品格。"新时代中国精神内涵十分丰富。遵照习总书记庆祝建党百年大会上重要讲话精神，本文构思了一个新时代中国精神谱系简图（附后）。

2. 四个历史时期的伟大奋斗精神谱

该图简要说明新时代中国精神是中国人民在长期奋斗中培育、继承、发展起来的伟大民族精神。这一伟大的民族精神贯穿于中华民族五千年历史，借鉴了西方文明有益成果，积蕴于包含辛亥革命、五四运动等民族民主革命在内的近现代中华民族复兴运动实践，特别是百年来在马克思主义指导下，中国共产党无比坚强地以伟大的建党精神团结引领全国各族人民在创造新民主主义革命的伟大成就、社会主义革命和建设的伟大成就、改革开放和社会主义现代化建设的伟大成就与新时代中国特色社会主义的伟大成就的波澜壮阔的历史进程中，相应形成的一系列伟大奋斗精神凝聚而成。

新民主主义革命时期的伟大奋斗精神。从 1921 年 7 月中国共产党诞生到 1949 年 10 月中华人民共和国成立，是新民主主义革命时期，党领导全国各族人民完成的是开天辟地救国大业，这一阶段的关键词是"革命"，习总书记在建党百年庆祝大会上所指出的"浴血奋战、百折不挠"，是这一历史时期伟大奋斗精神的写照。

社会主义革命和建设时期的伟大奋斗精神。从 1949 年 10 月新中国成立到 1978 年 12 月中国共产党的十一届三中全会召开，是社会主义革命和建设时期，党领导全国各族人民完成的是改天换地的兴国大业，这一阶段的关键词是"建设"，习总书记在建党百年庆祝大会上所指出的"自力更生、发愤图强"，是这一历史时期伟大奋斗精神的写照。

改革开放和社会主义现代化建设新时期的伟大奋斗精神。从 1978 年 12 月

---

① 习近平关于社会主义文化建设论述摘编 [M]. 北京：中央文献出版社，2017：16.

十一届三中全会到 2012 年 11 月党的十八大召开，是改革开放和社会主义现代化建设新时期，党领导全国各族人民完成的是翻天覆地的富国大业，这一阶段的关键词是"改革"，习总书记在建党百年庆祝大会上所指出的"解放思想、锐意进取"，是这一历史时期伟大奋斗精神的写照。

中国特色社会主义新时代的伟大奋斗精神。从 2012 年 11 月党的十八大召开以来，是中国特色社会主义新时代，党领导全国各族人民进行了惊天动地的强国大业，必将实现中华民族伟大复兴梦想，这一阶段的关键词是"复兴"，习总书记在建党百年庆祝大会上所指出的"自信自强、守正创新"，是这一历史时期伟大奋斗精神的写照。

3. 四个具体方面的光辉精神谱

历史川流不息，精神代代相传。在百年非凡奋斗历程中，在伟大的建党精神引领下，党和人民经历了一场场气壮山河的伟大斗争和一次次惊心动魄的重大历史事件；涌现了一批批视死如归的革命烈士和忘我奉献的英雄模范；谱写了一篇篇代表着共产党人崇高理想和政治品格与中华民族优秀文化传统的精神史诗。

镌刻在重大历史事件中的伟大奋斗精神。建党精神；井冈山精神、苏区精神、长征精神、遵义会议精神、延安精神、抗战精神、红岩精神、西柏坡精神、照金精神、东北抗联精神、南泥湾精神、太行精神（吕梁精神）、大别山精神、沂蒙精神、老区精神、张思德精神；抗美援朝精神、"两弹一星"精神、雷锋精神、焦裕禄精神、大庆精神（铁人精神）、红旗渠精神、北大荒精神、塞罕坝精神、"两路"精神、老西藏精神（孔繁森精神）、西迁精神、王杰精神；改革开放精神、特区精神、抗洪精神、抗击"非典"精神、抗震救灾精神、载人航天精神、劳模精神（劳动精神、工匠精神）、青藏铁路精神、女排精神；脱贫攻坚精神、抗疫精神、"三牛"精神、科学家精神、企业家精神、探月精神、新时代北斗精神、丝路精神。

闪耀在无数典型英雄模范身上的光辉榜样精神。李大钊精神、鲁迅精神、方志敏精神、十八勇士精神、赵尚志精神、赵一曼精神、刘胡兰精神、张思德精神、白求恩精神、狼牙山五壮士精神、红岩革命烈士精神、好八连精神、董存瑞精神、黄继光精神、邱少云精神、雷锋精神、王杰精神、焦裕禄精神、铁人精神、老西藏精神、孔繁森精神、王大成精神、科学家精神、中国女排精神，等等。

蕴含着共产党人政治品格与中华民族优秀传统文化的高尚品德精神。爱国主义精神、集体主义精神、社会主义精神、共产主义精神、全心全意为人民服务精神、愚公移山精神、敢于斗争与勇于胜利精神、密切联系群众精神、批评与自我批评精神、两个务必精神、艰苦奋斗与勤俭节约精神、"五讲四美三热爱"精神、公仆精神、劳模精神、劳动精神、工匠精神、科学家精神、"三牛"精神、钉钉子精神、革命加拼命精神、撸起袖子加油干精神，等等。

体现着新中国社会组织与职业规范操守的文明进步精神。少先队员精神、共青团员精神、妇女半边天精神、红十字会精神、中华体育精神、人民消防精神、人民铁路精神、人民电力精神、人民邮政精神、人民教师精神、人民医生精神、人民警察精神、人民法官精神、人民子弟兵精神、人民艺术家精神、中国企业家精神，等等。

马克思、恩格斯指出"一切划时代的体系的真正内容都是产生于这些体系的那个时期的需要而形成起来的"[①]。新时代中国不是从天上掉下来的，是在科学理论指导下全国各族人民奋斗得来的。这个理论就是习近平新时代中国特色社会主义思想；新时代中国的天空上也不会掉下馅饼，幸福美好的一切需要全国各族人民继续勠力加油实干，怎么干？只有靠习近平新时代中国特色社会主义思想指引着干！在新时代中国，这句话代表了党的主张、国家意志和全体人民共识，她不仅是真理，也是法理。党的十九大把习近平新时代中国特色社会主义思想确立为党必须长期坚持的指导思想并庄严地写入党章："习近平新时代中国特色社会主义思想是对马克思列宁主义、毛泽东思想、邓小平理论、'三个代表'重要思想、科学发展观的继承和发展，是马克思主义中国化最新成果，是党和人民实践经验和集体智慧的结晶，是中国特色社会主义理论体系的重要组成部分，是全党全国人民为实现中华民族伟大复兴而奋斗的行动指南，必须长期坚持并不断发展。"这是一个历史性决策和历史性贡献，实现了党的指导思想的与时俱进。第十三届全国人民代表大会第一次会议通过的宪法修正案，郑重地把习近平新时代中国特色社会主义思想载入宪法，实现了国家指导思想的与时俱进。"习近平新时代中国特色社会主义思想，是新时代中国共产党的思想旗帜，是国家政治生活和社会生活的根本指针，是引领中国、影响世界的当代中国马克思主义、21世纪马克思主义"[②]。

习近平新时代中国特色社会主义思想"站在真理和道义的制高点上，结合

---

① 马克思恩格斯全集：第3卷[M].北京：人民出版社，1960：544.
② 中共中央宣传部.习近平新时代中国特色社会主义思想学习问答[M].北京：学习出版社，人民出版社，2021：3.

新时代和实践作出新的理论创造，以全新的视野深化了对共产党执政规律、社会主义建设规律、人类社会发展规律的认识，实现了马克思主义中国化的历史性飞跃、创造性升华"[①]。"这一思想坚守中国共产党人为人民谋幸福的初心，坚持人民主体地位，坚持一切为了人民、依靠人民，彰显了人民是历史的创造者、人民是真正英雄的唯物史观，彰显了以人为本、人民至上的价值取向，彰显了立党为公、执政为民的执政理念。这一思想，承载中国共产党人为民族谋复兴的使命，擘画实现民族复兴中国梦的宏伟蓝图，高扬伟大创造精神、伟大奋斗精神、伟大团结精神、伟大梦想精神，传承和弘扬中华优秀传统文化，为实现民族伟大复兴提供了强大精神力量。这一思想，担当中国共产党人为世界谋大同的责任，饱含对人类发展重大问题的睿智思考和独特创见，洞察时代风云，把握时代脉搏，引领时代潮流，为应对全球共同挑战、共同问题提供了中国智慧、中国方案，为推动构建人类命运共同体、维护人类共同利益和共同价值作出了重要贡献。习近平新时代中国特色社会主义思想具有实践性、时代性、创造性的鲜明品格，充分体现了当代中国共产党人的政治立场、价值追求、精神风范，充盈着高尚真挚的人民情怀、家国情怀、民族情怀、天下情怀，视野极为开阔、气魄极为宏阔、境界极为壮阔"[②]。

三、一个建议——新时代中国精神建设

人的精神世界及其精神境界是在人的历史活动中不断积淀丰富并向着理想境界升华的，是在不断适应并突破社会生活的内在矛盾过程中实现自我超越的。新时代中国精神构建与升华必须适应解决新时代我国社会主要矛盾的需要而在精神世界的各个维度上全方位着力，以建设好我们的精神家园，不断满足广大人民群众对于包括精神文化生活在内的美好生活需要，适应新时代社会转型实现建成社会主义现代化强国目标的需要。在此仅对于社会主义核心价值观的建设提出一点建议。

---

① 中共中央宣传部.习近平新时代中国特色社会主义思想学习问答[M].北京：学习出版社，人民出版社，2021：6.

② 中共中央宣传部.习近平新时代中国特色社会主义思想学习问答[M].北京：学习出版社，人民出版社，2021：6、7.

（一）社会主义核心价值观是新时代中国精神的集中体现

1. 社会主义核心价值观承载着我们民族和国家的精神追求

习总书记指出："人类社会发展的历史表明，对一个民族、一个国家来说，最持久、最深层的力量是全社会共同认可的核心价值观。核心价值观，承载着一个民族、一个国家的精神追求，体现着一个社会评判是非曲直的价值标准"①。"核心价值观是一个民族赖以维系的精神纽带，是一个国家共同的思想道德基础。如果没有共同的核心价值观，一个民族、一个国家就会魂无定所、行无依归。为什么中华民族能够在几千年的历史长河中生生不息、薪火相传、顽强发展呢？很重要的一个原因就是中华民族有一脉相承的精神追求、精神特质、精神脉络"②。"社会主义核心价值观是中华民族优秀传统文化与红色革命文化和社会主义先进文化融合的精髓，是新时代中国精神的集中体现。"

2. 党的十八大提出倡导社会主义核心价值观

"党的十八大提出要倡导富强、民主、文明、和谐，倡导自由、平等、公正、法治，倡导爱国、敬业、诚信、友善，积极培育和践行社会主义核心价值观。富强、民主、文明、和谐是国家层面的价值要求，自由、平等、公正、法治，是社会层面的价值要求，爱国、敬业、诚信、友善，是公民层面的价值要求"③。习总书记强调："核心价值观，其实就是一种德，既是个人的德，也是一种大德，就是国家的德、社会的德。""是当代中国精神的集中体现，是凝聚中国力量的思想道德基础"④。

（二）建议对于社会主义核心价值观内容作适当补充

2014年10月13日，习近平总书记在十八届中央政治局第十八次集体学习时强调："中国精神必须在坚持社会主义核心价值体系的前提下，积极深入中华民族历久弥新的精神世界，把长期以来我们民族形成的积极向上向善的思想文化充分继承和弘扬起来，使之为培育和践行社会主义核心价值观服务，为建设社

---

① 中共中央文献研究室. 习近平关于社会主义文化建设论述摘编 [M]. 北京：中央文献出版社，2017：112.
② 同上，第124页.
③ 中共中央宣传部. 习近平新时代中国特色社会主义思想学习问答 [M]. 北京：学习出版社，人民出版社，2021：299.
④ 中共中央文献研究室. 习近平关于社会主义文化建设论述摘编 [M]. 北京：中央文献出版社，2017：131.

主义先进文化服务,为党和国家事业发展服务。""培育和弘扬社会主义核心价值观必须立足中华优秀传统文化"①。"一个民族、一个国家的核心价值观必须同这个国家的历史文化相契合,同这个国家的人民正在进行的奋斗相结合,同这个民族、这个国家需要解决的时代问题相适应"②。"用社会主义核心价值观凝魂聚力,更好构筑中国精神、中国价值、中国力量,为中国特色社会主义事业提供源源不断的精神动力和道德滋养"③。社会主义核心价值观必须体现时代发展和时代精神,既体现社会主义意识形态的先进性,又体现人民群众对于新时代文化精神生活需要的大众性,能够广泛渗透入社会生活。培育和践行社会主义核心价值观,说到底是人的思想建设、灵魂建设、道德建设,聚焦的就是树立正确的世界观人生观价值观。

遵照习总书记指示,为了适应新时代中国特色社会主义事业发展需要,特别是新时代人民群众对于中华民族共同精神家园日益增长的美好渴望与依赖,使新时代社会风尚更加文明,新时代的民族面貌、国家面貌、人民面貌更加阳光灿烂、欣欣向荣。在此建议对于社会主义核心价值观内容作适当补充。

1. 补充建议的具体内容

现在的核心价值观内容如下:　　建议补充内容如下:

富强、民主、文明、和谐　　+　　共享

自由、平等、公正、法治　　+　　仁义

爱国、敬业、诚信、友善　　+　　礼让

补充后的社会主义核心价值观体系将由 24 个字变为 30 个字。即:

富强、民主、文明、和谐、共享,

自由、平等、公正、法治、仁义,

爱国、敬业、诚信、友善、礼让。

补充后的社会主义核心价值观每个层次各 10 个字,依然分别表示所倡导的国家层面价值追求、社会层面价值追求与公民层面价值追求。

2. 补充建议的简要说明

在国家层面的价值观要求中补充"共享"。这是切实贯彻落实新时代"创

---

① 中共中央文献研究室. 习近平关于社会主义文化建设论述摘编 [M]. 北京:中央文献出版社,2017:107.

② 中共中央宣传部. 习近平新时代中国特色社会主义思想学习问答 [M]. 北京:学习出版社,人民出版社,2021:307.

③ 中共中央文献研究室. 习近平关于社会主义文化建设论述摘编 [M]. 北京:中央文献出版社,2017:146.

新、协调、绿色、开放、共享"的新发展理念的必然要求。笔者体会新发展理念中，创新是发展的动力要求；协调是处理好发展中各方面（地区之间、部门之间、地区与部门之间、各方面事业之间）关系的要求；绿色是处理好发展与自然环境的关系的要求；开放是处理好发展与对外关系的要求；共享是发展的目的要求。做不到共享的发展，不是真正的发展，不是新时代的发展，不是新时代中国特色社会主义的发展。共享是中国特色社会主义的本质要求，坚持共享发展，就是要坚持全民共享、全面共享、共建共享，不断推进全体人民共同富裕。换句话说，新时代之所以为之新时代，归根到底就是新时代一切改革发展的红利必须由全体人民共享！新时代中国仍处于社会主义初级阶段，还是发展中国家，虽然人均 GDP 超过 1 万美元，但只是到 2020 年底，才解决针对贫困人口的贫困问题，相对贫困问题还需要许多年才能解决。2021 年 1 月 11 日，习总书记在省部级主要领导干部学习贯彻党的十九届五中全会精神专题研讨班上的讲话"实现共同富裕不仅是经济问题，而且是关系党的执政基础的重大政治问题。我们决不能允许贫富差距越来越大、穷者愈穷富者愈富，决不能在富的人和穷的人之间出现一道不可逾越的鸿沟……要自觉主动"。2021 年 8 月 17 日，习总书记主持召开中央财经委员会第十次会议，研究了扎实促进共同富裕问题，习总书记发表重要讲话强调，共同富裕是社会主义的本质要求，是中国式现代化的重要特征，要坚持以人民为中心的发展思想，在高质量发展中促进共同富裕。会议还强调，共同富裕是人民群众物质生活和精神生活都富裕。2021 年 10 月 16 日，《求是》杂志发表习近平重要文章《扎实推动共同富裕》，再次深刻阐述了共同富裕的本质要求以及推进共同富裕的总的思路。可以预见，到 2035 年，或是 2050 年，我们强国目标基本实现或完全实现的时候，我们党一定会向全党全国人民、向世界庄严地宣告，新时代中国基本实现了改革发展成果由全体人民共享，或说是新时代中国已经实现了全体人民共同富裕目标。这是新时代中国特色社会主义的鲜明特征。党中央决定在浙江先行进行共同富裕试点，令人无不拍手称道！许多企业家和社会各方面都在身体力行。共享是国家发展的目的与手段，是富强民主文明和谐的出发点和落脚点，应该成为体现新时代中国精神理想境界的突出标志。由是，笔者建议将共享纳入社会主义核心价值观体系。

在社会层面的价值观要求中补充仁义。这是新时代社会主义精神文明建设的内在要求。仁、义、礼、至、信，是儒家的道德纲领（五德、五常），是儒家思想的核心精神。儒家认为理想的德性是五德兼具，由"致中和"而达到为君子成圣贤之境界。仁义是儒家思想核心中的核心。仁者，人也。爱人利物谓之仁，舍己为人谓之义。儒家的仁义精神博大精深。在儒家看来，仁是各种品德的集合体，仁者是完美的人格体现。"仁"是儒家贵德价值观体系的核心，它不只着眼于"修己"，还瞩目于"安人"，要求做到恭、宽、信、敏、惠，要求爱他人也合理地爱自己。儒家强调人人都怀有恻隐之心，仁者要以宽厚为怀，心怀不忍之心。孔子说："惟仁者能好人，能恶人，"就是说要在明辨是非爱憎分明的情况下讲仁爱宽厚。虽然古人所讲的"仁者爱人""爱人以德"有着特定的内涵和时代的局限性，但它所彰显的仁者情怀，值得所有炎黄子孙引以为傲并加以珍视。

在"仁"这个道德的总纲目中，儒家讲究忠恕之道，强调为人处世要严于律己、宽以待人，在待人处事上做到"执事敬""与人忠"，以致"老吾老以及人之老，幼吾幼以及人之幼""己欲立而立人，己欲达而达人""己所不欲，勿施于人"。在儒家看来，一个有道德的人，应以极其宽厚仁慈的爱心来对待自己的同类以至一切有生命的东西，做到"仁民爱物""厚德载物"和"民胞物与"。这意味着每个人不仅要设身处地、爱人如己，还要有爱护一切生命的博大胸怀。

"义是事之所当然和人之所应为。孟子说'人皆有所不为，达之于其所为，义也。'在孟子看来，人要树立起公正的信念，并推己及人，即用公正的信念对待别人，就实现了义"①孟子还说"生亦我所欲也；义，亦我所欲也，二者不可兼得，舍生而取义也"（《孟子·告子上》）。②

仁义宽厚的人文精神在中国历史上代代相传，深刻陶冶了中国人的"天下为公"、利他主义思想和行为，是增强中华民族文化自信的深厚道德资源。宋朝朱熹认为，"仁义成了'万化之机轴'（《朱子语类》卷六）……儒家通过仁义的作用，使人能够有参天地、赞化育的智慧，使宇宙成为人类价值的来源和归宿"③。如果在新的历史条件下赋予它新的内涵，使得仁义之风在新时代中华大地生发开来，让忠诚、干净、担当、感恩、敬畏、谦恭、精进、慎独、包容、遵纪守法、见义勇为、利他互助、克己奉公、慈善大爱等等仁义精神成为自由、平等、公正、法治价值观的必要补充，一些日常生活中遭人厌恶的"偷盗""碰瓷""反咬一口""无理取闹"等品德败坏现象会越来越少；在市场经济环境中的"坑蒙拐骗"、

---

① 高令印.中国传统文化的核心价值和现代化[J].朱子文化，2021（2）：26.
② 同上，第31页.
③ 同上，第32页.

唯利是图等假恶丑现象会越来越少；在某些公共权力范围，"贪赃枉法""玩弄权术""以所谓工具理性取代价值理性""以所谓形式合理取代实质合理"等权力异化的腐败现象会越来越少。为塑造新时代良好的诚信友善的社会道德风尚奠定中华民族特有的价值基础。

再说到共享，何以求之？为富不仁，不行；敛财不义，不可！做到共享，必须仁义。回想当年在一个阶级推翻另一个阶级的急风暴雨式的革命战争年代，无数革命先烈们"流血牺牲，杀身成仁、舍生取义，行的是挽救民族于危亡之中的大仁大义"。在今天的新时代中国，在追求全体人民共同富裕的进程中，在自由、平等、公正、法治中加入仁义，大力提倡仁义，是对于社会层面价值观要求的必要补充。"仁字析之为'二人'，二人以上你我他就是社会……现代有人释'仁'为'人人'，……就是人其人，即把人当人之意"①。这对于落实新发展理念，做到共享，亦大有其积极而又深刻和深远的意义。共享连同仁义，其实就是《共产党宣言》中关于"共同体"理想与"每一个人的自由全面发展是他人的自由全面发展条件"思想具体体现。这样补充上仁义，会使社会层面的社会主义核心价值观要求更全面也更切合社会生活实际。由是，笔者建议将仁义纳入新时代社会主义核心价值观体系。

在个人层面的价值观要求中补充礼让。礼让，亦说谦让。礼让是中华民族的一种传统美德。孟子曰："辞让之心，礼之端也。"礼是外在的仁，仁是内在的礼。仁者必有礼，礼由义而起，礼者知谦让。"礼是指人们的社会行为规范和典章制度。《左传。隐公十一年》曰：'礼，经国家、定社稷、秩民人、利后嗣者也。'礼是处理人与人及个人与社会、国家之间关系的"②。礼的精神内涵是敬，敬神、敬意。礼的核心意义就是"定亲疏、决嫌疑、别同异、明是非"，使所有人各安其位，谁也别做非分之想，以此维护宗法社会稳定。"礼义廉耻，国之四维。"礼不仅是构建和谐社会与治国理政的重要思想，也是百姓修身养性的一个信条。我国很早就有"人禽之辨"理论。《礼记·曲礼上》有这样的话：鹦鹉和猩猩虽能发声，但它们不知道什么是礼仪规则，不能和人相比。人如果不遵守道德规范和礼仪规则，岂不是和鹦鹉一样吗？"是故圣人作，为礼以教人，使人以有礼，知自别于禽兽。"百度网络查询"礼让"之释义：守礼谦让。《论语·里仁》：能以礼让为国乎？何有？不能以礼让为国，如礼何？

---

① 高令印. 中国传统文化的核心价值和现代化 [J]. 朱子文化，2021（2）：25.
② 同上，第26页.

礼节民心，让则不争。衣食既足，礼让以兴。礼让能唤回"把方便让给别人""退一步海阔天空""相逢开口笑、握手问个好，笑容挂眉梢、心儿甜透了"等等社会良好风尚，礼让会消减"乱闯红灯""争抢座位""拥堵加塞""营私舞弊""巧取豪夺"等等社会陋习恶行；礼让会使人们的生活更加幸福，礼让会使黑白的世界变得更加绚丽；礼让也是《共产党宣言》中关于"共同体"理想与"每一个人的自由全面发展是他人的自由全面发展条件"思想的具体体现。这样的补充会使得个人层面的社会主义核心价值观要求更全面也更切合社会生活实际，有益于满足人民对于美好生活的需要。由是，笔者建议将礼让纳入新时代社会主义核心价值观体系。

中华民族伟大复兴，包含着中华民族优秀文化复兴，这一复兴不是简单复旧，而是将马克思主义与优秀传统文化相结合的新时代创新发展。习近平总书记指出："我们生而为中国人，最根本的是我们有中国人独特的精神世界，有百姓日用而不见的价值观"[①]。坚定文化自信，一项重要工作就是通过深入研究中华优秀传统文化的思想内涵，挖掘蕴藏其中的丰富治国理政智慧、伦理道德观念和精神价值追求，尤其是注重传承源远流长、博大精深的中华优秀精神品质，进行创造性转化和创新性发展，把中华优秀传统文化的精神标识、文化精髓提炼出来、展示出来，使传统文化精神与现代文明进步融合升华，适应新时代人民美好精神生活的切实需要，成为符合新时代发展要求的民族精神，成为规范人们思想和行为的世界观、人生观和价值观。进一步促使社会公德、职业道德、家庭美德、个人品德全面提升。不仅增强中华优秀传统文化的吸引力、感召力，也将为筑牢文化自信根基、凝聚文化共识提供垂范久远的思想指针和取之不尽的精神源泉。古人云：心安于何？安于善也。作为一个中国人，欲问今日之心往何处安放？社会主义核心价值观是也，新时代中国精神是也，新时代中国精神的理想境界上善若水厚德载物，润泽广袤源远流长。

习近平总书记强调："抓好物质文明建设的同时，必须锲而不舍、一以贯之抓好精神文明建设"[②]。"建设具有强大凝聚力和引领力的社会主义意识形态，建设具有强大生命力和创造力的社会主义精神文明，建设具有强大感召力和影响

---

① 中共中央宣传部. 习近平新时代中国特色社会主义思想学习问答[M]. 北京：学习出版社，人民出版社，2021：316.

② 中共中央宣传部. 习近平新时代中国特色社会主义思想学习问答[M]. 北京：学习出版社，人民出版社，2021：139.

力的中华文化软实力"①。今天进入新时代中国特色社会主义的中国,当富起来了的我们在掂量社会物质财富的时候,应该记得掂量我们精神财富的分量;当谋划强起来过程中物质文明建设的时候,应该记得精神文明建设并引领全社会文明进步;当满足人民对于美好生活需要的时候,应该考虑满足人民对于美好精神生活的需要,使新时代中华民族有一个更加美好的精神家园。新时代中国的广大人民群众更加坚定信仰马克思主义,更加坚定信赖中国共产党,更加自觉践行社会主义核心价值观,更加自觉礼敬中华优秀传统美德,更加努力投身于中国特色社会主义事业。整个社会形成法安天下、德润人心、安居乐业、福寿满堂、各美其美、美美与共、和平统一、盛世祥和的文明气象。总之,进一步构筑和弘扬新时代中国精神,是建设富强民主文明和谐美丽的社会主义现代化强国的题中之义。新时代中国精神是强国之魂,立国之柱,是实现祖国统一、保家卫国之强大精神力量!新时代中国的综合国力CNS(comprehensive national strength),不单有总量不断增长的经济财富GDP,还有境界不断提升的中国精神SOP(The Spirit Of Chinese),即CNS=GDP+SOP+……这份中国力量显示了中国式社会文明形态的进步。

习近平总书记在庆祝建党百年大会讲话中指出:"我们坚持和发展中国特色社会主义,推动物质文明、政治文明、精神文明、社会文明、生态文明协调发展,创造了中国式现代化新道路,创造了人类文明新形态。"社会形态的更替也是文明形态的更替,文明程度反映的是一个社会的文明进步状态。马克思主义认为,上层建筑由经济基础决定并反作用于经济基础。现代社会文明发展进步过程中,物质文明是基础,政治文明是保障,精神文明是统领,社会文明是目标,生态文明是条件。"核心价值观是文化最深层的内核,决定着文化的性质和方向,体现着一个国家、一个民族的文化理想和精神高度。" 核心价值观是社会精神文明的核心内容,是社会意识形态之一,属于社会上层建筑,是历史发展的产物。中国式现代化新道路与人类文明新形态,历史性地要求社会主义核心价值观的范畴和模式与之相适应,丰富新时代中国的民族精神和时代精神内涵,全方位引领促进新时代中国的文明发展,这一历史过程所体现的将是包括社会历史形态与社会文明形态意义上的整个中国社会的文明进步。这个中国社会的文明进步,是属于中华民族的,也是属于世界的,即属于人类命运共同体。附图见下页。

---

① 中共中央宣传部.习近平新时代中国特色社会主义思想学习问答[M].北京:学习出版社,人民出版社,2021:141.

新时代中国精神谱系 简图

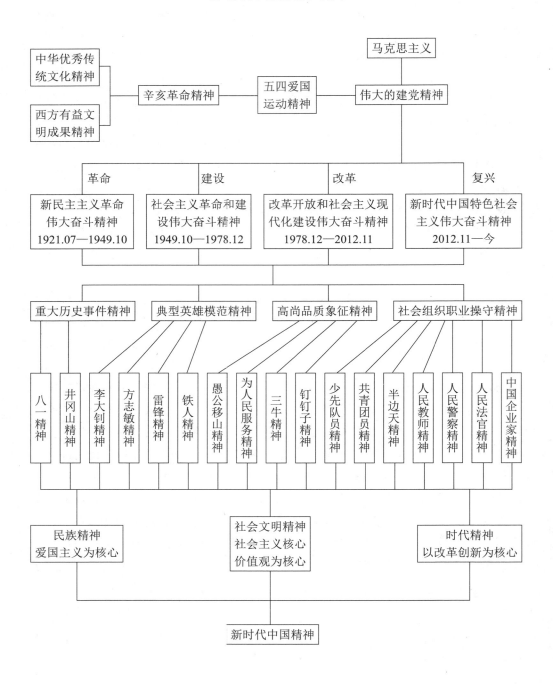

基层宗亲组织的治理模式成为乡村振兴的新动能

——"广东省怀集县安定奖教助学会"宗亲组织治理模式跟进研究

余海生 范贵裕 何应锦 梁海廷

一、我国大力实施乡村振兴，加快推进农业农村现代化

（一）乡村振兴内涵

2017年中共十九大提出要实施乡村振兴战略，坚持农业农村优先发展，并以此作为决战决胜全面建成小康社会、全面建设社会主义现代化国家的重大历史任务、推进新时代"三农"工作的"总抓手"。着力于重塑城乡关系、巩固和完善农村基本经营制度、深化农业供给侧结构性改革、坚持人与自然和谐共生、传承发展提升农耕文明、创新乡村治理体系、打好精准脱贫攻坚战，改变中国城乡过去较为严重的二元化、两极化，改善村容村貌，推动绿色高质量发展，努力实现"产业兴旺、生态宜居、乡风文明、治理有效、生活富裕"的总体目标要求，最终实现共同富裕。2018年9月，中共中央、国务院印发了《乡村振兴战略规划（2018—2022年）》，对实施乡村振兴战略作出阶段性谋划，分别明确至2020年全面建成小康社会和2022年召开党的二十大时的目标任务，细化实化工作重点和政策措施，部署重大工程、重大计划、重大行动，为我国农村开展乡村振兴工作指明方向。从乡村振兴战略提出部署至今，历时5个年头，全国农村各方面均发生了翻天覆地的变化。村级经济合作社、村民理事会、乡贤会、姓氏宗亲会等民间组织如雨后春笋相继成立、满地开花，并在推进乡村振兴工作中，

为地方政府沟通协调群众发挥着积极的纽带和桥梁作用。

(二)乡村振兴推进中遇到的问题

1. 城镇化影响

城镇化是推动经济社会全面快速发展的重要话题,也是影响农村发展尤其是当前正在全力实施乡村振兴战略的重要因素。综合而言,推进城镇化对农村发展的影响有正反两方面。城镇化将农民农闲时间的积极作用发挥了出来,同时增长了农民的见识,也增加了农民及其家庭的经济收入,为美丽乡村的规划和建设发展注入新鲜血液,并提供了较为稳定的经济支撑,进而提升了农民其本身的价值。值得一提的是,大部分外出农民工接触了大城市很多的事与物,开阔了视野,练就了更多适合在城市谋生的技能和本领,相对的,久而久之,便出现一大批农村家庭放弃原来耕田为主调的生活方式,举家进城以打工卖技艺谋生,再加上一大批外出读书人员,农村大量人员流出,农村成了农民工年节暂时停留的"中转站",此情况致使农村逐渐出现空洞、土地撂荒等虽属正常但却是不良现象。另一方面,因为土地撂荒、人员外出、房屋长时间闲置,可能对部分位置(大小)或权属记忆模糊,加之之前尚未全面开展土地确权工作,以及留在农村的农民中,有少部分人的贪欲邪念作祟,为后续引发或产生的各种农村基层纠纷埋下了诱因和"导火索",基层矛盾激化,农村同村、邻里、兄弟之间的亲密关系弱化了,较为严重的矛盾纠纷甚至会增加基层政府的维稳工作压力,给社会大局稳定带来一定挑战和影响。

2. 基层群众受物质化利益化驱使明显

随着乡村振兴工作的不断深入,乡间基础设施建设需要的用地和后续管理都有可能涉及农民的切身利益,有的农民虽外出务工,但也受外面社会利益面影响,原来淳朴的心理被熏染,物质化利益化驱使严重、私欲膨胀,加上对国家政策半知不解,因此做出了一些不利于乡村振兴工作顺利推进的行为,如在征地拆迁中不配合、要大额、超额补偿,阻工、影响工程施工,甚至恶意破坏相关设施,更别说会主动发挥农民的建设主体作用和主动参与建设的积极性了。这些情况形成的原因主要表现在以下两个方面:

(1) 从众心理和攀比心理作祟。随着经济社会发展,农村剩余劳动力输出越来越多。在农村基层,大家都是农活,穿着打扮较为统一、保守,一年收入相差不大。当下大家进城务工,方方面面需求变多,为提高生活质量,供孩子到城镇学校上学,综合各方面需求因素,再单纯的人也会变。务工农民在城市时间长了，慢慢习惯了城市的生活节奏、熟悉了城市的办事规律，尤其是看见身边的人穿得好、吃得好、用得好，自己也会萌生这种"向好"的想法和冲动，也会更加注重这些方面，并投入一定精力，这可以理解为最初的从众心理。但久而久之，可能因为虚荣心膨胀，而心理扭曲，变态攀比，将自己生活无论大小都要找人对比，争胜好强，最终丢弃了自己原来的纯真。

（2）本心不强，成了"有心人"的利用对象。我们的目标是实现共同富裕，但现阶段还不能实现这个目标，即便在国家各种利好政策的眷顾和关怀、全国脱贫攻坚取得全面胜利的前提和背景下，尚有农村家庭的生活还是比较困难的，因其自身需求，亟须打破现实压低生活质量的桎梏。多孩子的家庭，想要进一步提高生活质量，让自己的孩子也可以像家境条件较好的孩子一样，父母除了坚持不懈、努力干好眼下的工作之外，还寄希望于一些额外的收入，如在当前推进乡村振兴工作中分到一点点经济"补助"，包括征地拆迁、土地流转、"亮化美化"工程等，希望提高生活质量。有需要、都正常，但是向这样的人，他们的本心和意志并不是很强大，所以每次打着这样相同的借口，反倒被一些"有心人"所利用，成了推进乡村振兴工作的阻力。

3. 优秀传统文化对基层群众的熏陶不够深化

传统文化是中华民族和劳动人民经过几千年的实践总结和沉淀而成，不会因为时间变迁而发生变化，它会随着社会生产力的发展，经济、政治等因素的变化而变得更加丰富，更加符合时代发展的需求，并不断满足人们对日益增长的文化需要，丰富人们的精神营养，提升人们的综合素养和个人修养，在推进人与社会和谐发展具有桥梁和纽带的作用。近年来，国家在推进传统文化（国学）教育工作上做了大量工作，采取了一些有力的措施，出台了一系列引导和支持该项工作的利好政策，并在全国范围内掀起了学习传统文化（国学）的热潮，有效弘扬和传承传统文化，涵养了国人的情操，但传统文化对农村基层及乡村基层群众的影响还不够深远，主要表现在：

一是受众的文化程度参差不齐。当前留在农村基层的多数是老人、妇女和小孩（俗称"386199"群体），青壮年和文化层次较高的，多在城市谋生。"386199"这个群体对传统文化的接受、吸收能力并不强，不能掌握传统文化的深邃，或将其真正融入实际生活中，发挥出对日常不和谐的行为和因素的指导作用。如对宗族文化的理解，大多局限于年节到祠堂祭拜，但并不懂得祠堂文化对乡村氏族群体更深入的影响是什么？作用是什么？有甚者，将这一块文化完全与封建迷信牵连起来，如此便成了当前基层政府着力推进的工作的正面阻力。被打着"传统文化"旗号的封建迷信所蒙蔽的"99"群体信奉有神论、听信所谓的"神仙"谗言，再因文化受限而不懂分辨、识别，作出的某些行为举动，影响乡村振兴战略的实施。

二是覆盖面的局限性和宣传教育方式的单一性。据调研了解，农村基层开展传统文化教育覆盖面不大、局限性较为明显，很难做到"有教无类"、广泛宣传教育和引导，加上受众本身受生活所迫，并没有更多时间去学习，即使孩子所在的学校开设有这一门科目，但是乡村学校设备有限，加上部分传播者自身的因素，小孩掌握不全，更多时候止于"只可意会不可言传"，更莫说让小孩将在学校学到的、了解到的与家长分享。而单一性，则主要体现在传播方式方法的单一，停留在张贴画报、拉横幅或一年一到两次组织群众代表作一次简单的书面报告，参加活动的人也是听过就完事，并没有真正发挥出"代表"二字的作用，宣传教育欠缺可以给农村群众生活增添乐趣的创新思维，尤其是基层政府或自治组织，开展传统文化教育，多是为了完成一项工作任务，拍照存档。

4. 基层党组织和政府推进工作方式方法仍需继续加强和深入

（1）要更接地气。党的十八大以来，党中央和国家持续加大反腐败力度，成效明显，广大人民群众呼声一片、拍手称赞，各级政府公信力不断提升，但政府系统中仍然存在着一些眼高手低的公职人员，官僚主义的气息尚未断去，没有真正与基层群众打成一片、建立更好更深的干群血肉联系。群众办理相关业务，还时有被为难的情况出现。诸如此类，各级机关部门、领导干部应该端正态度，真正做到以人民为中心的理念，坚持从群众中来、到群众中去，在群众心中建立亲切的"老乡"关系，而非高高在上的"官老爷""大领导"等不良形象。

（2）要更加注重创新。在农村基层开展工作，尤其是推进乡村振兴等关系民生发展的重大工程，应更加注重方式方法的创新，如政策宣传上，层层落实责任分工，党员干部就必须真正做到进村入户，与群众坐下来好好谈，通俗易懂、口述耳闻地宣传到位、解释清楚。

（3）要更加注重民生实绩。为官一任造福一方。这是几千年来，人民群众最喜看到政府主动担当作为的一面，因此，各级领导干部务必做到站在为人民群众谋福祉的角度，多想办法、多干实事、好事。想群众所想、干群众所干，用实实在在的担当，符合实际、满足农村基层群众需求的"大工程"来增强群众的获得感、幸福感。

（4）更加注重公平公正公开。越是党员干部越要发挥好示范带头作用，更不能搞特权,要在群众心中树立良好的形象。越是关系到群众利益的事项,必须按规定合法合理多渠道、多形式公开信息、过程、结果,如民生工程承包、招标、监理和质量保证等。越是群众关心的事,越要做到依法依规,如干部聘用考核等。

二、宗亲组织参与基层社会治理中取得成效

(一)宗亲组织在促进乡村和谐等方面作出的努力

宗亲组织具有独特的社会属性,它具有纽带性、向心性、包容性和公益性特点。正是这四个特点可以容易让族人对宗亲组织有着天然的信任感和归属感,这种归属感并不会随着时代的发展而减弱,反而更加浓烈,所以我们可以看到近年来全国各地修族谱,重修祠堂,追忆历任祖先的丰功伟绩的活动蔚然兴起。宗亲组织在组织族人相互交流,守望扶持,共谋事业发展上起到了极其重要的作用。相比较于政府组织,宗亲组织更容易赢得族人的信赖,筹办活动相比较更加容易,诸如奖教助学,扶贫敬老,化解矛盾方面的影响力相比较于政府组织而言不遑多让。因为中国的乡村社会历来是一个讲究血缘和地缘关系的社会,十分讲究礼治,讲究长老统治,虽然时代发生了巨变,但是这些血缘关系和地缘关系都深深地影响着乡村的发展。宗亲组织汇聚着血缘关系,讲究的就是乡贤带头管理,习惯性地用优秀的道德文化,用"族规""家风""家训"来教育影响族人,在乡村的各个层面上可以配合着政府部门进行管理,宣传法律法规,奖教助学,扶贫敬老,化解矛盾,宣传优秀的传统文化,推动乡村社会的和谐发展。

(二)宗亲组织在化解基层矛盾纠纷的方法经验

由于中国的乡村社会长期处于礼治社会,所以有着一套约定俗成的"礼"在维系着乡村社会的稳定。进入新时代后,乡村社会虽然有了翻天覆地的变化,年轻人有了更广阔的视野,懂得法治社会需要遵纪守法,懂得用法律维护自身利益。但是相比较而言,乡村仍然带着传统色彩,许多村民对法律一知半解,甚至有人不懂法律,对于法律对自身的约束有违抗心理。这种情况下,宗亲组织在化解基层矛盾中起到十分重要的地位。宗亲组织凝聚了懂法守法、有见闻、有地位、有格局、在接收新变化新制度方面有着极强的适应性的乡贤。针对基层矛盾,宗亲组织可以充当调解人或中间人,在符合法律法规和党的政策前提下,由宗族前辈、乡贤秉持公道,解释政策法规,辨明是非,耐心调解和劝诫,容易使宗亲内部的

矛盾内部消化，可以节省很多诉诸法律的社会成本，有利于亲情的维护和宗族的团结。如2013年大岗镇三宗村和周屋村因修路发生矛盾，双方互不退让，在派出所调解无效的情况下，当地安定会秉持公道，联合两个村庄的长老进行调解，最终成功化解了矛盾。2014年蓝钟镇因墓地发生争议纠纷，李氏家族和梁氏家族互不相让，派出所和司法部门无法解决的情况下，安定会深入两方基层，进行分析和劝说，最终成功说服了双方，成功地化解社会矛盾。对于此类本族和外族之间的矛盾冲突，如果宗族的宗亲组织能够发挥自身的影响力，在化解宗族之间矛盾和冲突中扮演中间人的角色，各自收集族内的信息和意见，可以配合政府部门进行协商交流，争取大事化小小事化了。各宗亲组织顾全大局，为不同姓氏的沟通架起桥梁，为其和睦相处提供了交流商量的平台，从而化解矛盾纠纷。同时，宗亲组织的角色绝不是只为一族之利的组织，宗亲组织必然也必须是遵守党和国家制度的，服从党的领导的组织。宗亲组织可以委派族内德高望重的族人向同宗族民解释有关党的方针政策、法律法规，引导族人尊纪守法，以宗亲组织自身的影响力和威信力教育影响族人，化解矛盾。如2019年，因扩建公路征收房屋问题，怀城镇石龙村村民不满拆迁老屋而做出偏激行为，安定会及时联合石龙村的村委组织，联合村里的长者对偏激村民进行法律的宣讲和道德的劝说，最终使村民顾全大局，同意拆迁，使事情得到圆满解决。

（三）宗亲组织结合传统文化传承与教育建设文明乡风

费孝通先生在《乡土中国》的《礼治秩序》中提到，中国的社会是一个礼治的社会。"做了不道德的事，见不得人，那是不好；受人唾弃，是耻。礼则有甚于道德：如果失礼，不但不好，而且不对、不和、不成。"说明中国的乡村社会历来讲究道德和礼治的。时代巨变，乡村也发生着巨变，传统的道德文化受到各种观念的冲击，一度变得十分衰弱。要振兴乡村，必须重拾和弘扬传统文化。在这一方面，宗亲组织更容易发挥作用。宗亲组织慰问帮扶宗亲内孤寡贫困老人，给予他们长久的帮助和慰问，可以在族内起到了良好的示范作用，影响着年轻一代学习和践行"孝""义"；宗亲组织大规模开展奖教助学活动，既让有经济实力的族民有了做善事的机会，也让优秀学子备受鼓舞；宗亲组织还可以利用电视、广播、公益广告、报刊、墙绘、宣传栏等有效形式，多渠道、全方位地进行中国传统的"仁义礼智信，忠孝廉耻勇，温良恭俭让……"的相关经典的学习，进而提高人民的整体道德水平。在安定会的努力下，越来越多的人深受优秀传统文化的影响，对于慈善事业大力支持，捐赠物资的同时还亲身践行慈善事业，纷纷加入到志愿者服务队中来，积极服务社区村庄，形成良好的社会风气。

三、广东省怀集县"安定奖教助学会"参与基层社会治理工作的有效模式

（一）管理机制的完善是模式有效的坚实基础

1. 宗亲组织的发展模式（路径）

怀集县安定会的发展模式是"奖教助学—取得合法地位—成立志愿者队伍—成立党支部—扩大职能—宣传推广"。

怀集县"安定奖教助学会"的前身是"怀集县梁氏文化研究会"。"怀集县梁氏文化研究会"设立的目的是修订梁氏族谱，弘扬梁姓先祖的丰功伟绩，鼓励梁姓后人继承祖先伟业继往开来再创辉煌，表彰并奖励中考高考成绩优秀的梁姓子弟。"怀集县梁氏文化研究会"利用族人的热心捐赠的善款来奖励优秀学子，在社会中形成了良好的口碑。随着影响力的扩大，2013年11月正式成立怀集县"安定奖教助学会"，并在县民政局登记注册成为合法的社会民间组织。取得了合法地位之后，安定会开展各项工作都得到了政府部门和社会热心人士的大力支持。由于中国人向来热爱做慈善事业，对于教育的投入更是慷慨，每一年都能从社会中募捐或收到社会企事业单位或个人的热心捐款，用来开展奖教助学活动，奖教助学的对象也不再只限于梁姓学子。随着越来越多的热心人士积极参与到安定会的工作中来，安定会在2015年10月16日成立安定志愿者服务队。志愿者服务队在2016年通过广东省志愿者联合会成功注册，并在共青团怀集县委员会备案。现有28个中队，登记注册有600多人，总人数4000多人。志愿者服务队在成立之后做了大量的公益活动，获得社会的一致好评，树立了良好的口碑。2015年正式成立了怀集县安定奖教助学会党支部，接受党和政府的领导，拥护党和政府的工作，协助党和政府开展各项工作。在党和各级部门的领导和支持，各分会的大力支持和帮助、离退休干部的热心参与，社会热心人士捐资出力的共同作用下，安定会不仅圆满地完成自身使命，每年进行大规模的奖教助学工作外，还开展许多公益活动，慰问孤寡老人和退伍老兵，参与新农村建设，传播优秀传统文化，化解社会矛盾，促进社会和谐。这些公益活动通过获得诸多媒体的报道后获得一致好评，安定会也屡获殊荣，2020年3月被中共广东省委宣传部授予"第六批

广东省学雷锋活动示范点"。2020年12月被肇庆市精神文明建设委员会授予"肇庆市文明单位"。县内获奖无数,市民对于安定会也是赞誉有加,甚至形成了"有困难找安定会"的谚语,充分表明安定会的发展模式是可行的。

2. 宗亲组织的内部管理机制

怀集县"安定奖教助学会"有明确的章程,介绍组织的社会性质和成立宗旨,明确组织接受政府有关部门的指导监督管理下开展各项业务;明确本组织的主要业务是筹措资金进行奖教助学,协助政府发展民间各项慈善事业;明确会员和组织机构的产生、罢免等相关介绍;明确资产管理和使用原则,建立严格的财务管理制度,接受审计机关的监督;明确奖教、奖学、助学的范围;明确章程的修改程序以及终止程序的相关事项。有明确规范的章程才能使组织能够合法合规开展工作,民主的机构团队才能使组织健康发展,明确的业务范围使组织有的放矢,有良好的工作效率。

有了明确的章程后,安定会首先做好每年的头等大事,就是每年的中考和高考后对优秀教师和优秀学子进行表彰奖励。根据教师、学生获得的成绩进行相对应的奖励,发放奖金或助学金。

和县委部门和学校合作,定期开展优秀传统文化教育。安定会成立之初就把"弘扬优秀的中华传统文化"作为重要的业务内容,每年均主动主办各类相关活动,邀请学子到安定会中心学习,或联合政府部门到各镇分会举行传统文化宣讲,或到乡下中小学学校开展讲座。

和县委民政部门沟通,利用志愿者服务队进行各项公益活动。在比较特殊的节日或者时间段里,安定会应邀参加一系列的慈善活动,比如配合民政部门对特殊人群进行慰问,发放慰问物资。安定会也会时不时地主动举办一系列的慈善活动,因为安定会有一个庞大的志愿者服务队,这支队伍被分成了28个中队,可以同时到多地开展工作,如建军节,安定会派出多支中队对县内的退伍老兵进行慰问,取得很好的效果。

和县委其他部门合作,联合宗亲组织化解矛盾。安定会和政府部门有比较密切的联系,也会利用自身的优势协助政府公安司法部门处理一系列的社会矛盾,化解社会危机。

安定会采用民主制,投票选举组织机构,能者上岗,民主协商,专注主业,采取"主动作为+被动积极配合"的做法,在乡村建设和乡村振兴的事业中做出自己应有的贡献,获得社会的一致好评。

（二）开展国学传统教育和志愿服务是模式有效的重要抓手

1. 奖教助学活动，夯实了乡村振兴的人才基础

"安定奖教助学会"成立于2013年。成立之初即确定本组织的宗旨："在中国共产党和政府的领导下，遵守国家法律法规和各项政策，遵守社会道德风尚，通过奖教奖学助学，提高教育工作质量，提高教师积极性，鼓励学子努力拼搏，为培养出更多更好的人才打下坚实基础，关心弱势群体，参与社会公益善事，弘扬优秀的中华传统文化，敦亲睦族、和谐邻里，促进社会安定团结，为构建和谐幸福社会贡献力量！"在历任会长的组织带领下，"安定奖教助学会"通过各种形式来筹集资金用来奖励优秀教师和优秀学子。2014—2021年8年来共投入奖金650多万元奖励优秀教师230人，硕士博士研究生128多人，奖励优秀学子3500多人，其中连续四年对为高考作出突出贡献的高三教师进行奖励；奖励高考文理科状元每人2.8万元。此举极大地促进了怀集县教师的工作积极性，也提高了学子们学习的热情，有力地促进了怀集县教育事业的发展。不仅如此，安定奖教助学会通过引进佛山南海红旗集团、佛山生态学会、广东国健公益助学促进会等公益机构以及志愿者下乡定点帮扶，共同开展一对一帮扶贫困学子活动。在物质上给予贫困学生帮助，使他们免去后顾之忧，又在精神上支持他们努力完善自身品行，提高学识修养，努力学习文化知识，走上更美好人生道路。2016—2019一对一帮扶的贫困学子共有18个考升大学，圆了他们的大学梦。

2. 开展国学教育讲学，深化优秀传统文化的传承与熏陶

中华优秀传统文化是我们民族的灵魂，我们要善于从那里寻找智慧。要想振兴乡村，振兴乡村的文化，让乡村焕发生机不必舍近求远去寻找西方文明。中华优秀传统文化中的"仁、义、礼、智、信、廉、耻、忠、孝、勇……"等传统文化就是瑰宝。为了配合国家的政策，为了弘扬中华优秀传统文化，自成立以来，安定会传统文化宣讲团举行了高一、高二学子传统文化励志交流会50多场次，学员达2500多人。面向志愿者和社会人士开展传统文化讲座50场次，走进乡村或学校开展讲座30场次，学员人数达20000多人。通过宣讲传统文化，让更多人懂得吸取古圣先贤的智慧精华，懂得五伦八德关系，懂得感恩、惜福、知足、包容、奉献，寻找到身心健康、婚姻幸福、子女孝顺、家庭幸福、事业成功的方法。

3. 组织开展志愿服务，营造良好氛围

安定志愿者服务队2015年10月16日成立，2016年通过广东省志愿者联

合会成功注册，并在共青团怀集县委员会备案。开展志愿服务，既有利于吸纳有志于慈善，品行高尚的优秀人员加入本组织，也有利于开展社会公益活动，有利于社会和谐，同时还可以推广宣传"安定奖教助学会"，提高知名度，以利于协会更好发展。志愿队现有28个中队，登记注册有600多人，总人数4000多人。服务队主要开展如下活动：一是志愿者积极参加踊跃支持安定会每年举办的颁奖大会。二是安定会大力配合政府"脱贫攻坚"政策，组织大量的志愿者积极下乡探访慰问贫困家庭、孤寡老人、单亲孤儿、空巢老人、敬老院老人等弱势群体200多次，帮扶困境人群800多人。三是积极参与政府组织的植树造林、文明交通劝导、禁毒和普法宣传、人口普查、反诈宣传、人居环境整治、环保卫生宣传、县城"刭文创卫"等公益活动，出动志愿者2000多人次。2020年更是组织了新冠疫情防疫工作的志愿服务达上万人次。志愿者通过活动，既提升个人素质，做好自己，把爱心融入家庭、融入左邻右里、融入社会，又懂得奉献精神、懂得社会责任，从而改善人际关系，达到身心和谐、家庭和谐、社会和谐的目的，还推动了社会的和谐繁荣发展。怀集县安定奖教助学会于2018年1月被评为"文明单位"；安定会党支部2018—2021年被评为"怀城镇先进基层党组织""肇庆市西江党旗红先进基层党组织"；安定志愿者服务队被评为2018年"广东省第十五届运动会（怀集赛区）志愿者工作先进单位"、2018年度肇庆市"最佳志愿服务组织"、2019年被县评为"最佳志愿服务组织"、2020年被团委评为"新冠肺炎疫情防控优秀志愿服务组织"、2020年被市评为"肇庆市优秀战疫志愿者服务纽织"；2020年被中共广东省委宣传部评为"第六批学雷锋活动示范点"、2020年被县文明委评为"创文积极单位"、2020年被市评为"肇庆市文明单位"。

4. 促进乡风文明，建设基层和谐新局面

怀集安定奖教助学会积极配合政府参与"乡村振兴战略"工作。2018—2021年，安定会分别到梁村、大岗、马宁、怀城、永固、岗坪等乡镇举行了"安定会助力乡村振兴战略工作大会"，主动宣讲国家法律法规，呼吁宗亲组织各分会遵守国家法律法规，带头积极参与乡村振兴工作，共建幸福和谐美丽新农村。同时安定会积极参加县内外的宗亲交流活动。2017年上半年，安定会走访了梁村十二房，开展了"传家风、承祖德、爱家乡、见行动"的宣传活动，鼓励各村寨制定村规民约，成立奖学基金会，开展传统文化讲座。安定会应邀参加县内各分会重建宗祠祖堂庆典活动，借此宣传教育各分会族民追崇祖上荣光，鼓励村民再创辉煌等励志内容。怀集安定会还积极参加粤港澳梁氏文化研究会和广东省梁氏文化经济促进会组织的宗亲互动交流会，以及县外各地宗亲会代表大会和宗祠庆典活动。通过以上活动，团结凝聚各地宗亲，弘扬中华优秀传统文化，传承梁氏良好家风，敦亲睦族，共襄善举，有力地促进了文化经济的发展，为实现伟大的中国梦贡献我们的力量。

四、推广探索经验，有力有效助力乡村振兴

（一）强化党建，宗亲组织要旗帜鲜明听党话、跟党走

宗亲组织成立党支部，坚决做到在党的领导下发展壮大，坚持以习近平新时代中国特色社会主义思想为指导，推动宗亲组织在新征程上推进党的建设工作与中心工作深度融合，切实发挥出其在乡村振兴战略实施过程中的积极作用。一是强化思想建设，把学懂弄通做实习近平新时代中国特色社会主义思想作为工作的主题主线。持续加强思想理论武装，深入开展党史学习教育，持续巩固"不忘初心、牢记使命"主题教育成果，始终把学习习近平新时代中国特色社会主义思想作为宗亲组织党员成员的必修课，充分发挥"三会一课""第一议题"等组织生活教育引领作用，发挥党史学习教育阵地作用，以线上线下相结合方式开展教育培训，不断提升宗亲组织党员"两个维护"自觉性坚定性。二是强化党建引领，把宗亲组织服务乡村振兴和社会发展作为工作的落脚点。坚持围绕中心服务大局，引导全县宗亲组织党组织在落实乡村振兴战略部署中勇担当、作表率。三是强化制度建设，把健全完善宗亲组织党建制度机制作为工作的切入点。完善行业领导机制，加强行业监管，建立宗亲组织党建经费制度，严格执行落实党组织书记津贴、党员活动经费、新建党组织启动经费等各项制度要求，为社会组织党组织有序开展组织活动和健康发展提供基础保障。

（二）弘扬传统文化，以点带面，掀起热学真做的国学潮

加强新形势下中华优秀传统文化宣传教育，结合乡村振兴工作，从宗亲组织开展氏族讲学、公益宣讲活动着手，协助基层政府处理氏族等基层群体纠纷和干群矛盾的典型案例，让基层群众在感知、体验中了解、感悟中华文明的博大精深，获取正面的修正认知，净化污浊、静化欲念。一是培育示范。以广东省怀集县"安定奖教助学会"这个宗亲组织为例，组织成立28个小组，在城区和每个乡镇分别设点，由宗亲组织牵头安排氏族内的老党员、退休干部、教师以及有学识的乡

贤等，以弘扬社会主义核心价值观为主线，以社会道德、职业道德、家庭美德、个人品德为主要宣讲内容，每周定时定点举行一节宣传学习传统文化《中华经典诵读》《书法》《家庭教育》以及其他相关的国学知识巡回讲座、参观红色文化教育基地等，由里及外，用典籍、优秀历史人物故事首先影响族人，做到培育一批人，示范带动身边一大片。二是把握节庆契机。发挥每个传统节日的节点作用，坚持"取其精华、去其糟粕"原则，弘扬传统节庆文化，让群众深入了解传统文化、感受民俗文化、享受传统风俗带来的温馨和快乐中，增强了家国情怀。三是用好平台。乡村振兴战略实施以来，已经建成社会主义新农村的村庄都配备了村文化室、读书室，对于农村基层群众而言，这是一个很好的休闲娱乐去处。因此，可以充分发挥出群众身边的平台作用，强化日常关于氏族文化以及道德、美德、功德等传统文化的面上宣传，营造浓厚的国学熏染、学习氛围，对基层形成潜移默化的影响和引导。

（三）以志愿服务为抓手，搭建桥梁，营造推进乡村振兴的浓厚范围

大力弘扬"奉献、团结、互助、进步"的志愿服务精神。宗亲组织围绕中心服务大局，紧跟新时代主题，以开展志愿服务活动为切入点，协助政府部门，加强基层群众沟通对接，为进一步夯实党和政府的群众基础奉献力量。围绕中心服务大局，常态化开展志愿活动。坚持以宗亲组织党支部的党员、退休干部、教师和乡贤代表带头，经常以小组形式，利用节假日或重大活动和空闲时间，到乡村开展关爱志愿服务活动，探访相对贫困群众家庭，走访慰问了60多名孤寡老人、空巢老人，并为困难家庭送上节日慰问品和慰问金；开展人居环境整治志愿服务活动。如广东省怀集县"安定奖教助学会"建立志愿服务阶段服务时限考核机制，宗亲人员组成的28个志愿服务中队4000多人，积极参与人居环境整治活动，清理村（社区）卫生死角，协助开展人居环境整治宣传。

（四）强化宗亲组织平台建设，推广管理发展模式，聚才集贤献力乡村振兴

一是坚持在党的领导下，主动配合基层政府开展工作，搭建沟通桥梁，积极发挥润滑剂的作用，协调好基层群众内部矛盾。建立健全管理机制，完善机构管理架构，合法合规进行管理人员、组织人员的物色、推选和吸纳，确保宗亲组织人员政治素质好、威望好、能力强。二是加强管理经验总结，将已形成的宗亲组织管理模式向更为成熟、更为适用的层级演进和优化，用好县、镇、村各级公共

文化场所，加强与其他地方的宗亲组织交流，将更适宜推广的宗亲组织管理模式和经验造福更多群众，更便于基层党组织和政府开展工作，顺利落实落细更多国家惠民利民便民政策，切切实实增强人民群众尤其基层群众的安全感获得感幸福感。怀集县"安定奖教助学会"的管理模式经过多年不断发展，得到优化，并总结出了许多有力有效协助、配合基层政府服务群众、沟通群众，协调和处理矛盾纠纷，稳步推进基层发展各项工作的成熟经验和方法。三是倡导"为善、善为"理念，积极发挥出宗亲族内亲贤应有的作用，切实担起主体责任，主动行善，主动带好头、做表率，同时呼吁更多身边有能力的人，参与乡村振兴，为乡村振兴奉献自己一分力量。

社会主义核心价值观建设中融入中华优秀传统文化的路径方法研究

刘致学

中华优秀传统文化是中华民族的精神命脉，是涵养社会主义核心价值观的重要源泉。习近平总书记2014年在北京大学师生座谈会上的讲话中指出："中华优秀传统文化已经成为中华民族的基因，植根在中国人内心，潜移默化影响着中国人的思想方式和行为方式。今天，我们提倡和弘扬社会主义核心价值观，必须从中汲取丰富营养，否则就不会有生命力和影响力。"党的十九大报告强调："深入挖掘中华优秀传统文化蕴含的思想观念、人文精神、道德规范，结合时代要求继承创新，让中华文化展现出永久魅力和时代风采。"这为我们正确认识和准确把握社会主义核心价值观与中华优秀传统文化的内在关系，立足新时代持续深入推进社会主义核心价值观建设提供了根本遵循和行动指南。开展社会主义核心价值观建设中如何融入中华优秀传统文化研究，探寻其路径方法，正当其时。

一、社会主义核心价值观建设融入中华优秀传统文化研究的理论逻辑与现实意义

（一）是深化相关理论研究的客观需要

随着中国国际影响力不断增强，中华优秀传统文化、中华民族的价值理念逐渐在全球传播，各国学者对中华文明、中华传统文化体系和社会主义核心价值观的认知、探索及研究越发深入，但同时也有部分学者带着意识形态的偏见解读中华传统文化，在所谓的"普世价值"、主流价值的框架下曲解中国传统文化及其蕴含的价值理念。从国内来看，近年来学界对中华优秀传统文化与社会主义核心

价值观的研究成果颇多，集中在关于社会主义核心价值观内涵和意义的解读、关于社会主义核心价值观与社会主义核心价值体系的关系、关于中国传统文化与社会主义核心价值观的关系等方面，可以说是对中华优秀传统文化，中华传统文化与社会主义核心价值观的内在关系，如何利用中华优秀传统文化资源构建、践行社会主义核心价值观等问题进行了详尽的论述，但社会主义核心价值观与中华传统文化的研究还没有形成一个较为完整的体系，缺乏对中华优秀传统文化的传承与社会主义核心价值观的培育践行融合式发展路径的探讨，仍有一定的研究空间，通过揭示中华优秀传统文化与社会主义核心价值观的内在关系，搭建融通二者的理论框架，将为相关研究提供必要借鉴。

（二）是培育和践行社会主义核心价值观的必然要求

2014年10月，习近平总书记在文艺工作座谈会上强调指出，中华优秀传统文化是中华民族的精神命脉，是涵养社会主义核心价值观的重要源泉，也是我们在世界文化激荡中站稳脚跟的坚实根基。2016年7月，在庆祝中国共产党成立95周年大会上，习近平总书记强调，文化自信是更基础更广泛更深厚的自信，并正式把文化自信列为中国特色社会主义"四个自信"之一。在2020年全国抗击新冠肺炎疫情表彰大会上，习近平总书记指出："中国人历来抱有家国情怀，崇尚天下为公、克己奉公，信奉天下兴亡、匹夫有责，强调和衷共济、风雨同舟，倡导守望相助、尊老爱幼，讲求自由和自律统一、权利和责任统一。"正是由于14亿位中国人民显示出高度的责任意识、自律观念、奉献精神、友爱情怀，铸就起团结一心、众志成城的强大精神防线，我们才经受住了这一场艰苦卓绝的历史大考。总书记讲话对传统文化的当代传承给出了简明而精确的注脚。这三段论述充分表明了将中华优秀传统文化融入社会主义核心价值观建设的重要性、必要性，为我们开展研究工作提供了根本遵循，提出了必然要求。历史和现实都告诉我们，只要不断培育和践行社会主义核心价值观，始终继承和弘扬中华优秀传统文化，我们就一定能够建设好全国各族人民的精神家园，筑牢中华儿女团结奋进、一往无前的思想基础。对社会主义核心价值观理论渊源和文化底蕴的探讨，将更加坚定我们的理论自信和文化自信，自觉抵制西方所谓"普世价值"的冲击，增强国家文化软实力。

二、社会主义核心价值观和中华优秀传统文化的内涵和外延

（一）社会主义核心价值观的内涵与外延

一个社会的核心价值观是该社会文化、文明的精神实质，是它的精神支柱，也是社会决策的动机和目的之所在。社会主义核心价值观从外延上包括"一般的社会主义核心价值观"和"特殊的社会主义核心价值观"。前者指的是不分民族和国别的世界社会主义共同价值观，它来源于各个国家社会主义运动，但又不能归结于某个国家的社会主义运动。后者指的则是个别社会主义国家的核心价值观，比如中国特色社会主义的核心价值观。当前，人们对"社会主义核心价值观"的理解，在范围大小和层次高低上存在着一定程度的混淆，这种现象虽然似乎只涉及外延和范围大小的问题，但实质上它影响着我们对社会主义核心价值观科学内涵的准确把握。

实际上，从内涵而言，社会主义核心价值观是在当代中国语境下，以中国特色社会主义为蓝本，为当代中国人提供价值遵循，也即在中国特殊国情的基础上总结和提炼出来的，是具有中国特色的、符合中国道路的价值观。包括三个层次，第一个层次与我们国家奋斗目标的表述完全吻合，即"富强、民主、文明、和谐"。第二个层次浓缩了我国公民意识的基本理念"自由、平等、公正、法治"都有了。第三个层次的内容是拣选了我国公民基本道德规范中的主要内容，即从"爱国守法、明礼诚信、团结友善、勤俭自强、敬业奉献"中挑出了爱国、敬业、诚信、友善。富强、民主、文明、和谐是国家层面的价值目标，自由、平等、公正、法治是社会层面的价值取向，爱国、敬业、诚信、友善是公民个人层面的价值准则。三个层次互为联系、有机统一，相辅相成形成一个整体，是兴国之魂，强国之要。作为社会主义制度的内在精神，社会主义核心价值观在我国整体社会价值体系中居于核心地位，发挥着主导作用，决定着整个价值体系的发展方向，是建设社会主义先进文化的根本力量。

（二）中华优秀传统文化的内涵与外延

"求木之长者，必固其根本；欲流之远者，必浚其泉源。"中华民族拥有五千年的悠久历史，积累了无数的文明财富，中华优秀传统文化是中华文明成果凝聚成的精髓，是民族历史上道德传承、文化思想、精神观念的总体，在广义上包括三方面内容：物质文化、精神文化、制度文化。物质文化涵盖服饰文化、

饮食文化、建筑文化、科学技术，大都是看得见、摸得着，能直接产生经济效益，对人民的影响比较直观；精神文化涵盖语言文字、古代文学、中国哲学、古代宗教、传统艺术，属于思想层面，对培养熏陶民族情操有重大作用；制度文化包含婚姻制度、宗法制度、科举制度、教育制度，使社会秩序得到规范，使人们的生活有条不紊进行；中华优秀传统文化内在包括儒家、道家、法家精神等，在国家层面，提倡自强不息的奋斗精神；在社会层面强调执中贵和的价值追求和思维模式；个人层面强调崇德重义的个人品格和高尚情操、求真务实的实干精神和治学原则，其形式多样，内容丰富，对我国精神文明的传承发挥着不可替代的作用。

总之，中国优秀传统文化中所蕴含的哲学思想、人文情怀、道德理想和价值追求在今天仍然具有时代价值和意义。这就要求我们从优秀传统文化中汲取丰厚养料，使社会主义核心价值观保持生机和活力。

三、社会主义核心价值观和中华优秀传统文化的辩证关系

（一）历史耦合：中华优秀传统文化是社会主义核心价值观的理论源泉

中华优秀传统文化是中华民族的精神命脉，是涵养社会主义核心价值观的重要源泉，也是我们在世界文化激荡中站稳脚跟的坚实根基。社会主义核心价值观是长久的历史积淀的结果，它是一个长期的历史生成过程和客观的社会实践发展过程，是立足于中国特色社会主义伟大实践，反映广大人民根本利益，承接中华优秀传统文化，同时吸收和借鉴西方思想有益成分，具有鲜明的实践特色、理论特色、民族特色、时代特色和处于主导、支配地位的共同价值观念。"中华优秀传统文化已经成为中华民族的基因，植根在中国人内心，潜移默化影响着中国人的思想方式和行为方式。"中华优秀传统文化为社会主义核心价值观提供了丰厚的成长沃土。

中华优秀传统文化经历了几千年的发展，贯穿于中华民族的价值观、思维方式、风俗习惯和道德礼仪之中。社会主义核心价值观作为社会主义主导思想的理论体系，将中华传统文化融会贯通，不论在过去还是现在，都具有鲜明的民族特色，具有永不褪色的时代价值。社会主义核心价值观植根于中国传统文化的沃土中，吸收了中国传统文化的精华。只有进一步地去发掘和弘扬中华传统文化的精华，才能实现促进社会主义核心价值观建设的目标。

（二）现实需求：社会主义核心价值观是对中华优秀传统文化的传承和创新

自马克思主义传入中国，共产党人在领导中国人民进行革命、建设和改革的过程中，始终面临着如何将马克思主义同中国国情和时代特征相结合、同中国传统文化相结合的问题。百年来，我们党始终坚持古为今用、与时俱进、辩证取舍、推陈出新，"以古人之规矩，开自己之生面"，把弘扬优秀传统文化和发展先进文化有机统一起来，不断推动中华文明创造性转化和创新性发展，做中华优秀传统文化的热烈拥护者、忠实学习者，增强作为一个中国人的骨气和底色。优秀传统文化中蕴含着推进培育和践行社会主义核心价值观的强大智慧和精神能量，在实现马克思主义中国化的过程中，社会主义核心价值观吸收、改造、融合了中国传统文化。社会主义核心价值观并非对中华优秀传统文化全盘继承，而是坚持以史为源以史为鉴，在批判继承和创新发展优秀传统文化的基础上不断推进社会主义核心价值观的培育，吸收其精华、剔除其糟粕地传承和创新。

大量研究梳理发现，社会主义核心价值观与先秦中华优秀传统文化可以列入比对如下：富强（墨：互利）、民主（墨：兼爱）、文明（儒：正义）、和谐（道：宽容）；自由（道：自由）、平等（墨：平等）、公正（法：公正）、法治（法：公平）；爱国（法：公开）、敬业（儒：自强）、诚信（道：真实）、友善（儒：仁爱）。

由此可见，社会主义核心价值观与中华优秀传统文化一脉相承、高度融合，培育和践行社会主义核心价值观在坚持从优秀传统文化中萃取思想精华和精神营养的同时，不断创新性发展，保证社会主义核心价值观永葆鲜活生命力，提高社会影响力。积极培育和践行社会主义核心价值观与中国特色社会主义发展要求相契合，与中华优秀传统文化和人类文明优秀成果相承接，是中国共产党凝聚全党全社会价值共识作出的重要论断。

四、中华优秀传统文化与社会主义核心价值观融合式发展、互利式推进的对策建议

（一）厚植文化自信，坚定地做中国传统文化的忠实传承者

文化，也许不是有形可见的，但它却真切切地植入了我们骨髓，影响着我们

的生活方式、行为习惯，日用而不觉。文化，也许不能带来立竿见影的效果，但它却润物无声、涓涓细流般地改变着我们的思维方式、价值观念，滴水而石穿。我们心中植入了道德标尺"孝悌忠信、礼义廉耻"文化，也许不能直接破除顽疾，但它却让我们有动力向前、披荆斩棘，坚定而有力。就像长征精神，它折射出的勇心、坚定信念鼓舞着一代代人。

文化对一个个体如此，对一个国家、一个民族更是如此，优秀传统文化是中华民族的根和魂，是中华民族凝聚力和向心力的精神纽带，也是中华民族生存和发展的精神动力。中国共产党自成立以来，就是中华优秀传统文化的忠实继承者和发展者。在优秀文化的指引下，国家从一穷二白发展到繁荣昌盛，特别是党的十八大以来，取得了全方位的、开创性的、深层次的、根本性的成就。

同时中国的发展进步，赢得的不只是鲜花和掌声，国外抹黑中国的舆论不绝于耳，无论是"中国崩溃论"还是"中国威胁论"，无论是"棒杀"还是"捧杀"，在高度的自信下，党和政府始终保持定力，使得综合国力日益增强，人民获得感、幸福感、安全感不断提升，"不要人夸颜色好，只留清气满乾坤"，昭示了一份不争春的从容、不畏寒的定力。在这种文化自信下，我们更有了"会当水击三千里，自信人生二百年"的勇气。

近年来，随着各种社会思潮交互激荡，以"普世价值"为借口的西方思想冲击和腐蚀着人们的思想，试图破坏我国的社会主义核心价值观，面对西方文化对我国文化领域的各种渗透，我们必须坚定地把握自己的方向，坚持社会主义核心价值观。失去了社会主义核心价值观这一航向标的指导，确保文化繁荣发展不偏离社会主义航道。

（二）涵养文化自觉，坚定地做社会主义核心价值观的忠实践行者

社会主义核心价值观不是宣传口号，不是标语，它是内化于心又外化于行的，需要我们所有的青年用我们的实际行动为之代言，做社会主义核心价值观的坚定信仰者、积极传播者、模范践行者。如果我们每一个当代青年都能成为社会主义核心价值观的文化名片，于我们的民族与国家而言，就会实现习近平总书记说的"像空气一样无处不在"。价值观对人们的影响是在细节的生活中潜移默化地植入人们的头脑，并形成了某种固定的思维模式，人们价值观的形成除了专业化教育培养外，更多地受到社会生活过程中各种文化形式的影响。这就较好地解释了为何中国传统社会，人们的文化水平普遍不高，传播手段并不发达，而以儒家为代表的中国传统价值观，特别是仁义礼智信让然能够深入人心？最主要的原因就

在于它通过家风族训、乡规民约、风俗习惯等潜移默化的教化功能，来实现传统文化价值观的广泛渗透。因此，正如习近平总书记指出："要注意把我们所提倡的与人们日常生活紧密联系起来，在落细、落小、落实上下功夫。"生活中的文学艺术、影视宣传等点点滴滴都是影响价值观形成的有效形式，人们在社会生活中，在家庭、学校、工作环境、影视作品以及各种社会文化的熏染下，形成了自己独特的人生观、价值观和世界观。由此可见，用中华优秀传统文化涵养社会主义核心价值观，我们要重视研究学习借鉴中华优秀传统文化"日用而不觉"潜移默化的教化机制。要想让一种价值观真正发挥作用，必须让人们在实践中感知、接受、认同和践行，同样，在社会主义核心价值观培育过程中，我们必须坚持人本性原则、知行合一原则、渗透性原则，采取修身立德、榜样示范、践履笃行等多种方法，重点以传统文化的家国精神提神聚气，以传统文化的和合价值浸润精魂，以传统文化的道德追求明德修身。

如，把倡导的价值理念，融入全体公民的日常行为中，渗透到村规民约、学生守则中，使之变为每个师生的行为标准和处事准则；发挥好英雄群体、道德模范、"好人""孝星""最美"人物的示范引领作用，发挥好志愿者服务活动、学雷锋活动以及模范事迹报告团、道德讲堂、道德论坛等载体的作用，让广大师生切实感受到践行社会主义核心价值观必须"从我做起，从小事做起"；通过组织参观爱国主义教育基地、重要活动升挂国旗和奏唱国歌、举行重大公祭和重要纪念日活动、举办全民阅读活动等多种形式，使广大师生在日常生活中自觉接受并践行社会主义核心价值观。

（三）践行文化自为，坚定地做中国故事走向世界的忠实传播者

《中共中央关于党的百年奋斗重大成就和历史经验的决议》总结党的十八大以来党和国家事业取得的历史性成就、发生的历史性变革时指出："加快国际传播能力建设，向世界讲好中国故事、中国共产党故事，传播好中国声音，促进人类文明交流互鉴，国家文化软实力、中华文化影响力明显提升。"这就需要传统优秀文化与时俱进，和现代形态、市场需求结合起来，立志做好传统文化世界化表达的忠实践行者。

在庆祝建党百年的重大历史节点，大型文献专题片《敢教日月换新天》采用目标受众更易接受的表达方式进行精心译制，在中央广播电视总台中国国际电视台英、西、法、阿、俄5个语种共6个频道及各新媒体平台播出；纪录片《柴米油盐之上》，以中国普通老百姓的视角，讲述了一系列逐梦小康的鲜活故事，集

中展现了中国全面建成小康社会的伟大成就和中国人民坚忍顽强、奋发向上的精神品质，激起海内外观众的共鸣。节目在强化全球化表达的同时，注重区域化和分众化表达，取得了"用纪录片讲好百年大党的故事"的较好的对外传播效果。同时，当前网络文学、影视剧、动漫游戏等业态，不仅极大的丰富的中国文化产业的样貌，源源不断产出打动人心的作品，更催生了一批将产业经济与国家文化展现相结合的新经济体，一定程度上正在承担起"讲好中国故事"的使命，扬帆海外。在中华大地上，从"一个汗珠子摔八瓣"的顽强干劲，到"越是艰险越向前"的拼搏精神，再到"以身许国，何事不可为"的勇毅担当，一个由又一个普通人的故事、文字，汇集成极具特色的中国故事，以现代化的方式奔赴世界潮流之中，为众多海外读者、观众所感知、接受。成为展示新时代中国发展巨变的生动窗口。

因此，在世界范围内讲好中国故事，要求人人都做共产主义理想信念的忠实拥护者、社会主义核心价值观的忠实践行者、中华优秀传统文化的忠实传承者和中国故事走向世界的忠实传播者。认真研究国外不同受众的心理特点和接受习惯，着力打造融通中外的新概念新范畴新表述，努力把握国际社会的研究兴趣点、利益交汇点、议题聚焦点、情感共鸣点，主动设置议题引发共鸣，既有具体细节、典型事例，又有思想交流、情感互动。坚持"国际范"与"中国味"相结合，润物无声地融入国外受众的脑海，也在生动的中国故事中，解析好中国共产党为什么能、马克思主义为什么行、中国特色社会主义为什么好等重大问题，阐释好中国道路、中国理论、中国制度、中国文化，鲜明有力地展现中国故事及其背后的思想力量、理论力量，让世界更好地读懂中国。

五、中华优秀传统文化融入社会主义核心价值观建设中要坚持的基本原则

（一）处理好铸形与固魂的关系

文化自信是中国特色社会主义建设的重要内容，研究中华优秀传统文化融入社会主义核心价值观建设首先要坚持"形神具备"，客观全面吸收和运用中华优秀传统文化精髓，对社会主义核心价值观建设形成有力支撑。这里的"铸形"与"固魂"就是指，既要从仪式感、表现感、参与感的角度，注重中华优秀传统文化外在表现形式、载体和平台的传承和学习，把包括书画、乐器、手工艺、古技法和古工艺等"看得见的文化"传承好，更要从中华优秀传统文化的内核、内涵、

本质去传承和学习，从哲学思想、文化根源、精神基因的角度抓住其中的"魂魄"。"不数既往，不能知将来；不求远因，不能明近果。"通过研究，我们不仅要搞清楚中华优秀传统文化、社会主义核心价值观"是什么"，更要搞清楚"为什么"，以此不断提升研究的政治导向、思想导向和价值引领作用，不断增强社会主义先进文化的广度、厚度和深度。

（二）处理好守正与创新的关系

守正与创新虽为两个截然不同的方面，但两者并行不悖，可以同向同行，互为支撑和印证。其中，"守正"是指取其精华、弃其糟粕的过程，即坚持辩证看待中华优秀传统文化，既要充分肯定其整体正确性、内容丰富性、层次多样性、发展长久性，又要善于挖掘和看待其中的不足之处，认识其历史局限性和时代进步性，客观、全面、准确、积极评价中华优秀传统文化，用其"正"的一面教育人、引导人。"创新"是指将中华优秀传统文化的历史性内涵与社会主义核心价值观时代内涵紧密结合，通过科学谨慎地改造、发展、完善、丰富，使中华优秀传统文化更加符合当前社会主义核心价值观建设的要求，更好支撑社会主义核心价值观建设的发展。尤需强调的是，当前网络环境下，面对各种别有用心之人对中华优秀传统文化的歪解、曲解和故意抹黑，一定要贯彻好习近平总书记关于网络文化建设和意识形态建设的要求，清朗网络空间，抢占网络思想文化制高点，掌握网络话语权、主动权。

（三）处理好善学与致用的关系

学以致用、经世致用、格物致知……中华优秀传统文化历来重视知行合一，理论与实践相结合。将中华优秀传统文化融入社会主义核心价值观建设，"善学"是提前和基础，"致用"是目标和核心。"善学"既要包括勤于学习、主动学习的自觉性要求，还要包括轻重缓急、深浅协调、辩证看待等内涵性要求，真正做到学习目标清、学习方向明、学习体会深、学习动力足。比如，我们既要重视学习"民惟邦本""天人合一""仁者爱人""与人为善"等古代文化思想，更要深入学习以中国共产党精神谱系为代表近现代文化思想，做到古今如一。"致用"则要包括尽其所用和付诸实施两层含义，既要周到细致、深思熟虑，最大限度发挥中华优秀传统文化在支撑社会主义核心价值观建设中的作用，谋定而动；更要敢于尝试，敢于先行一步，在时代潮流中炼真金，在实践考验中淬钢火，让中华优秀传统文化影响人、带动人自觉投入社会主义核心价值观建设。

中华文明绵延数千年，有其独特的价值体系。中华优秀传统文化已经成为中华民族的基因，植根在中国人内心，潜移默化影响着中国人的思想方式和行为方式。今天，我们提倡和弘扬社会主义核心价值观，必须从中汲取丰富营养，否则就不会有生命力和影响力。推动中华优秀传统文化融入社会主义核心价值观建设是一项系统性工程，也是一项需要久久为功的长期性工程，也不是简单灌输而成的，而必须处理好铸形与固魂、守正与创新、善学与致用等问题。唯有如此，中华民族独具特色、源远流长的优秀文化传统才能薪火相传、熠熠生辉，具有中国特色、中国风格、中国气派的社会主义核心价值观才能独具生命力、凝聚力和感召力，中国特色社会主义的建设、中华民族伟大复兴和中国梦的实现，才会拥有强大的价值支撑和精神动力。

参考文献

[1] 刘顺厚. 新时代坚持社会主义核心价值体系方略研究 [M]. 北京：人民出版社，2019.

[2] 张立文. 中国传统文化与人类命运共同体 [M]. 北京：中国人民大学出版社，2018.

[3] 鲁力. 中国传统文化的思想政治教育价值研究 [M]. 北京：中国社会科学出版社，2017.

[4] 韩震. 社会主义核心价值观与中国文化国际传播 [M]. 北京：中国人民大学出版社，2017.

[5] 戴木才. 新时代中国的核心价值观 [M]. 江西：江西教育出版社，2019.

[6] 社会主义核心价值体系学习读本 [M]. 北京：中共党史出版社，2007.

[7] 张岱年. 文化与价值 [M]. 北京：新华出版社，2004.

[8] 石云涛. 中国传统文化概论 [M]. 北京：学苑出版社，2009.

[9] 刘云山. 着力培育和践行社会主义核心价值观 [J]. 求是，2014（2）.

[10] 沈壮海，段立国. 习近平社会主义核心价值观战略思想研究 [J]. 东南学术，2017.

[11] 王锐生. 关于社会主义的价值和价值观 [J]. 哲学研究，1990（1）.

[12] 吴潜涛. 深刻理解社会主义核心价值观的内涵和意义 [N]. 人民日报，2013-05-22.

[13] [德] 诺贝特·埃利亚斯. 文明的进程 [M]. 王佩莉，袁志英，译. 上海：上海译文出版社，2009.

[14] [古希腊] 亚里士多德. 政治学 [M]// 苗力田. 亚里士多德全集第9卷. 颜一，秦典华，译. 北京：中国人民大学出版社，1994.

以优秀传统文化为美丽乡村铸魂

——对白银市美丽乡村建设中传承与弘扬优秀传统文化的思考

苏 君

农村是我国传统文明的发源地，乡土文化的根不能断，农村不能成为荒芜的农村、留守的农村、记忆中的故园。脱贫攻坚取得全面胜利后，"三农"工作重心历史性转向全面推进乡村振兴，既包括物质上的富裕，也包括精神上的富足。实施乡村振兴战略，加快美丽乡村建设，离不开对优秀传统文化的传承与弘扬，把优秀传统文化根脉中的思想精华"唤醒"和"活化"，让中华文化精髓在现代乡村得以延续传承，让中华民族的精神品格、精神血脉和文化基因绵延发展，使之融入社会主义先进文化建设，必将为实施乡村振兴战略提供强大的精神资源。

甘肃省白银市地处黄河上游，位于兰州、银川、西宁的三省会交汇处，既有"日进斗金"的历史辉煌，更有赓续几千年的文化传承，孕育形成了鲜明的文化特色。主要有：**黄河文化**。黄河流经白银258公里，区内星罗棋布的彩陶、岩画、古村寨等文化遗存，构成了特有的黄河文化符号。**工矿文化**。白银因矿设企，因企设市，1956年震惊中外的矿山大爆破造就了新中国有色工业的摇篮，白银公司、银光公司是第一个五年计划156个重点建设项目，经过60多年的开发建设，形成了以"艰苦奋斗、创业奉献"为核心的白银精神，成为白银创新发展的不竭动力。**红色文化**。白银全境遍布着革命圣火，靖远兵暴、西路军雄征、会宁大会师，留下了一大批革命遗址和革命文物，永远激励白银人民奋勇向前。**丝路文化**。古丝绸之路途经白银，索桥、虎豹口、黄湾、北城滩都是重要的古渡口，鹯阴古城、汉唐烽燧、法泉名寺、五佛沿寺北魏壁画等都映现着丝路文明，白银成为中西文化交流和"一带一路"重要节点城市。**民间民俗文化**。千百年来传承的剪纸、刺绣、皮影、奇石、陶艺、铜艺、社火、曲子戏、黄河战鼓等民间艺术，使白银民间民俗文化种类繁多、五彩纷呈。把白银的经验提炼好、总结好，对于唤醒文化自信，全面推进乡村振兴，实现农业农村现代化具有很强的现实基础和理论价值，可以为推动乡村振兴提供可复制、可借鉴、可推广的"白银样板"。

一、传承与弘扬优秀传统文化对于美丽乡村建设的重要意义

优秀传统文化是中华民族几千年来的文化积淀和智慧结晶，也是美丽乡村建设的"根"和"魂"。与城市建设相比，美丽乡村建设不单单是改造提升城乡的环境面貌，更重要的是将优秀传统文化融入美丽乡村建设，促进乡村道德建设、推动乡村治理、发展乡村文明，化解乡村文化发展中出现的思想问题、精神困惑和伦理矛盾。

——传承与弘扬优秀传统文化有助于培育乡村思想文化。优秀传统文化中的民间故事、乡间音乐、风俗习惯等文化资源，包含着仁者爱人的人道精神、刚健有为的进取精神等丰富内涵，是构筑农民思想观念的重要保障，能够促进乡村文明建设。当前，一些农村不同程度地出现了这样那样的问题，有些农民信利不信义，单方面攀比物质生活，甚至为了物质利益而投机取巧、走所谓捷径，丢掉了艰苦奋斗、勤劳朴素的优良传统，等等。将优秀传统文化融入美丽乡村建设，通过开展农民思想道德素质教育活动，弘扬中华民族传统美德，引导乡村居民转变陈旧的、腐朽的、错误的思想观念，培养有文化、有素质、有目标的新农民，能够为乡村思想文化增添新活力。

——传承与弘扬优秀传统文化有助于建设淳朴乡风民风。乡风民风是特定区域内农民的集体行为倾向、思维模式与情感道德，也是美丽乡村建设的重要内容。现在农村中普遍存在以经济利益为重、孝道思想滑坡等不文明的现象，优秀传统文化中强调的道德修养、道德自觉和道德自律，能很好地治愈这些问题。优秀传统文化是推进农民移风易俗的重要依托，其赋予了乡风民风择善而纳、有所依循的标尺，能够引导农民形成健康有益、丰富有趣的生活方式，促进文艺演出、积分超市、道德银行、志愿活动等文化产品的开发，从而提升乡村群众的道德水准与文明素养，使农村社会形成健康文明风尚，建设富有文化内涵的美丽乡村。

——传承与弘扬优秀传统文化有助于净化乡村精神文化。在物质文明高度发展的现代乡村生活中，农民职业分化加速，城乡进程加快，恃强凌弱、孝道不彰、低俗另类、消费主义等问题时有发生。优秀传统文化蕴含着和而不同、孝悌忠信、

与人为善、勤俭持家等精神文化特质，是中华民族的社会理想与生活哲学的智慧体现，其能够与乡村文化空间、乡村文化活动等乡村精神文明建设活动衔接协调，并通过乡村居民的口口相传、耳濡目染，来弥补乡村精神文化缺陷，矫正乡村不良精神文化现象。在美丽乡村建设中，依托优秀传统文化，以民间戏曲、民间音乐等乡村居民喜闻乐见的文化形式开展传统乡村文化活动，能够解决新时代乡村精神文化缺失问题，净化农民的精神文化生活。

——传承与弘扬优秀传统文化有助于发展乡村文化产业。乡村中的传统建筑、历史文物、民风民俗歌舞表演、手工技艺特色饮食、古镇风貌、园林艺术等，都充满了浓厚淳朴的乡土气息，利用好优秀传统文化资源，既能够保护好传统古驿道、古建筑、古村落等文化遗迹，留住黄河战鼓、皮影戏、剪纸等地方特色非物质文化遗产，让传统优秀文化重新焕发出生机活力，让人们"记得住乡愁"；又能够通过"文化+"发展模式，对农业产业进行升级改造，大力发展乡村旅游、路衍经济、美丽经济，培育形成一批独具特色的美丽乡村、特色小镇和田园综合体，推动农业提质增效，实现文化和经济的双丰收。只有走活产业这盘棋，才能更好带动农业全面升级、农村全面进步，为美丽乡村建设提供强有力的物质保证。

二、探索白银市在美丽乡村建设中塑魂之路

文化是美丽乡村建设的重要内容，也是引领乡村振兴的必备要素。如果说"土气、老气"是过去乡村的代名词，那么，"农耕文化为魂、田园风光为韵、村落民宅为形、生态农业为本"就是现在白银农村的真实写照。近年来，白银市充分挖掘、保护、弘扬与发展地方特色传统优秀文化，在美丽乡村建设中既注重塑形，更注重铸魂，补文化短板、优文化供给、重文化传承，软硬兼施、内外兼修、形魂兼具，持续打造了"六朵金花"、丁家沟·线川、紫香·童家湾、谷仓·田家坪、稻花香·瓜园、桃花谷·红岘台、古村落·小黄湾等169个望得见山、看得见水、记得住乡愁的美丽乡村，成为反映本地历史文化、展现当下乡村蓬勃发展的文化新地标，使乡村成为有历史记忆和地域特色的文化之乡、精神家园。

一是注重在传承中保护。文化遗产是不可再生、不可替代的宝贵资源。守护传承历史文脉，永久留下历史记忆，是美丽乡村建设中的一道"必答题"。美丽乡村建设不是把乡村建设成和城市一样的高楼，而是对古街道、古建筑、古树木等物质文化进行保护，正确处理好古今关系，摸清家底、分类保护、活化利用、

传承弘扬。以永泰龟城为例,坐落在甘肃省白银市景泰县城西南25公里,因其城堡形似乌龟,故名永泰龟城。这是一座始建于明朝万历三十五年(1607年)的古城,它的周长1710米,城墙高12米,总占地大约318亩,规模十分庞大。这座城池呈椭圆形,东、西、北三面各有半月形闭日城,城南筑有瓮城,开有内外城门两道,城外有护城河环绕,宽6米,长2190米,深125米,另有多处墩台、烽燧、点将台、校场等遗迹,是丝绸之路沿线现存最具代表性且保存比较完整的明代军事城堡,更是明长城边防体系的重要组成部分,现为国家级重点文物保护单位,甘肃历史文化名村和甘肃省影视拍摄基地。近年来,白银市坚持在保护中利用,全面加强传统村落内的文物古迹、历史建筑等历史文物要素保护,先后实施了永泰城址文物保护总体规划、城址墙体抢险加固工程、城址防洪工程、学校建筑群修缮工程、城址文化和自然遗产保护设施建设等项目,保护和延续了永泰城址总体风貌。利用是最好的保护,在开展修复保护工作的前提下,深入挖掘文化遗产背后的内涵和价值,推动文化遗产保护、研究、展示、教育等功能相融合,积极发展乡村文化休闲旅游业,让历史文化融入百姓生活,形成保护—开发—利用—保护的良性循环,让更多的文化遗产"活"起来。同时,永泰古城凭借其独特的建筑形式和西北原始生态,吸引了众多国内导演的目光,随着《西部热土》《汗血宝马》《雪花那个飘》《决战刹马镇》《光辉岁月》等影视作品的拍摄,逐步成为西北地区一座知名的"影视城",焕发出悠远的魅力和独特的价值。

二是注重在传承中挖掘。乡村是传统农耕文化、山水文化、人居风俗等得以存在的载体。推进美丽乡村建设应当保持乡土文化的传承性,充分挖掘本地特色、本地文化,从而打破"千村一面"的现象。以白银市顾家善为例,顾家善村是位于黄河上游,陇中腹地的"黄河水乡",距离白银市区26公里,区域面积0.98平方公里,主要依靠温室蔬菜、花卉种植和休闲旅游创收。该村因最早居住顾姓人家,且村民追求古训"万事莫如为善乐,百花争比读书香",故取名为顾家善。近年来,白银市科学布局乡村生产、生活、生态空间,立足现有基础和乡村实际,既保留乡村特色风貌,又体现地域文化,将特色文化融入美丽乡村建设,深入挖掘乡村文化背后的典故和个性,突出一村一品主题,围绕田园幽美、人文醇美、经济富美、生活和美、村庄秀美"五美"目标,以花兴业,以花兴村,以花富民,以发展农村经济、增加农民收入为核心,将发展花卉产业、打造田园生态旅游、加强生态建设有机结合,突出乡村田园景观和村落印象,逐步走出了以花卉产业带动种植业优化升级、生态旅游蓬勃发展的路子。以花村·顾家善、乡坊·强湾村、石村·萱帽塔、桃园·罗家湾、古韵·大川渡、大坪·农业园等为代表的"六朵金花"各美其美、遥相呼应，带火了乡村旅游的"美丽经济"，成为独具白银特色文化的典型代表。激活自身特色文化资源建设美丽乡村顾家善不是个例，会宁县郭城驿镇红堡子村，因红军会师之后驻扎于此而得名，具有光荣的革命传统，是红色文化资源富集之地。近年来，在红色精神的传承下，红堡子村把红色资源转化为乡村振兴的发展资源，用"红色基因"为乡村振兴强心铸魂，积极打造全省爱国主义教育基地和红色旅游基地，不断推进乡村旅游由观光型为主向乡村休闲度假型和生活体验型转型升级，农民群众致富的路子越来越宽，发展的信心越来越足，为乡村振兴开好了头。

三是注重在传承中创新。继承和弘扬中华优秀传统文化，决不能简单复古，也不能盲目排外，而是要本着科学的态度，随着时代的发展和变化，辩证取舍、守正创新，在继承中发展，使之与现实文化相融相通。以白银云客小镇为例，位于白银水川镇蒋家湾，规划总面积 6.64 平方公里，涉及五柳、熙春、均安和顺安四个村，距离兰州市 85 公里，白银市区 23 公里，中川机场 68 公里，是白银市加快黄河流域生态治理保护、深入实施乡村振兴战略的样板工程。近年来，白银市坚持在传承中创新，在创新中发展，以打造田园景观为关键，以发展特色产业为基础，探索走出农游一体化新路子。既赋予小镇更多的人文气息，融入黄河、农耕、民俗等多元文化要素，大力发展休闲农业和乡村旅游，重点实施了沿河乡村旅游道路提升改造、龙山民宿、油菜花种植基地、村容村貌提升等项目，打造了集种植、加工、观赏、销售等于一体的循环产业。又充分利用互联网、大数据等现代化手段和技术，为乡村振兴注入数字活力，打造以智慧农业为基础，以智慧文旅为引导，以智慧康养为特色的云数据、云产业、云服务的宜居宜业宜养宜游特色小镇，与临近的白银大坪凤园花海、水川黄河湿地公园两个国家 4A 级景区实现优势互补和错位发展，已成为白银的又一"金字招牌"和乡村振兴的有力抓手。

三、在美丽乡村建设中，传承和弘扬优秀传统文化存在的短板不足

总体来看，白银市在传承和弘扬优秀传统文化方面取得了明显成效，但与新形势新要求相比，仍存在一些薄弱环节。

一是城镇化对传承和弘扬乡村优秀传统文化造成了很大冲击。在城镇化发展

的背景下，农村的很多青年劳动力纷纷放下对家乡的依恋，背井离乡到城市务工，像白银这样欠发达的中西部地区表现尤为明显。这种现象导致了在美丽乡村建设进程中乡土文化传承主体缺失，使得优秀的乡土文化逐渐失去了原有的活力，影响了优秀传统文化的发展。比如，白银市的黄河战鼓、地方小曲等不少非物质文化遗产都面临门庭冷落，乃至濒临失传的问题。

二是传承和弘扬优秀传统文化人才支撑保障不足。乡镇宣传委员、文化专干队伍配备不到位，存在兼职借用情况，人员不在岗，姓"文"不干文，工作力量不足、精力不够。农村的"空心化"现象日益突出，导致乡村缺少文化活动创作者和参与者，乡村精英人才不断向城市流动，而城市和大中专优秀文化人才又很少主动愿意从事乡村文化事业，使得乡村文化人才队伍建设雪上加霜。比如，白银市的五穷鼓、剪纸等非物质文化遗产没人愿意学，传承人中新生力量缺乏、老龄化严重，人才结构面临青黄不接的窘境。

三是优秀传统文化服务供给面临"供应瓶颈"和"曲高和寡"两大难题。对古村落的保护开发大多只停留在古建筑、历史遗迹等物质文化遗产层面上，而对带有地方特色的民俗活动、地方戏曲和传统工艺等优秀传统文化缺乏系统整理，充分挖掘和展示，导致受村民欢迎的原创性、地方性的文艺作品供给不足。农村传统手工艺品、土特产的创意、设计、工艺、品牌水平还很初级，一些特色文化资源"藏在深闺无人识"，资源价值没有得到充分发挥。

四、探索优秀传统文化为美丽乡村铸魂的方法和路径

传统优秀文化是美丽乡村的生命力，没有各具特色的传统文化，美丽乡村建设必将失去灵魂和个性。因此，谋划和书写乡村全面振兴的大文章，必须总结成功经验，充分发挥优秀传统文化对促进美丽乡村建设的重要作用，努力破解乡村发展和文化传承的双赢难题，不断探索让优秀传统文化为美丽乡村铸魂的新路子，让乡愁有守望之地、文脉有寻根之处、发展有传神之笔。

一是以优秀传统文化培育现代乡村伦理。城镇化建设进程，对一部分乡村居民原有的道德伦理观念造成了巨大冲击，使淳朴、仁厚、友善、孝敬老人等传统伦理观念约束力下降。从伦理价值上看，优秀传统文化中重义轻利、勤劳节俭等价值观念，能够重塑或巩固传统乡村文化的优秀特质，化解负面思潮冲击。为此，可以结合优秀传统文化思想价值特征，开展符合社会主义核心价值观的乡村文化

活动，培育文明乡风、良好家风、淳朴民风，改善农民精神风貌，构建与新时代乡村文明建设相契合的道德伦理。用群众喜闻乐见的"文化墙"丰富和活跃社会主义文化传播形式，将社会主义核心价值观、移风易俗、讲文明树新风、传统文化、家风家训、民俗乡情等内容运用农民画的表现手法，形象地传播到村庄的每个角落。有效发挥村规民约和道德评议会、红白理事会、禁毒禁赌会等群众组织的教化约束作用，遏制天价彩礼、铺张浪费、人情攀比等陈规陋习，抵制封建迷信活动，使村规民约"小章程"成为群众日常生活中的"硬杠杠"。

二是以优秀传统文化重塑乡村民俗文化。乡村民俗文化是乡村民俗节日文化、乡村民俗礼仪的集合，具有历史性、地域性、世俗性、传承性特征，体现了中华传统文化的精髓。针对乡村民俗文化活动数量逐渐减少、功能逐渐淡化的问题，可以根据政府主导与民间自主保护、选择性继承、古为今用的原则，结合农民精神文明需求与社会发展趋势，在继承与发扬优秀传统文化的基础上，为乡村民俗文化注入新鲜血液，打造具有地域特色的民俗文化品牌。紧抓创建国家公共文化服务体系示范区机遇，大力传承和弘扬黄河文化、农耕文化，深入发掘传承景泰打铁花、水川曲子戏、黄河战鼓等本土非物质文化遗产和农村文化记忆，开展地方民俗文化活动，发展顺应时代要求、富有地域特色、群众喜闻乐见的农村文化、节日文化，让广大农民在丰富的文化体验中形成正确的价值取向和道德观念。

三是以优秀传统文化引领乡村建设规划。农村不是城市的翻版，而是别有风格、另具韵味的田园。制定科学的规划，并通过项目的形式落实，是白银美丽乡村建设的基本做法，也是全面推进美丽乡村建设的基础性工作。在规划编制过程中，必须注重乡村的差异性、多样性，找到不同乡村的"性格"，内外兼修，多角度、全方位发掘乡村的个性和特色，结合传统文化元素进行统筹规划，在保护与传承中不失亮点，又保持特色，呈现原生的田园风光、原真的乡村风貌、原味的历史质感。遵循乡村内在发展规律，综合分析乡村发展条件和潜力，对集聚提升类村庄重在挖掘比较优势，强化产业支撑；对特色保护类村庄重在挖掘历史文化等特色优势，发展壮大乡村文化旅游和特色产业；对城郊融合类村庄重在发挥区位优势，打造城镇后花园；对搬迁归并类村庄重在严格限制新建、扩建活动，近期无法搬迁的，通过农村危房改造、人居环境整治、基础设施维护等满足村民基本生活需要，打造各具特色的现代版"富春山居图"。

四是以优秀传统文化助推乡村文旅融合。优秀传统文化与乡村旅游相融合是乡村旅游产业发展的主线，应把乡村旅游作为实现路径，打造更多"以自然风光为外在、以传承文化为内涵"具有独特风格的美丽乡村，使乡村旅游成为农业发展的一张靓丽"名片"。黄河是白银最宝贵的财富，也是最大优势和潜力。在抓好治理保护的前提下，应当充分利用好这个最大的资源优势，把沿黄沿线作为主轴，大力发展路衍经济、美丽经济，培育做强沿黄沿线旅游生态带和经济带。对生态环境优美、基础条件较好的区域，可以把沿黄的景观做成景点，把景点做成景区，把景区进一步改造升级，做成沿黄旅游经济带。对基础条件相对薄弱的区域，可以通过挖掘地方民俗传统文化，打造各美其美的美丽乡村、形色各异的特色小镇，由点串成线，由线连成片，打造融观光农业和文化旅游于一体的特色小城镇群。同时，深入挖掘保护地方民俗文化和农耕文化价值，开发更多的文旅产品和精品线路，打造集文化旅游、影视拍摄、文博展示、营地教育为一体的乡村文旅综合体，打好民俗文化融合牌。

五是以优秀传统文化凝聚乡村人才力量。农民是乡村的主人，在乡村建设中最具代表性，也最有发言权，只有充分调动农民全程参与乡村建设的积极性、主动性和创造性，才能打造出宜居宜业宜游宜养的美丽乡村。应当充分挖掘和培育本土文化人才，摸清乡村社会内部的"土专家""田秀才"情况，探索优秀传统文化为方向的乡村文化管理与发展队伍，促进优秀传统文化在乡村的创新性发展。依托国家级、省级各类院校，加大对非遗传承人群研修研习扶持力度，支持非遗传承人、民间艺人收徒传艺，对掌握一定技艺、有学习意愿的乡村非遗传承人进行培训，培养高水平工匠队伍，对学有所成的传承人支持创新创业。充分发挥好乡贤作用，探索发挥乡贤在促进农业生产发展、提升农村精神风貌、提高农民生活水平方面的作用，教育和引导广大群众见贤思齐、崇德向善、诚信友爱，成为涵育乡风文明的重要精神力量。

六是以优秀传统文化提升乡村建设品位。让乡村生活更加美好，是乡村振兴的本质要求。美丽乡村建设，必须着眼于破解城乡公共服务不均衡等突出短板弱项，努力把乡村建设成为人人向往的幸福家园。针对部分乡村经济条件较差、农村公路基础建设相对滞后等问题，实施农村道路畅通工程，加快推进乡村道路路网、自然村组道路硬化，实现农村公路建设更多向进村入户倾斜，真正把产业路、旅游路、致富路修到群众家门口和心坎上。因村制宜明确村公共服务设施选址、规模、标准等要求，引导公用设施和公共服务设施向乡村延伸覆盖，加强教育、医疗卫生、社会保障、文化体育、养老托幼、电商网点等设施配置，加快建设村史馆、红色文化馆、农耕文化馆等文化传承载体，推动形成县乡村功能衔接互补、融合发展的格局，为传承和发扬优秀传统文化奠定良好基础。

参考文献

[1] 张梦洁，黎昕. 美丽乡村建设中传统文化的保护与传承 [J]. 武夷学院学报，35（2）.

[2] 舒坤尧. 以中华优秀传统文化促进乡村文化振兴 [J]. 人民论坛，2022（1）.

[3] 吴丽美，程国庆. 乡村振兴战略背景下推动中华优秀传统文化传承与发展路径探析 [J]. 福建省社会主义学院学报，2019（4）.

横琴，起航新百年的圣地

童媛春

2021年正值中国共产党庆祝百年华诞之际，党中央国务院公布建设横琴粤澳深度合作示范区建设发展实施方案，提出共商、共建、共管和共享的新理念，这一伟大举措对澳门经济适度多元化发展，粤港澳大湾区经济一体化建设注入强大的正能量。

2021年9月5日《横琴粤澳深度合作区建设的总体方案》公布，深合区建设全面开启，随后，一家外媒刊出一篇标题为"横琴粤澳深度合作区：一场摸着石头过河的实验？"

摸着石头过河，这个40年前中国改革开放成功实践的指导思想，在40多年后的澳门，对深合区的开启是否能带来启迪？

伴随新时代中国特色社会主义理论和实践不断完善发展，"横琴"两个字虽如雷贯耳，而"深合区"的设计打破了它究竟姓"澳"还是姓"珠"的争论，为"横琴模式"定调：它是"一国两制"的新探索，是澳门未来的希望，是粤澳两地你中有我、我中有你的融合体。

一个百年政党，在新时代伟大领袖的英明领导下，划定横琴新区106平方公里的土地，欢迎澳门和全世界的有识之士，在多种经济制度和模式下，大力发展经济建设，何等信心、何等气魄、何等胸怀！

中华民族的伟大复兴，改革开放发展到今天，面对世界百年之大变局，唯有化改革开放为开放改革，才能继往开来，面对挑战，勇往直前。

改革开放的历史的进程是我们做足了内部功课，先内部对规章制度、生产关系，人事关系和市场关系。按照 WTO 规则只是有限度的开放，我们开始有的同志害怕得不得了，结果中国成为了第二大经济体。证明了中国人最会遵守 WTO 规则，世界上第二大的市场经济体是由作为工人阶级先锋队组织的中国共产党有效的管理运营，成就震惊世界和立于世界民族之林的百年辉煌，这一点，不仅我们的朋友，就是我们的敌人也深信不疑。

中国对新冠疫情的有效控制，除了证明百年政党信守人民的利益高于一切，人民就是江山，江山就是人民的坚定信念，更是对改革开放成果对国家治理体系的完善，国家治理能力的提高，和共产党的政策就是富民的政策措施大大洗礼，大演练和大汇报。普天之下，皆为民土，率土之滨，人民至上。

世界不会与中国脱钩，也脱不了钩，中国更不会与世界脱钩，也没有必要脱钩，下一阶段不仅仅是打开门户的问题，很可能要拆除壁垒，时代要求我们开放改革，通过稳步开放与世界全面接轨，功课需要从外部做起，与狼共舞，共荣共享。

澳门只有 68.37 万人口和 33.3 平方公里的土地，但是具有五百年与世界接轨的开埠历史，在横琴粤澳深度合作示范区的发展中，通过经济适度多元化发展的布局，对中葡语系国家的传统贸易关系，对粤港澳大湾区经济一体化发展，强化澳门与东盟地区的传统联系，对开放改革的伟大实践，势必要发挥不可替代的历史作用。

中国共产党的百年发展历史，
经历了井冈山，
工农武装斗争割据的圣地；
经历了瑞金，
创建红色苏维埃共和国的圣地；
经历了遵义，
开起毛泽东思想伟大长征的圣地；
经历了延安，
中国共产党领导全国人民抗日救亡取得伟大胜利的圣地；
经历了西柏坡，

中国共产党领导全国人民取得解放战争的伟大胜利创建中华人民共和国的圣地；

经历了蛇口，

改革开放的前哨阵地，成就了深圳世界创新之都的圣地；

在习近平中国特色社会主义理论的指引下，横琴势必将成为中国共产党用开放改革的伟大实践，实现中华民族伟大复兴，走向新百年的历史圣地。

同志们，我们赶上了。

中国（澳门）金融科技产业促进会暨智库简称"金科会"，是为因应推动澳门经济适度多元化发展的需要，在澳门特区政府和中联办领导的支持指导下，专事成立的智库服务机构，由澳门生产力中心主席杨俊文博士担任主席。金科会合作国内外智库机构的专家学者，立足于科技创新和兴业创新，基于澳门一国两制、人才集聚和现代金融的优势，研究金融科技产业发展一体化发展的解决方案，为澳门建设"一个中心""一个平台"和"一个基地"和横琴粤澳深度合作区献计献策。

《习近平谈治国理政》第三卷是夺取新胜利的强大思想武器

姚 洁

《习近平谈治国理政》第三卷,着眼中华民族伟大复兴战略全局和世界百年未有之大变局,集中展示了党的十九大以来马克思主义中国化的最新成果,是我们不断夺取外交斗争新胜利的强大思想武器。从世界观、方法论和试金石的维度,运用好这一思想武器具有重大意义。

一、从世界观的维度,要求我们把这一思想武器贯穿于外交斗争的全过程

《习近平谈治国理政》第三卷是世界观。习近平新时代中国特色社会主义思想,是用历史唯物主义和辩证唯物主义观察时代、解读时代、引领时代的21世纪中国马克思主义。面对风云激荡的国际形势,习近平总书记以战略家的远见卓识,准确把握人类社会发展规律,全面判断国际形势走向和我国所处的历史方位,提出了一系列富有中国特色、体现时代精神、引领人类进步潮流的新理念、新主张、新倡议,旗帜鲜明地回答了"中国应当推动建设什么样的世界、构建什么样的国际关系""中国需要什么样的外交、怎样办好新时代外交"等一系列重大理论和实践命题,形成并确立了习近平新时代中国特色社会主义外交思想,为新时代中国外交提供了行动指南。认真研读《习近平谈治国理政》第三卷,能够帮助我们更加深入学习掌握习近平新时代中国特色社会主义思想的科学体系,特别是加深对党的十九大以来习近平外交思想新发展的认识和理解,进一步增强运用这一思想武器开创中国特色大国外交新局面的自觉性和坚定性。

二、从方法论的维度，要求我们把这一思想武器落实到外交斗争的各方面

《习近平谈治国理政》第三卷是方法论。实践性是马克思主义理论区别于其他理论的显著特征，也是习近平新时代中国特色社会主义思想的鲜明品格。习近平外交思想全面审视中国与世界互动，把中国发展和世界变革结合起来，提出构建人类命运共同体、建设持久和平、普遍安全、共同繁荣、开放包容、清洁美丽的世界，构建相互尊重、公平正义、合作共赢的新型国际关系，为独立自主的和平外交方针、和平共处五项原则、推动建立国际政治经济新秩序赋予了鲜明的时代精神，上升到人类命运共同体、新型国际关系、全球治理体系变革的历史新高度，深刻揭示了生产力与生产关系、经济基础与上层建筑矛盾运动的基本规律，体现了认识论和方法论的统一，实现了马克思主义中国化在外交领域的历史性飞跃。研读《习近平谈治国理政》第三卷，在新时代践行外交为民的宗旨和使命，必须始终坚持实践导向，更加自觉地把习近平外交思想作为事业发展的基本遵循，贯穿到外交工作的各方面，在乱局中保持定力、在变局中抓住机遇，不断提高中国外交的影响力和感召力。

三、从试金石的维度，要求我们把这一思想武器作为检验工作成效的重要标准

《习近平谈治国理政》第三卷是试金石。习近平外交思想为构建人类命运共同体提供了中国智慧、中国方案。当前，世界格局加速演变的特征日趋明显，特别是在全球新冠肺炎疫情冲击下，我们面对的世界更加不稳定、不确定。洞察世界风云变幻，引领时代发展潮流，要求我们更加自觉用习近平外交思想武装头脑、指导实践、推动工作，不断增强"结合、转化、提高"的实效性。一是注重在"结合"上下功夫，要把研读《习近平谈治国理政》第三卷与学习习近平外交思想贯通起来，与贯彻落实外交工作的新任务新要求结合起来，进一步加强同驻在国政府、政党、智库和媒体的对话交流，深入阐释习近平外交思想的丰富内涵，宣介构建人类命运共同体、构建新型国际关系的重要理念，努力形成更大的国际共识。二是注重在"转化"上下功夫，要把研读《习近平谈治国理政》第三卷的收获，转化为推动外交实践的坚强意志、谋划外交博弈的正确思路、促进外交工作的有

效措施，转化为与祖国人民同呼吸、共命运、心连心的真挚情感，转化为服务海外留学人员、华人华侨的自觉行动，在国际社会讲好中国故事、中国理念和中国方案。三是注重在"提高"上下功夫，要更加自觉用习近平外交思想的最新理论武装头脑，在解决影响和制约外交工作的突出问题上取得新突破，在构建有利于外交事业发展的体制机制上取得成效，不断加强中国特色大国外交的理论建设、机制建设、能力建设，为全面推进中国特色大国外交提供不竭动力，为促进人类进步事业作出新贡献。

"三个倡导"核心价值观与《大学》的辩证关系及启示

——以清华大学为例

蔡文鹏

培育和践行社会主义核心价值观思想是习近平总书记治国理政思想体系中极其重要的方面,并对此形成了重要意义论、重要地位论、基本内容论、思想渊源论、培育目标论、培育原则论、培育重点论、培育载体论、培育方法论、培育环境论等系列重要论述,是一个相互依存、相互关联、有机统一的整体。

2021年4月19日,中共中央总书记、国家主席、中央军委主席习近平在清华大学考察时讲话指出:"当代中国青年是与新时代同向同行、共同前进的一代,生逢盛世,肩负重任。"广大青年"要锤炼品德,自觉树立和践行社会主义核心价值观,自觉用中华优秀传统文化、革命文化、社会主义先进文化培根铸魂、启智润心,加强道德修养,明辨是非曲直,增强自我定力,矢志追求更有高度、更有境界、更有品位的人生"①。对于培育和践行"三个倡导"核心价值观,习近平总书记将其与作为儒家经典"四书"之首的《大学》即"大学之道"结合起来阐释。这表明,在一定意义上而言,"三个倡导"是新时代中国人的"人生大学问",更理应是当代中国大学、大学生自觉成就其"大"的"大学问"。对于《大学》,相信当代中国大学生并不陌生,但认真读过《大学》的人有多少呢?据东南大学原教务处处长、高等教育研究所原所长、清华大学外聘教授陈怡先生2018年在超星视频公开课《中国人的大学问——〈大学〉解析》估计,95%以上的当代大学生没有阅读过《大学》②,这是非常遗憾的事。2021年7月9日在全国院线上

---

① http://www.xinhuanet.com/politics/leaders/2021-04/19/c_1127347019.htm
② https://ssvideo.superlib.com/cxvideo/play/page?sid=111887&vid=8084812&d=2e74a732c335ef3eebe27f7ef8268399&cid=93

映的记录电影《大学》，是由清华大学三位在校生联合导演、向母校110周年校庆的献礼影片，影片英译名为"The Great Learning"，即取自"四书"中《大学》的译名，彰显了儒家思想中的"大学之道"。此事绝非偶然，而是与清华大学对中华优秀传统文化特别是《大学》的继承与升华密不可分。

近代以来，学人将源于中世纪欧洲的"university"译成汉语的"大学"并延续至今，那么"大学"与《大学》之间有何内在关联？社会主义核心价值观与"大学"与《大学》有何内在关联？本文通过梳理习近平总书记关于社会主义核心价值观的一系列重要论述，作为个案以清华大学对于《大学》传承创新的有益探索，力求阐释"三个倡导"核心价值观与"大学之道"的辩证关系及启示。

一、"三个倡导"核心价值观与《大学》之间的辩证关系

党的十八大以"三个倡导"即"倡导富强、民主、文明、和谐，倡导自由、平等、公正、法治，倡导爱国、敬业、诚信、友善"明确提出了积极培育社会主义核心价值观，从国家、社会、个人三个层面，从本质上回答了我们要建设什么样的国家、建设什么样的社会、培育什么样的公民的重大问题，明确了当代中国人需要共同坚守并努力践行的基本价值观念。中国古代所谓"大学"指最高层次、最完善的教育。朱熹在《大学章句》指出："大学者，大人之学也。"《大戴礼记·保傅》说："束发而就大学，学大艺焉，履大节焉。"《白虎通义·辟雍》说："十五成童志明，入大学，学经术。"上述"大艺""大节""经术"，主要是指古代以尊尊、亲亲为核心的治人之术，即道德教育和政治教育。《大学》原是《礼记》中的一篇文章，全文约1400余字，其主旨在阐述"大学之道"，即古代高等教育的目的、内容、步骤、方法等，既是儒家教育的纲领论著，也是中国古代高等教育的总纲。它不仅阐述了古代儒家学者的教育思想，而且蕴含了中国古代的政治观和伦理观。中国近现代的大学模式是舶来品，是学习西方的产物，从学习西方大学伊始，就必然面临着怎么结合中国文化传统、将探求学问与砥砺人品相结合的基本课题与重大难题。

习近平总书记在多个场合引用《礼记·大学》并进行阐释，特别集中的两次讲话均是在考察北京大学：2014年5月4日在考察北京大学发表的重要讲话阐释核心价值观时指出"古人说：'大学之道，在明明德，在亲民，在止于至善。'核心价值观，其实就是一种德，既是个人的德，也是一种大德，就是国家的德、

社会的德。国无德不兴，人无德不立"①2018年5月2日，他在北京大学师生座谈会上的讲话中阐述坚持办学正确政治方向方面指出"《礼记·大学》说：'大学之道，在明明德，在亲民，在止于至善。'古今中外，关于教育和办学，思想流派繁多，理论观点各异，但在教育必须培养社会发展所需要的人这一点上是有共识的。培养社会发展所需要的人，说具体了，就是培养社会发展、知识积累、文化传承、国家存续、制度运行所要求的人。②

从两者的辩证关系而言，首先，"三个倡导"核心价值观继承了以《大学》等经典为代表的中华优秀传统文化，从中汲取丰厚的营养，使之成为涵养社会主义核心价值观的重要源泉。党的十八大以来，习近平总书记将中华优秀传统文化界定提升为"中华民族的基因""民族文化血脉"和"中华民族的精神命脉"等表述，也多次深刻阐述了中华优秀传统文化与社会主义核心价值观的内在联系。"中华文明绵延数千年，有其独特的价值体系。中华优秀传统文化已经成为中华民族的基因，植根在中国人内心，潜移默化影响着中国人的思想方式和行为方式。今天，我们提倡和弘扬社会主义核心价值观，必须从中汲取丰富营养，否则就不会有生命力和影响力"③。"培育和弘扬社会主义核心价值观必须立足中华优秀传统文化。牢固的核心价值观，都有其固有的根本。抛弃传统、丢掉根本，就等于割断了自己的精神命脉。博大精深的中华优秀传统文化是我们在世界文化激荡中站稳脚跟的根基"④。无论是从国家层面、社会层面抑或个人层面而言，社会主义核心价值观都具有极其深厚的优秀传统文化底蕴，它们与传统文化之间具有内在的价值关联，吸收和融合了传统文化精髓的社会主义核心价值观能更好地适应中国人的行为模式、思维观念和价值取向，有助于社会主义核心价值观在社会主义文化中的传播、普及乃至镕铸于人们的日常生活中。在一定意义上，中华优秀传统文化的精髓在于经典，中国人若不认真研读经典，便无以知中华文化之魂，无以知中华民族的基因、血脉、命脉，无以将核心价值观真正内化于心外化于行。

其次，"三个倡导"核心价值观是新时代对于《大学》"两创"的生动典范。所谓"两创"，指的是"推动中华优秀传统文化创造性转化、创新性发展"。习近平总书记指出"中国古代历来讲格物致知、诚意正心、修身齐家、治国平天下。从某种角度看，格物致知、诚意正心、修身是个人层面的要求，齐家是社会

---

① 习近平谈治国理政 [M]. 北京：外文出版社，2014：168.
② 光明网 https://m.gmw.cn/toutiao/2018-05/03/content_120845462.htm
③ 习近平谈治国理政 [M]. 北京：外文出版社，2014：170.
④ 习近平谈治国理政 [M]. 北京：外文出版社，2014：163-164.

层面的要求，治国平天下是国家层面的要求。我们提出的社会主义核心价值观，把涉及国家、社会、公民的价值要求融为一体，既体现了社会主义本质要求，继承了中华优秀传统文化，也吸收了世界文明有益成果，体现了时代精神。""要把立德树人的成效作为检验学校一切工作的根本标准，真正做到以文化人、以德育人，不断提高学生思想水平、政治觉悟、道德品质、文化素养，做到明大德、守公德、严私德"[1]。一定意义上，在《大学》开篇的"三纲领"层面而言，对于培育与践行社会主义核心价值观则"明明德"是起点和基础，"亲民"（"新民"）是重点和关键，"止于至善"是落脚点和归宿。

二、清华大学对《大学》传承与升华的有益探索

第一，学校领导将《大学》的传承升华为办学理念

建校之初的1911年，《清华学堂章程》中规定"以培植全材，增进国力为宗旨"。曾任清华大学校长十七年、被誉为清华"终身校长"、20世纪中国最伟大的教育家之一的梅贻琦先生曾发表《大学一解》。《大学一解》是梅贻琦在主持西南联大常务工作期间，用一夜时间写出要点、由清华大学教务长潘光旦先生代拟的文稿，发表于《清华学报》第十三卷第一期（1941年4月）。《大学一解》对中西教育传统都进行了创造性诠释：以"明德"与"新民"为本，会通中西大学理念；以"生活为本，事业为末"为基础，构建将认识论与修养论融为一体的广义认识论，为中国特色的大学理念奠定了认识论的基础，主要范畴有"修明""修己以敬"等；重视大学自身的"新民"责任，将大学建设成为一方教化重镇。通篇文章针砭大学时弊，倡导通识教育。其中，明明德即个人修养。个人修养包括知、情、志三个方面。但在现实教育中，仅重知而忽视情和志，这很难使一个人人格完整，所以应加强这两方面的教育，因此，有必要加强通识教育；在新民方面，文章认为，无通识之专家不能新民，只能扰民；当时教育中一直存在重专而轻通的现象，同时由于就读大学只有四年的短暂时间，通专并重在技术上很难实现，所以，文章主张大学应通识为本，专识为末。通识为本，可使学生将知识融会贯通，在整个知识体系之中有一个一以贯之之道，而专使人眼界狭窄，不能举一反三。《大学一解》不仅仅是对于清华大学，也不仅仅是对于由北大、清华、

---

[1] 习近平谈治国理政[M]. 北京：外文出版社，2014：169.

南开组建的国立西南联合大学,其实是对于中国所有大学,是中国的大学理念。因而,当时指出的这些问题对于现在清华乃至整个中国的高等教育学界有着重要的启发与鞭策意义。涂又光先生在其专著《中国高等教育史论》中"甘为抄胥,公录全文,一字无遗"地引用了梅校长的《大学一解》,并有"废书兴叹,悲从中来"之感。

新中国成立后,曾担任清华大学校长十四年的蒋南翔先生对学生提出"又红又专、全面发展""因材施教"的教育理念,大力推进政治辅导员、科学登山队、文艺与体育"三支学生代表队"的建设。改革开放后,学校坚持高素质、高层次、多样化、创造性的人才培养目标,致力于培养学生具备健全人格、宽厚基础、创新思维、全球视野和社会责任感,引导学生成长为肩负使命、追求卓越的时代新人。进入新时代,2014年,价值塑造、能力培养、知识传授"三位一体"作为人才培养模式被写入到《清华大学章程》里面。通过几年来的实践,学校进一步明确提出,"三位一体"不仅作为人才培养模式而存在,而且逐渐成为指导学校育人活动的一种理性认识。从这个角度来看,育人为先、全面成长的"三位一体"的思想和认识,"既是一种培养模式,也是一种教育理念"①。从"价值塑造"的核心内涵而言,其出发点是立德,落脚点是树人。其基本内涵包括社会主义核心价值观的各项要素,拥护党、拥护社会主义和服务祖国、服务人民的政治立场,爱国奉献、追求卓越的精神,"自强不息,厚德载物"的校训,对公义和真理的不懈追求,敬业乐群、关爱集体和他人的价值取向等方面,以培养有抱负、有思想、有远见、有担当的时代新人,要培养把个人追求融入社会进步主流的时代新人。

第二,校园建筑、道路等载体对《大学》的融入

先前清华学生宿舍楼以"院"命名,后以"斋"命名。男生宿舍有"四斋"即明斋建于1930年,当时称作四院;善斋建于1932年,当时称作五院;新斋建于1934年,当时称作六院;平斋建于1934年,当时称作七院。静斋建于1932年,是当时的女生宿舍。1935年国立清华大学第九十六次校评议会决案,决案中决定:"四院改称明斋;五院改称善斋;六院改称新斋;七院改称平斋;女生宿舍改称静斋"②。1951年和1952年,中国人民银行与清华大学联合举办"银行专修科"

---

① 邱勇:《深化教育教学改革建设中国特色、世界一流的高水平人才培养体系》——在清华大学第25次教育工作讨论会闭幕式暨学习贯彻全国教育大会精神会议上的讲话,参见清华新闻网 https://www.tsinghua.edu.cn/info/1173/17758.htm

② 清华大学校史研究室.清华大学九十年[M].北京:清华大学出版社,2001:76.

以培养金融人才。为了方便学员上课，人民银行便在清华校内建了三座宿舍供学员使用，三座宿舍分别命名为强斋、诚斋和立斋。现在明斋为社会科学院学院院馆、新斋为人文学院原院馆（人文学院迁出后，拟重新用于学生住宿）、善斋为马克思主义学院院馆。

2010年4月日召开的清华大学党委第15次常委（扩大）会讨论通过了校内10条主路的命名方案，命名方案将地理名称和国学经典《大学》作为命名的主要依据。以国学经典《大学》作为命名依据的道路是：东大操场东西两侧的南北干道分别命名为"明德路""新民路"，校园北部的东西干道命名为"至善路"，校园南部的东西干道命名为"日新路"，它们均出自《大学》中的开篇："大学之道，在明明德，在亲民（通'新民'），在止于至善"以及"苟日新，日日新，又日新"，而清华园北部已有明斋、新斋、善斋等传统历史建筑，几条道路的命名与之一脉相承。其中"明德路""新民路"是学生前往教学楼、"至善路"是学生前往图书馆等主要学习场所的必经之路，这些路名将激励学生牢记古训、加强修养、丰富学识、提升素质，成为"谦谦君子"和"檠檠大才"；"日新路"附近坐落着一批不同学科的院馆，寓意着科学人文的创新和融合。

第三，通识教育课程载体对《大学》的融入

课程是一所大学落实办学理念、大学理念的主要载体和主要渠道。由于清华为庚赔学校，早期国学部较之西学部，课程就少得多，仅有国文、中国历史和中国地理。为弘扬国学，当时学校曾提出"中西并重"的方针，以图"保存国粹""振兴国学"。1925年，清华成立大学部并设国学研究院，欲"建设最高等学术"。为培养"通才硕学"之人才，要求"通知中国学术文化之全体"，主要方法是继承中国古书院式的教学方法，由名师引导学生直接阅读文化典籍。按照梅贻琦校长"通识为本，而专识为末"的理念，落实到课程层面即要求学生对自然科学、社会科学与人文科学均有相当之准备，并由文学院教师开设了人文科学通识课程。随着1952年院系调整，文科师生被调到兄弟高校及科研院所，人文教育主要通过丰富多彩的校园文化活动来实现。改革开放后，1980年，学校建立文史教研室，专门面向全校开设人文选修课，1985年中文系正式复建，把面向全校理工科学生开设语言文学选修课作为自己的重要任务。1987年人文社科选修课以指定性选修的方式正式进入清华大学的课程体系。20世纪90年代初期，学校设定了与马列课并列的四个指定性人文社会课组（哲学与人生、文学与艺术、历史与文化、经济、法律与管理），在相关课组组织开设了"中国文化名著导读"课程，重点讲授《论语》等传统文化经典。

进入新世纪，2002年形成涵盖"历史与文化""文学""哲学与社会思潮"等十个课组构成的文化素质课程体系，并开始进行精品课的建设；2006年又将十大课组整合为涵盖"历史与文化""语言与文学""哲学与伦理""人生与发展"等文化素质教育课程八大课组；2020年，将文化素质教育课程更名为通识教育课程，并整合为"人文""社科""艺术""科学"四大课组。在上述相关课组中，有多位任课教师将《大学》融入课程中，主要有两种模式：第一种模式是将《大学》融入经典导读或思想史之中，如外聘教授陈怡先生开设了"《老子》与《论语》"及"《庄子》导读"，历史系教授方朝晖开设了"儒家经典导读"及"中国思想史专题"，历史系程钢副教授开设了"儒学概论"及"《老子》与《论语》"，哲学系副教授高海波开设的"儒家哲学概论"，等等。陈怡先生每学期第一次课的开讲词铁定为"人生需要经典，经典需要精读。"意在向学生强调：经典的重要和精读的重要。方朝晖教授开设的"儒家经典导读"从"三纲"及守静、存养、自省、定性、治心、慎独、主敬、谨言、致诚等九个修身范畴出发，分门别类地导读儒家经典，侧重于从心性修养的角度来说明儒家经典的现实意义，特别是儒家修身思想的现实意义。第二种模式是直接融入课程名称并要求必读。如新雅书院院长甘阳教授开设的"大学之道"课程预期学习成效为：知识：首先，了解中国大学从近代以来的历史境遇，及其背后与中国社会发展的密切联系；其次，了解世界大学的教育理念、当下全球大学教育所面临的问题、诸家为此类问题开出的解决之道。最终，讨论大学与专业、学科之间的关系。能力：对大学本身，乃至大学所折射的时代问题有所了解，理性地规划自己通专结合的大学之路。素质：通过理解与大学有关的种种，提高学生的主体意识和文化自觉，形成教育者和受教育者对通识教育与专业教育相结合的、跨学科人才培养制度的高度共识。笔者开设有"大学精神之源流"课程，数学系白峰杉教授、教育研究院钟周副教授等亦开设有同名课程，课程中会要求选课学生精读《大学》及梅贻琦先生的《大学一解》，并任课教师导读讲解。

第四，活动载体对《大学》的融入

所谓活动载体，一般指校园内的政治、学术、科技、文体等活动以及这些活动在校外乃至国外的延伸和扩展。早在清华学校时期（1912—1928），"当时的伦理演讲，中等科是每星期一次，由本校教员讲述'中外名人事略'。高等科则是邀请一些所谓'中西名人'来校演讲，多在同方部举行（一九二〇年大礼堂落成后，改在那里举行），大都用英语演说。""请名人演讲，是美国大学的一种作风，清华高等科这样做，也是从美国学来的。这种演讲，在美国，有长期的、系统的讲座，也有临时性的演说。""这些'中外名人'，历年来校演讲的，不下数百"。"演讲的内容，无奇不有……"①此总体上被列入"学生课外活动"方面，反映出当时讲座的类别、频次、地点、性质、内容等状况。

从1997年开始，学校倡导学生阅读经典，由张岂之先生、徐葆耕先生主编了《清华大学学生应读书目（人文部分）》，并向清华学生推荐了80部优秀中外文学、文化名著，其中包含朱熹的《四书集注》，由此开启了"阅读经典"活动的大幕。并，配套开启了"清华大学周六人文讲座"，《清华人文修养丛书》相结合的方式指导同学的经典阅读。校图书馆在人文社科阅览室入口处以显著位置设立应读书目图书专架；人文学院图书馆常年将应读书目挂在网上，供学生下载阅读，使"大学生应读书目"活动得以持续开展下去。2017年，由清华大学党委原副书记胡显章教授领衔主编出版了《清华大学荐读书目》，涵盖四大主题：中国文化名著、中国文学名著、世界文化名著、世界文学名著。每个主题下推荐30种书，其中新增《礼记》并保留了朱熹的《四书集注》。该书由清华大学60多位名家学者亲自为读者撰写导读文章，细陈著作的闪光点，并推荐优良版本以及相应的阅读方法。与20年前的书名相比较，由"应读书目"改成"荐读书目"，彰显出对读者主体的尊重，意义非常深刻。

2005年春，为了进一步营造校园文化气氛，引导学生充分利用学校丰富的学术和教育资源，开阔学生的文化和学术视野，为广大学生提供一个文理交融、中西结合的课外学习和思考空间，素质教育基地、校团委、教务处和图书馆在先前"中国与世界优秀文化文学名著导读系列讲座"和"周六人文讲座"的基础上，联合推出"清华大学新人文讲座"（以下简称"新人文讲座"）。之所以称之为"新人文"讲座，根据胡显章教授的阐释，主要有两层寓意：一是，从一所大学来看，应当从大学的历史文化使命和大学文化特别是大学精神文化建设的高度来看待和实施文化素质教育；二是，文化素质教育在实施的方法内容上应当有新的探索、新的开拓。该系列讲座已经涉及的主题有：系列之（一）"大学理念与人文精神"、系列之（二）"读万卷书，行万里路"、系列之（三）"文明的对话与梦想"、系列之（四）"艺术·科学·文化创新"、系列之（五）"哲学与人生"、系列之（六）"大学理念与大学文化"、系列之（七）"科学与人文：双赢和融合"、系列之（八）"文学与艺术"、系列之（九）"大学文化与清华精神"、系列之

---

① 清华大学校史编写组.清华大学校史稿（上册）[M].北京：中华书局，1981：37-38.

（十）"艺术人文"、系列之（十一）"文化传承与创新"、系列之（十二）"文化传承与社会转型"、系列之（十三）"生态文明与美丽中国"、系列之（十四）"文明与价值"等。

与解读《大学》最为密切相关的是，2018年5月18日，获颁首届清华大学"王步高通识教育奖"的陈怡教授，应邀为师生作题为"中国人的大学问——《大学》解析"的学术报告①，结合朱熹注本《大学》，详细分析了《大学》中的儒学之道，解读儒家"德"之深刻内涵，并分享《大学》带给读者的深刻启示。2021年10月14日，陈怡教授再次应邀做客新人文讲座，以"《大学》改本探究"为题，为到场的百余名线下及线上师生讲解《大学》的不同改本，并提出《大学》在当代中国的价值与启示②。

第五，媒介载体对《大学》的融入

所谓媒介载体，一般指的是校报、校刊、校内广播电视、学校出版社的出版物以及校园网等传播媒体。周诒春先生担任校长期间（1913年10月至1918年1月），出版物方面，除了全校性的《清华周刊》《清华学报》《清华年报》等外，各级还有自己各种出版物，形成了"学校出版之刊物，不用说在当时，即便今天之一般高等学校，也难望其项背"③。

进入新世纪以来，清华大学官方宣传片以《大学之道》为名，如2021年110周年校庆宣传片主体内容表述为四个方面即"大学之道，育人为本；大学之道，创新为核；大学之道，开放为要；大学之道，服务为基"④。2019年11月，由清华大学、湖南大学联合主办的"清华会讲湖大行——大学之道与文明进步"在湖南大学举行。这是清华会讲首次走进书院会讲发源地⑤。主题会讲中，教育部原高等教育研究中心主任、大学文化研究与发展中心学术委员会主任王冀生从先秦时期"大学之道"的核心和精髓谈起，分享了"当代中国大学之道"。北京师范大学国际与比较教育研究院院长刘宝存以"西方大学的本质及其时代价值"为题，探讨了知识经济时代大学的使命担当。新加坡南洋理工大学副校长陈金樑

---

① https://www.tsinghua.edu.cn/info/1177/22837.htm
② https://www.tsinghua.edu.cn/info/1180/88117.htm
③ 黄延复. 水木清华：二三十年代清华校园文化 [M]. 桂林：广西师范大学出版社，2001：42.
④ 【清华大学宣传片】大学之道，参见清华新闻网 https://www.tsinghua.edu.cn/info/2061/89391.htm
⑤ 清华新闻网2019年11月13日电《清华会讲走进湖南大学 中外专家论道"大学之道与文明进步"》，参见清华新闻网 https://www.tsinghua.edu.cn/info/1175/18856.htm

围绕"大学之道4.0"的话题，强调大学需要重新思考"大学"的含义，找到通过教育和研究为人类繁荣作出贡献的新途径。分会讲中，中外专家聚焦"大学之道的探索与发展""新世纪大学管理之道的实践与认知""至真至善至美与科技、人文、艺术的融合""书院传统的历史价值与现实意义""古代会讲的学术思想价值与当代转化""大学之道的哲学思考"六个议题发言并展开深入研讨。清华会讲学术委员会主任胡显章先生曾主持编著了《自强不息 厚德载物——清华精神巡礼》《世纪清华 人文日新——清华大学文化研究》《当代中国大学精神研究》等多部书籍，尤其是其献礼清华110周年校庆之作《飞鸿印雪：大学之道寻踪》，是其30年来从事清华大学文科领导工作和参加全国高校素质教育与文化建设的历程回溯、经验总结和思想结晶，书中结合对大学之道的哲学思考，提出当代中国大学之道为"在明德新民，在以人为本，在和谐会通，在止于至善至真至美"①。

纪录电影《大学》由清华大学3位在校生孙虹、王静、柯永权联合导演映。该影片以4位"清华人"为拍摄对象，摄制组在3年时间内跟随着4人的生活轨迹，呈现出当代中国大学师生的学习生活与人生境遇，并以他们在人生转折点的重要选择折射出当下中国的"大学精神"。该影片所要阐述的精神，承接着《大学》中对"大学问"的终极求索目标。在当下，中国的大学教育要着眼于面向社会主义现代化培养全面发展的人，"大学精神"因此被赋予了更为丰富和深刻的内涵。新时代的"大学精神"，是大学自身存在和发展中形成的具有独特气质的精神形式，也是科学精神的时代标志和具体凝聚。"明明德""亲民""止于至善"成为当下对中国社会主义合格建设者和接班人的要求，要求大学教育培养出身心、精神、才能、个性得到全面而丰富发展的人。

三、思考与启示

习近平总书记在致清华大学建校105周年贺信中，称清华大学为"我国高等教育的一面旗帜"；时隔五年之后考察清华大学时强调"清华大学的发展历程，是我国高等教育发展的一个生动缩影"。因而，以清华大学作为个案，对于《大学》传承创新的有益探索可以带给我们不少思考与启示，择要如下：

启示之一：要深化培育和践行社会主义核心价值观的"会通之道"。使社会

---

① 胡显章.飞鸿印雪：大学之道寻踪[M].北京：清华大学出版社，2021：453.

主义核心价值观的影响像空气一样无处不在、无时不在，是一项重大而艰巨的系统工程，要将培育和践行社会主义核心价值观贯穿会通于加强教育引导、实践养成、制度保障等内在"融洽""和谐"关系，充分体现出鼓励与制约、自律与他律、内在与外在、观念与行为等方面的统一。作为党和国家给予更高厚望的大学，理应在"会通"研究与实践方面走在前列、作出表率。

启示之二，要深化"两个结合"即"坚持把马克思主义基本原理同中国具体实际相结合、同中华优秀传统文化相结合"。对于培育和践行社会主义核心价值观而言，要结合新时代要求继承创新中华优秀传统文化，关键是要对中国传统核心价值观进行创造性转化和创新性发展，使之与社会主义市场经济相适应、与社会主义法律规范相协调、与人类文明发展趋势相一致，科学区别中国传统核心价值观的原义、他义和今义。要将培育和践行社会主义核心价值观与以《大学》等经典为主的中华优秀传统文化融入大学校园文化建设的各个层面、各个环节、各类群体，比如从大学精神文化层面融入各校校训、校风、校箴、学风、教风等，深入挖掘其内涵、促进其传播、讲好其故事、抓好其践行。在国际交往方面，俄罗斯总统普京会见习近平主席时曾引用了《大学》开篇语："大学之道，在明明德，在亲民，在止于至善。"指出"俄中关系达到了史无前例的高水平，但我们不能满足已取得的成就，还要把两国关系发展得更好"。传递出的明确信息即希望俄中关系也要止于至善。

启示之三，要深化"崇德修身"的根基。社会主义核心价值观本质上是一种德。《大学》所指出的"物有本末，事有终始，知所先后，则近道矣。""自天子以至于庶人，一是皆以修身为本。其本乱而末治者否矣。其所厚者薄，而其所薄者厚，未之有也。"可谓两条最为基本的"公理"，也是习近平总书记始终强调的"加强道德修养，注重道德实践"。陈怡先生认为，《大学》的价值主要有四个方面，一是阐述了儒家的德本思想；二是指明了中国人的一种人生路向；三是启示我们对人生的思考；四是催生了宋明理学的诞生。《大学》启示当代中国人要修炼"内德外功"，树立人生大志向，研究人生大学问，写好人生大论文，成就人生大价值。

启示之四，要深化大学"阅读经典"。培育和践行社会主义核心价值观，要"讲清楚中华优秀传统文化的历史渊源、发展脉络、基本走向，讲清楚中华文化的独特创造、价值理念、鲜明特色，增强文化自信和价值观自信。要认真汲取中华优秀传统文化的思想精华和道德精髓，大力弘扬以爱国主义为核心的民族精神和以改革创新为核心的时代精神，深入挖掘和阐发中华优秀传统文化讲仁爱、重民本、守诚信、崇正义、尚和合、求大同的时代价值，使中华优秀传统文化成为涵养社会主义核心价值观的重要源泉。要处理好继承和创新性发展的关系，重点做好创造性转化和创新性发展"①。要将"阅读经典"融入大学教育教学的全过程。教学是大学最根本的职能，是大学教育的主渠道。高校要加强顶层设计，加强和改进课堂内的经典教学与课堂外的经典阅读，打造更多、更优秀《中外文化概论》类课程，更多、更优秀的《中外经典导读》课程。

本文基于以往公开发表的相关研究成果偏少，并限于笔者水平、时间精力等，故拙文的系统性、全面性、深入性、历史性、现实性等方面有诸多不尽如人意，权作抛砖引玉，以期引发更多的思考与讨论。

参考文献

[1] 陈怡. "大学之道"古今谈 [J]. 中国高等教育，2001.

[2] 陈怡. 经典教学：素质教育中不可或缺的重要一环 [J]. 大学素质教育，2021 年 12 月总第 32 期。

[3] 郭庆祥.《大学》：人生大学问 [M]. 北京：东方出版社，2012.

[4] 胡显章. 飞鸿印雪：大学之道寻踪 [M]. 北京：清华大学出版社，2021.

[5] 胡显章.《世纪清华 人文日新——清华大学文化研究 [M]. 北京：高等教育出版社，2011.

[6] 胡显章. 自强不息 厚德载物——清华精神巡礼（修订版）[M]. 北京：清华大学出版社，2013.

[7] 黄延复主编. 梅贻琦先生纪念文集 [M]. 长春：吉林文史出版社，1995.

[8] 袁驷，郑力主编. 创新教育模式 激发学术志趣 提高培养质量——清华大学第 24 次教育工作讨论会文集 [C]. 清华大学出版社，2015.

[9] 清华大学校史编写组. 清华大学校史稿 [M]. 北京：中华书局，1981.

[10] 冯友兰. 中国哲学简史 [M]. 北京：北京大学出版社，1996.

[11] 刘书林. 当代青年与社会主义核心价值观 [M]. 南昌：江西高校出版社，2019.

[12] 程钢. 大学理念中国化的可贵探索——重读梅贻琦《大学一解》[M]// 胡显章主编. 先进文化建设中的大学文化研究. 北京：高等教育出版社，2009.

---

① 习近平谈治国理政 [M]. 北京：外文出版社，2014：164.

中华优秀文化传承与文化自信

冯永亮

在全面建设社会主义现代化国家新征程中，文化自信的作用和重要性越来越凸显。而确立文化自信与中华优秀文化传承密切相关。2016年5月17日，习近平总书记在哲学社会科学工作座谈会上的讲话中指出："要坚定中国特色社会主义道路自信、理论自信、制度自信，说到底是要坚定文化自信。文化自信是更基本、更深沉、更持久的力量。在5000多年文明发展中孕育的中华优秀传统文化，在党和人民伟大斗争中孕育的革命文化和社会主义先进文化，积淀着中华民族最深层的精神追求，代表着中华民族独特的精神标识。"党的二十大报告中，有五处提到"文化自信"，强调"全党全国各族人民文化自信明显增强、精神面貌更加奋发昂扬""我们必须坚定历史自信、文化自信"，并以"推进文化自信自强，铸就社会主义文化新辉煌"为题作了专门论述。报告中，把建成教育强国、国家文化软实力显著增强列为2035年我国发展的总体目标之一；未来五年是全面建设社会主义现代化国家开局起步的关键时期，"人民精神文化生活更加丰富，中华民族凝聚力和中华文化影响力不断增强"也是主要目标任务之一。

党的二十大报告中指出："坚持和发展马克思主义，必须同中华优秀传统文化相结合。只有植根本国、本民族历史文化沃土，马克思主义真理之树才能根深叶茂。中华优秀传统文化源远流长、博大精深，是中华文明的智慧结晶，其中蕴含的天下为公、民为邦本、为政以德、革故鼎新、任人唯贤、天人合一、自强不息、厚德载物、讲信修睦、亲仁善邻等，是中国人民在长期生产生活中积累的宇宙观、天下观、社会观、道德观的重要体现，同科学社会主义价值观主张具有高度契合性。我们必须坚定历史自信、文化自信，坚持古为今用、推陈出新，把马克思主义思想精髓同中华优秀传统文化精华贯通起来、同人民群众日用而不觉的共同价值观念融通起来，不断赋予科学理论鲜明的中国特色，不断夯实马克思主义中国化时代化的历史基础和群众基础，让马克思主义在中国牢牢扎根。"

文化不单是一个供我们理解、认识的观念模式，它同时是我们内心中的一个信条体系。文化的本体是一种特殊的主观观念——先哲在为满足自身精神需要而从事认知自我的精神探索中发现的真实的我，或者说，必须能显现为人的生命存在的我的真理。生命有限，任何人都需要在自己生命的某一时刻领悟人的真理并以为生命准绳，朝闻道夕死可矣。作为真实的我的真理的探索者，也是自己所追求真理的身体力行者，一旦认定自己在精神探索中发现了真实的自己，就会以自己的精神发现定义自己，以自己的生命践行自己的精神发现，让真实的自己展现于自己的生命，从而有了自我实现、自我完善的可能。

人类若世世代代以自己生命承载其文化，这种文化也就生生不息，绵延不绝。人类文明历史显示：任何一种生产关系、生产方式、政治制度、社会意识形态乃至社会形态的历史都仅仅属于一定历史阶段，文化的生命却可以超越多种社会形态的变革，如天地运行般强健。

要立足于增强历史自觉、坚定文化自信。中华优秀传统文化是中华文明的智慧结晶和精华所在，是中华民族的根和魂，进一步做好创造性转化、创新性发展，中华优秀传统文化的生机、活力就越会焕发出来。本文从养浩然之气、立天地之心、经事上磨炼、践君子之行的角度，阐释传承中华优秀文化与文化自信的关系。

一、养浩然之气

中华文化的一个优秀传统是提倡正气，浩然之正气，战国时期思想家孟子在和弟子公孙丑的对话中有如下表述："敢问夫子恶乎长？"曰："我知言，我善养吾浩然之气。""敢问何谓浩然之气？"曰："难言也。其为气也，至大至刚；以直养而无害，则塞于天地之间。其为气也，配义与道；无是，馁也。是集义所生者，非义袭而取之也。行有不慊于心，则馁矣。"（《孟子·公孙丑上》）

正义凛然的浩然之气是中国传统优秀文化中君子人格修养与道德境界的重要特征，是在强烈道德感支配下出现的一种至大至刚的豪迈无比的精神状态，充塞于天地之间，它对于塑造中华民族精神的气质特征产生了积极而重要的影响，体现在中华民族数千年历史上涌现出的无数仁人志士的身上。浩然之气基于本体即心性之自然所发，认识于道德主体在实际中的行为，可谓本体论、认识论、实践论的三位一体。对于浩然之气的养成，朱熹曾作过精彩的注解："盖惟知言，则有以明夫道义，而于天下之事无所疑；养气，则有以配夫道义，而于天下之事无所惧，此其所以当大任而不动心也。"

有浩然之气成就的是大人、大丈夫，孟子对此作过精彩的论述，并进而提出天爵人爵之分：

公都子问曰："钧是人也，或为大人，或为小人，何也？"孟子曰："从其大体为大人，从其小体为小人。"曰："钧是人也，或从其大体，或从其小体，何也？"曰："耳目之官不思，而蔽于物。物交物，则引之而已矣。心之官则思，思则得之，不思则不得也。此天之所与我者。先立乎其大者，则其小者弗能夺也。此为大人而已矣。"（《孟子·告子上》）

"居天下之广居，立天下之正位，行天下之大道……富贵不能淫，贫贱不能移，威武不能屈，此之谓大丈夫。"（《孟子·滕文公下》）

孟子曰："有天爵者，有人爵者。仁义忠信，乐善不倦，此天爵也；公卿大夫，此人爵也。古之人修其天爵，而人爵从之。今之人修其天爵，以要人爵，既得人爵，而弃其天爵，则惑之甚者也，终亦必亡而已矣。""仁义礼智，非由外铄我也，我固有之也，弗思耳矣。"（《孟子·告子上》）

二、立天地之心

"为天地立心，为生民立命，为往圣继绝学，为万世开太平"，是北宋思想家张载为后世留下的宝贵精神遗产。这就是著名的"横渠四句"，其中最根本的是"为天地立心"，有了"立心"这一基础，才可能"立命""继绝学""开太平"。张载说："大抵言'天地之心'者，天地之大德曰生，则以生物为本者，乃天地之心也。地雷见天地之心者，天地之心惟是生物，'天地之大德曰生'也。"（《横渠易说·上经》）张载进而指出："天地之塞，吾其体；天地之帅，吾其性。民，吾同胞；物，吾与也。"

天地之心以生物为本，中华文明历来重视人的价值，高扬人的主体精神。《礼记·礼运》中说："故人者，天地之心也，五行之德也。""故人者，其天地之德，阴阳之交，五行之秀也。""圣人作则，必以天地为本。"《易·乾·象》："夫大人者，与天地合其德，与日月合其明，与四时合其序，与鬼神合其吉凶。"

《孝经》中鲜明指出:"天地之性人为贵。"《尚书·泰誓上》提到:"天矜于民,民之所欲,天必从之。"《尚书·泰誓中》提道:"天视自我民视,天听自我民听。"董仲舒在《春秋繁露·天地阴阳》也认为:"人之超然万物之上,而最为天下贵也。人下长万物,上参天地。"人的一切活动和人心息息相关,人心一动、人心一变就会影响到天地万物的变化。人在天地万物之中作用如此之大,所以人必须时时修养自己,不能有丝毫松懈。

三、践君子之行

"小我"与"大我"之分是衡量君子的尺度和标准。中国先哲发现真实的我就是君子,君子就是人的真理的人格化形态。"天行健,君子以自强不息。地势坤,君子以厚德载物"(《易经》),强调以君子为人生准绳,那么人的生命亦如天地运行般刚劲强健,所承载文明亦生生不息。儒家学者继承并弘扬以君子准则为人生真理的精神传统,《论语》以高度抽象的形而上范畴——"仁"——概括君子的精神本质:"为仁由己""仁以为己任"。中国人以君子准则为人之为人的绝对真理,从君子的角度看待世界的世界观理论。

钱穆先生认为,宋代文化,本体论是万物一体,修养论是变化气质。天地万物与我一体是共识,但事实上,人依然有小我之私,与天地万物隔阂。怎么打通隔阂,泯化小我,还复大我呢?这就是宋儒经常提起的一个说法:变化气质。气质的说法,始于张横渠的《正蒙》,变化气质一是要克己,就是泯化小我;一是要明理,就是还复大我。

梁启超在 1900 年《中国积弱溯源论》中,提出:"同是我也,而有大我小我之别焉。"在关键时刻,舍小我保大我,这是中华民族能够源远流长、生生不息、不断发展壮大的重要原因。所谓大我,乃是"一群之我",而小我乃是"一身之我"。1904 年,他又专门作了《余之死生观》一文,群体、个体。"死者,吾辈之个体也;不死者,吾辈之群体也。"梁启超是在群与己、国家与个人的框架之内提出大我与小我。

个人作为小我,不仅生命有限,而且在价值意义上也是有限的,小我只有融合到人类历史、世界和社会的大我之中,最后才能实现不朽和永恒。由此,胡适引申出了小我对大我的责任感:我这个现在的"小我",对于那永远不朽的"大我"的无穷过去,须负重大的责任;对于那永远不朽的"大我"的无穷未来,也须负重大的责任。

某于此良知之说，从百死千难中得来，不得已与人一口说尽，只恐学者得之容易，把作一种光景玩弄，不实落用功，负此知耳！

事上磨炼，做到廓然大公，物来顺应。

中华优秀传统文化历史悠久、博大精深，有效地加以继承、弘扬，事关每一位中华儿女，对于提高个人修养境界、丰富精神世界、加强精神文明建设、维护国家文化安全、实现中华民族伟大复兴，都有重要的意义。

传承中国文化 探寻中国式养老发展之路

李静

一、追溯：养老传统

中华民族自古就有尊老敬老的传统美德，中国古代养老制度的建立有着深厚的历史渊源和时代背景。早在母系氏族社会老人就已经开始受到世族成员的尊敬。

先秦时期的"免费医疗"尤其"实惠"，在官府编制中专设"掌病"一职，负责给老人"问病"。据《管子·入国》所述，掌病要定期看望老人，定期进行检查。对于患重病老人，掌病要及时向国君汇报，国君会安排出时间，亲自前去看望老人。

汉代出现中国最早的"老年人保护法"，汉代是中国古代养老制度形成和发展的重要时期，推出了一套相对完备的制度。《汉旧仪》中所说的"未二十三为弱，过五十六为老"，56岁以上的人，可以享有相应的老人保障权益，如免除税赋。除了减负免税，朝廷每年还会直接给民间老人（庶老）发放食物。如汉文帝刘恒即位当年即下诏：80岁以上的老人，每月赐米一石，肉二十斤，酒五斗。最让老人有尊严、觉得幸福的地方，应该是发放一种叫"鸠杖"的实用物。鸠杖，又叫"王杖"，顾名思义是帝王赐予老人使用的拐棍，它是一种特殊权力的象征。凡是80岁以上的老人，皆由朝廷授以王杖。从甘肃武威磨嘴子汉墓中先后出土了8根王杖（鸠杖），还随之出土了《王杖十简》和《王杖诏令册》木简。《王杖诏令册》全文近600字，规定了70岁以上老人应该享受的生活和政治待遇，有学者称之为中国最早的"老年人保护法"。

魏晋南北朝时期，养老制度又出现了新的突破。如北魏，首创了"存留养亲"制度，此制度一直影响到晚清。存留养亲，就是一种司法缓刑制度：如果囚犯的家中有直系血亲需要照顾，准许在家"侍亲缓刑"，等家里老人去世后再服刑。

唐代继承了汉代给老人"赐杖""免税"等诸多做法，还曾有过一项"补给侍丁"制度，官府免费给民间老人安排护工。唐代甚至还有"精神养老"一说。当时，流行一个名词叫"色养"。通俗简单解释，就是奉养父母时要和颜悦色，不能让老人不开心。一代名相、时任司空的房玄龄，赡养老人方面也是"道德楷模"。子女给老人脸色看、不孝顺，都是大逆不道的事情。

建"养老院"起源于南北朝时期，高寿皇帝梁武帝（公元521年）在都城建康（今南京）创办了"孤独园"。让"养老院"这种养老方式流行起来的是宋朝。北宋初年即开设名为"福田院"的养老机构，后有"居养院"，南宋则叫"养济院"等。虽然名字不同，但都是慈善性质的养老院；入院老人的年龄，也放宽到了50岁以上。

元朝同样重视养老，元世祖忽必烈曾采纳汉臣刘秉忠的建议，逐步建立和完善了元朝的收养救助制度。明、清两朝的养老院仍如南宋、元朝一样，称为"养济院"，朝廷继续发展官办、民办等各种形式的社会养老机构。明代朱元璋还恢复了汉朝制度化的"赐杖"与"赐爵"制度，在物质救济上，朱元璋曾先后两次颁发诏令，实行孤贫老人终身养老。清朝则重视古老的"赐食"制度，多次请全国老人到紫禁城内去吃大餐，并取名曰"千叟宴"，其中以乾隆年间最盛。

二、现今：老龄社会

根据现在国际标准，65岁以上老人占比超过7%既为老龄化社会，中国已是老龄化社会，2022年这一数字将升至14%，届时中国将步入深度老龄化社会；2033年左右进入占比超过20%的超级老龄化社会，预计20世纪中叶，中国60岁及以上老年人口接近5亿，将占总人口35%左右。人口老龄化已成为中国现阶段乃至21世纪的重要国情。人口政策对于国家社会经济发展的影响非短期可见，未来30年是我国人口老龄化加速时期，3个人里面将有一个65岁以上的老年人。如果生育率低于预测，则老龄化速度会更快。1960年出生的人可以说是第一批赶上计划生育的主力军，而今他们都开始退休，家里多是独生子女，孩子赡养老人的压力非常大。

老龄化严重的省份，适婚年龄人口相对低，加之长期存在人口流出，导致结婚率下滑更加明显。2018年我国单身成年人口高达2.4亿人，约为英国、法国、德国人口总和。其中超过7700万名成年人处于独居状态，2021年这个数字将上升到 9200 万人。晚婚晚育、不婚问题加重中国养老负担，严重拖累国家财政、制约经济活力。2019 年有 16 省养老金入不敷出，其中，黑龙江 2019 年缺口就达 433.7 亿元。

现在和未来中国式养老的主要矛盾，是社会人口结构的问题，即便国家出台鼓励生育政策，甚至东北地区全面放开生育限制，低迷的生育率也不会马上改善。缓解老龄化社会进程与促进社会经济发展不能寄希望于多生孩子。现在大部分家庭是独生子女，且儿女多数在外地工作多，父母连生病都不敢告诉，怕儿女担心。

邻国日本在 20 世纪 80 年代人口达到峰值之后，开始了漫长的经济停滞，日本经济"失去的 20 年"到底应该归罪于谁？中国的未来会如何呢？结合国际老龄化规律，人口进一步向资源型城市集中难以避免。

三、困境：多重压力

中国家庭结构日益小型化、多样化。城镇化进程的加速导致人口流动性增大。中国大量的"421"家庭结构，极大加重了未来养老的负担。家庭养老功能日益弱化，独生子女，有心无力、长辈孤独老去，传统格局下的"中国式养老"面临困境。"中国式养老"有"9073（或9064）格局"的说法，即居家养老90%、社区驿站养老7%、机构养老3%。

养老问题的困境有如买高价学区房，折射出的是教育资源分配不平衡的问题。教育水平非常均衡的长沙，就很少听到学区房被抢的消息，房价不仅不高也十分平稳，是"中国最具幸福感的城市"之一。房产短期看政策，中期看经济，长期看人口。长沙近年来的人口数量增速在全国位于全国前列。因而长沙吸引着更多的产业入驻，人才纷纷到长沙创业，也势必促进经济快速发展。

我国的老龄化速度非常之快，在"十四五"时期就会达到。十年前没有人讨论老龄化的问题，但到了今天是各个政府机构、企业用工，包括每个人都会面临的问题。随着人口红利的消失，经济的潜在增长力肯定会减少。因为长期的经济增长就是资源、劳动和技术，短期的经济增长就是消费、制造和出口。老龄化加重政府债务和社保压力上升。

当以城市为单位分析人口结构时，会发现一个新的问题：城市永远不缺少年轻人，一、二线城市将源源不断地涌入大量年轻劳动力。而在小镇和农村，空心化问题随之并行产生。如何在城市群释放经济活力的同时，能为乡村带去经济动能，把更多年轻人留在家乡？

近两年疫情、灾情等诸多不利环境背景下，国家一系列控房价、双减、限电等手段纾解内部矛盾，用断臂求生形容也不为过。飙升的教育成本，猛涨的房价，"996"工作模式等等看似与养老无关的日常生活工作，终极环环相扣锁定在"老了怎么办？"这个大问题上。没有经济基础是万万不能的，但养老问题不简单是钱就都能解决的。

四、聚焦：总理报告

2021年3月5日，李克强总理在提请十三届全国人大四次会议审议的政府工作报告中对"十四五"规划和2035年远景目标进行了概述，其中在"十四五"规划关于持续增进民生福祉方面提到：全面推进健康中国建设，人均预期寿命再提高1岁；实施积极应对人口老龄化国家战略，推动实现适度生育水平，逐步延迟法定退休年龄；健全多层次社会保障体系，基本养老保险参保率提高到95%。此外，提及"养老"的部分还有：保障养老金按时足额发放，实现企业养老保险基金省级统收统支。提高退休人员基本养老金、优抚对象抚恤和生活补助标准。推进养老保险全国统筹，规范发展第三支柱养老保险。促进医养康养相结合，稳步推进长期护理保险制度试点。发展社区养老、托幼、用餐、保洁等多样化服务，加强配套设施建设，实施更优惠政策，让社区生活更加便利。完善传统服务保障措施，为老年人等群体提供更周全更贴心的服务。推进智能化服务适应老年人需求，不让智能工具给老年人日常生活造成障碍。

五、初心：以人为本

在中国传统文化中，"孝"被看作是最基本、最重要的德行之一，"养儿防老"和"养老送终"是"孝文化"的核心释义之一，居家养老仍是"中国式养老"的通常方式。

解决养老问题，就是解决老人日常生活中的重大关切。核心之道是从老人本身出发，老年人的特征，从精神状态、衣食住行、学习控制、记忆判断到表达沟通能力都表现出不同程度衰退，需要更多的耐心、更慢的速度、更轻的力量去相处。另外,"60后""70后"未来新一代老人要从现在有意识地做好养老规划,在能力许可范围内,担当起承上启下的作用,照顾好父辈,不给小辈添麻烦。社会化分工越来越细,多借助社会力量,未来社会将更智能,服务无处不在。养老领域也会不断推陈出新,针对老年人的各种辅具更智能,相信能让老年人的体验更舒适。随着老人增多,养老也必将常态化,无处不在的老人通道、便老设施、老人空间、老年学校等。老人无论选择居家养老还是机构养老,只有培养出更多合格的专业养老护理人才,养老服务才有市场效应,老人及家属也才能放心去决定。

目前中国真正提供养老服务的社区尚是星星之火,大多数社区与家庭脱节,存在着服务简单化、缺乏专业性、系统性和针对性等问题,难以满足老年人的医、养需求。中国现代化养老服务业正处于探索阶段,居家养老服务是难点。

可以预见的是,随着"以居家为基础、社区为依托、机构为补充、医养相结合"的健康养老服务体系的健全与完善,"中国式养老"当能"老有所养、老有所乐、老有所为"。

六、配套:多种保障

在中国老龄化越发严重的情况下,中国式养老还是多靠自己。以房养老模式遭遇过滑铁卢,一方面与国情传统有关,一套房子就是一个家,家带来安全感、归属感。老了之后,也很少会有人将房子进行售卖,多数是留给自己的孩子。另一方面算的是经济账,觉得将房子抵押给保险公司不划算。住房反向抵押贷款试点,对于老年房主的吸引力在于,上了年纪的房主不必离开他们熟悉的居住环境,可以在自己的房子里安度晚年,还可以从贷款机构定期获得一笔不菲的现金收入用于养老开销。有利于盘活老年人的房产,特别是空巢孤寡老人和高龄失独老人的房产,是实现个人经济资源优化配置的积极探索,有利于提升老年人养老保障水平。2021年正式实施的《民法典》中对居住权释义让"以房养老"有了保障。

再如养老金,俗称退休金,目前全国近3亿人领取养老金。养老金保障着老人的基本生活。中国连续16年提升养老金,让老年人充分分享经济发展成果,是民生改善的重大举措。从中长期来看,随着我国老龄化速度加快,养老保险基金收支压力不小。总理报告中《规范发展第三支柱养老保险》总的考虑是建立以账户制为基础、个人自愿参加、国家财政从税收上给予支持。简单说就是,个人把工资的一部分拿出来,转入养老金账户,这些钱会用来投资一些金融产品。同时加快推进国资划转社保补充缺口，推动社保全国统筹。

"00后"生活条件优越，衣食无忧，应从小培养感恩、奉献的朴实远大情怀，弘扬"老吾老，以及人之老"高尚品德。让尊老敬老的传统成为社会价值共识，与生俱来的精神基因。

人们尤其是年轻人必须认识到老龄化的现状，对年轻人开展"老龄化"教育，有助于消除代际隔阂，促进家庭和社会的和谐。教育也是保障老年人生活质量的重要手段。为老年人提供有针对性的教育，能够让他们的生活增添色彩、提高质量。

随着人均预期寿命增长，健康水平、教育水平持续提高，许多到达退休年龄的老人希望在工作领域保持活跃，政府应鼓励有条件的老年人重返职场，为社会发挥余热的同时缓解人口老龄化带来的劳动力减少等问题。

七、实践：精准帮扶

我在课题研究期间参与了安悦民生团队的失能老人评估工作，对主要在北京昌平和西城区的失能老人上门走访。调研中发现选择居家养老的家庭，耗费子女太多精力，因为子女也都是五六十岁的老人。家族子女多的，还可以轮换陪护，或者一人专职，有钱出钱有力出力。受访监护人都本着莫大的孝心服侍陪护着自己的父母，有财力的家庭还会请护工一起照顾，让老人最大程度感受家庭的温暖。社区驿站有很多优势，老人离家近，子女可以随时探望，风吹草动尽收眼底，但也只能被中高收入家庭接受，因为驿站占据的地理位置寸土寸金，规模不大，床位也很有限。大型或连锁养老机构的服务水平和配套设施在北京参差不齐，距离老人原籍居住地较远，部分老人感觉被抛弃，很久才适应习惯。性价比高的机构一床难求，夸张到预约排队要等20年。

第七次全国人口普查数据显示，2020年我国农村和城镇的人口老龄化水平分别为23.81%和15.82%，农村高于城镇近8个百分点，农村养老问题的压力远远大于城镇。再以本人家族为例，祖辈养育了7个儿女，老人在世时曾去县城养老院住了几个月，同住老人彼此不适应，还是回到自家老宅，和儿女们同住一个村，大家商量好轮换照护，看上去很简单的事，实际上并不轻松。父辈们也都上了年纪，各自里外操持，而第三代都不在身边，不是进城工作，就是远赴他乡，远水难解近渴。很多老人晚年身体状况一落千丈，最基本的活动能力都丧失，更别谈生活品质，这是养老最大的痛点。

不同的老龄化进程，意味着各地推动银发经济的方向也不相同。第一类情况，北上广经济基础好，有能力实现比较好的社会保障，发展银发经济的重点是探寻老龄社会下经济如何可持续发展的长期性、全局性解决方案。第二类情况，近年来经济发展快速的省市，虽然老龄化程度加深，但少子化不明显，发展银发经济的重点是催生新人群、新职业和新组织的主体创新；促进新技术、新主体、新联接交换的关系创新；发展面向全龄群体的产品和服务创新。目的是助推地方经济发展。第三类情况，经济发展一般的东三省，人口流失严重，老龄化与少子化同步加深，需要中央在社会保障等各个方面大力扶持。发展银发经济的重点是构建多元化、多层次养老保障体系，推动老龄事业与产业、基本公共服务与多样化服务的协调发展。

无论是城镇还是乡村，养老不是一时的事情，不比节假日或者婚丧嫁娶，家属都容易安排时间聚集，突击办理。而养老给人的感受更多是"熬"，特别是那些无法自理老人的家庭，对谁都是一种煎熬。这已不是有无孝心就能解决的困境。

家庭是社区细胞，社区是国家细胞，随着我国网格化管理的深入，街道办事处和居委会的功能越来越健全，都配置有负责老年工作的人员，通过普查摸排，基本对每家每户情况建档立卡。政府对特困和重度失能老人给予优先的帮扶补贴，协助老人家属共渡生活难关。更多地号召社区公益组织和辖区企事业单位奉献爱心，营造互帮互助的优秀人文养老氛围。当前养老服务还存在诸多问题，典型的就医取药问题：医院存在候诊区拥挤，老年人站着等叫号等情况。应尽快解决老年人"一体多病"的难题，给老人一个就诊"绿色通道"。

八、小结：全面创新

从乡村社会到城市社会，从农业社会到工业社会、信息社会，历史从不眷顾因循守旧者，传统的人口红利由正转负。只有超前谋划，开发老龄群体价值，盘活老龄群体资源，推动人口发展由数量型转变为质量型，才能加快开启新的人口红利。从老龄社会的逻辑基础出发，推动社会重构。需要催生新人群、新职业和新组织的主体创新；促进新技术、新主体、新联接交换的关系创新；发展面向全龄群体的产品、服务创新；加快政府公共管理各环节的模式创新。

2019年中国老龄事业发展基金会（以下简称基金会）启动实施了"乐龄陪伴——农村留守老年人关爱工程"。基金会在参与脱贫攻坚行动中发现，吃饭、看病和精神陪伴是农村留守老人最基本的生活需求，"党建+颐养"农村互助养老成效良好。村里75周岁以上的老年人每月只需缴纳二三百元即可在此用餐，其日常管理由村里推选老村干部及热心人士成立理事会负责。两年来，基金会充分联合调动地方政府、老龄基金会、村（居）委会、老年人自己组织、村民互助服务组织、爱心企业等力量，挖掘与链接当地养老服务资源，确保工作可持续推进。

老年人口素质不断提高，在60周岁及以上老年人口中，拥有高中及以上文化程度的人口比重为13.90%。老年人有着较强社交需求，合适合理的养老空间有待改进和开发。北京通州一处原占地面积800平方米的废弃锅炉房，在充分征求居民和产权单位意见，保留原有换热站功能基础上，改造升级为建筑面积1800多平方米的三层建筑，融合助老、家政、阅览、托管、医疗、超市等多领域的一站式社区服务中心，搭建"5分钟生活服务圈"服务体系，一站式满足居民"最后一公里"的生活需求。与此同时社会积极构建老有所学的终身学习体系，鼓励企业留用和雇用年长劳动力，打造高质量的为老服务和产品供给体系，建设老年友好型社会。

除了外部环境提升，老人家庭内部改造也有很大市场空间。为积极应对人口老龄化，湖北提出加快推进老年人居家适老化改造工程实施方案，明确要求"十四五"期间，全省采取政府补贴等方式，对特殊困难老年人家庭实施居家适老化改造。改造以安全为首要原则，在保证建筑结构安全、消防安全、抗震安全等前提下对老年人居住空间、设施设备等方面进行改造。

为填补劳动力人口的空缺，机器人在人口显著老龄化的地区得到广泛的应用。例如，韩国一直是老龄化速度最快、机器人应用最广泛的国家。日本和德国在机器人领域的投资增长速度也要快于美国。前不久工业和信息化部等部委联合印发《智慧健康养老产业发展行动计划（2021—2025年）》的通知，提出要重点发展健康管理类、养老监护类、康复辅助器具类、中医数字化智能产品及家庭服务机器人五大类产品，带动传感器、微处理器、操作系统等底层技术突破，实现多模态行为监测、跌倒防护、高精度定位等实用技术攻关，来全面提升健康养老产品及服务的智慧化水平。

2021年11月2日，国务院办公厅转发国家发展改革委《关于推动生活性服务业补短板上水平提高人民生活品质若干意见》从9个方面共提出30条细则，其中包括将推动大城市加快发展老年助餐、居家照护服务，力争五年内逐步覆盖80%以上社区。

就在11月24日，《中共中央国务院关于加强新时代老龄工作的意见》发布，其中提到，鼓励成年子女与老年父母就近居住或共同生活，履行赡养义务、承担照料责任。

从国家到地方，将肩负老龄社会新需求和推动经济社会新发展的双重任务。全国老龄工作委员会发布的《中国老龄产业发展报告》预测，到 2050 年，中国老龄人口的消费潜力将增长到 106 万亿元左右，占 GDP 的比例将增长至 33%，中国将成为全球老龄产业市场潜力最大的国家。

伴随着时代进步与文明，人口素质的不断提高，"成功老化"（Successful Aging，SA）定义为长寿、幸福和生活满意。（1）在生理上，老年人没有与疾病相关的残疾，患病的风险也较低；（2）在心理上，老年人有较好的认知功能和身体机能；（3）老年人有着良好的生活参与度，积极参与社会活动，其中最重要的两种为人际交往和生产活动。研究表明在婚、低龄、有个人收入和养老金、学历在高中及以上的城镇男性老年人更有可能实现成功老化。在传统家庭伦理规范驱动下的隔代照料行为对于老年人实现成功老化具有积极影响，与子女同住的居住模式会加大实现成功老化的可能性。

总之，只有形成政府主导、更多社会公益组织参与、当地资源占据主体、子女尽心尽责的社会多方合力，养老问题的诸多短板才能补上。现在的新生代处于人机一体的生活环境，和前辈们社会形态完全不一样。但千百年来，世界格局风云变化，中国一直传承着尊老敬老优秀文化传统。新的世纪，中国一定也有能力和智慧继续解决当前养老服务中存在的难点，消除痛点，在保障人人享有基本养老服务基础上，更有效满足多样化、多层次服务老人需求。

传统中国画线性艺术的传承与弘扬

李建锋

世界上任何艺术门类，都受本民族文化的影响而产生不同形式的表现方法，而中国画是以独特的线性造型，通过笔墨情趣来表达民族文化的思想与精神，线性艺术的起源，最早可以追溯到史前的旧石器时期，在史前实用艺术的审美中，其稚拙、简朴的线性符号，更多是为记事或标志图案。至伏羲氏一画开天图画八卦始，中国才有以线描绘成形的完整图像，这一画便奠定了中国哲学思想和中国绘画艺术文化根基的总源头，亦是众有之本，万象之根。这一画也成就了中国画以线性造型，以线性明理，以线性赋予书画文化内涵的重要评审标准。中国画书画一体，同根同源，在伏羲氏画卦，仓颉造字始，以线的排列成图，以线的造型成字，中国书画便密不可分，所以中国画的笔法离不开书法线性的支撑。"结字因时相传，用笔千古不易"这是元代书画大名家赵孟頫对笔性难求的感慨，正因为线性对书画内涵的重要性，所以历代书画名家皆有笔法论著。从秦代李斯的《用笔法》、晋代卫夫人的《笔阵图》、南朝谢赫的《六法论》、清代石涛的《一画论》以及近代黄宾虹的《五笔论》等，历代以来皆在理论和实践中完善笔法线性的内涵，尤其是黄宾虹先生的《五笔论》，是中国近代艺术史论上至臻完善的一座高峰。

清代末期国门洞开西法东渐，文化失去自信，几千年的传统文化受到质疑，国人对本民族的中国画艺术也重新审视，继而众多革命派和改良派留学海外，借助外国的文化来改良中国画的发展出路，将本来有着强烈民族文化特色和华夏精神内涵的中国画，被盲目推崇灌输西方思想，甚至提出"要革中国画的命"等极端主义，促使后期的中国画家们不研究中国传统文化，不钻研书法，不临摹古画，纯粹以西方的写实主义，西方的形式构成，以及焦点透视照抄自然的写生手法改造中国画，致使几千年文明的中国画一时断代几近崩溃，甚至全盘西化。中国画失去了本民族线性文化内涵的根本，更是不中不西，导致百年来艺术标准每况愈下。在习近平总书记弘扬复兴中华优秀传统文化的号召下，为中国画的发展迎来了春天，没有中华文化的繁荣兴盛，就没有中华民族的伟大复兴。独立的民族语言和高度的文化自信，是大国崛起的必要条件，传统中国画是世界艺术史上集儒、释、道等中国哲学文化思想于一身，具有深厚文化内涵的东方明珠，也是中华的文化瑰宝，华夏文明的符号。只有具备本民族深厚的文化标准与鲜明的艺术特色性，才能植根于世界艺术的舞台，真正实现人类命运共同体的世界大同。

一、中国画线性艺术的起源与演变

我国在周口店猿人头骨发掘以后，考古学家均公认约在450万~100万年以前，就有我们的祖先居住，并发现原始人在"骨骼上的刻画"。这些有人工刻画痕迹的骨骼、尖骨器、旧石器，与猿人头骨同时同地的发现，经过科学认定这刻画痕迹中"半圆形长沟""三角形凹入""深沟"等现象，就是美术上最原始的形式，也是我国民族原始雕刻和原始以线绘画的渊源。

线的起源与演变，必须具备好的刻画材料和图画的工具，才能表达出完整的图像标志，所以笔的来源也至关重要。孔子说："工欲善其事，必先利其器。"在原始时期要刻画记事，亦须有利器，所以远古人类制造了尖骨器、尖石器等刮刻工具，这些都可能是原始起源的美术工具。这些情形与我国历代古书上记载的书写文字的工具为"尖木器""书刀"等完全相似，由此可作参考和对照。《尚书·序》说："古者伏羲氏之王天下也，始画八卦，造书契，以代结绳之政，由是文籍生焉。"《尚书·释文》："书者，文字。契者，刻木而书其侧，故曰书契。"《物原》说："伏羲初以木刻字，轩辕易之以书刀。虞舜造笔，以漆书于方简。"由文献记载可见，伏羲氏以尖木器画八卦，轩辕易之以书刀刻画文字。虞舜造笔，以漆书写于方简，说明虞舜已经创造竹枝笔，并且开始用笔点染漆汁书写文字于方简，由此影响了后代用笔蘸漆墨书写文字绘画的方法。新石器时代仰韶文化的彩色陶器《人面鱼纹彩陶盆》[①]，以极简的线条，用漆墨描绘的人面、鱼纹图案，描绘技法简练纯熟。另一件是彩陶是《鹳鱼石斧纹彩陶缸》[②]，以成熟厚重的线性造型方法，描绘白鹳、鱼和石斧，白鹳和鱼是两个部族的图腾，这

---

① 卢辅圣：中国花鸟画通鉴·富贵野逸[M].上海：上海书画出版社，2008.
② 同上.

里画面表示以白鹳为图腾的部族通过武力（石斧）战胜了以鱼为图腾的部族。从这件彩陶可以看出中国绘画不仅仅是装饰符号，而是通过绘画表现出人文思想与精神内涵。可以证明新石器晚期，原始人类以线造型的绘画形式，是中国线性艺术绘画的起源与萌芽。

人面鱼纹彩陶盆　　　　　　鹳鱼石斧纹彩陶缸

我国古代绘画，在新石器时期，因出土的文物少而零散，很缺明朗的史实。毛笔具体的起源，亦无从详考，但根据史实记载，认为是创始于秦代的蒙恬。《史记》里说："始皇令……，恬取中山兔毫造笔。"虽然这一说法存着争议，但是足以证明毛笔的出现至少可以推至秦或更早。新中国成立以来，先后出土了战国中晚期两幅完整的楚墓帛画，这两幅帛画的出土把毛笔书写绘画和卷轴画的源头，前移到了战国时期，可以说这是中国美术史上一件惊天动地的大事。1949年，沙陈家大山楚墓出土了一幅完整的帛画《人物龙凤图》，这幅是中国绘画发现最早的人物仕女画，整幅画表现手法几乎全用线条勾勒状物，画中龙凤造型，用笔流畅飘逸，婉转娴熟，突出了线性造型的灵动优势扶摇直上，其中弧线、曲线以及少量直线的综合运用，使画面产生如音乐韵律般跌宕起伏的生动气韵，也体现出生命的活力与激情，其中为增强人物的稳重和画面的节奏变化，在人物的头发、裙子下摆、衣领、袖子，以及凤的颈部、足部和龙的躯干等少数地方，富有节奏韵律的点缀平涂墨色，令画面显得更庄重协调并富有装饰意味。另一幅帛画是在1974年，长沙子弹库楚墓出土帛画《人物御龙图》，此画亦为线条白描双勾，局部染色，较之前幅《人物龙凤图》多了渲染之技法，造型亦颇具装饰性，画面主色为黑白，敷以金粉，用优美修长的线条勾勒出墓主人御龙升天的唯美画面。图中人物眼神坚定，峨冠博带，身着华服，腰间佩有重剑，手中缰绳的另一端紧紧地拴着一条雄姿威严的巨龙，巨龙昂首翘尾，欲直上云霄，站在龙尾的仙鹤，亦以极具装饰的线性勾勒成形，呈仰天长鸣之状，似乎在为这御龙升天的一幕欢呼高歌。在画面的线性表现方法上，人物的塑造、紧绷的缰绳，昂首翘尾的巨龙，及仰天长鸣的仙鹤，结构精准奇绝，笔锋流畅，若行云流水飘然潇洒，其间或点缀以淡彩色起承转合间足见平涂渲染之功底，整幅画面，动静之间，相得益彰，布局合理，浑然天成，由此可见中国画线性艺术的表现形式，在《人物御龙图》[①]与《人物龙凤图》[②]两幅帛画已然成熟，更是战国时期楚国绘画艺术的巅峰之作，这两幅帛画的出现，是最早开创中国以线性双勾白描绘画的先河。1954 年，湖南省文物管理委员会工作队在长沙市南郊左家公山，发掘了一座完整的战国木椁墓葬，在墓葬物品的竹筐内，竟发现了套在小竹筒里的兔毫毛笔[③]，足以证明春秋战国时期已经有了毛笔的产生。

人物龙凤图

人物御龙图

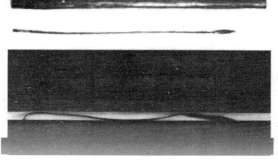

战国兔毫毛笔

---

① 卢辅圣：中国花鸟画通鉴·富贵野逸 [M]. 上海：上海书画出版社，2008.
② 同上.
③ 潘天寿. 毛笔的常识 [M]. 杭州：浙江人民美术出版社，2013.

周秦以后，直至汉唐，全以壁面绘画为中心画材，帛次之，魏晋以至隋唐也间用麻纸、皮纸以代缣帛壁面，然而用于绘画究竟还是少数。秦汉时期为多民族封建专制国家，统治阶级为宣扬一统天下的丰功伟绩，兴建宫殿、陵墓，绘制壁画的内容也是为显示王权威严，追求奢华的精神享受。盛世繁荣昌盛，政治经济对文化艺术的大力推动，也促进了美术的全面发展，建筑、雕塑、绘画、工艺美术等各个领域都取得了辉煌成就。尤其是秦汉时期的礼仪制度和风俗信仰，对于视死如生，死后永生的厚葬观念影响非常大，所以在墓葬设计中具有很强的时代特色，并在中国墓葬史中有着重要的地位。从后期出土的汉代墓葬壁画中，绘画的内容影响之大，涵盖范围之广，可谓空前盛况，中国绘画艺术从线性的造型，构图的饱满、色彩的搭配，以及叙事、想象的塑造能力也因此更完善更成熟。中国佛学逐步发展成熟，佛教壁画艺术也开始从全国各地大规模的产生，远在中国边境的敦煌壁画，便是对佛教的鼎盛最好的见证。

敦煌壁画主要描绘的是佛教的传教礼法和盛会，用中国画写实的线描双勾染色的方法，表现佛菩萨形象与供奉者的俗人形象。壁画中佛造像庄重威严，高大而富有威慑力，令人心生敬畏。佛造像身着袈裟长袍，高大的造型，大大增加了绘画线条的难度，从肩部到脚跟两三米的长线一气呵成，这需要何等高超的技巧把这么长的线条把控得如此稳健且高级。线条是中国画的根性灵魂所在，中国画能通过线条的起伏变化，表现出人物的动态、表情和人体的结构。敦煌榆林窟的普贤变和菩萨变，两面高墙用繁复生动的双勾白描，绘就了菩萨在山中为众生宣说佛法的过程，菩萨的衣服和飘带多用直形和弧形来表现，有迎风飘动之感，既表现出了佛像的端庄，也因线条的提按变化，呈现出富有节奏韵律感的自然洒脱气氛，使人感到静而不滞的效果。特别是对云、水叠加繁复多变的线描手法，堪称一绝，非一般画师能为。随着朝代的变更，盛唐、中唐的石窟壁画，莫高窟壁画占据了主要地位。到了晚唐，因画风的变化，吴道子的线条融入书法的韵味，起伏有致，流畅飘逸，一时有"吴带当风"之笔意时代。随后在线条的表现上由于文化对艺术的影响，促使线描发生了丰富多彩地变化，不但原有精细的铁线描，还因佛像、人物的所处的不同环境创造出十八描法。这种多变的表现手法，使线描更加的飘逸、灵动，堪称中国美术史上的线描艺术的一次大变革。

二、中国画线性艺术的笔法论

（一）线性艺术的书法论

在中国古老的线性艺术理论中，线性笔法讲究一直占重要的地位，因为书法对线性的表现更为直接自由，所以线性的艺术与笔法的内涵，最早体现在书法的艺术表现形式中。秦代李斯在书法用笔上尤其讲究，在东晋卫夫人的《笔阵图》中写道："昔秦丞相斯所见周穆王书，七日兴叹，患其无骨。"可见李斯对书法线性的骨法要求是很高的，因此他也写了很多早期对书法线性的评判标准，李斯在其《用笔法》中写到用笔的方法："夫用笔法，先急回，后疾下，如鹰望鹏逝，信之自然，不得重改；送脚，如游鱼得水。"李斯在秦代便讲究用笔的方法，要求下笔前要造势藏锋，无垂不缩，无往不收。藏锋行笔练就的是稳重内敛，练就蓄势待发、笔笔生发的笔气；如鹰望鹏逝，信之自然，在运笔时，要有雄鹰盘旋、凝望那种英姿飒爽的神态，有鲲鹏远逝那种扶摇上空的气势，充分显示鹰击长空那种阳刚正直之浩然正气。不论是用笔的起、行、收，还是行笔时的提按顿挫等节奏变化，笔气都要绵延不断、顺其自然一笔而就。不得重复修改，这是用笔的笔势。横竖之间行笔收笔，要像游鱼得水那样轻松自由、活泼顺畅的引带关系；收、放、提、按各种运笔，都要善于深入思考，这是用笔的气韵，了解以上的笔法后，在书写中对线性的标准和微妙之法理便自然明白。东晋卫夫人在《笔阵图》中说："善于笔力者多骨，不善笔力者多肉；多骨微肉者谓之筋书，多肉微骨谓之墨猪；多力丰筋者圣，无力无筋者病。""善笔力者多骨"这里卫夫人指出怎样写出书法中的"骨"，必须驾驭用笔的性能，才能写出有笔力的线性。线性的骨和笔力，并不是用蛮力书写，而是以气力掌握用笔的提按，在合理的提按变化中找到合适的发力点转锋承接下一笔，做到笔笔生发、气贯长虹。在卫夫人的笔阵图理论影响中，才会诞生东晋书圣王羲之和唐代颜真卿、柳公权等颜筋柳骨的书法高峰。而线性艺术也在历代书法的锤炼中内涵更加丰富，更加炉火纯青的境界。这也为后期中国画的线性，给予直接性的深厚影响作用。

（二）以书入画的骨法用笔

在传统中国画的领域中，线性艺术的骨法用笔是中国画的根性和精髓。南朝谢赫在他撰写的《古画品录》里提到的中国画评审标准的六法论，"骨法用笔"在六法中排名第二要位，占了重要的位置，是中国画用笔的根本。谢赫的"六法论"一经提出，便影响了中国绘画理论和评审的标准至今一千多年。

传统中国画的线性艺术，就是画面骨气、骨力、骨秀的支撑，它有着本民族独特的表现力和美学标准。中国画线条的特征不仅仅是造型的基本手段，它蕴涵着中国儒释道最根性的文化思想，通过画家学习、整合、归纳形成的艺术表现形式，根据具有骨法线性形成浓淡干湿的表现方法，来描绘对象因环境和心境的差异，而产生出不同笔法和不同风格的艺术形态。谢赫六法论中的"骨法用笔"，所谓的"骨"比喻在外相上，可以理解为人性格的刚直、果断，又如"盲人摸相"可以从骨相上判断人物内在的气质和身份，这是古人对"骨"的精神概念，也是骨法与书法笔性密切相关的因素，而骨法用笔真正的含义，即是书法入画的线性用笔。南朝著名画家陆探微通过对东汉张芝草书笔法的研究，提出以书入画的理论，陆探微更是集各家所长于一身的绘画巨匠，他不仅有兼容并蓄的胸怀，并且有灵动巧妙的艺术构思与独特的创造能力，又因曾受东晋王献之一笔书法的启发，将书法线性连绵不断的笔气、笔势和用笔的妙趣融入画笔之上，让笔画的书法线性与物象的神韵，共同达到了"气韵生动"与"骨法用笔"的最高境界，因而成为提出以书入画的第一人。

陆探微是南朝宋明帝时的宫廷画家，与东晋顾恺之以及南朝梁张僧繇并称为"六朝三杰"。陆探微师从于顾恺之，因用笔行云流水，气脉通连且严谨细密，故号其风格为"密体"。他的人物画运笔稳健，紧密连绵，遒劲清秀中透着道骨仙风的洒脱，世人称之画风为"秀骨清像"。《历代名画记》评"三杰"之画："张得其肉，陆得其骨，顾得其神"。宋人郭若虚在《图画见闻志》中论陆探微"一笔画"谓："王献之能为一笔书，陆探微能一笔画，无适一篇之文，一物之像而能一笔可就也。乃自始至终，笔有朝揖，连绵相属，气脉不断。"谢赫甚至在《古画品录》将陆探微评为第一品第一人。可见对其画作推崇备至，评价之高，远超其师顾恺之，所以历代品评著录其作品之撰文甚多，数不胜数，遗憾的是自明代以后便不再见其真迹或摹本传世的记录。后人只能从他的画论《魏晋胜流画赞》《画云台山记》《论画》等著作，以及在其师顾恺之的传世经典作品《女史箴图》和《洛神赋图》，去揣摩和领悟陆探微作品的风采。由此可知中国画和书法是密切相关的，我们可以进一步进行探析。

中国画发展至唐、宋、元时期，对画面意境的塑造和线性骨法用笔的表现，又进一步地升华到精神层面的境界。唐代王维是文人士大夫的典范，更是盛唐诗意山水的鼻祖，他以诗之意境开创了水墨山水画派，并提出"诗中有画，画中有诗"的伟大画论，把文人士大夫兼诗人的学养融入画面，在文学和绘画的领域上强化了诗与画的关系，使精神追求转向山水的意境表现，从而提出了文人山水画诗境的标准，即"画中有诗"。山水画意境的提出，对于线性在画面的表达也产生了影响，线性在表达山水画意境的空间中，要与画面产生空灵之境，这是山水画在中国美术史发展过程中的大转变，也是中国画的线性在美学意义上的进一步完善。

此后宋代设立画院体制，以及文人士大夫的介入，形成了院体画和士夫画，士夫画由北宋苏东坡提出，是由文人士大夫所作之画，以此来区别于宫廷院体画和民间画工的绘画，明代以后董其昌将院体画和士夫画划分为南北宗两大派系，即宫廷画院职业画师之画称为北宗画派，而文人士大夫之画则称为南宗画派，南宗画派为文人之画，崇率真，重笔墨，黜刻画，贵诗意，所以南宗画派以唐代王维为创始者。五代至宋，进一步发展丰富了山水画骨法用笔的艺术表现，并把中国山水画的线性与诗意结合，并融入自然理法推向了历史的高峰。

画至元代，外族入主中原，文人士大夫无仕途可依，一时占据画坛主流，昔日身居高位的士大夫和在野的文人，以他们的学养创作中国画，则更加强调作品的文学性和书法线性笔墨情趣的韵味，重视以书法入画的诗书画全面结合。元代在创作思想上以北宋文同、苏轼、米芾等文人画形而上的理论思想，主张貌古求神、简逸为上，重视文人士气的即兴抒发，与北宗院体画形而下的刻意求工大相径庭，其中以赵孟頫、钱选、王渊、高克恭等和元四家的黄公望、王蒙、倪瓒、吴镇等最负盛名，重要的是以元四家为代表的实践精神，将文学诗境及书法线性的高标准对中国画的滋养和升华，由此南宗文人画派与院体绘画拉开了很大的距离，非北宗之匠人可比！"元四家"不仅完善了以文人思想的线性表现山水画的笔墨技法，为文人画在审美上增加了"逸品"的品评标准，而且因为这种特点具有明显时代特征的审美时尚，形成了鲜明的时代风貌，也在文人山水画的意境上创造了新的标准，而后世将这种具有文人思想的标准推为最高准则，所以南北分宗并非南方北方之别，而是文人对画法及线性内涵的划分与解释，也是以文人思想的标准来树立南宗绘画的美学规范。文人和院体绘画在元代发展过程中产生了很大的区别，线性艺术的文化内涵标准也越来越高，而后期董其昌将此称为南北分宗，在中国美术史论上做出了巨大贡献，也由此成为明代文人画的艺坛领袖，对明末以至清代、民国的文人山水画发展起到重要作用。

（三）石涛"一画论"的美学意义

中国画至明清两代，在画面体现精神和境界的绘画形式语言上，宋元时期是一座不可逾越的高峰，后人只能沿袭传统心生敬仰和赞叹。在明代董其昌的大力推动下似欲力挽狂澜，并身体力行写下南北宗论以及大量的美学理论，打出"复古"的旗帜，通过绘画实践引领当时的潮流，以加强笔墨语言的新形式来"血战宋元"，所以清代四王、四僧便沿袭着董其昌的美学理论，影响了清代绘画数百年。四王即代表清代宫廷绘画的王时敏、王鉴、王原祁、王翚等传统一路的画家，通过临摹历代经典古画来标识自己的传统渊源，但因以模仿为能事、陈陈相因，除了固守一些传统的技法，很少有突出创新。而代表文人画的四僧即石涛、八大山人、髡残、渐江等，在绘画的心境和笔墨境界上则有优越性的突破，他们研究传统精髓，却面貌各异，画面以个人的修养与心境产生不一样的线性风格，特别是石涛和八大山人这两位大明皇室的后裔，于明代灭亡后出家为僧，以诗情书画寄托终生，在绘画上他们的个人独特面貌尤为明显，笔墨线性尤为出众，而且清代后的写意文人画影响深远。特别是石涛《画语录》的中心论题"一画论"，是对中国画线性美学价值的总结性论断。石涛是明清之际重要的文人画代表画家和绘画理论家，他的绘画作品及理论著作对清代、民国以及近现代的书画创作及理论的发展有着举足轻重的影响。"一画论"的美学价值和文化内涵一直被书画界奉为经典，也成就了很多近现代的艺术大师。作为中国画特定的语言符号体系，线是画家风骨的根源，是情感的寄托和思想独立的风格面貌所在，是观千剑而后识器，经过千锤百炼所成就的生命之线，是完成画家在世俗环境中，出世入道"天人合一"的主要媒介。如果没有经历过文学、书法、诗意滋养的线条，是没有思想的，也是没有内涵的，所以单是一根只勾轮廓的线条，没有经历中国文化的洗礼，则远远不能说明中国画线条的本质。线条是单一的，而线性则包含了笔性、墨性、线质的文化内涵。正如石涛《画语录》"太古无法，太朴不散；太朴一散，而法立矣，法于何立？立于一画。一画者，众有之本，万象之根。见用于神，藏用于人而世人不知。所以一画之法，乃自我立。立一画之法者，盖以无法生有法，以有法贯众法也。"从这里可以看出线性本体论的高度，也论述了"一画"之法的内涵。一画有形而下、形而上之义。形而下者为"器"，指一根造型的线，可以为天地万物造像。形而上者是"道"，指线性思想的生成意义，一画为线性的根源本质，有化生万物之哲学寓意，老子《道德经》所云"道生一，一生二，二生三，三生万物"。《说文解字》亦云："惟初太始，道立于一，造分天地，化成万物"。所以石涛一画论的根本意义，是与《道德经》《说文解字》形而上之道的根性相通。《画语录》"古之人未尝不以法为也。无法则于世无限也。是一画者，非无限而限之也，非有法而限之也。法无障，障无法。法自画生，障自画退……"对于绘画之道只有对"法障"不断的参悟和思考，才能得其一画入道的要义。一画作为石涛画学的核心，贯穿于其话论的思想、概念和命题之中，并且又有着不同角度和层次的内涵和外延。一画之一字，取法与道家之无极的天地之道，"一"者"极"也，道生一，一生万物，万物归一，这是天地之道也是中国画的用笔之道。

"一画"原来指书画的一笔一画，但是当其与文化碰撞之后，便产生了妙不可言的化学反应，被赋予哲学、美学的意义。从哲学上来看，一画是太极、无极的生化之道，点生线，线生面，面成体，通过画面之形与画者之神、画面之势与画者之气的相融共生，构成画面上的"一花一世界，一叶一菩提"；从美学层面来看，一画包含着万物审美对象与"心观"审美意识的辩证关系，又彰显着笔和墨之间的对立统一。画之法者立于一画，石涛先生所推崇的一画之论，当然不是中国绘画线性艺术的全部概括，但是它阐释了中国画线性艺术的本质和内在关系，也正是千百年来文人墨客为之倾倒的魅力所在。

对于中国画的用线，我们暂且把人文层面的内涵刨除，回归到"器"的层面，那么中国绘画艺术的本质即为笔墨艺术。用笔和用墨是中国绘画艺术的基本元素，这两者是相融共生的二元统一。在这里古人的"有笔无墨"和"有墨无笔"之论并不与之相矛盾，这是从不同维度对笔墨关系的辩证，因为真正的中国绘画艺术都是用笔与用墨的和谐统一。线无笔不立，笔失线无魂，探究中国画的用笔之道，离不开中国画的用线之法。以笔为介，以水为媒，可以呈现出一幅幅充满遒劲老辣和张力十足作品，这与西方绘画艺术有着很大的不同。书画同源，中国画吸收借鉴了书法用笔的规律和美学原则，通过对线条力度美感的把握和探索，达到以墨之气、韵、势、态、趣，写神、性、心之意。正是因为如此线性艺术在中国画中更具有生命力和创新性。中国画的线条是会呼吸的，这里面有两层意思一是指线条的韵律感和节奏感，二是指线条的生命力。点线面的组合好比音符与音线构成的线谱，线条的长短、粗细、疏密，就像五线谱一样可以在一定原则基础上自由的组合，让画面充满了轻重缓急的韵律。中国画的线条同样体现着动势与气势的结合，这是线条的生命力，线条的动势也是节奏感基础，我们常说有的线条是"死的"，有的是"活的"，死线条往往是机械呆滞的，毫无生机，活线条往往是生动的，充满了张力。所以从这个角度上讲用线即是用笔，一画者，山水、人物、花鸟皆出于一。

石涛在哲学思想上具有儒释道合一的特点，其"一画论"有着丰富的哲学内涵，这与中国画中的线条美理论，在美学层面上具有一致性；首先，石涛"一画论"与中国画的线条都是以追求最大限度地体现艺术的自由性为美学目的;其次,石涛"一画论"与中国画的线条都是以实现艺术意蕴的无限延宕性为己任;最后,石涛"一画论"与中国画的线条都以体现人类的形而上思辨为最高追求。所以石涛一画论对后世影响甚大,尤其是对清末民国乃至近现代仍占据很高的学术地位。一直到黄宾虹提出的"五笔七墨法",把中国画的线性内涵赋予更深的学术定义,在中国画的学术理论上又跨入一个新的高度。

(四)黄宾虹"五笔论"对中国画艺术的贡献

线性艺术的理论在清代石涛提出"一画论"以后,鲜有突出贡献者,直至近代黄宾虹研究"五笔七墨论"的产生与实践,中国画对线性艺术的高度又提升到一个新纪元的学术高度,而且是至今为止仍不可逾越的一座高峰。

黄宾虹是中国近现代卓越的艺术大师和美术教育家,更是中国近代史上将诗、书、画、印、文、史、哲等学术修养,融于线性绘画的重要集大成者,是近现代实至名归的文人画代表人物。他一生都致力于理论研究和实践并举的艺术生涯,黄宾虹清楚地明白"国画民族性,非笔墨中无所见",在用笔方面,他主张书画同源:"大抵作画如作书,国画之用笔用墨,皆从书法中来",所以通过对传统古典的追根溯源,以及对文学、诗词、书法、金石学等艺术门类丰富线性笔墨内涵,以太极图衍生出线性勾勒之法①,深入研究中国画的哲学思考,晚年深入生活各地写生,研究"师造化"的变法,创造了"五笔七墨法"。

黄宾虹太极笔法图

他继承了元明清文人画笔墨苍劲高古,朴拙典雅的精华之后,通过写生感悟

---

① 叶子.黄宾虹山水画论稿[M].上海:上海人民美术出版社,2015.

发扬了宋代山水画夜山气韵的浑厚华滋、雄壮浓密、生意盎然的画风，以达到意境清远而深邃，形成一种即古典又具有现代构成审美的新境界。在总结"五笔七墨"的艺术理论和实践中，黄宾虹以深厚精湛的笔墨功夫，通过千锤百炼的研究探索，终于创造出具有划时代高度的艺术境界。这一点紧紧扣住了中国画的本质精神，他的绘画艺术和理论高度，可以说是达到历史上的一个制高点，对中国画艺术的线性研究和推进都有着重大的影响和启示作用。黄宾虹晚年作品笔力圆浑、元气淋漓、苍茫高古的艺术特色，体现出一种蓬勃的意境和高洁的气韵，充满着民族精神的张力，这是他对"五笔七墨"的成功实践。

黄宾虹在古人笔法论的基础上，对应中国哲学中五行"金、木、水、火、土"的概念，提出了"五笔论"即"平，圆，留，重，变"。五笔论是中国画线性艺术的骨秀，是笔法内涵的深度，更是画家情感深处的心性再现。以下对于线性的分析着重阐述五笔论的内涵与意义。

用笔之法有五：

一曰："平"。

古人执笔讲究贵在悬腕，以三指聚拢握笔，要求指、腕、肘、臂四者持平，运全身气力，由臂到指，用力均匀。平指笔力，犹如书法的中锋用笔，有锥画沙之感，落笔起行收分明，笔笔到位，不可有草率马虎、娇柔露巧，这样才能符合笔法中平的用意，而平非板实，应如匠工削木，于平处有波折之变。执笔求腕平，而下笔于平中求险，才能得奇正相生之妙，生动自然。就像那幽深山谷的洪水波涛，时有漩涡和高悬倾泻的瀑布，虽汹涌险绝、千变万化，但待到其清澈而平静时，湖面复平如镜，远平近澜，似平又不平，这便是水的常态。平为水德，力在均匀，用力匀才能持久，且此力如太极混元之气发于丹田，环行于气脉绵延不断。而一波三折也是接势蓄力的方法，犹如蛇行草上，以屈盘波折接力前行，所以行笔要有迟涩稳健之力，才能忌草率浮滑的弊病。

二曰："圆"。

中国画笔法的勾勒，犹如书法笔画的横竖，笔顺从左到右，勒与横相同，从右到左，则勾与竖相同，从起笔行锋，到收笔回锋都是篆书藏锋圆转的笔法，往后如隶书结体的变更，章草的笔法右转，二王的笔意右收，依旧势取全圆，离不开太极图一勾一勒之法，书法的笔意讲究无往不复，无垂不缩，如折钗股圆中劲转的韧拙之力，天地万物、日月星云，乃至山川草木都是以圆为形的自然规律，如果脱离了圆的规律就会僵直枯燥、妄生圭角、率意纵横等全无曲线美的缺憾，这是笔法中的大忌。圆指笔意，如篆籀圆浑之法，要做到圆中寓方，韧拙如金，刚柔并济。圆为金德，其力在于柔韧，其意在于转圜，笔圆才能于转折处气脉不断，蕴力藏锋才能万毫齐力，聚气不散，不生圭角。

三曰："留"。

下笔有回顾，八面出锋，连绵映带，不疾不徐，凝神静虑，笔笔生发。善于骑射者，骑马盘旋，虽张弓不发，仍箭气逼人。而善于书画者，知笔姿蓄势之妙，笔欲向右，势先逆左，笔欲向左，势必逆右，这是书画线性藏锋的迟涩内敛，好比算术的积点成线和书法线性的屋漏痕效果。李后主善用颤笔作书，其用笔侧锋慢行呈颗粒状形成的锯齿形，史称之为金错刀书法。而颜真卿以篆籀笔法入楷，中锋垂直而下，圆厚迟涩，力透纸背，收笔敦实而能留住。留指笔姿，笔贵遒劲，提按有致，行笔不涩则不厚，无险劲的姿态，则过于油流浮滑。留为木德，其力在于节制，用笔不宜草率故作潇洒，意在盘曲而重生拙，生拙木讷，行笔缓慢，才能感受到笔墨敦厚苍劲老辣的韵味。

四曰："重"。

重者重在圆浑浊厚，而非板滞不畅，米芾下笔如狮子捉象之势，力能扛鼎。王原祁落笔如金刚杵，笔性雄厚，跌宕起伏、敦实朴拙。金至重而取其柔韧，铁至重而取其秀骨，举重若轻，虽细亦重，含刚劲于婀娜，化板滞为轻灵。重指笔势，如高山坠石，弩发万钧，元气淋漓，气贯长虹。重为土德，笔力厚重而不浊滞，重之用笔要能胸有成竹、意在笔先，笔不迟疑气脉才可畅通，贵在笔重而神轻。

五曰："变"。

唐代李阳冰论书法的笔性中说："点不变谓之布棋，画之变谓之布算"。点画之间必有上下呼应、左右顾盼、气脉相连的变化，就像人物的俯仰正侧，山水的群山环抱，树石的参差交错，气象的瞬息万变，都是有规律的相互呼应、顾盼有致、情趣自然。变指笔趣，因物变化，不拘于法，于融洽处求分明，有繁简无淆杂。知白守黑，推陈出新，如岁序之有四时。变为火德，力在于化，妙趣横生，如天地之道，万变而不离其宗，文以养气、笔能融神。

五笔论是黄宾虹对中国画线性笔法内美的毕生体悟，从笔法的境界而言是前无古人，后无来者的系统总结与突破，更是当下绘画理论和实践未能逾越的一座高峰。

三、中国画线性艺术的发展与影响

中国画的线性艺术发展至今，经历每个朝代的研究和发展，线的文化内涵越来越有深度，也越来越有高度。从秦代李斯的《用笔法》，晋代卫夫人的《笔阵图》，南朝齐梁谢赫的《六法论》，清代石涛的《一画论》，以及近代黄宾虹的《五笔论》，是对中国画线性艺术的深度阐述和解读实践，是从宏观到微观的印证。黄宾虹《五笔论》更是把中国画的线性艺术的高度推向历史的巅峰。通过从古至今的理论和实践验证，中国画真正的精髓是线性艺术，是书画同源，诗书一体地融合了儒释道文化的思想和精神，是世界美术中极其特殊的文化现象，它代表了中国人的审美理念、人性道德、哲学思想，是培养中国人世界观和艺术观的审美标准。中国画历代以来都注重笔墨线性的内涵，来推动艺术风格的创新，当下中国画要回归根本，以下分四点说明：

（一）临摹历代经典

学习中国画要从宋元开始，所谓"印宗秦汉，画宗宋元"，宋元是中国画最成熟的鼎盛时期，也是中国画人物、山水、花鸟、技法最成熟、语言最丰富，思想最纯粹的一个高峰期，所以从宋元的经典入手，可以上溯秦汉，下迄明清。中国画的精髓是线性艺术，临摹可以选择历代线性高古的经典作品参考学习，如宋四家李唐、刘松年、马远、夏圭，元四家黄公望、王蒙、倪瓒、吴镇，明四家沈周、文徵明、唐伯虎、仇英，清四僧石涛、八大山人、髡残、弘仁和近代的吴昌硕、齐白石、黄宾虹、潘天寿等都是最好的经典，其他的支脉都可以在他们这些主流脉络触类旁通地找经典学习。中国画书画同源，线性的内涵和深度，书法是直接的来源，所以学习中国画不可不懂书法，也不可不学书法，书法是线性艺术的根源，明清以后有成就的中国画艺术大师，都是书法界的佼佼者，这是中国画高于西方绘画的重要之处，也是以书法线性造型的笔墨文化魅力。

（二）了解中国画的精神

潘天寿先生说："中西绘画要拉开距离。"西学东渐后，西方绘画全面涌向中国，一百多年来大力提倡"中西合璧""洋为中用"，甚至"全盘西化"等极端方式改造中国画，根性濒临断代的中国画被误入歧途，导致不中不西的尴尬场面。所以我们要通过学习历代经典，了解根性坚定立场。中国画有着深厚的文化底蕴和哲理内涵，蕴含着中华民族文化儒、释、道的人文精神。正是植根于民族文化，展示出民族精神，才有了中国画不拘泥于"写实"，又超乎于"个体"着意于"以道载技""以技进道"的合一境界。所谓"写意"是民族文化精神在"形从意""法从意"艺术法则下的线性呈现。深入了解中国画的精髓，坚定根性立场，才能更好地把中国画的线性艺术研究透彻。

（三）中国画线性的时代意义

古人作画多以长卷、卷轴为形式，常与三五好友品评鉴赏，抑或雅集之乐事。新中国成立以后，国家设立中国美术家协会，以此制定全国美术作品展，给予美术创作者提供更好的平台。由于全国美展的评定标准为展厅形式，尺幅要求也比较大，所以中国画不再是小众把玩欣赏的形式，而是悬挂于空间广阔的大展厅，古代文人雅致精巧的小笔触，在大展厅的视觉效果面前已不占优势，所以线性艺术在新时代的前进方向，也应该随着时代的进步取长补短独立创新，紧跟盛世步伐与时俱进。因此线性画面需要借助构成形式美的整体标准，增强画面的形式感和冲击力，线性在放大十倍后，仍要见文化的内涵和深度，这需要增加更多画外功夫的文化内涵来滋养，也对当代书法高品质的锤炼，这点要比古人要求更高，更见难度，所以这是时代给我们留下具有挑战性的难题。现在书法界、美术界为参加全国美展，都在挑战大尺幅的作品，但大部分都脱离了传统的根性，多以西方的观念创作，传统文化内涵的缺失，导致画面虽大且空，难见高度。所以线性艺术的高度要建立在中国文化的传承与发展的道路上，才能攻坚克难。

（四）中国画线性对西方绘画的影响

中国画的线性艺术，是中国的哲学思想和民族文化精神所演变出来的，具有情感、骨秀、敦厚、朴拙的线性造型语言。它不仅滋养着亚洲东方艺术的审美标准，远在欧洲的艺术家们也深受其益，当西方的绘画艺术遇到困境时，中国画的线性魅力启迪了西方文化，通过研究中国画的线性造型，使他们的艺术创作得到更高的升华。其中的代表人物有莫奈、高更、克里姆特、梵高、毕加索等，尤其是毕加索对中国画线性的研究非常痴迷，甚至把中国的汉字和书法都视为最崇高的艺术。他说："假如生活在中国，我一定是一个书法家，而不是画家。"毕加索前后临摹了数百幅水墨中国画，还以纯线性白描的方式画了一幅《西班牙牧神像》[1]送给曾经赠他文房四宝的张大千。往后毕加索把线性造型融入西化，创造了立体主义画派享誉世界。

---

[1] 陈传席. 中国艺术如何影响世界[M]. 北京：中华书局，2014.

西班牙牧神像

四、回归根本，重拾文化自信

西法东渐后，文化失去自信，只有少数人在坚持传统创新之路，大部分国人被盲目推崇灌输西方思想，甚至提出"要革中国画的命"等极端主义，致使一些画家急功近利的"创新"，以电脑 P 图，拷贝、打印、制作技巧为能事，不研究中国传统文化，不钻研书法，不临摹古画，纯粹以西方的写实主义，照抄自然的写生手法改造中国画，致使中国画传承几近断代，甚至全盘西化，国画的线性精髓濒临失传，中国画自吴昌硕、齐白石、黄宾虹、潘天寿等艺术大师之后，至今百余年只有高原难见高峰。这一点习近平主席在文艺座谈会中指出："在文艺创作方面，也存在着有数量缺质量，有'高原'缺'高峰'的现象，存在着抄袭模仿、千篇一律的问题，存在着机械化生产、快餐式消费的问题。"一针见血地指出根性的痛处。在传统文化大复兴的今天，中国画要回归线性艺术表现形式，必须通过继承历代经典，学习线性艺术背后的文化精髓，以当下时代为背景，创造出符合新时代文化特征的线性内涵。线性是中国画民族文化和精神内涵表现形式，只有重新重视线性文化的根源，才能回归中国画的本质。所以在习近平总书记提倡传统文化大复兴的正确道路上，我们更要坚定文化自信，文化自强，文化自立，让传统中国画的艺术魅力在世界艺术殿堂绽放光芒。

参考文献

[1] [春秋] 孔子. 尚书 [M]. 王世舜，等，校注. 北京：中华书局，2012.
[2] 潘天寿. 毛笔的常识 [M]. 杭州：浙江人民美术出版社，2013.

[3] 卢辅圣 主编. 中国花鸟画通鉴·富贵野逸 [M]. 上海：上海书画出版社，2008.

[4] 卢辅圣 主编. 中国花鸟画通鉴·富贵野逸 [M]. 上海：上海书画出版社，2008.

[5] 卢辅圣 主编. 中国花鸟画通鉴·富贵野逸 [M]. 上海：上海书画出版社，2008.

[6] 卢辅圣 主编. 中国花鸟画通鉴·富贵野逸 [M]. 上海：上海书画出版社，2008.

[7] 潘天寿. 毛笔的常识 [M]. 杭州：浙江人民美术出版社，2013.

[8] [晋] 卫铄. 笔阵图 [M]. 哈尔滨：北方文艺出版社，2021.

[9] 季伏昆. 中国书论辑要 [M]. 南京：江苏凤凰美术出版社，2019.

[10] 卫铄. 笔阵图 [M]. 哈尔滨：北方文艺出版社，2021.

[11] [南齐] 谢赫. 古画品录·续画品.（邵大箴）[M]. 石家庄：河北教育出版社，2016.

[12] [宋] 郭若虚. 图画见闻志.（俞剑华，注释）[M]. 上海：上海人民美术出版社，1964.

[13] [南齐] 谢赫. 古画品录·续画品.（邵大箴）[M]. 石家庄：河北教育出版社，2016.

[14] [清] 石涛. 苦瓜和尚画语录 [M]. 周远斌，校注. 济南：山东画报出版社，2007.

[15] [春秋] 老子. 道德经 [M].（张景，张松辉，校注）. 北京：中华书局，2021.

[16] [汉] 许慎. 说文解字 [M].[宋] 徐铉，校注]. 北京：中华书局，2004.

[17] [清] 石涛. 苦瓜和尚画语录. 周远斌，校注 [M]. 济南：山东画报出版社，2007.

[18] 黄宾虹. 黄宾虹山水画论稿.（叶子编）[M]. 上海：上海人民美术出版社，2015.

[19] 黄宾虹. 黄宾虹山水画论稿.（叶子编）[M]. 上海：上海人民美术出版社，2015.

[20] 王鲁湘. 黄宾虹研究 [M]. 北京：人民美术出版社，2014.

[21] 黄宾虹. 黄宾虹山水画论稿.（叶子编）[M]. 上海：上海人民美术出版社，2015.

[22] 陈传席. 中国艺术如何影响世界 [M]. 北京：中华书局，2014.

儒家思想在构筑人类命运共同体中的伦理价值

李明明

一、研究背景

当今，中国正处于百年未有之大变局的时代。国际格局、国际体系、全球治理体系正在发生深刻变革，新一轮科技革命和产业革命正在使全球经济重心"由西向东"位移。这个大变局，是单极世界向多极世界的变化，是从一元独大独霸到多元共赢共治的重大转变。人类命运共同体的理念正是在这个大背景下应运而出。人类命运共同体离不开"对话"，"对话"文明需要"人同此心，心同此理"的伦理基础。

儒家思想是中华优秀传统文化的核心内容之一，在中国人文学领域有着不可替代的位置，对当今社会教化与治理中具有非常强的指导意义。尤其是在国际合作语境中，儒家思想就为我们提供了有益的伦理借鉴。其"仁、义、礼、智、信"的五行思想和"博爱、厚生、中正、和谐、鼎新、诚信……"的社会道德思想与"一带一路"公开、透明、平等、开放、普惠包容的思想，打造"人类命运共同体"的价值理念追求以及"和平、发展、合作、共赢"和"亲、诚、惠、容"的核心原则是"心灵相通"的。因此研究儒家思想在构筑人类命运共同体中的伦理价值，对于化解国际矛盾、利益纠纷有着非常实际的指导意义，深度挖掘儒家思想的时代价值既是弘扬优秀传统文化，增强民族文化自信的要求，也是提高国家文化软实力、实现中华民族伟大复兴必然要求。

二、研究目的和意义

（一）研究目的

中华民族的再生或者中华民族的崛起，不仅具有政治意义，更具有深层次的文化信号。从"中华传统文化"和"文化中国"的角度来看，这种文化的崛起，不仅仅指中国，也包括被中华文化影响的其他世界。本文在人类命运共同体的语境下，研究儒家思想的伦理价值，作者有以下三个初衷：1.以儒家思想为基，为人类命运共同体的伦理基础做出有益的探究。2.中国的强大的过程，也是西方世界"中国威胁论"肆意的过程。"中国威胁论"无怪乎"报复"和"独霸独权"这两层意思。儒家思想其伦理价值倡导"各美其美""美人之美""美美与共"最后实现天下大同。研究儒家思想的伦理价值在全球治理语境下的意义是对"中国威胁论"不辩自明。3.中华传统文化的传承和发展需要有"世界眼光"和"国际格局"的文化输出。全球化的过程不是同质化的过程，儒家思想如何焕发时代活力，在与不同文明的对话中创新发展，这是儒家思想必然面临的时代课题。

（二）研究意义

从理论上看，研究儒家思想的时代价值是对儒家思想传承和发展的有益补充和丰富。在《论语》中，"仁"字出现了1000多次，作为儒家思想的核心内容，"仁"字最早体现出了人类命运共同体的思想。"仁者与天地万物为一体""民吾同胞，物吾与也"这些思想都与人类命运共同体的价值理念具有相同之处。

从实践上看，在人类命运共同体的语境下挖掘儒家思想的伦理价值，有利于中国在"一带一路"倡议中实现与不同文明的和平对话和存异发展，对于解决国际矛盾和利益冲突有着非常现实的指导意义。中国在资本"走出去"过程中面临的矛盾和冲突，表面上是经济现象，背后实际是不同文化、不同价值观的冲突。在处理这些矛盾和纠纷的过程中，一再证明如果能够树立正确的"义利观"，求同存异，承担起投资地相应社会责任，就能够实现文明对话，树立国际合作关系的新典范。

三、打造人类命运共同体的伦理基础

人类命运共同体是在承认不同的社会制度、不同的社会文明、不同的意识形态及发展阶段下相互尊重、相互包容、求同存异的全球发展观。人类命运共同体蕴含着深厚的历史文化底蕴和全球人民利益支撑，即是经济全球化发展的必然要求也为世界文明的发展指明了方向。

（一）人类利益共同体是基础

生存和发展是人类永恒的主题，21世纪在人类文明取得巨大进步的同时，也面临着很多问题和挑战。随着经济全球化的不断发展，人类社会的发展已经成为密不可分的整体，没有哪一个国家可以独身于世界之外发展，"你中有我，我中有你"相融共生的利益共同体已经形成。人类利益共同体是人类命运共同体得以实现的基础。

人类利益共同体要求全球共享人类文明发展的红利。在世界多极化、经济全球化、文化多样化、社会信息化的影响下，各国在取得巨大的发展和利益的同时，也导致了全球发展的严重失衡和极化，社会发展不均衡不充分的现象越来越突出，两极分化趋势增强，与"共建、共享、共赢"的原则相背离，不利于人类命运共同体的发展。树立正确的义利观是人类利益实现共享的指导原则，"利天下之正位，行天下之大道"，国家之间的交往应当义利兼顾，以义制利，取利有道，用利有度。儒家思想具有强大的民族文化基因，为处理好国与国之间的利益关系提供了伦理规则借鉴。义者，宜也，在组织活动中要有所为有所不为，不能在利益面前为所欲为。儒家思想认为利是生存发展的条件，鼓励获得合法利益，所以主张在"义"的制约下追求合理的利益，即以义制利。同时儒家思想也提倡个体与社会良性互动的社会责任感，对于"利"，儒家更注重倡导人与人之间的互利和共赢，从而达到"共建共享共赢"的组织关系。遵纪守法、入乡随俗、兼顾公平正义、成果共享都是儒家义利观在当今经济生活中的体现。因此只有秉持正确的义利观，才能让世界人们共享全球化发展的红利。

人类利益共同体需要全球共同面对人类发展过程中的困难和挑战。今天我们在取得巨大成就的同时依然面临着困难和挑战。生态环境的恶化影响着人类的生活质量；能源、粮食、水依然是影响人类可持续发展的重要因素；国际恐怖主义威胁着人类生命和财产的安全；社会伦理道德的缺失造成了国际信任危机……尤其是新冠疫情以来，病毒既是人类健康的严重威胁，也是需要人类共同解决的挑战。与此同时单边主义、霸权主义、地区保护主义和壁垒愈演愈烈,不利于人类利益共同体的形成。儒家思想一直倡导"天下大同"的治理理念,天下为公,地球是人类共同的地球,天下是天下人的天下,这种家国情怀突破了"小家"的概念,上升为"大家"的范畴,即天下事天下人来面对和解决。同时儒家思想强调"以和为贵",面对困难和问题,主张避免冲突,求大同,存差异。

(二)对话是人类命运共同发展的必要条件

经济全球化,增强了人类命运共同体意识,但是经济全球化并不是一个同质化的过程。在经济全球化的过程中,西方发达国家占有更多的主体作用,发展中国家参与分配的机会较少。实际上全球化程度越高加之地域、族群、文化、宗教等因素的影响,地方化或者地区化发展也许会越强烈。地方化或地区化形成的本质是认同感。不管是对民族的自豪感、族群的归属感、宗教的信仰感,还是对所在阶层感知,这些都是认同的需要。如何让不同族群或者地区的认同感能够共存而不具有侵略性,也不至于发展成为单边主义和原教旨主义,最好的方式就是开展对话。不展开对话就会出现问题,导致恃强凌弱的霸权宰割现象。比如美国作为世界超级大国,如果不和其他国家对话,一味单边主义,在阻碍人类命运共同体发展同时,也会危及自身的国家发展和安全。

人类命运共同体需要文明对话,文明对话需要一种世界范围内具有普世性的公民语言。儒家思想认为"天下大同"是人类社会发展目标,为何儒家思想倡导"大同"而不是"雷同""趋同",这包含了对于不同"小同"的认可。其次文明对话的开展,离不开两个原则:一个是"恕",一个是"仁"。恕是容忍理解,儒家"己所不欲勿施于人"的思想与之相适应。一种文化、一种宗教、一种制度我认为好,但是我不能让别人也要说好、也要信仰、也要走这条道路,如果这样就是单边主义。仁,是仁心,对人或者生命的爱。以仁为本是儒家思想的核心内容,也可以理解为以人为本,发挥人的价值,重视人的修养。《荀子》中言:"有治人,无治法"意思就是好的法律离不开好的人文,一旦离开了人的支撑,就会失去其应有的社会价值。"仁者与天地万物为一体""民吾同胞,物吾与也",这体现了儒家的厚德博爱思想,既没有民族或文化的排他性,又具有人类价值的普适性。

(三)人类命运共同体需要长期的共识性价值体系支撑

人类命运共同体的发展不是一朝一夕的,是一个持续发展的过程。从横向上看，世界多极化、经济多元化、文化多样性、社会信息化是人类命运共同体面临的客观因素。从纵向上看，人类命运共同体本身就是一个随着时间推移不断丰富其内延和外涵历史过程。在这个进程当中一种模式或者一种制度难以支撑起人类命运共同体的价值体系。文化的多样性越是发展，越是需要一种共识性的价值体系原则，才能实现文明的对话。

不同于西方国家在发展过程中一度出现的伦理紧张，儒家文化影响下的社会文明却保持了伦理秩序的动态平衡。儒家价值体系中的教化，具有内在的超越性，它既有高度关注人类伦理的大地性，又注重在社会伦理秩序的基础上实现世俗超越的价值。即以"天人合一"的追求境界，让天道升华世俗人心。儒家思想中的内心超越性，在平衡伦理秩序，超脱世俗的同时，彰显了对一切宗教精神的包容性和开放性。即在社会层面儒家思想注重社会的伦理和生活，在个体内在精神层面，对一切增加具有开放性。

因此对于人类命运共同体而言，一套真正能够运行久远、人心共识的价值体系，不仅能够约束国家交往间"言"与"行"，更要润化到思想精神结构上来。即实现"大治世"和"小治心"的有机结合，"大治世"可以理解为对国际层面行为的制约，"小治心"则是对个体心性、思想意识层面的内化。随着经济全球化的发展，当发展的红利实现一定的共享和繁荣后，如何"治心"将是人类命运共同体面临的重要课题。因为当前经济发展的背后势必伴随着阶层的固化和利益的分化，这个视角下，心性既有状态达成的共识似乎显得较为苍白，还需通过引导和教化建立起价值体系的共一性。正是儒家思想这种超越当下而放眼历史和未来的视野，引导和教化人们接纳过去、重启现在、面向未来，为人类命运共同体寻求一种具有恒久共识性的价值体系建设提供了有益的借鉴。

四、儒家思想的伦理价值优势的分析

对于人类命运共同体的探讨，表面上看是对当今世界发展的反思和延续，其实质却折射了对世界未来发展的思考和忧虑，对如何引导世界未来的更进一步探索。

（一）儒家思想对生活方式的作用

第三次科技革命以来，经济前所未有发展，人类文明的进程实现了跨越式的进步，社会信息化让"地球村"的概念愈发凸显，对于世界未来发展的道路，我们很难用一种模式加以总结和回答。因为模式往往隐含着经验性因素，这并不是经验不值得借鉴，而是当人类命运共同体放眼未来几十年乃至更长一个时间范围内衡量，特殊性的模式经验往往缺少世界范围内大地性母体文明的支撑。人类命运共同体如何加以充实，或者说世界未来发展的方向性问题只有上升到文明的维度才能找到答案。那么文明的基础层面是什么？应该是生活方式。因为一切制度、体制、模式等都是围绕着生活方式而展开的。"莫勘三教异同，且辩人禽两路"，一大杯冰可乐麻木了消费者的肠胃本能觉知能力，于是消费者就可以多多点餐，经营者就可以多多赚钱。资本的逻辑已经可以让空气商品化，通过市场机制进而影响人们的生活方式。当这种逻辑加以蔓延，就会影响到政治、经济、文化、教育等诸多领域，最终导致的是人性的危机和可持续发展的威胁。西方宗教对此也只能以末世论付之，那么历史难道以此终结吗？

儒家"大同"思想对生活方式的理解，是建立在"仁"的基础上，仁字者人在天地间也，天、地、人相互贯通的结果便是"仁"。正是基于对天、地、人深刻理解，儒家思想对生活方式有了"仁"的指向，不偏不倚，中庸之道。"中庸"被认为是儒家思想最高的道德范畴。朱熹认为："中者，无过无不及之名也。"中庸思想并非毫无原则的道德折中主义，而是强调对于事物的看法或者问题的处理恰当而不过分，不偏不倚。将"中庸"作用于人类生活方式，具有非常实际的指导意义。儒家思想如果能够在生活方式中做到"用道德以感化，用文礼以同化"，那么组织行为就能"有耻且格"，实现道德自觉和组织自律。所以当西方文明发展模式面临种种转型困境和人道主义危机的时候，儒家思想影响下的中华文明总是能在社会结构和经济方式变革中，为生活方式的健康发展找到载体和道路。综上而言，儒家思想为世界发展到某一种终结后，提供了后续的可能性，儒家思想在生活方式层面发挥的不是"复制—粘贴"的一种成功体验，而是植根于自身深厚的文明传统，对人类生命敬畏和责任。

人类命运共同体是对世界文明发展的贡献和反思，是个大概念。正是由于这是一个世界范围的概念，我们在探讨的时候往往注重于政治制度、文化体制、经济模式等宏观因素，而忽视了文化角度对生活方式的思考和分析。笔者认为，儒家思想在构筑生活方式的教化方面，有其独特的优势，首先儒家思想并非一种仅靠信仰来运行的信念，它更加注重"行"，信而不仰，信而行之；其次儒家思想也区别于启蒙主义人为设定的价值系统，更非意识形态。儒家思想始终将人之为人放在文明的枢纽位置。

（二）儒家思想在文化维度方面的效力分析

文化是一个复合概念，涵盖了知识、信仰、道德、艺术、法律、习俗等诸多内容，从经济学角度来看，文化也可以理解为在生产、交换、分配、消费过程中，人们进行判断和决策所依赖的价值体系。在人类命运共同体中，经济模式、政治制度、文化体制不仅能够解决所属范围的问题，还具有一定的教化功能，维护着人类的生活方式，塑造着人性。但是这种区块化的运作规则和逻辑，缺少的整体性教化的逻辑。经济制度、伦理秩序不能仅仅依靠法律，还需要文化的教化功能来担保，这与儒家思想中"有治人，无治法"的理念高度一致。自俞可平在"治理与善治"中将治理概念引入国内后，运用儒家思想来审视其在构筑人类命运共同体中的文化效力，为我们研究文化的伦理担保功能提供了新的视角。基于霍夫斯泰德和施瓦兹研究理论中的文化维度来衡量，在比较整合霍夫斯泰德的文化六维度和施瓦兹的文化价值量表基础上，我们将儒家思想划分为以下七个维度。（如下表所示）

儒家思想的维度衡量

文化维度	儒家思想
个人主义或集体主义	集体主义
权力距离	大
不确定性规避	高
长期导向或短期导向	长期导向
诚信度	高
注重和谐程度	高
知识和情感的自立能力	强

从个体和集体的维度看，儒家思想更加注重集体主义，也就是说儒家思想更具有大地性和普遍性的价值考量。儒家思想把这种对集体或者群体的"仁"上升到了天下的维度，"天下大同""天下为公""天人合一"是集体主义的最高指向。权利距离是衡量儒家文化区别另一种文化的维度，是对权利在组织分配中不平等性的接受程度，儒家思想具有"民贵君轻""政在得民"的一面，也具有对权利和等级的"纲常"意识，"纲常"意识有其落后的一面，但是从某种意义上也使

得儒家思想对不同经济、政治、文化、宗教等更具有包容性，对人类命运共同体的价值追求更具有适应性。从不确定性规避程度分析，儒家思想对未来不稳定性、风险性的认识更加清晰，所以儒家思想对"天、地、人"的分工、界限已经三者之间的协调和平衡具有更深的理解，对社会转型带来的困境和伦理秩序面临的危机更具有规避性。从短期和长期的导向维度来看，儒家思想无疑更具有长期的导向性，前文我们已有所分析，儒家思想对于未来的预期，更加注重动态的考量，所以"革故""鼎新"一直是儒家思想的重要内容。从诚信的维度分析，诚信是儒家思想的道德基石和行为规范，认为"不诚无物"，《中庸》更是将诚作为道德之本，信是诚的外化，"人无信不立"，所以有了表里如一、知行合一的行为规范。从注重和谐程度的维度分析，"和"有"和谐""和合"之义。"和"是儒家思想处理各种关系所追求的结果；"和"是儒家思想中"三纲""四维""五常"相互影响的结果。儒家思想追求"合一"的状态，即"表里如一""知行合一""天人合一"，这实际就是在"人与人""人与集体""人与自然"相处中要"以和为贵"，避免冲突。人类命运共同体概念的提出是儒家和谐思想基于未来世界发展走向的创新性应用和时代转化。最后从知识和情感自立维度讲，"己欲立而立人，己欲达而达人"表明了儒家思想对待"己"与"人"关系的定位。儒家思想的自立不仅仅是个体意义的自立，更要通过"兼济"来追求"群体""天下"层面的"达"。

通过以上分析可以看出儒家思想在不同的文化维度层面有着独特的、更为持久的文化影响力，儒家思想可以为人类命运共同体提供具有长期价值导向的借鉴，居安思危着眼于组织发展的长远利益，提倡诚信、共赢、仁爱、以人为本的价值理念，避免各种"不当"风险的发生，实现组织和谐和共赢。

（三）儒家思想的生态性分析

如何让精神财富为人类的发展重新定向，这是许多文明发展到今天面临的困境。一种文明能否随着社会的发展与时俱进，实现生态转向，是其生命力和影响力集中体现。对于儒家文化的生态转向，钱穆先生在《中国文化对人类未来可有的贡献》中，提出了人心与天道合德的个人洞见。唐俊毅以"内在超越性"认为儒家思想对于天的敬畏，虽然植根于个体、族群，但并没有屈服于和顺从个体和社会关系的制约，相反的，支配它的是内心超越意识下的一种伦理责任。冯友兰认为自我修养的最高境界就是天地精神。上述三位先生对于儒家思想的推动，不仅仅是让民族文化更具有普遍性的价值，更重要的是宣示了儒家思想对全人类福祉的关心。

儒家思想之所以能够实现生态性的发展，与"天人合一"的价值追求息息相关。"天人合一"并不是凡俗化的人文主义，在精神层次它体现了对天道的敬畏和追求，在社会伦理层次，它是一种仁爱和同情的社会责任，无论是自身与群体，还是人与自然，抑或是人心与天道，儒家思想都能够予以良性互动。在自身和群体的关系处理上，儒家思想是物质主义、自私主义的解毒剂，"修身""齐家""治国""平天下"，个人—家庭—族群—国家—人类，儒家思想通过个人逐层向外延伸直至家国天下，这是具有总体观的人文主义；凡俗人文主义往往认为"人定胜天"，过于迷恋权力，这是对人性美学、伦理教义的破坏，忽视了人与自然的和谐共处和可持续发展，而儒家思想对天是敬畏的，这既是对自然的敬畏，也是对天道运行规律的敬畏。所以我们对于儒家思想能够实现生态性转向的分析，主要是其能够超越凡俗人文主义。

当然，虽然儒家思想具有凡俗人文主义的内在超越性，但不代表儒家思想的生态性转向可以"独自发展"。人类命运共同体的语境下，儒家思想要想换发时代生机，必须不断拓宽其文化参照谱系，兼容并收，才能实现真正意义的生态转向。

五、如何发挥更好的儒家思想的价值

充分挖掘儒家思想的伦理价值，对构建人类命运共同体有着重要的意义。从国际角度看：有利于打造"文化中国"的概念，通过文化输出，让文化在全球化过程中的教化和治理功能起到伦理担保作用，更好地促进地区间的和谐发展和动态平衡。从文化角度看：是中华优秀传统文化传承和创新性发展的必然要求，儒家思想是中华优秀传统文化的重要组成部分，人类命运共同体彰显的是华夏文明的生命力，这必然要求儒家思想要备好时代发展的课题，在机遇和挑战中实现"革故鼎新"，在国际语境下，彰显文化自信。

（一）儒家思想要实现从"去家"到"再家"的转变

人类命运共同体的语境下，儒家思想能否更好地彰显其文化的内化力和伦理责任，取决于儒家思想能否时代背景下突破边界"壁垒"，实现开创性发展。儒家思想的发展首先要"去家"，"去家"是指儒家思想在发展过程要放低姿态，以一种虚怀若谷的心胸，通过对不同文化的接纳，来加深对自我发展的反思；同时也要摒弃"小家"的狭隘观念，探索国际交往中"国家"的意义。儒家传统意义上的"家"具有家族、宗族的指向，在现代化的进程解构下，家已经成为更小单位的单元，对文化凝聚具有一定反向力。而"国家"是以国为家，是国际交往中"家"的单位。"再家"可以说是儒家思想"去家"之后的生态性转向，既儒家时代背景下的再造。儒家思想的发展同样面临着困境和质疑，去一家之言，容百家争鸣，儒家思想需要在不同文化的对话中丰富和发展。对话就是要与不同的文化相互参照、相互学习，最终壮大自己的价值谱系。比如说印度，其最大的财产就是层次分明的丰富精神景观，杜维明先生认为，精神是印度文明输出的一大源泉。如果把印度的精神谱系作为儒家文化发展的参照系，儒家思想的精神力量能否大行于世，佛学遗产、道教文化在儒家思想激发下能否复兴或许未置可否。

（二）形成儒家思想在国际语境下的生动实践

扩大儒家思想的影响力，增进国际间的文化交流，打造强有力的国内和国际儒家思想学术研讨平台，在原有的国际儒学联合会基础上，扩大民间儒家文化交流的途径和范围，营造好学儒学、用儒学的良好氛围。让孔子学院真正成为儒家思想的国际名片。根据相关资料和调研发现，目前在世界各地设立的孔子学院发展并不平衡，口碑褒贬不一。孔子学院是国家文化宣传的名片，也是儒家思想在国外传播发展的重要阵地。只有把名片设计好，把内容质量充实好，才能让这种张名片既美观又实用。

实践是检验真理的唯一标准，儒家思想能否为人类命运共同体提供智慧，最终还要看在实践中能否取得成效。目前儒家思想已经影响到一些国家和地区组织行为和决策。在国际冲突中，"和为贵""求同存异""己所不欲勿施于人"的中国智慧，越来越得到国际社会的认可和借鉴。"一带一路"更是为人类命运共同体积累了丰厚的儒学实践，我们要善加利用，推而广之，让儒家思想在构建人类命运共同体的实践中发出更灿烂的人文主义光环。

（三）推动儒学人才培养体系的建设

近年来中国传统文化在反思中快速发展，文化自觉、文化自信日益建立。围绕传统文化的发展，我们做了很多有益的尝试，比如地方书院和高校国学院的办学探索，国学经典必读的教育改革，东北财经大学还成立了中国经典经济学研究中心通过本土文化研究本土经济等，这都极大地促进了传统文化发展的百花齐放。但是对于目前更多的是尝试，传统文化的发展还未形成一种现象级的效应。

对于儒学人才的培养，目前尚未建立比较完整的人才培养体系。基本教育框架还是以传统的"本科—硕士—博士"高校学位教育为主。笔者认为，传统文化的发展可以形成自己独有的教学体系，首先，人才的培养应该立足文化特性之上，中国传统文化向来是注重"悟性"，它并没有一定的考量标准，因为在不同的门类中有着不同的表达，如佛家的"参""观照"，道家的"修"儒家的"觉""知"等，通达的是"佛""道""天"的境界，这些在高校教育中并没有也无法形成考量标准，我想这是儒学乃至传统文化发展面临最大的挑战之一。但是如果不探究更有意义的人才培养体系，我们只会培养出更多的"匠人"，难出"大师"。目前只能提出这个问题，如何解决还需要大家集思广益。其次，既然是国际语境，那么对于儒学人才的培养，是不是也可以突破国别的限制，建立起国际—国家—区域化人才培养机制和融通机制。这种三维培养机制不以"大师"为培养目的，而是探求如何为人类命运共同体输送出具有"国际公知"的知识分子，他们或许不能为人类的发展提供线索，但是他们的立场，他们提出的问题足以引发关于人类命运的新讨论。

六、结语

（一）结论

人类命运共同体是伴随着经济全球化的发展，各国联系日益密切，国际力量对比不断变化，"西方中心论"面临质疑，西方治理理论作用失灵的国际背景下，提出的全球治理的新理念。其背后彰显的是中华文明强大的生命力和深厚的历史文化底蕴。儒家思想是中华优秀传统文化的重要组成部分，在国际语境下儒家思想能够为全球治理模式提供有益的伦理担保和道德秩序，同时儒家思想不具有文化的排他性，能够实现与不同文明、宗教的和谐互动，这为儒家思想的时代复兴提供了新的契机。本文着重对儒家思想在生活方式、文化维度、生态性方面的优势进行了分析，旨在进一步增强儒家伦理价值体系的适应性和生态性。通过研究分析，笔者认为在构建人类命运共同体过程当中，儒家思想能够为其提供长期的共识性的伦理支撑，促进全球治理水平向着更加公平合理的方向迈进。当然儒家思想的生态性转向亦面临着困难和挑战，儒家人才培养体系建设尚未成型，这是一个大课题，需要人类共同的努力和尝试。

（二）研究限制和不足

受客观因素影响，本人未能按计划对相关专家进行请教和访谈，这在一定程度上影响了作者研究课题的深度和广度。文中对于儒家思想的相关分析，还需要进一步的深化和完善，对于方法论的研究还有待于进一步的加强。

参考文献

[1] 杜维明. 否极泰来：新轴心时代的儒家资源 [M]. 北京：北京大学出版社，2016.

[2] 陈赟. 儒家思想与中国之道 [M]. 杭州：浙江大学出版社，2016.

[3] 林安梧讲述，王冰雅等整理. 儒道佛思想与二十一世纪人类文明 [M]. 济南：山东人民出版社，2017.

[4] 杨向奎. 大一统与儒家思想 [M]. 北京：北京出版社，2011.

[5] 赵华胜. 中国的中亚外交 [M]. 北京：时事出版社，2008.

[6] 马克思. 资本论 [M]. 上海：上海三联书店，2009.

[7] 汝信. 20世纪中国学术大典 [M]. 福州：福建教育出版社，2005.

[8] 孔子. 论语 [M]. 北京：中华书局，2016.

[9] 朱熹. 四书章句集注 [M]. 北京：中华书局，2011.

[10] 该书编委会. 中华优秀传统文化与当今基层建设发展 [M]. 北京：清华大学出版社，2018：75-87.

[11] 张康之. 中国道路与中国话语建构 [J]. 国家行政学院学报，2017（1）.

[12] 郑晓瑛. 交叉学科的重要性及其发展 [J]. 北京大学学报，2007（3）.

[13] 林曦. 管理学的学科属性与科学定位 [J]. 社会科学管理与评论，2006（3）.

[14] 叶小文. 中国文化以何姿态"走出去" [N]. 北京日报，2010（3）.

[15] 梁周敏. 用优秀的传统文化理念涵养"一带一路" [N]. 光明网，2015（8）.

[16] 陈先达. 马克思主义和中国传统文化 [N]. 光明日报，2015（7）.

中华优秀传统中医文化的传承与弘扬

邓祖林

近年来,党中央一直高度重视中医药的发展,习近平总书记在几个不同场合多次强调,要提高关注中医药事业的发展,结合党的十九大报告精神和新冠疫情防控的作用,宣扬传统中医文化是促进中医学沿着正确、健康的方向发展,对人类的健康事业和构建世界新医学具有重要的意义。下面,我将陈述该主题研究思路与内容。

一、我国中医药文化国际传播的历史、现状与发展

1. 中医药国际传播的历史

有着 2000 多年历史的中医药学,早在唐宋时期就开始向国际传播,对东亚、东南亚、西域等地产生过广泛的影响。改革开放以后。中医药学不仅在中国得到健康发展,而且加速向世界传播。改革开放以来,中医药走向世界,已经成为一种文化现象。

2. 中医药国际传播的现状与发展

中医药学在治疗一些疑难疾病和传染病中的突出成果,如:在防治传染病、非典、禽流感、新冠疫情等方面的成果,使世界再次认识了中医药的优势。在新冠肺炎防控治疗过程中,中医药全程参与、深度介入疫情防控,并创新形成了"有机制、有团队、有措施、有成效"的中西医结合治疗模式,形成以中医药为特色、中西医结合救治患者的系统方案。我们同样也应正确认识中医药的重要性。中医药在世界文化多元化的 21 世纪,将成为世界新医学和科技发展的重要组成部分。

二、中医药文化国际传播的新路径、新方法、新模式

1. 打造中医药文化特色品牌

中医药文化走出去，需要因地制宜，根据不同受众群体的文化背景和思维习惯，寻求突破点，符合海外民众的文化传统和生活习惯，努力克服中医药文化传播过程中的隔阂和心理抵触，真正让中医药为世界民众所共享。

2. 建设中医药文化传播活动的专业队伍

打造富有中国特色专业的队伍，其不仅有丰富的中医专业知识储备，过硬的语言交际能力，还要具有国际视野和良好的跨文化适应能力，既能准确翻译中医药古典书籍，又能有效传播中医文化精髓的理念与认识。中医药文化的国际传播离不开专业的队伍，政府要培养高水平专业人才队伍，才能让中医药文化传播的路径和渠道更加畅通。

3. 提高中医药文化国际影响力

首先要丰富中医药文化的海外传播内容，推动中医药文化产品和中医药文化服务走出国门、走向世界。中医药文化产品以中医药丰富的治疗养生手段或中医药历史典籍中丰富的名医名家、典故传说为素材，挖掘蕴涵在其中的中医药文化核心思想，开发中医药适宜产品及打造中医药文创产品。

三、中医药与其他传统医药比较研究

中医药和其他传统医药的发展过程一样与民族的命运相依，传承上由于文化的壁垒，没能得到广泛的传播。但是中医药相比于其他传统医药，传承的时间更为久远，有史书典籍的记录、民间的传承；等等。而其他传统医药有可能随着朝代的更迭而失去传承。所以对于中医药需要革新、再认识。中医药和其他传统的比较，在思想、技术层次上有相似但是不同。

四、跨文化视角下中西医药文化比较研究

中西医药的区别在于整体和局部、宏观和微观。中医把人看成一个完整的系统，是一个始终处于相对平衡状态的有机生命体。这个生命体本身有自我防御、

自我修复功能。因此,中医的主要工作,就是激发生命体的潜在能量,发挥人体自身力量来治疗疾病。而西医则把每一个病症看成具体而微的,仔细研究每一个病症的特点,并针对病因进行直接治疗。

中药往往是被赋予传承并发扬我国几千年的医学成果的理念而进行施治的复方药,而西药是现代西方医学追求个性化治疗和回归自然的体现。

五、中医药典籍文献的翻译与国际传播

从明清时期的传教士对中医经典医籍的英译到当今中医典籍在海内外的广泛传播,中医药典籍的译介发生了巨大的转变。从出版史的角度对中医药典籍译介的出版历史、发展历程、发展现状进行梳理,希冀推进中医药典籍在海外的传播助力中国文化"走出去",为中医药典籍的国际化出版与中西医学交流产生积极的影响。

路漫漫其修远兮,中医之路崎岖而又漫长。健康所系,性命相托,让我们永葆一颗求知的心,在这充满诱惑和矛盾的年代,时刻信守那份高尚而美丽的誓言,为中医文化的发展添砖加瓦,在中医之路上顽强探索、勇往前行。

大力弘扬中华优秀传统文化
积极推动国家治理现代化

刘 楠[①]

人民就是江山，江山就是人民！

民之所望，政之所向。2019年10月，党的十九届四中全会决定进一步将"坚持以人民为中心的发展思想"作为中国国家制度和国家治理体系所具有的显著优势之一，要求全党"坚持和完善人民当家作主制度体系"，不断"满足人民日益增长的美好生活需要，增进人民福祉，促进人的全面发展"。至此，党的治国理政将"以人民为中心"的思想提升到了新的时代高度。

新时代坚持以人民为中心推进国家治理现代化，就是要在党的集中统一领导下，坚持以人民为中心加强和完善国家治理，提升国家治理效能；就是要坚持五千年来中华优秀传统文化中"以民为本"的优良传统，传承其精髓，有机融入国家治理中，积极构建新时代国家治理现代化体系，从而更好地满足人民日益增长的美好生活需要，充分激发蕴藏在人民中的创造伟力，为实现中华民族伟大复兴中国梦汇聚磅礴力量。

一、"民：国之根本"是中华优秀传统文化的思想内涵

中国传统文化中的名著佳作、经典名句，尤其是其优秀精神，由于揭示了人

[①] 刘楠，男，中国化学工程集团有限公司，中国人民大学政治经济学博士。主要研究方向：宏观经济、金融创新、产业发展、国家治理等。

之文化的本性，在历史上起到了推动社会发展、滋养人心的作用，成为中国人走向未来永不风化的精神叮咛和历久弥新的智慧之光。"以人民为中心"的马克思主义思想正是"天人合一""以民为本""立德修身"等中华优秀传统文化融合、促进、创新的成果，具有丰富的时代内涵和价值诉求。

民本，就是以民为本，民为国家社稷之根本。中国古代民本思想由来已久，源远流长，认真考证，早在四千多年前的夏代"太康失国"事件中便已初见端倪。禹于公元前2049年创立了中国第一个世袭制君主王朝，废除了以往的"禅让制"，开启了中国长达四千多年"父传子，家天下"的世袭君主制时代。禹之子太康继位后，无才无德，贪图享乐，骄奢淫逸，纲常败坏，最终国都被后羿侵占。太康的五个弟弟和母亲被赶到洛河边，追述大禹之告诫作《尚书·五子之歌》，以哀悼失国之痛，其一曰："皇祖有训，民可近，不可下，民为邦本，本固邦宁。"至此，中国社会逐步开启了"相信人自身力量"的民智时代，逐步摆脱了"敬天命，信鬼神"的原始文明未开化时期。《尚书·周书·泰誓》曰："天矜于民，民之所欲，天必从之""天佑下民""惟天惠民"以及"天视自我民视，天听自我民听"，其中：矜、佑、惠，均为宠爱、爱护之意。其详细阐述了人民群众所希望的事情，上天也必然顺从；民意不可违。《左传·庄公三十二年》又言："国将兴，听于民；国将亡，听于神。"实意为：国家将要兴盛，必是问计于民；国家将要灭亡，必是遵循神的旨意；听从民意，还是听从神意，是国家兴亡的标志。"亚圣"孟子在充分总结战国时期各国治乱兴衰规律的基础上，更是将孔子"仁政""以仁为本"的思想发挥到了极致，提出了一个富含民本思想，经久不衰的哲学命题："民为贵，社稷次之，君为轻"《孟子·尽心章句下》，具体为：人民利益永远第一，国家其次，君主最后；君主应爱护人民，要尊重人民意愿。孟子甚至还赞同：如果君主昏庸无道，人民则有权打倒他，有权推翻政权。荀子将"民本"思想和"辩证法"完美结合，提出了名垂千古的名言佳句："君者，舟也；庶人者，水也。水则载舟，水则覆舟"[①]。

大同，就是天下属于公众，社会是以道德为基础自觉形成的，是中国人千百年一直孜孜以求的完美理想社会。在《礼记·礼运》中，孔子曰："大道之行也，天下为公：选贤与能，讲信修睦……是故谋闭而不兴，盗窃乱贼而不作，故外户而不闭。是谓'大同'"。具体释义为：当大道盛行时，天下为公众共有。此时，上进贤能之才治理国家，崇尚信义，教化百姓团结和睦。……既然这样，社会便

---

① 荀子.哀公篇，王制篇.

不再有阴谋诡计，更不会有抢劫、偷窃和作乱的事情出现。因此，人们再也不需要关闭门窗防范彼此。这就是"大同"世界。"大同"世界，是孔子对尧、舜"禅让制"社会历史形态的总结和提升，是中国古代儒家所宣扬的、中国古人所孜孜以求的最理想社会或人类社会的最高阶段。"大同"社会，人人向善，无心作恶，安居乐业；"大同"社会，天下为公，权力公有，财物公有。其基本特征：一是人人得到尊重与关爱。"人不独亲其亲，不独子其子；使老有所终，壮有所用，幼有所长，矜、寡、孤、独、废、疾者皆有所养"[1]。每个人都把奉养父母、抚育儿女的心意扩大到全体社会成员，使整个社会亲如一家。每个人根据自己的情况从事力所能及的工作，为全社会作贡献。同时，对一些特殊人群实施社会关爱，保障其生活幸福。二是人人安居乐业，各得其所。"男有分，女有归。"男人有稳定职业，安心工作；女人可以及时婚嫁，有幸福家庭，男耕女织，其乐融融，这正是中国古代所追求的和谐社会。三是财尽其用，人尽其力。"货恶其弃于地也，不必藏于己。"财物，人们厌恶而弃之，但不一定藏在自己家里。"力恶其不出于身也，不必为己。"力气，人们厌恶他不是出自自己身体，但不必为了自己。这深刻诠释了，只有树公心、去私心，才能达到"人尽其才，物尽其用"的完美境界。

"义"，社会公认的道德准则和公共利益；"利"，社会个体的私人欲望和个人利益。"民本"和"大同"无不充分体现中华优秀传统文化中"重义轻利"的朴素哲学思想，无不要求"舍生取义"和"见义忘利"，努力做到"君子喻于义"，坚决摒弃"小人喻于利"。

二、"以人民为中心"是国家治理现代化的核心理念

古今中外，"为什么人"以及"靠什么人"的问题，从来都是不同政党和政权性质的重要分野。马克思所言，"创造这一切、拥有这一切并为这一切而斗争的，不是'历史'，而正是人，现实的、活生生的人。'历史'并不是把人当作达到自己目的的工具来利用的某种特殊的人格。历史不过是追求着自己目的的人的活动而已"，"人不是抽象的蛰居于世界之外的存在物。人就是人的世界，就是国

---

[1] 礼记·礼运.

家社会"①。习近平总书记强调:"历史是人民创造的,文明也是人民创造的""人民是历史的创造者,是真正的英雄"。正是因为"人民主体性",人民是历史和社会的主体,通过"变革现实的世界",将人类从"自然的必然性""社会统治和奴役的必然性""人的偶然性"②中完全解放出来,从而真正实现全人类的真正解放和全面发展,便成为马克思主义为之奋斗的终极目标。

新时代,中国已经进入全面建设小康社会,努力建设成为富裕、文明、和谐现代化国家的关键时期。现代社会的最重要标志,从某种意义上讲就是"可信的承诺",在兑现承诺中履行责任,彼此建立信任关系,最终塑造创建出一个现代政府所依赖的政治领导层与普通民众之间的一系列复杂信任关系。纵观历史,中国历史和人民选择了马克思主义和社会主义道路,这就决定了"人民立场""以人民为中心"是党和国家的根本政治立场。只有"以人民为中心",才能共同灌铸中国特色社会主义制度的合法性,增强人民群众对制度的认同,才能使中国特色社会主义制度成为人民群众真心拥护的制度,为推进国家治理现代化强基固本。

首先,"以人民为中心"是国家治理现代化的根基基础。我国是社会主义国家,国家政权性质决定了人民是国家真正的主人,依法享有当家作主的至上地位和广泛真实的民主权益。因此,牢牢坚守和保障人民群众的利益主体地位,切实解决他们最关心、最直接和最现实的利益问题,让他们拥有实实在在、真真切切的获得感、幸福感和安全感,才是社会主义国家政权存在意义和价值。诚如,习近平总书记所反复强调的,"人民当家作主必须具体地、现实地体现到中国共产党执政和国家治理上来,具体地、现实地体现到中国共产党和国家机关各个方面、各个层级的工作上来,具体地、现实地体现到人民对自身利益的实现和发展上来"③,我们务必要积极回应广大人民群众对美好生活的强烈憧憬和热切期盼,着力破解满足和实现人民日益增长的美好生活需要的各方面障碍;务必要自觉将人民作为国家治理成效的检阅和评判主体,作为国家治理现代化的成效最终的唯一的"阅卷人"。

其次,实现共同富裕是国家治理现代化的价值旨归。在《共产党宣言》中,马克思明确指出:"每个人的自由发展是一切人的自由发展的条件"④。马克思

---

① 马克思恩格斯文集:第 1 卷 [M]. 北京:人民出版社,2009:3.
② 黑格尔法哲学批判 [M]// 马克思恩格斯选集:第 1 卷. 北京:人民出版社,1972:导言 2.
③ 习近平. 在庆祝中国人民政治协商会议成立 C5 周年大会上的讲话 [N]. 人民日报,2014-09-22.
④ 马克思恩格斯选集:第 1 卷 [M]. 北京:人民出版社,2012:422.

主义始终坚持认为：凡人皆有发展的需要、尊重的需要、平等的需要，人之为人就其本质而言具有平等的社会地位和权利，并且能够依法获得和享受自己创造的一切劳动成果。①因此，确保每个社会主体都能享有身份平等、机会平等、规则平等，从而最终平等地享受社会发展的成果，成为共产主义社会和社会主义社会的应有之义和本质要求。习近平总书记特别强调："'治国之道，富民为始。'我们始终坚定人民立场，强调消除贫困、改善民生、实现共同富裕是社会主义的本质要求，是我们党坚持全心全意为人民服务根本宗旨的重要体现，是党和政府的重大责任。"促进人的全面发展，实现全体人民共同富裕，是中国共产党的初心使命和根本宗旨，是党对人民的庄严承诺，是社会主义优越性的充分体现。

最后，充分激发人民主体作用是国家治理现代化的力量源泉。马克思明确指出："任何人如果不同时为了自己的某种需要和为了这种需要的器官而做事，他就什么也不能做"②。直言之，人的自觉动机是主观能动性最深刻的根源，故而，"人们自己创造自己的历史"③。中国共产党自建党伊始，始终坚持和遵循"人民史观"，充分尊重人民主体作用，切实发挥群众首创精神，坚持依靠最广大人民群众的主体力量创造历史伟业。百年光辉历程，雄辩证明了：充分发动群众、充分相信群众、充分依靠群众是中国共产党从辉煌走向辉煌的制胜法宝。新时代，在国家治理现代化进程中，更应当充分尊重人民主体地位，充分激发和调动实践和创新创造的积极性。诚如习近平总书记所言："人民群众有着无尽的智慧和力量，只有始终相信人民，紧紧依靠人民，充分调动广大人民群众的积极性、主动性、创造性，才能凝聚起众志成城的磅礴之力"④。

三、大力弘扬中华优秀传统文化是国家治理现代化的必然要求

"民本，就是以民为本，民为国家社稷之根本。""民本"思想，在中华优秀传统文化中由来已久，源远流长，有四千多年历史，故而，大力弘扬中华优秀传统文化，将历史久远的"民本"思想与"以人民为中心"的马克思唯物史观有

---

① 李冬凤，张文标.国家治理现代化的马克思主义人学审视[J].西北民族大学学报（哲学社会科学版），2020，12.
② 马克思恩格斯全集：第3卷[M].北京：人民出版社，1960：286.
③ 马克思恩格斯全集：第3卷[M].北京：人民出版社，1960：585.
④ 习近平谈治国理政：第2卷[M].北京：外文出版社，2017：52.

机融合，才能不断深化对"人民至上"的理论创新与实践探索，才能稳步推进国家治理体系和治理能力现代化建设，才能最大限度地满足人民日益增长的美好生活需要，实现人民的根本利益，才能开辟中国特色社会主义现代化的新境界。

首先，坚守中华优秀传统文化立场是国家治理体系现代化的历史要求。 国家治理现代化体系里面的"四个自信"，其中重要的就是"文化自信"。习近平在文艺工作座谈会上指出："每到重大历史关头，文化都能感国运之变化、立时代之潮头、发时代之先声，为亿万人民、为伟大祖国鼓与呼。中华文化既坚守本根又不断与时俱进，使中华民族保持了坚定的民族自信和强大的修复能力，培育了共同的情感和价值、共同的理想和精神"[①]。中华文化从未中断的历史已经证明，中华文化无论是对于中华民族来说，还是对于世界文明而言，都发挥了无可替代的作用，有着特殊的价值和意义。源远流长的中华文化是中华民族赖以生存和发展的"根"与"魂"。如果丢掉了这个"根"，就会割断自己的历史传承和精神命脉；如果丧失了这个"魂"，就会毁掉自己的精神家园和心灵主宰，中华民族就可能失去提供中国智慧和中国方案的"中国资格"。"如果一个民族丧失其文化特点，它就不可能作为一个单独民族而存在"[②]。

其次，"民本思想"是"以人民为中心"国家治理现代化思想的文化渊源。 传统民本思想产生于封建专制社会，有其历史局限性，但其中蕴含的合理因素为新时代坚持"以人民为中心"的国家治理思想提供文化基础。**一方面，民心向背关乎政权兴衰的历史规律，为坚持以人民为中心提供历史借鉴。**《尚书·周书·泰誓》曰："天矜于民，民之所欲，天必从之""天佑下民""惟天惠民"以及"天视自我民视，天听自我民听"[③]，其中：矜、佑、惠，均为宠爱、爱护之意。其详细阐述了人民群众所希望的事情，上天也必然顺从；民意不可违。《左传·庄公三十二年》又言："国将兴，听于民；国将亡，听于神。"实意为：国家将要兴盛，必是问计于民；国家将要灭亡，必是遵循神的旨意；听从民意，还是听从神意，是国家兴亡的标志。"亚圣"孟子在充分总结战国时期各国治乱兴衰规律的基础上，更是将孔子"仁政""以仁为本"的思想发挥到了极致，提出了一个富含民本思想，经久不衰的哲学命题："民为贵，社稷次之，君为轻"[④]，具体为：

---

① 习近平. 在文艺工作座谈会上的讲话[M]. 北京：人民出版社，2015：26.5.
② [苏]尼·切博克萨罗夫, 伊·切博克萨罗娃. 民族·种族·文化[M]. 赵俊智，金天明，译. 北京：东方出版社，1989：23.
③ 尚书·周书·泰誓.
④ 孟子·尽心章句下.

人民利益永远第一，国家其次，君主最后；君主应爱护人民，要尊重人民意愿。孟子甚至还赞同：如果君主昏庸无道，人民则有权打倒他，有权推翻政权。荀子将"民本"思想和"辩证法"完美结合，提出了名垂千古的名言佳句："君者，舟也；庶人者，水也。水则载舟，水则覆舟"①。**另一方面，爱民、利民、富民、安民主张与举措，为坚持以人民为中心提供思想借鉴**。春秋战国时期，儒家提出爱民、利民、富民主张。孔子主张仁政，提出"为政以德""仁者爱人"的爱民思想；孟子进一步提出"兼爱非攻"主张，强调对百姓心存同情与怜爱，反对不义之战，并主张在实践中实行不夺农时、薄税敛、"制民恒产"等利民举措；荀子在《大略》中提出"天之立君，以为民也"，认为君主是为百姓而设立和存在的，主张实施"节用裕民""藏富于民"的富民举措。宋明时期"民本"思想日臻完善。宋代程颢、程颐提出"为政之道，以顺民心为本，以厚民生为本"②；明朝张居正强调："治理之要，惟在安民；安民之道，在察其疾苦而已"③。这些，全部都是突出关注民生、体察民情、体恤民苦之于国家治理的重要性，强调治理国家必须坚持以人为本，顺民意、谋民利、安民心。

最后，坚持唯物史观，将"民本思想"有机融入"以人民为中心"的国家治理现代化中。中国古代哲学的"民本"思想同样由来已久。《尚书》载"民惟邦本，本固邦宁"之思想，孔子有"仁者爱人"之学说，孟子有"民贵君轻"之理念……虽然，这些朴素的民本思想强调和突出了人民的主体性地位，其中确实蕴含了民主思想的要素，但是，这些与"人民为中心"的唯物史观有着本质区别。历史唯物主义是马克思主义发现认识世界、分析解决问题的制胜法宝。马克思主义始终坚持人民史观，坚持"人民主体性"，坚持历史由广大劳动人民所创造。马克思在《神圣家族》中以"精神"和"群众"为切入点，批判布鲁诺·鲍威尔主张的"在历史活动中重要的不是行动着的群众，不是经验的活动，也不是这一活动的经验的利益，相反……是'一种思想'"④的唯心史观，并郑重宣告："历史上的活动和思想都是群众的活动和思想，历史活动是群众的事业，随着历史活动的深入，必将是群众队伍的扩大"⑤明确了人民群众在历史活动中的主体地位。在庆祝中国共产党成立100周年大会上，习近平总书记再次强调："人民是历史

---

① 荀子.哀公篇，王制篇.
② （宋）程颢，程颐.代吕公著应诏上神宗皇帝书.
③ （明）张居正.请蠲积逋以安民生疏.
④ 马克思恩格斯文集：第一卷[M].北京：人民出版社，2009：295.
⑤ 马克思恩格斯文集：第一卷[M].北京：人民出版社，2009：655.

的创造者,是真正的英雄""新的征程上,我们必须紧紧依靠人民创造历史,坚持全心全意为人民服务的根本宗旨,站稳人民立场,贯彻党的群众路线,尊重人民首创精神,践行以人民为中心的发展思想,……推动人的全面发展、全体人民共同富裕取得更为明显的实质性进展。"因此,必须守正创新,始终用历史唯物主义观点,将"民本思想"有机融入"以人民为中心"中去,坚持创造性转化、创新性发展,为国家治理现代化注入蓬勃力量。

四、结束语

"国家治理是国家治理者借助于一定的理念、机构、规范、人员等对国家的运行进行综合整治的活动。它是一个政治问题,也是一个伦理问题"[①]。习近平新时代"以人民为中心"的国家治理思想,体现了唯物史观群众观点与中华优秀传统文化"民本思想"的辩证统一,深刻回答了国家治理"源于谁、为了谁、依靠谁"的关键性问题,是新时代推进国家治理现代化必须始终坚持的根本思想。坚持以人民为中心,推进国家治理体系和治理能力现代化,对于中国的政治发展,乃至整个中国特色社会主义现代化事业来说,具有重大而深远的理论意义和现实意义。

参考文献

[1] 马克思恩格斯文集:第一卷 [M]. 北京:人民出版社,2009.

[2] 习近平. 在文艺工作座谈会上的讲话 [M]. 北京:人民出版社,2015.

[3] 李冬凤,张文标. 国家治理现代化的马克思主义人学审视 [J]. 2020(12).

[4] 习近平. 在庆祝中国人民政治协商会议成立 C5 周年大会上的讲话 [N]. 人民日报,2014-09-22.

[5] 习近平. 在庆祝中国共产党成立 100 周年大会上的讲话 [N]. 人民日报,2021-07-02.

[6] 陈莉,刘楠. 马克思主义大众化与中华优秀传统文化的理论契合 [J]. 广西师范学院学报:哲学社会科学版,2018(2):38-45.

---

① 向玉乔. 国家治理的伦理意蕴 [J]. 中国社会科学,2016(5).

智能化视域下中华优秀传统文化传承与弘扬问题探析

高翔飞

一、引言

党的十八大以来,以习近平同志为核心的党中央不断赋予中华优秀传统文化新的时代内涵,将其上升为"中华民族的基因""民族文化血脉""中华民族的精神命脉",强调"要把跨越时空、超越国度、富有永恒魅力,具有当代价值的文化精神弘扬起来,把继承传统优秀文化又弘扬时代精神、立足本国又面向世界的当代中国文化创新成果传播出去"[①]。当前,人类正在加速进入万物智能互联的新阶段,人工智能技术跃迁发展、全面渗透,必将为中华优秀传统文化传承和弘扬带来新的机遇和挑战,同时极有可能引发一轮基于人工智能技术的国际文化传播竞争,分类研究智能技术赋能作用,前瞻预判文化传播发展趋势,探索构建智能化传承路径体系,对于前沿技术"指数级"发展背景下中华优秀传统文化传承与弘扬具有积极意义。

二、人工智能技术在文化传承与弘扬中的赋能作用

1956年,达特茅斯会议的召开标志着人工智能技术正式诞生,虽起步发展缓慢且历经两次波谷,但始终呈螺旋式上升状态。近年来,随着高速并行计算、海量数据及机器学习算法三大核心技术突破,第三次人工智能浪潮汹涌而来,智能技术理论与实践不断丰富。经典著作《人工智能:一种现代的方法》将智能技

---

① 薛庆超. 习近平与中华优秀传统文化[EB/OL]. 人民网理论频道,2017-12-21.

术归类为计算机视觉、自然语言处理、知识表示、自动推理、机器学习和机器人6大领域，几乎所有领域在文化传承与弘扬中都有明确的应用场景。

（一）计算机视觉——增强视频图像资源传播质效

计算机视觉是使用计算机对人类视觉进行模拟，以感知、探测和分类物体的技术。得益于深度学习算法的突破，近年来计算机视觉技术能力提升显著。图像识别方面，2012年，"深度学习"概念提出者辛顿教授，使用新一代卷积神经网络算法AlexNet，以16.4%错误率的成绩，夺得"ImageNet图像识别大赛"冠军，使深度学习算法在较短时间内成为众多图像识别系统的核心算法。视频识别方面，美国军方开展的Maven项目，主要任务就是利用计算机视觉模型，检测和识别无人机拍摄的全动态视频，早在2018年，Maven对"扫描鹰"无人机所拍视频中人员、车辆、建筑等物体的识别准确率就已达到80%[①]。将计算机视觉技术应用于中华优秀传统文化传承与弘扬，无论是在文化供给侧抑或是需求侧都有明确的应用价值。供给侧端，可通过分割、特征提取和判断匹配等解决动态或静态图像的分类、定位、检测和分割等问题[②]，实现对海量视频图像的分类聚类和多源融合处理，提升数据存储使用效率。需求侧端，通过对受众拍摄图片或视频进行特征分析，能够实现图像搜索、视频分析、人脸识别以及传播内容智能推介等功能，极大丰富文化资源获取手段渠道。

（二）自然语言处理——实现多国多地语言人机交互

自然语言处理是让机器理解人类语言并完成特定处理任务的技术，主要应用于机器翻译、舆情监测、自动摘要、观点提取、文本分类、问题回答、文本语言对比、语音识别、中文OCR等方面[③]。自然语言处理是人工智能较早发展的领域，但囿于训练数据量及算力不足，加之语言本身具有歧义性、多样性等特点，早期计算机处理能力一直在较低层次徘徊。近年来，得益于大数据、云计算、机器学习等技术进步，自然语言处理能力有了长足的进步。谷歌神经网络机器翻译系统早在2016年就能在103个语种间进行互译。2020年，美国OpenAL公司推出聚焦通用人工智能的自然语言预训练模型GPT-3，其包含1750亿参数，能够高效

---

① 王璐菲. 美国防部Maven项目人工智能算法实现战场初始部署[EB/OL]. 国防科技要闻公众号，2017-12-18.
② 蓝江. 智能时代的数字——生命政治[J]. 江海学刊，2020（1）：119-127.
③ 郑树泉. 工业智能技术与应用[M]. 上海：上海科学技术出版社，2019.

完成机器翻译、自动问题及即时推理等任务①。在国内，语音搜索、机器翻译、人机对话等技术同样也已达到实用水平。中华优秀传统文化传承与弘扬中，将自然语言处理技术应用于数据库规范化建设，能够便捷地将一代代人之间"口传心授"的文化资源进行语音提取、文本识别，将其加工为标准文本或语音格式，在各地方言、多国家多民族语言之间搭建交流平台，为民族特色优势资源走出国门、走向世界奠定基础；应用于语音助手、语音搜索、语音翻译、机器朗读等领域，实现人与机器的智能对话与即时问答，能够帮助受众快速了解优秀传统文化，弥补传统传播双向沟通能力弱的问题。

（三）知识表示——挖掘海量数据隐藏的关联知识

知识表示主要是把知识客体中的知识因子与知识关联起来，便于人们识别和理解，使用比较多的知识表示方法有逻辑表示法、产生式表示法、框架表示、面向对象表示、语义网表示、基于 XML 的表示法、本体表示等②。知识表示不仅能为自然语言处理、计算机视觉等提供语义关系极为丰富的样本条件，其本身也富含了丰富而又独特的应用场景。近年来热门的知识图谱就是一种大规模的知识表示方法，其将传统知识工程"自上而下"方式转变为挖掘数据、抽取知识的"自下而上"方式③，提供了从"关系"视角分析问题的能力，在国务院《新一代人工智能发展规划》中，已将知识图谱作为新一代人工智能关键共性技术体系的重要组成部分。中华优秀传统文化传承与弘扬中，将分散存储于不同时空维度的多元异构数字化资源集合起来，势必建立海量数据库，运用知识图谱建立知识元，不仅能够呈现热门文化资源与受众之间的对应关系，而且能够对文化资源与特定受众的关联度和疏密度进行分析，挖掘同一类型文化资源的内在逻辑及相互关系，进而帮助文化传播者及时调整传播策略。此外，知识图谱本身亦是一种极佳的数据可视化展示形式，能够把复杂文化关系以非常直观的形式展现再来。比如，通过一个单一知识点，知识图谱就会呈现与之相关的传统节日、历史事件、民俗文化等关联标签信息，使受众对中华传统文化发展脉络、相互关系、历史演进等情况一目了然，提供一个从更为宏观视角解析传统文化的全新视角。

---

① 王亚坤. 2020 年深度学习技术发展综述 [J]. 无人系统技术，2021，4（2）：1-7.
② 刘建炜，燕路峰. 知识表示方法比较 [J]. 计算机系统应用，2010（3）.
③ 田玲，张谨川，张晋豪，等. 知识图谱综述——表示、构建、推理与知识超图理论 [J]. 计算机应用，2021，41（8）：1-26.

（四）自动推理——规划传播资源时空配置策略

知识表示解决的是使计算机以更科学的方式存储和展示信息的问题，要让机器真正模拟人类智能，运用已知的知识进行思考推理，进而适应新情况并预测新模式，则主要是自动推理领域的研究范畴。自动推理是人工智能学科的一个重要研究课题，早期自动推理一般是基于规则的专家系统，能够利用人类专家的经验知识解决医疗、金融等特定领域问题。当前，自动推理不断融合利用神经网络、机器学习、强化学习等新一代人工智能发展成果，在求解复杂问题能力上有了较大幅度的提升。运用自动推理技术能够解决文化传承与弘扬中具有一定复杂性的问题，如用于预测分析，能够基于当前文化传播质效、受众群体反馈、资源数据多寡、过往文化传播案例等已知知识，推断未来一段时期文化传播可能达到的质量效果以及需要调整的传播策略；用于舆情监控，能够全流程监控文化传播过程，及时发现黑客攻击、负面引导、系统过载等异常情况，自主实时调整文化资源时空配置方案，引导传播高价值信息。用于智能推荐，能根据用户以往的点击量、行为习惯等，自动推理该用户可能的兴趣关注点、善于接受的传播方式等，为其量身定制个性化传播方案，极大提升用户体验。

（五）机器学习——革新传统文化传播既有认知

机器学习是使用计算机作为工具并致力于真实实时的模拟人类学习方式，并将现有内容进行知识结构划分来有效提高学习效率[1]。自人工智能技术诞生以来，机器学习技术一直在不断发展进化，直到深度学习算法的出现，使该领域出现了一系列实质性的突破，除上文提到的 AlexNet 算法外，最典型的当数 2016 至 2017 年，Google 公司的 AlphaGo 和 AlphaMaster 先后横扫人类顶尖围棋选手。2017 年 10 月，AlphaZero 更是在无任何先验知识情况下，在 3 天时间"左右互博"下了 490 万局棋，以 100：0 击败 AlphaGo，成为第三次人工智能浪潮兴起的标志性事件，而 Alpha 棋类系列软件的突破正是得益于监督学习、强化学习等机器学习算法的深度应用。机器学习作为人工智能技术的核心，是自然语言处理、计算机视觉等诸多智能应用得以实现的关键基础，在中华优秀传统文化传承与弘扬中具有不可替代的重要作用。典型应用场景如传播方案规划，可从既定达成的目标导向出发，利用机器学习对已有传播案例进行深层次分析，进而自主设计并推荐

---

[1] 李昊朋. 基于机器学习方法的智能机器人探究[J]. 通讯世界，2019（04）.

若干文化传播可选策略选项,甚至当专家经验、传播案例等经验知识均为不可用时,也可利用类似 AlphaZero 的算法,由计算机自主进行信息筛选和智能比对,拟合出具有最佳质量效益的传播方案。此外,机器学习与增强现实、虚拟现实、数字孪生等技术的结合,将能够建立与中华优秀传统文化虚实互动的仿真体验环境,营造具有极强用户沉浸感的数字虚拟空间,降低普通民众获取传统文化知识的门槛。

(六)机器人——建立双向互动文化传播模式

机器人学是与机器人设计、制造和应用相关的科学,通常指工业机器人,机械手等。有学者认为,当前机器人处于智能机器人的第三个发展阶段,其能根据人类发出的指令,灵活适应环境的变化并自主决定工作方式,最大特点是只需告诉他"做什么"而不需告诉他"怎么做"。与之前 5 类人工智能技术领域有所不同,机器人技术与传统文化传承与弘扬呈现出弱相关的关系,其在文化传播中的应用场景相对较为单一,可以预见的有文化场所智能导游机器人,可以同步伴随游客参观,越过各类复杂地形,以高度类人的行走和语言交互方式提供导游服务。另外,还可在异地组织文化展览期间,利用地面、水中、空中等机器人模仿人类、动物等,共同模拟展示传统文化场景,丰富文化传播形式。

三、智能化条件下中华优秀传统文化传播发展趋势

人工智能技术的深度渗透和广泛应用,将给文化传播行业带来"改变游戏规则"式的颠覆性影响。从传播者、受传者、讯息、媒介和反馈等传播学构成要素分析,在当前弱人工智能发展阶段,中华优秀传统文化传播将呈现如下发展趋势。

(一)传播者视角:传播主体向人机协同模式拓展

按照传播学鼻祖施拉姆的说法,传播者是指传播行为的引发者,即是发出信息主动作用于他人的人,一般是个人或群体化组织。信息化时代,传播者已然呈现出从专业人向普通人的转变,即传播主体不一定是作家、记者、编辑等专业群体,越来越多的普通民众可以通过网络媒体发布自身观点,传播者与受众者之间的界限日益模糊。当前弱人工智能阶段,传播者再一次呈现从有人到无人的发展趋势,大量基于人工智能/机器学习算法的机器正在取代人类,从事更多的文化传播工作,如"妙笔"撰稿机器人可运用数据自动生成新闻稿件,新华社"i 思"

可以进行实体采访活动等。可以预见，随着人工智能技术的进一步发展，无人化文化传播平台将具备更强的自主感知、行为调控和人机交互能力。值得注意的是，鉴于中华优秀传统文化传承与弘扬肩负使命的重要性和严肃性，传播主体向自主无人化发展过程中，机器应当时刻处于人类的绝对控制和监督之下，"人在回路之外的授权自主"式人机协同将是未来文化传播的主要发展方向。

（二）受传者视角：用户体验向虚实互动范式转变

受传者又称信宿，即讯息的接收者和反应者，传播者的作用对象。从历史演进脉络看，随着新技术的不断运用，受传者获取信息的时效性越来越强、内容越来越丰富、感官体验越来越好。从"结绳记事""口传心授"到文字记载，文化传承在时间维度得以极大延长；从报纸书籍到广播电视传媒，文化传承在空间维度得以极大拓展；信息化时代，随着信息处理、通信传输技术的发展，文化传播也经历了从简单文本格式传播，到"一图胜过千言万语"的图片传播、再到当前正在蓬勃发展的短视频传播，特别是近年来兴起的网上博物馆、虚拟体验馆等三维虚拟体验模式，进一步丰富和便捷了普通民众获取文化资源的方式方法。展望未来智能化时代，随着虚拟现实、增强现实、机器学习、全息投影、数字孪生等技术进一步发展，有望构建出与传统节日、非物质文化遗产等中华优秀传统文化现实场景高度一致、更加逼真的数字虚拟空间，该空间可以与现实物理世界双向学习、同步进化，受众可以在虚拟环境中与文化当事人进行实时互动，用户体验将实现从视觉、听觉向触觉、味觉等全方位拓展，形成虚实互动的沉浸式受众体验。

（三）讯息视角：海量数据向泛在聚合形态升级

讯息是由一组相互关联的有意义的符号组成，能够表达某种完整意义的信息。自古以来，生产讯息一直都是文化传播者面临的主要任务，囿于传统传播模式下讯息一直没有形成一定体量，文化传承与弘扬更多地呈现出的是一种单向灌输形式，即传播者基于既定目标有针对性地进行文化资源数据化采集、格式化改造和定向式传播，受众多数情况下只能被动接受讯息，缺少一定的选择自由度。当前，信息化传媒时代，受众在接受新的文化理念的同时，回帖点赞或弹幕评论等方式都能将受众掌握的文化讯息回传于传播者端，讯息双向快速流动的回路已初步形成。可以预计，在智能化充分发展的时代，自然语言处理和计算机视觉等技术将快速把大量文化资源转换为格式化数据，并按需加工为多国语言制式，各类海量讯息将"泛在聚合"于云端或分散存储于全球区块链节点中，届时，"云端"海量数据价值挖掘将取代传统讯息加工整合而成为制约文化传承与弘扬质效的主要矛盾。

（四）媒介视角：传播平台向跨域融合方向演进

媒介又称传播渠道、信息、手段或工具，是讯息的搬运者，也是将传播过程中的各种因素相互连接起来的纽带。传播平台的发展走过了一个从单一到多元、从分散到集成的发展过程，当前，广泛整合公众号、App、报纸、电视、电影等媒介功能的全媒体平台建设，已经成为文化传播业界的广泛共识和普遍举措，各大主流媒体纷纷顺应技术发展潮流推出全媒体产品，如新华社推出了媒体大脑、智能化生产系统、卫星新闻等整合生产模式，5G全息异地同频访谈等创新产品也已实际运用于会议座谈和电视直播。人工智能技术的持续发展将进一步颠覆传统文化传媒产业链，基于中华优秀传统文化传播具有一定官方色彩的独特特点，智能化条件下文化传播或将呈现出"全媒体＋大平台"的跨域融合式发展形态，除具有全媒体平台各类媒体跨界集成融合的特点外，还将是一个底层数据互联互通、智能算法集成通用、应用接口相互兼容的大平台，从而有效打破传统单一媒介传播时空藩篱，集成运用零散分布的各地特色人文资源，汇聚形成中华优秀传统文化传播蓬勃力量。

（五）反馈视角：效能评估向迭代闭环回路发展

反馈是指受传者对接收到讯息的反应或回应，对中华优秀传统文化传承与弘扬良性发展具有直接增益作用。早期传播反馈形式一般有问卷调查、抽样问询等形式，虽在时效性、精准度等方面有强弱之别，但反馈时间数量级一般都是长至天、短至小时级，如算上将反馈情况用于调整传播策略的时间，这一周期则可能更长。智能化条件下，得益于大数据、云计算、区块链等技术的广泛应用，所有文化传播系统都在泛在云联的海量数据层上运行，用户访问量、评论量、访问时间、评分数据等信息都能实时不间断地被传播者所掌握，反馈速度将达到毫秒级水平。此外机器学习、自动推理等技术的发展，将能够根据受众反馈信息和即有专家经验，自动做出错误冗余数据隐藏删除、优秀热点事件置顶显示、用户关联信息智能推荐、文化传播策略实时调整等反应动作。届时，数据反馈与系统调节将同步一体，文化传播"数据采集—信息发布—受众反馈—系统调整"回路的循环周期势必极大缩短。

四、加速智能化中华优秀传统文化传承与弘扬的对策思考

面对前沿技术呈指数级加速发展的倒逼压力,必须紧盯技术赋能作用,深挖人工智能技术潜力,分阶段制定智能化传播规划,有步骤开展知识化赋能改造,体系化攻克智能传播核心技术,牢牢把握国际文化传播话语权和主动权。

(一)实施顶层设计,统筹制定智能化文化传承战略规划

高度重视顶层设计和战略规划,统筹制定技术标准,统一设计发展路径,分阶段有重点推动智能化中华优秀传统文化传承与弘扬。**一是近期完善战略发展规划**。系统研究智能化条件下文化传播的发展目标、推动思路、重点任务、保障措施等,尽快回答需要什么样的智能传播平台、如何建设发展、怎样评估质效等现实问题,构建形成迭代完善、渐近优化、刚性约束的中华优秀传统文化智能化传承与弘扬发展规划,配套制定数据资源建设、软件平台开发、智能算法创新等分支计划,按照总体论证、重点攻关、逐步推广的方法步骤,推动文化传承与弘扬向智能化方向稳步发展。**二是中期夯实技术发展基础**。按照统标准、抓试点的思路,推动智能化传播在关键领域取得实质性突破。统标准,主要是统筹制定体系集成、数据采集、系统运维等技术标准,明确多源异构硬软件接口规范,确保分散建设的传播平台互联互通互操作。抓试点,主要是选取意义重大、濒临失传、基础较好的文化资源,开展智能化传播试点建设,走一条以点带面、重点突破的发展路子,通过一些具体应用项目的落地见效,形成示范跟随效应,全面形成中华优秀传统文化智能化传播合力。**三是远期建立体系规模优势**。深度集成整合分散存储于不同地域不同平台的文化资源,打破不同数据库之间的技术壁垒,构建形成统一多渠道数据资源的知识图谱。开展大数据智能、跨媒体智能、人机混合智能和类脑智能等技术应用,在文化传播智能算法方面取得原创性突破。打造数据采集、软件开发、平台运维、安全防护等各环节良性互动发展的文化传播生态体系,实现文化传播从"任务牵引"向"主动迭代"的能力演变,建立中华优秀传统文化智能化传承与弘扬规模性优势。

(二)打牢数据根基,深度开展文化资源知识化赋能改造

按照采集清洗、格式转换、质量校验、分析挖掘的开发流程,建立时空跨度大、涵盖类型多、内涵底蕴深的传统文化数据资源体系,打牢智能化传播基础。

一是加强数字资源采集积累。大样本数据集是智能化系统的基础，AlphaGo 的突破得益于 16 万盘人类高手的围棋棋谱，击败星际争霸人类职业选手的 AlphaStar 则从 65000 场比赛数据的缓存以及 50 万次匿名游戏数据回放中学习到了克敌制胜的办法。实现智能化文化传承与弘扬，首要之义在于建立体量巨大的文化资源数据库。一方面，应按照标准规范格式，运用自然语言处理、计算机视觉等智能化采集手段，对大量散落于民间、以文献典籍、历史遗迹等媒介形式保存的资源进行数字化开发，将隐性资源转换为显性数据；另一方面，可运用统一元数据标准，对现有各类文化资源数据进行格式化改造，打破不同数据库之间的壁垒，推动数据融合共享。**二是实施数据质量审核校验**。不同地域、不同时段、不同人员采集的文化资源数据，即使遵循相同的技术标准体系，也难免因理解偏差或对象不同而造成数据质量良莠不齐，应采取人机协同的方法进行数据质量审核校验。具体可运用机器学习、模式匹配、全文检索等技术手段，对文化资源主题数据进行去伪存真、去粗取精，对受众反馈的错情漏情、违背常识等问题进行智能识别、自主纠正。同时，应高度重视人在数据审核校验中的主体作用发挥，及时介入辨识语义较为复杂的文化资源元数据，审核把关机器做出的重大信息删改决策，避免发生高价值数据误删除或错误言论数据未及时修正等风险隐患。**三是推动知识价值发现挖掘**。中华优秀传统文化涉及领域宽泛、包含内容庞杂，知识价值发现挖掘的主要目的就是从庞大的资源数据库中抽取出隐含的、以前未知的、具有潜在价值的信息。具体实践中，可运用决策树、聚类分类、遗传算法、神经网络等统计学和智能算法，对前期采集入库的数据资源进行深层次分析、归纳性推理和自动化挖掘，从多源异构、高维稀疏、结构复杂数据中寻找出数据中隐藏的规律、规则、关联、异常、变化等高价值知识，达到发现新知识，创造新价值，提高文化数据资源综合利用效率的目的，为机器进化提供高质量的学习素材。

（三）立足自主可控，加快突破智能化文化传播核心技术

着眼构建人在回路之中的智能文化传播生态体系，研发基于知识库的文化传播平台和安全防护系统，不断提高文化传播算法在对抗条件下的强鲁棒性、动态环境中的自适应性和分析过程中的可解释性。**一是营造全程监管的智能生态体系**。突出构建强规则约束条件下的文化传播智能技术生态体系，建设"态势感知—持续监测—跨域合作—快速反应—精准溯源"一体联动的闭环回路，运用机器学习算法自主实施数据挖掘与信息过滤，建立热点事件智能感知和推理监测模型，识别鉴权受众身份信息，分析评估传播质量效益，快速处置网络突发舆情，精准溯

源信息发布源头，实现对传播态势的动态监控、实时分析和准确预测，形成人在回路之中的智能化文化传播生态体系。**二是构建知识驱动的智能传播平台。**发展基于知识库的"融媒体平台＋个性化模块"的文化传播大平台。知识库主要实现各级各类数据同步更新、实时互动和依权共享，面向受众提供知识图谱服务。融媒体平台主要是将各类共用信息资源和服务项目统一集成于"云端"，为受众提供多元立体、开方包容、形式灵活的通用化文化传播服务。个性化模块主要是针对特定受众需求，量身订制虚拟人机互动、精准内容推介、图像语音识别、社交机器人等个性化智能服务，实现基于一个平台的多种应用，确保各类文化传播系统跨越时空界限实现资源互通。**三是研发自主可控的安全防护系统。**信息网络安全是中华优秀传统文化智能化传播必须坚守的防线和底线。平台规划阶段，应建立完善的安全防护策略，健全舆情采集分析、态势感知评估、应急情况处置等安全防护机制；平台建设阶段，应逐步配套使用国产软硬件，自主组织软件代码编写调优和模拟运行，严防关键核心技术手段受制于人；平台运维阶段，可与国家网信办、各类科研院所及商业公司安全防护中心建立安全运维和舆情处置共商机制，协同解决平台可能遭受的各类突发状况，确保智能化传播平台安全稳定运行。

五、结语

当前，人工智能技术在文化传播领域已经呈现出较为明晰且极具颠覆性的应用前景，随着弱人工智能逐步向强人工智能、超人工智能方向演进，势必为智能化文化传播带来更多的机遇挑战和更新的技术手段。我们应不断开展文化传播领域人工智能技术创新，集智开展中华优秀传统文化资源的数据采集、审核校验和价值挖掘，合力营造供需联动、反馈迅捷、全程监管的智能文化传播生态环境，聚力研发以智能自主、跨域融合、人机协同等为主要特征的智能文化传播平台，阐释展现中华优秀传统文化特色精髓，全方位多视角向世界发出中华文化声音、展示中华文化形象，建立形成中华优秀传统文化智能化传播与弘扬有序迭代、健康发展的良好态势。

中华文化在海外的传播——以琉球首里城为例

孙家珅[①]

2019 年 10 月 31 日凌晨，位于日本冲绳县的世界文化遗产首里城发生火情，直至 10 月 31 日中午火灾才完全扑灭，包括正殿、北殿和南殿在内的 6 栋建筑先后被烧毁，殿内所存珍贵文物也难以幸免于难，琉球王国时期的众多美术工艺品被烧毁，给琉球人带来了巨大的冲击和深深的悲伤。从 1992 年开始，每年的 10 月底至 11 月初，正是首里城举办首里城祭的时间，当地住民常常依靠首里城祭来重拾那个已经遗失在历史尘埃中的记忆，原定在同年 11 月 1 日举办的模仿琉球国国王和王妃表演也将处于无限期的搁置。

在这场火灾发生之前，琉球的首里城曾经四度被毁，至今为止的最后一次复原是 1992 年。在历史上，首里城作为琉球王朝的象征，见证过一个繁荣的海上王朝在东亚扮演着万国津梁的作用，亦见证过中国朝贡体系下的贸易往来。首里城在每一次的烧毁与重建背后，都体现了当地人对琉球王国历史的追忆，对琉球王国时期传统文化的向往和传承。

一、首里城的建立和沿革

12 世纪以来，琉球由原始渔猎采集时代进入农耕社会为主的城郭时代（グスク时代），开始正式步入国家形成阶段。这一时期以城郭为据点的政治统治阶层形成，海外交易也开始活跃起来。在城郭时代，冲绳岛各地大小政治势力在相互兼并的过程中，逐渐形成了山北国、中山国、山南国三个政权鼎足而立的局面，史称"三山时代"。

首里城建于三山时代末期，根据近年来的考古发掘资料显示，琉球最古老

---

① 孙家珅，中国社会科学院日本研究所助理研究员。

的建筑遗迹被推定始建为14世纪晚期。可以确定的是，首里城始建之初是琉球三山时期中山国的城堡，创建时间早于琉球王国时期中山国王察度在位期间（1350—1395年），中山国王察度为加强山南国的军事防御而修建了首里城，刚建成时中山国的王都与官署还在浦添城，此时修筑首里城的目的是建立一个军事据点，以有效控制具有重要军事和经济地位的那霸泊港。尚巴志王（第一尚氏王统的第2代王，1422—1439年在位）早期，为了控制琉球的主要港湾那霸泊港，方便对外贸易，中山国将王都迁到首里城。1429年琉球王国建立后，仍以首里城为国都，王都的正殿及各官署建筑更加完备，逐渐成为琉球王国的政治中心。

　　仅史书记载，首里城就多次被烧毁，命途多舛。首里城建成后的近300年间，首里城几次被毁又被重建。1453年琉球王室内部因争夺王位而爆发了志鲁、布里之乱，首里城被烧毁，5年后重建。1660年、1709年首里城两度因失火被烧毁，又两度重新再建。1879年日本吞并琉球，设置冲绳县，同年琉球国王被俘。首里城的建筑物丧失了作为琉球王国王府所在地的作用，改设为日本陆军第六师团的军营，之后被用作冲绳县立首里高等女子学校的校舍。[①] 1912年学校建校后，首里城的墙体老化严重，荒废的正殿随时有倒塌的危险。在1923年也引发了是否应该拆除正殿的讨论，由于当时正在进行冲绳文化调查的东京帝国大学教授伊东忠太、镰仓芳太郎等相关人员的奔走请求，才中止了拆除行动。首里城于1897年成为日本政府的古社寺保存法的对象，在正殿的背后建立了"冲绳神社"，日本人将首里城正殿定位为神社的前殿，以巩固琉球人对大和民族的精神顺从。正殿成为冲绳神社的神殿，供奉着大和人源为朝（日本人认为源为朝是琉球人的祖先，其子成为第一代琉球王舜天）。

　　"二战"末期，首里城又遭到日美两军炮火的摧毁。在太平洋战争中的冲绳战役中，日军在首里城下挖掘壕沟，并在此设立陆军第32军总司令部。1945年5月25日，首里城连续3天受到美国军舰密西西比号的炮击，最终于27日烧毁（现在首里城龙潭的位置也清晰可见当年地下战壕的入口和弹痕）。[②] 在日美两军的激烈战斗中，包括首里城及其城下的街道、琉球王国的宝物等众多文化遗产遭到了破坏。"二战"结束后，美军在首里城遗址上建设了琉球大学，许多遗址被拆除或掩埋，只剩下一部分城墙和建筑物的根基。随着1980年代琉球大学向西原

---

① 戦前の首里城の写真見つかる「なじみ始めた姿、貴重」『朝日新聞』2020年1月31日。
② 「「公開は困難」首里の３２軍壕 県が見解示す」『琉球新報』2019年12月17日。

町迁移，首里城的重建提上议程。正式的重建从1980年代末开始进行，1992年，首里城正殿等建筑以掩埋旧的遗迹的形式进行重建。2000年，包括首里城在内的"琉球王国城及其相关遗址群"被吉尼斯世界纪录登录成为世界文化遗产。

二、首里城与中国文化

古琉球时期的琉球王国，以首里城和那霸港为中心，这种国家的建立是基于东亚港口和王宫组合成的海洋型国家的概念而建立的。其特点是政治都市，王都首里以及贸易都市的构建形态，而首里城则是中国传统文化在琉球传播的集中体现。

（一）首里城城门

首里城入口的"守礼门"

"守礼"为"遵守礼节"之意，在守礼门上挂有匾额，镌刻着"守礼之邦"四个字，意为"琉球是重视礼节的国家"。首里城最具代表性的门就是"守礼门"，以中式牌楼的形式建立。首里城的多数城门和建筑物除了"正式名称"之外还加了"别名"。从这些称呼中可以看出以前琉球人对中华文化的尊崇。守礼门在古代也被称为"首里门"，但琉球庶民对其爱称是"上绫门"，意思是"上面美丽的门"。守礼门于1527—1555年（第二尚氏第四代尚清王代）之间首次建立，但在冲绳战役中被战火毁坏。现在的守礼门是于1958年复原重建的，直到今天为止都作为象征琉球的标志而存在，同时也是日本于2000年发行的2000日元纸币图案。

首里城"欢会门"

"欢会门"是进入首里城城郭内的第一个正门,"欢会"是欢迎的意思。明清时期,中国皇帝的使者"册封使"被邀请到首里城,这个名字是为了欢迎中国册封使而命名的。首里城由外围(外城郭)和内郭(内城郭)两层包围,这里是外围的第一个门,欢会门创建于1477—1500年(尚真王代),在冲绳战中烧毁,1974年重建。欢会门在石拱状城门上放着木造的橹。这种风格与后述的久庆门、继世门等相同。欢会门的两侧有一对石造的狮子像,这是为了避邪而设置的。[①]

瑞泉门后为漏刻门。漏刻门内正面是被称作"日影台"的日冕,旁有供屋一座,内置万国津梁钟复制品。漏刻门的橹上设置了水槽,用漏水的量来计算时间,测定时间后,工作人员在这里敲鼓,听到鼓声的其他工作人员在东面和西面同时敲响大钟,向城内和城外报时。万国津梁钟乃为明英宗天顺二年(1458年)铸造,原挂于首里城正殿。1978年日本政府指定为重要文化财产,真品被冲绳县立博物馆所收藏。

穿过漏刻门,则进入广福门。"广福"是指"让福通过"的意思。"广福门"又名"长御门",是第四扇门。建筑物本身具有门的功能,这种形式也是首里城城门的特征。广福门是人字形坡顶的木结构建筑,建造时间不详。广福门东侧是调解士族财产纠纷的"大与院",西侧是管理神社佛阁的"寺社座"。穿过广福门,遂进入"下之御庭",正前方为"首里森御岳","下之御庭"东侧为最后一道城门——奉神门,门后耸立着华丽的正殿。

"首里森御岳"是王城内一处祭祀礼拜场所。据"琉球开辟神话"所述,此处是天神创建的圣地。奉神门又称作"君夸御门",以御庭相隔,建于正殿前面。建造时间不详,但已知石栏杆完成于嘉靖四十一年(1562年)。是一个拥有三个入口的正面20间、侧面4间的楼门,中央高,面向该门左侧(北侧)是"纳殿",

---

① 『百浦添之欄干之銘』、塚田清策『琉球国碑文記』[M]. 東京:啓学出版株式会社,1970:81.

负责管理药类、茶、烟草等；右侧（南侧）是"君夸"，在城内举行仪式等时使用。

（二）首里城宫殿

"御庭"是被正殿、南殿、番所、北殿、奉神门所环绕的广场。这里是首里城的中心空间，是用于举行册封典礼等各种仪式的主要广场。御庭沿袭了以紫禁城为代表的中国宫殿样式，表明琉球与中国交流与朝宗心理之深。御庭以连接奉神门和正殿的浮道为中心，茶色砖以条纹状铺在左右两侧。此条纹在举行仪式及开展活动时可以明确百官排列和道具摆放的位置，而中央的浮道被认为是神圣之道。首里城的建筑主要包括正殿、南殿和北殿。

郑秉哲《琉球国旧纪》卷一《首里记》中对首里城的正殿及周围建筑设施有如下记载：（1）中山城。太古之世，天孙氏首出为君，择地于首里，创建斯城，肇开王化，统莅万民，自是为君王者，长居此城，大敷善政，抚绥遐迩。至尚圆王、尚真王，城郭悉备，亦尚清王，至今犹然。（2）国殿（俗曰百浦添）。天孙氏始定城都于中山，创建此殿，制度未备。至正德四年己巳，尚真王始于殿前设立青石龙柱并栏杆。嘉靖四十一年壬戌，尚元王亦于奉神门前设立青石栏杆，壮观大备。（3）北殿（俗曰西之御殿，又叫议政殿）。成化年间，尚真王创建此殿，以为款待天使之所。（4）南殿（俗曰南风之御殿）。天启年间，尚丰王创建此殿，以为款待萨州使之所。① 首里城北殿是用以迎接中国王朝的册封使节；南殿建于明天启年间，用以接待17世纪以后萨摩藩定期派来的使节。

首里城中心建筑正殿无论在外观和构造上，诸多方面都受到北京紫禁城太和殿建筑风格的影响。首先，远看两个宫殿都是双重屋顶，殿前台基及石栏杆极为相似，殿内正面柱子数目也相等；其次，太和殿前面广场和首里城正殿前面的"御庭"也一样，均铺上特别烧制的砖块，作为举行各种隆重仪式的场所，两者之间只是规模大小不同而已。在建筑装修方面双方都凸显龙和狮子的工艺形象的塑造和陈设。

正殿高约16米，台座高约1.9米、宽约28.8米、深度约17米。一楼的下厅（下库理）是国王和重臣参加重要仪式和会议的场所；二楼的大厅（大库理）用于举办王室的活动。正殿的双层建筑，与北京故宫的太和殿及汉城（今首尔）景福宫的勤政殿相同，可以说是呈现最高规格式的中国式宫殿建筑。根据记录，正殿曾经遭受四次烧毁并重建。最近这次是以康熙五十一年（1712年）建造并经

---

① 阪仓笃秀，程尼娜. 琉球王国的首里城 [J]. 史学集刊，2012（1）.

多次大修后存续到战前的建筑为模型。

（三）首里城匾额

首里城内原有中国皇帝赐给琉球国王的九块匾额，但全在"二战"末期毁于战火。如今，只复原了三块，分别是康熙皇帝御赐的"中山世土"、雍正皇帝御赐的"辑瑞球阳"和乾隆皇帝御赐的"永祚瀛壖"。直至今日，每年元旦，首里城都还会举办仪式和庆典，模仿当年王国时期琉球国向中国方向遥拜的情景。

康熙二十一年（1682年）壬戌八月二十五日，汪楫、林麟焻离京前，到乾清门陛辞，恭请皇上谕旨。上曰："琉球海外小国，尔等前往，务特（持）大礼，待以宽和，以副朕怀柔远人之意"①。汪楫、林麟焻出使前，"疏陈七事：一、请颁御笔。二、请照例谕祭海神。三、渡海之期不必专候贡使。四、请带修船官一同渡海。五、请给官防。六、请增兵护行。七、请预支俸银。奏上，御大笔书'中山世土'四字赐王，特许带修船匠役随行，制祭文二道，祈报海神，并给俸二年以往"②。尤其康熙赐琉球国王御书"中山世土"四个字，对后世清代帝王影响重大。雍正、乾隆、嘉庆各朝都相继赐琉球御书匾额，分别为"辑瑞球阳""永祚瀛壖""海表恭藩"等，这是其他藩属国家所没有的殊荣。

清代皇帝所赠琉球国王御书匾额表③

御书名称	赐赠年份	所赠国王
中山世土	康熙二十二年（1683年）	尚贞王
辑瑞球阳	雍正二年（1724年）	尚敬王
永祚瀛儒	乾隆四年（1739年）	尚敬王
海邦济美	乾隆五十一年（1786年）	尚穆王
海表恭藩	嘉庆五年（1800年）	尚温王
屏翰东南	道光四年（1824年）	尚灏王
弼服海隅	道光十八年（1838年）	尚育王
同文式化	咸丰四年（1854年）	尚泰王
瀛峤屏藩	同治四年（1865年）	尚泰王

（四）册封使题字

龙樋，由于水从龙口涌出，因此命名。龙樋的流水清澈，涌出的泉水被称为

---

① 中国第一历史档案馆.康熙起居注.第2册[M].北京：中华书局，1984：887.
② 徐葆光.中山传信录[M]//台湾文献丛刊第306种.台北：台湾银行研究室编印，1972：122.
③ 赖正维.福州与琉球[M].福州：福建人民出版社，2018：320.

瑞泉，王国时代，册封使团驻留当地时，瑞泉水被朝夕运至天使馆以供饮用。

首里城"龙樋"

册封使在天使馆期间，饮用水乃首里城瑞泉门前右侧的泉水，此系王宫专用水，该龙头据说于1523年从中国传来。周煌的《琉球国志略》记载："瑞泉，在首里王城欢会门内。城建山巅，而泉脉上涌，极甘烈；大旱不竭。石壁峭立，高广数十丈。于泉眼以铁龙嵌之，泉从龙口喷流，跳珠飞雪，沁人肌骨。下承以小方池，旁通小沟，伏流直灌龙潭，分溉田圃；民苦斥卤，甚利赖焉。外树栅扃之，设司守之。日供王府茗饮；册封时，则日遣红帕筑登之，押送两石到馆，以漆箐盛之，加封鐍"①。

册封使为瑞泉题字表②

七碑内容	题字使臣	题字时间	典据
中山第一	徐葆光	康熙五十八年（1719年）	《球阳》卷10，尚敬王7年
云根石髓	全魁	乾隆二十一年（1756年）	《中山世谱》卷10，尚穆王21年
阳谷灵渐	赵文楷	嘉庆五年（1800年）	《球阳》卷19，尚温王6年
活泼泼地	齐鲲	嘉庆十三年（1808年）	《球阳》卷20，尚灏王4年
源远流长	林鸿年	道光十八年（1838年）	《球阳》卷21，尚育王4年
飞泉漱玉	高人鉴	道光十八年（1838年）	《球阳》卷21，尚育王4年
灵脉流芳	赵新	同治五年（1866年）	《球阳》卷22，尚泰王19年

以上册封使臣的题字，琉球国王都下命刻成石碑，立于"龙樋"四周，1945年全毁于战火。1984年发掘调查时，曾在废墟中发现"飞泉"两字残碑，它与冲绳县立博物馆保存的"漱玉"残碑正好合并成完整的"飞泉漱玉"石碑。

---

① 周煌.琉球国志略[M]//台湾文献丛刊第293种.台北：台湾银行经济研究室编印，1971：148.

② 赖正维.福州与琉球[M].福州：福建人民出版社，2018：322.

（五）首里城风水

首里王城风景秀丽，周围一带泉水丰富。琉球人在城区、住宅、坟墓的选址上，都极为注重风水，首里城被认为是风水极佳之地。早在1667年，周国俊就受琉球政府派遣，前往福建学习风水地理知识，其后蔡温也到福州学习，蔡温在福州先后共计三年，期间他学习了中国的文化和经世治民的思想，以及山川治理之法。康熙五十年（1711年）四月，蔡温担任王世子尚敬的教师。次年，尚益王逝世，尚敬即位，蔡温被授予了"国师"一职，琉球的国师一职自蔡温始。

尚敞王即位（1713年）后，有人提出建议将琉球王国的都城迁往名护，蔡温对此表示坚决反对，他在《正议大夫毛文哲都事蔡温等相禁城并国庙及玉陵》中对王都不可迁离首里城有详细的论述：因兹城前望，则马齿山自海中起，特为之锦屏，亦特遮漏泄之气焉。其左则小禄、丰见城地方，诸峰联络为之青龙，以镇城都。其右则北谷、读谷山地方，诸峰伏起为之白虎，以护城都。历观北山、南山之地，平则平，宽则宽，然而气脉所钟，山川所拱，皆莫吉乎首里矣。首里斯都，万万世世，决勿改建。①

琉球园林主要包括单体建筑和山水、花木、道路等，与福建园林结构如出一辙。琉球建筑技术与风格受福建传统文化的影响，还可以从建筑的木结构及屋顶、墙身、木构件、门窗等饰样设计的特点来看出。如福建传统建筑的"出砖入石"手法，即卵石墙面的砌筑这一地方特色，就完全被琉球吸收了。琉球王宫首里城城墙的建筑，就是用"出砖入石"手法体现的。②

三．承载当地历史记忆的首里城

万国津梁钟乃为明英宗天顺二年（1458年）铸造，原挂于首里城正殿。钟上的铭文显示，通过海外贸易而繁荣的琉球的景象。"琉球国者，南海胜地也。钟三韩之秀，以大明为辅车，以日域为唇齿，在此二中间涌出之蓬莱岛也。以舟楫为万国之津梁，异产至宝充满十方刹，地灵人物远扇和夏之仁风……"

冲绳县已故前知事翁长雄志是久米村人后裔，在其担任冲绳县知事期间，每

---

① 郑秉哲．正议大夫毛文哲都事蔡温等相禁城并国庙及玉陵[M]// 球阳研究会编．『球阳』卷10、東京：角川書店，1974年．

② 林金水主编．福建对外文化交流史[M]．福州：福建教育出版社，1997：198．

次会见日本国内和国际政要时都会在其背后出现这样一个屏风,上面就书刻有万国津梁钟的铭文,可见其想要表示和传达的信息。

对琉球人而言,琉球王国和首里城的一切文化符号都承载着历史记忆,在当代琉球社会,可以明显地观察到琉球族群对于追求和复兴传统文化的努力。2017年2月,日本职业篮球联赛联盟成立,各个代表队都是以日本都道府县的名字命名的,但是来自冲绳县的篮球队为了突出自身的传统文化并没有将队名定为"冲绳队"而是命名为"琉球王朝队"。

首里王城的仿古仪式

属于传统的,早已遗失在历史的长河中的传统文化也不断被重塑,在当代冲绳,首里城还举行各种各样与外交有关的仪式。其中,册封典礼占据特别重要的位置。册封是中国皇帝认证琉球国王地位安稳的、带有即位典礼性质的重要仪式,在首里城所举行的手捧皇帝诏书的众多仪式中占据最高地位。在册封仪式开始之前,众官行三跪九叩首礼来迎接册封使;正使持节,副使捧诏,随行赍赏,步入守礼门。而后经过奉神门来到御庭,在这里举行各种仪式。册封典礼在中山王府举行。琉球方面盛情款待册封使一行,在御庭设舞台,表演各种艺术,给予最隆重的款待。

尽管首里城历史上曾四次被摧毁,但每次摧毁后都进行了重建,正如学者上里贤一于2019年11月15日第十七届中琉历史关系国际学术研讨会上所言:"首里城是琉球文化的载体,是琉球王国辉煌历史的证明,我们要致力于再建首里城!"琉球首里王城的命运多舛的前世今生牵动着每一位的心,首里城不仅仅是琉球王国光辉历史文化的见证、中华文化在海外传播的见证,更是琉球人抵抗大和人欺压的有力武器,琉球人还在重建首里城的过程中不断加深自我的历史记忆和凝聚族群认同。

以优秀传统文化观引导少年儿童健康成长

汪宜勤

近些年来,我们国家的经济发展迅猛,社会主义进程进入新发展阶段,少年儿童作为祖国的未来,更需要用优秀的传统文化来熏陶,让其感受5000多年的中华文明的深厚底蕴。而2018年两会国学教育专题会议中更是明确指出中华优秀传统文化不仅给予孩子们成长的力量,更是丰盈了孩子们的童年生活。

中华优秀传统文化是中华民族的"根"和"魂"。习近平总书记在2021年年初曾指出:"世世代代的中华儿女培育和发展了独具特色、博大精深的中华文化,为中华民族克服困难、生生不息提供了强大精神支撑"。在漫长的历史发展中,中华民族之所以能够成为伟大的民族、始终屹立于世界民族之林,之所以历经磨难而愈挫愈勇、奋发奋起,一个重要原因就在于培育和发展了独具特色、博大精深的中华文化,为自身发展提供了强大精神支撑和丰厚文化滋养。历史和现实都证明,一个民族如果抛弃自己的文化,就会失去精神支撑,就难以屹立于世界民族之林。在新的历史起点上推进社会主义文化强国建设,需要推动中华优秀传统文化创造性转化、创新性发展,不断增强中华优秀传统文化的生命力和影响力,铸就中华文化新辉煌。

一、优秀传统文化的传承背景与现状

(一)何为中华优秀的传统文化

中国是个历史悠久的文明古国,传统文化博大精深,从"盘古开天地""女娲造人""神农尝百草""仓颉造字",奠定了神传文化的初始。到"人法地,地法天,天法道,道法自然",道家天人合一的思想融入文化的血脉;"大学之道,在明明德,"2000多年前的孔子设馆授徒,把以"仁义礼智信"为代表的儒家思想传与社会。公元1世纪，"慈悲普度"的释教佛法东传，中华文化变得更为博大精深。儒、释、道三家思想交相辉映，使盛唐时期达到举世瞩目的辉煌。虽然中华民族在历史上多次遭到侵略和打击，其传统文化一直表现出极大的融合力与生命力，其精华代代相传。总而言之，优秀的传统文化是很多的，包括茶文化、酒文化、各种曲艺剧种、书法、诗词、围棋、节气、节日等等。

（二）优秀传统文化的现状

一方面，从上到下对中华传统文化价值的认识不断深化，优秀的传统文化传承和传播受到越来越多的重视，及至今天，可以说是到了近百年来传承弘扬中华优秀传统文化最好的机遇期。

另一方面，中华优秀传统文化体系不在，内容失真，作用弱化，传承乏力，及至今天，也在面临巨大危机。

（三）以少年儿童为主的价值观教育现象

1. 社会更加注重少年儿童的显性教育

教育要从娃娃抓起，现行阶段中国父母更重视孩子的显性教育，而在隐性教育上缺乏共同的认知，认为孩子学的越多越好，真正忽视孩子的内心，而人格的健全更需要一个完整的、优秀的文化去引导。而中华上下5000年传承下来的优秀文化数不胜数，真正落实到孩子身上的优秀文化并不是很多。

2. 重视成绩，忽视道德品质的培养

在新中国成立的很长的一段时间中，"唯分论"占据主导思想，及至今天，仍有大量的少年儿童在追逐考试成绩上疲于奔命，缺乏真正优秀文化的滋养，培养出"高分低能"的孩子，这样的孩子不仅不会为国家为社会做出贡献，甚至还会对社会造成比较坏的影响。

3. 少年儿童的身心发展特点更适合传统文化的输入

俗话说："三岁定八十。"老一辈都认为孩子日后的行为习惯，都根据小时候性格和培养而决定的。有一个什么样的童年就有一个什么的人生，所以从小进行适当的培养，足以影响孩子成长的每一步。

（四）国家逐渐重视传统文化的传承，以及现阶段教育政策的颁布

为了进一步突出传统文化在青少年成长中的重要性，习近平总书记在很多场合发表了许多重要讲话，要求教育主管部门重视少年儿童对中华优秀传统文化的

传承。国家也做了很多努力，近几年也颁布了一系列的政策：

2017 年 2 月，中共中央办公厅、国务院办公厅联合印发了《关于实施中华优秀传统文化传承发展工程的意见》；

2018 年，教育部 国家语委印发《中华经典诵读工程实施方案》；

2021 年 3 月，《中华人民共和国国民经济和社会发展第十四个五年规划和 2035 年远景目标纲要》正式发布，"传承弘扬中华优秀传统文化"单设小节予以阐述等等。

以上政策的进一步实施都在证明，国家越来越重视中华优秀传统文化在青少年中的影响力了。

二、做根脉式教育，以优秀的传统文化树立少年儿童正确的价值观

（一）在少年儿童成长过程中，优秀传统文化大环境起到的积极影响

1. 优秀家风的传承

家庭是人生的第一个课堂，父母是孩子的第一任老师。孩子们从牙牙学语起就开始接受家教，有什么样的家教，就有什么样的人。家庭教育涉及很多方面，但最重要的是品德教育，是如何做人的教育。也就是古人说的"爱子，教之以义方""爱之不以道，适所以害之也"。

——2016 年 12 月 12 日，习主席在会见第一届全国文明家庭代表时的讲话。

2. 整个社会动员起来，让文化传承"活"起来

近两年中华文化广播电视传播工程做出系列探索——《中国地名大会》《国家宝藏》《朗读者》《经典咏流传》等节目栏目深度挖掘传统文化资源，突出展示诗词、文物、戏曲、民歌等传统文化元素，赢得广大观众的点赞。今年，中央广播电视总台正在进行《长城之歌》《大运河之歌》《长征之歌》《黄河之歌》四部纪录片创作，还将推出《中国考古大会》。

一年一度的《中国诗词大会》是许多观众的期待，据统计，6 季《中国诗词大会》的收视超过 30 亿人次。

为引导广大青少年在潜移默化中感知中华文化魅力、传承中华文化基因，教育部举办了中华经典诵写讲大赛，开展经典诵读、诗词讲解、汉字书写、学生篆刻等系列赛事；在重要时间节点开展各类经典诵读活动，"聚战疫力量 诵中国

精神"融媒体直播节目鼓舞人心。广电总局指导开展了《大禹治水》《愚公移山》《杨家将》《大运河奇缘》《中国神话故事》等40部弘扬中国精神、讲述中国故事、具有中国风格的动画项目创作和一批传统文化主题网络动画片，产生了良好的社会影响力。

3. 部编版教材在传统文化层面加大植入量，使孩子们了解老祖宗们积累的智慧

为了让孩子们利用黄金年纪多读多背传统文化经典篇章，这次部编版新教材小学语文共选优秀古诗文129篇，比原来人教版教材增加了60篇，初中有古诗文132篇，也比以前略有增加。小学语文教材除古诗词、古代寓言、神话传说、历史故事外，还从《三字经》《百家姓》《千字文》《弟子规》等传统蒙学读物中，选取符合当今时代特点、具有积极意义的内容。初中从《诗经》到清代诗歌，从诸子散文、历史散文、唐宋古文到明清小品，均有呈现。

此外，小学统编《语文》教材还推荐了很多学生必读书籍包含成语、名言警句、楹联、谜语、谚语、歇后语、蒙学读物、文化常识等内容，以期通过积累一定数量的传统文化，帮助学生打好传统文化的底子。而初中的《综合性学习》，则围绕"友""信""和"等传统文化关键词，设计了一系列专题活动。

（二）优秀传统文化能够提升少年儿童的综合能力水平，更能培养善于思考的孩子

1. 有利于培养孩子良好的行为习惯

中华传统美德的18个德目中，有三分之一是关于行为习惯的，如孝敬父母、尊敬师长、勤劳节俭、诚实守信、谦虚礼貌等等，这些良好习惯的养成，既要靠家长和老师的正面引导，也要靠国学知识的熏陶。

2. 有助于开发孩子的记忆力

记忆力是人生学习和发展过程中最为重要的智力因素，人的记忆能力在两周岁前就已经开发了65%，到6岁时开发至80%，孩子的记忆力是非常惊人的。因此，有效利用学前时间，通过诵读国学经典来开发孩子的记忆力是很必要的。

3. 有利于帮助孩子识记和理解文字

一个读了三年国学的孩子，识字量基本能达到4000多个字，现在小学六年的语文教育，孩子也只能认识2450个字而已。所以，读了三年国学的孩子的语文程度，可以达到高中生水平，甚至一些聪慧肯用功的孩子已经达到大学中文系的水平。

4. 有利于培养孩子的语言表达能力

孩子在诵读国学经典的过程中，能够把握读经"一心二用"的特点。通过背诵，锻炼了幼儿的记忆能力，并随着年龄增长和对经典的进一步理解，大大提升孩子们的分析判断能力。诵读国学经典的同时，也可以积累大量的优美语句，提高作文水平。

（三）树立少年儿童正确的价值观，人生观

1. 人的可贵，首先在于人的精神，在于这个人是否具有正能量

如果人没有了精神层面的世界观，同虫子和细菌还有什么本质区别？牛马、猴子、猩猩区别于虫子和细菌，因为它们也是有精神层面上的活动。孔子的世界观，认为人的精神层面的价值是高于物质层面价值的。衡量君子的标准，是看重精神层面的东西，评价君子还是小人，不是看物质层面的东西。老农，老圃手艺再好，不见得是君子，而一个人即使没有手艺，没有钱财，只要品德好，文化好，也可以定格为君子。《论语•述而篇》：子曰："富而可求也；虽执鞭之士，吾亦为之。如不可求，从吾所好。"《论语•先进篇》：子曰："回也其庶乎，屡空。赐不受命，而货殖焉，亿则屡中。"即使孔子这样有学问的人，并不排斥物质财富。但即使子贡善于理财，孔子评价他的品行指标时，也排在品德无可挑剔的颜回之后，即使颜回常常一贫如洗。

中华优秀传统文化主要是通过"养正"的途径来塑造人的正确世界观、价值观和人生观的。而中国传统哲学和文化的来源是《易经》。"养正"，其实也就是如何培养出正确的世界观、价值观和人生观，其理论来源就是大道之门的《易经》。

2. 传统文化可以让孩子发扬基本气质和潜能

学以致用是我们学习优秀传统文化的根本目的，而优秀的传统文化思想的深入人心也可以修复逐渐遭到损毁的淳朴民心，可以让日益跑偏的价值取向逐渐回归正常轨迹，同时，社会减少罪恶，减少偷盗，减少贪婪，还可以让善良之心重新播种在民众的心里，善念常驻，可以培养出一个有幸福感的孩子。

3. 传承文脉的责任意识，可以让孩子忠于国家努力成就民族伟大复兴

如果我们的下一代能够系统地学习老祖宗留下的优秀的传统文化，就可以将中华民族传统文化传承等方面发扬光大，就可以逐渐恢复中华民族子孙身上特有的那种中国气质，就可以修复因"文化大革命"而遭到毁灭性破坏的传统文化，就可以采用中华民族传统精髓的价值观塑造勤劳的中国人，牢记祖宗教诲，为中

华民族的伟大复兴努力奋斗,把中国建设成为优秀传统文化浓厚的具有中国特色的世界强国。

三、优秀的传统文化如何实施与践行

(一)优秀传统文化的创新与实践

中华优秀传统文化最大的特点是经世致用、明体达用。中国文化之所以历久不衰,一个重要原因就是优秀传统文化提供给我们的不仅仅是单纯的知识体系,还包括实践学问,用以指导我们的生活,启发我们的智慧。要想深入了解和把握传统文化,树立文化自信,我们不应该停留在文字学习的表面,而应该深悟笃行,涵泳其中,切实与自己的生命体验联接起来,由此确立的文化自信才会深入骨髓。在山东曲阜,陕西西安等地每年都会举行很多文化节,也在进一步弘扬优秀传统文化。

老祖宗的东西之所以能够接续传承、历久弥新,就是因为在经世致用的过程中,经受了一代代中国人生产生活的检验,又不断地融进一代代中华儿女鲜活的生命体验。优秀传统文化的魅力,归根到底在于它扎根于人的生命深处,与人的生命发生真实的紧密的联接。我们要推动中华优秀传统文化创造性转化、创新性发展,也只能依靠笃行才有可能实现。

那么,如何让优秀传统文化走进当代人的生命,与我们当下的生产生活实践发生直接联接呢?一是对传统文化要有一颗礼敬之心,怀抱温情与敬意。在这种态度下翻开经典、阅读经典,才可能与经典产生良性互动。二是以经典为镜,反身而诚。阅读经典时不要有畏难情绪,坚持看懂一句是一句、受用一句是一句的原则,在修炼自身上下功夫,把学习优秀传统文化与提升自己人生境界融为一体。三是深悟笃行,知行合一。"纸上得来终觉浅,绝知此事要躬行",如助人为乐的道理,不是课堂上说教就容易懂得的道理,要在真正去助人的过程中,才会真实体会到自己的价值,体会到人与人之间亲近的关系,才会真正明白助人为乐的真谛,慢慢养成助人为乐的道德品质。

(二)优秀传统文化与科技结合——文化助力爱国

中华优秀传统文化蕴含着丰富的文化自信资源。中华优秀传统文化源远流长,无论是文本的,还是非文本的;无论是物质的,还是非物质的;无论是口述的,还是非口述的，传统文化的呈现形式都是丰富多彩的。其蕴含着丰富的为政之道、人生理想、道义担当等思想，强调天人合一、生生不息、兼容并包等精神气质。文化建设和文化发展必须基于既有的优秀文化基础。一方面，要做好优秀传统文化的继承者。另一方面，要做好优秀传统文化的创造者。对于优秀传统文化，不能墨守成规，而是要结合新时代背景不断地创新创造、推陈出新，让中华优秀传统文化更显时代光彩，增强和延续传统文化的时代感和生命力。

中华优秀传统文化在国别比较中具有独特优势。中华优秀传统文化是人类历史上从未中断的文化形态，具有强大的生机和影响力，在世界文化之林中始终占据着重要地位。它不仅推动了中华民族的发展，对人类文明也做出了卓越贡献。文化优势凸显国际影响力。当前，国际竞争不仅仅囿于硬实力，以文化为核心的软实力愈显重要。文化优势提升国际话语权。文化话语是话语权力的重要组成部分，文化力量在综合国力竞争中占据重要地位。在不同思想文化的相互交融中，中华优秀传统文化正不断提高其在世界舞台上的影响。我们要敢于和善于传播好中国声音，讲好中国故事。在国际交流中，我们要承担积极传播优秀传统文化的责任，让更多的外国人知晓和认同中华优秀传统文化。

（三）信息化手段参与到优秀传统文化的传承中来

博览典籍故事、读懂典籍思想，中央广播电视总台《典籍里的中国》正在热播，节目聚焦《尚书》《天工开物》《史记》等享誉中外、流传千古的典籍，通过时空对话的创新形式，以"戏剧+影视化"的表现方法，讲述典籍在历史长河中缘起、流转及书中的故事，展现其中蕴含的中国智慧、中国精神和中国价值。节目中的环幕投屏、AR、实时跟踪等新科技手段，创新设计的"历史空间""现实空间"等让观众印象深刻，尤其受到年轻观众欢迎。抖音、快手等一大批新媒体的诞生，也从侧面积极宣传中华优秀传统文化，青少年从正能量的短视频中感受到传统文化的魅力。

总之，优秀传统文化的传承靠的不仅仅是新时代下中国一代又一代人的努力的结果，更是需要这些优秀的传统文化，引领新时代下青少年的健康成长，形成积极向上的人生观价值观和世界观。

中国共产党将马克思主义同中华优秀传统文化相结合的百年进程

姜楠[①]

中华文化源远流长、博大精深，其中饱含了中华文明优秀的伦理道德、行为准则和精神品格，蕴藏着治国理政的丰富经验，为中华民族的发展壮大提供了文化密码。党的十九大报告明确指出：中国共产党从成立之日起，就是中华优秀传统文化的忠实传承者和弘扬者。中国特色社会主义文化，源自于中华民族五千多年文明历史所孕育的中华优秀传统文化。[②] 党的十九届六中全会通过的《中共中央关于党的百年奋斗重大成就和历史经验的决议》在总结历史经验部分强调："坚持把马克思主义基本原理同中国具体实际相结合、同中华优秀传统文化相结合"[③]。这一创新性提法阐释了马克思主义中国化的理论逻辑和实践逻辑，具有重要意义。

中华优秀传统文化是中华文明的文化基因，展现了中华民族的深厚底蕴，要实现马克思主义基本原理与中国具体实际相结合，与中华优秀传统文化相结合是无法绕开的重要环节。马克思主义与中华优秀传统文化在许多价值、观念上具有一致性，如传统文化蕴含了许多唯物主义和辩证法思想，同时二者在许多方面存在互补性。将两者相结合，就是以马克思主义激活中华优秀传统文化，用马克思主义思维方法分析传统文化，推动传统文化与时俱进，实现创造性转化与创新性发展，同时用中华优秀传统文化滋养马克思主义，以广为人知的传统文化话语阐

---

① 姜楠，男，上海大学文学院历史系博士研究生，主要研究中共党史。本文系教育部哲学社会科学研究重大课题攻关项目资助"伟大建党精神研究"（21JZD005）、2021年度上海市哲学社会科学规划课题资助"上海红色基因百年传承与时代价值研究"（2021BDS003）的阶段性成果。

② 习近平. 决胜全面建成小康社会 夺取新时代中国特色社会主义伟大胜利 [N]. 人民日报，2017年10月28日，第3版.

③ 中共中央关于党的百年奋斗重大成就和历史经验的决议 [M]. 北京：人民出版社：67.

释和传播马克思主义的深刻理论,实现马克思主义的中国表达,推进马克思主义中国化。

回顾党的百年辉煌历史,马克思主义始终充满生机活动的重要原因正是在于马克思主义植根于中国土壤,同中华优秀传统文化相结合,使其在实践中始终行得通。本文立足于党史百年视域,梳理中国共产党在四个不同历史阶段围绕时代主题和历史任务,将马克思主义同中华优秀传统文化相结合的历史脉络,分析不同阶段的历史特点。

一、从对立到结合的历史嬗变

近代以来,在西方列强的侵略下,古老中国的大门被打开,中华民族遭遇国家蒙辱、人民蒙难、文明蒙尘的苦难与悲哀。面对这一困境,先进的中国人开始了向西方学习的历程。从学习先进技术到仿行西式制度,先进的中国人探索着救亡图存之道,但中国的落后局面仍未实现改变。

"中华民国"建立之初,许多知识分子开始认识到中国封建文化根深蒂固,尝试革新中国文化。他们发动了新文化运动,为西方文化中华传统文化贴上"新"与"旧"的绝对标签,将二者完全对立起来,猛烈地抨击中国传统文化,称颂西方文化的先进性。如陈独秀就称中国传统文化与西方文化"若南北之不相并,水火之不相容"①,他将"立新"作为"破旧"的前提,提出"要拥护那德先生,便不得不反对孔教,礼法,贞节,旧伦理,旧政治。要拥护那赛先生,便不得不反对旧艺术,旧宗教。要拥护德先生又要拥护赛先生,便不得不反对国粹和旧文学"②。李大钊也持相同观点,呼吁"竭力以受西洋文明之特长,以济吾静止文明之穷"③。这些观点提出的以先进西方文化矫正中国传统文化中的落后元素具有积极意义,但也存在片面贬低中国传统文化的问题,表明新文化运动的参与者未能对传统文化的辩证分析,未能正确区分传统文化中的优与劣,缺乏对传统文

---

① 陈独秀. 东西民族根本思想之差异 [M]// 任建树主编. 陈独秀著作选编. 第1卷. 上海:上海人民出版社,2014:193.

② 陈独秀.《新青年》罪案之答辩书 [M]// 任建树主编. 陈独秀著作选编. 第1卷. 上海:上海人民出版社,2014:10.

③ 李大钊. 东西文明根本之异点 [M]// 李大钊全集. 第2卷. 北京:人民出版社,2013:215-216.

化中优秀部分的认同。

十月革命以后,马克思主义在中国得到广泛传播,包括陈独秀、李大钊在内的一大批先进知识分子受到马克思主义的深刻启迪,最终成为马克思主义者,他们后来成为中国共产党的建党先驱。中国共产党在成立之初就肩负了反帝反封建的伟大政治使命,这在党的文化观中鲜明体现出来。陈独秀就在文章中讽刺胡适、曹聚仁等的整理国故是"在粪秽里寻找香水",讽刺他们即"出力寻找时自身多少恐要沾点臭气"[①]。陈独秀以"应设法令他速死"[②]作为对待中国传统文化的态度,显得有些过于激进,没有正确认识到传统文化中的优秀部分。胡绳后来曾总结这一时期党在文化领域的态度与方针:"既然是新文化,就不能带有任何民族的色彩,因此就抹煞了一切民族文化的传统,甚至抹煞中国民族生活的特点"[③]。在此背景下,中华传统文化自然无法与马克思主义的地位相提并论,在早期共产党人的思想中,这二者甚至是完全对立的。

但不可否认的是,拥有深厚积淀的传统文化在近代中国仍居于主体地位,是中国文化的主流。马克思主义在传播的过程中,为更好地实现有效传播,扩大马克思主义的受众面,传播者常常通过比附传统文化解释马克思主义。郭沫若就曾写作《马克思进孔庙》一文,将马克思与中国传统中的至圣先师孔子虚构进同一空间场域,描写马克思在了解了孔子的大同思想后称:"我不想在两千年前,在远远的东方,已经有了你这样的一个老同志!你我的见解完全是一致的"[④]。这种文学创作实际上是凸显马克思主义与中国传统文化的契合点,以此作为传播马克思主义的一种手段,也是马克思主义同中华优秀传统文化相结合在传播话语上的一种初步尝试。

然而,传播话语上的革新并不意味着中国共产党已经开始将马克思主义同中华优秀传统文化相结合,中国共产党对传统文化的态度仍然是以否定为主。当农村革命根据地开辟后,党开始在乡村地区开始局部执政,在许多政策中都有明显的反传统色彩。瞿秋白在1931年为中央文化工作委员会起草的文件中,主张苏

---

① 陈独秀.国学[M]//任建树主编.陈独秀著作选编.第3卷.上海:上海人民出版社,2014:101.

② 陈独秀.评泰戈尔在杭州、上海的演说[M]//任建树主编.陈独秀著作选编.第3卷.上海:上海人民出版社,2014:101.

③ 胡绳.新文化的方向和途径——抗战时期的文化运动的回顾[M]//胡绳全书.第1卷(下).北京:人民出版社,1998:306.

④ 郭沫若.马克思进孔庙[M]//郭沫若全集·文学编.第10卷.北京:人民文学出版社,1985:167-168.

维埃的文化革命,其中明确提出:"打倒孔教、佛教、道教等等的迷信和一切宗法社会的思想上的束缚"①。这体现了党在创建后的较长时间内将马克思主义和中华传统文化对立起来,这是中国共产党在这一时期的反帝反封建的革命任务决定的。

抗战爆发后,中国共产党在对待马克思主义和中国传统文化的态度上开始出现转变。1935年1月,王新命、陶希圣等十名教授联合署名发表《中国本文的文化建设宣言》,掀起了复古潮流,其目的在于通过传统文化来抗击马克思主义。面对这一思想逆流,中国共产党人和一些进步文化人士发起新启蒙运动,辩证地看待中国传统文化,主张以批判继承的辩证态度对待传统文化。陈伯达表示:"合理地扬弃中国的旧文化,创造中国的新文化"②。"我们对于旧文化的各种传统都采取了批判的态度;好的,我们要继承下来,并给以发扬;不好的,我们就绝不顾惜"③。这一"扬弃"的态度体现了马克思主义唯物辩证法的思维方法,有效地抵御了国民党发动的思想逆流,维护了中国共产党作为民族性的形象,从中可以看出中国共产党传统文化观的积极调适。

1938年10月召开的党的六届六中全会是中国共产党探索马克思主义同中华优秀传统文化相结合的重要标志。毛泽东在大会报告中首次提出了"马克思主义中国化"的概念,他强调:"马克思主义必须和我国的具体特点相结合并通过一定的民族形式才能实现"④。对于中国的具体特点和民族形式,毛泽东已有了文化视角,他提出中华传统文化加以重视:"我们这个民族有数千年的历史,有它的特点,有它的许多珍贵品。对于这些,我们还是小学生……从孔夫子到孙中山,我们应该给以总结,我们要承继这一份珍贵的遗产"⑤。毛泽东这一重要论述改变了此前党内存在的批判传统文化的思潮,明确了中华传统文化包含优秀的部分,强调了马克思主义在中国实现发展,必须同中华优秀传统文化相结合。

1940年1月4—12日,陕甘宁边区文化协会第一次代表大会在延安召开,1月9日,毛泽东在会上作了题为《新民主主义的政治与新民主主义的文化》的报

---

① 瞿秋白. 苏维埃的文化革命[M]// 瞿秋白文集·政治理论编. 第7集. 北京:人民出版社,2013:229.
② 陈伯达. 在文化阵线上[M]. 上海:生活书店,1939:33.
③ 陈伯达. 思想无罪[J].《读书月报》第3号,1937年7月.
④ 毛泽东. 中国共产党在民族战争中的地位[M]// 毛泽东选集:第2卷. 北京:人民出版社,1991:534.
⑤ 毛泽东. 中国共产党在民族战争中的地位[M]// 毛泽东选集:第2卷. 北京:人民出版社,1991:534.

告，正式提出了新民主主义文化。毛泽东重申对中国传统文化的态度："剔除其封建性的糟粕，吸收其民主性的精华""中国应该大量吸收外国的进步文化，作为自己文化食粮的原料"①。这里所说的"外国的进步文化"自然包括马克思主义，这一对传统文化和外国文化取其精华、去其糟粕的鲜明态度展现了中国共产党在马克思主义与中华优秀传统文化相结合问题上的新思考。

1943年5月，共产国际宣布解散。对此，中共中央发文强调中国共产党是中国最民族化的政党，明确党与传统文化的关系，明确"中国共产党人是我们民族一切文化、思想、道德的最优秀传统的继承者"，并提出把"优秀传统看成和自己血肉相连的东西，而且将继续加以发扬光大"②。同时，中共中央强调整风运动"使得马克思列宁主义这一革命科学更进一步地和中国革命实践、中国历史、中国文化深相结合起来"③。这是中国共产党首次在中央文件中明确要将马克思主义同中华优秀传统文化结合起来，标志着党对传统文化态度的彻底转变，推进了马克思主义的中国化。

毛泽东思想是马克思主义中国化的第一次历史性飞跃。作为中国共产党第一代领导集体的核心，毛泽东自幼熟读中国古代典籍，具有深厚的传统文化底蕴。成为马克思主义者后，毛泽东同时在思想、语言、行动等方面都善于将马克思主义与中华传统文化相结合。毛泽东于1937年写作的《矛盾论》和《实践论》是马克思主义与中华传统文化相结合的重要文献，将马克思主义用来分析中国实际问题，同时以一些中国历史、神话传说、成语典故举例论证，使深刻哲理更加清晰地呈现出来。实事求是是毛泽东思想活的灵魂的重要体现，1941年毛泽东在《改造我们的学习》对《汉书》中"实事求是"概念进行了马克思主义的阐释，他认为："实事"就是客观存在着的一切事物；"是"就是客观事物的内部联系，即规律性；"求"就是我们去研究。④在此基础上，他提出要在马克思主义的指导下，根据客观事实，进而得出正确结论。在新中国成立前夕，毛泽东发表《论人民民主专政》，引用中国传统文化"大同"之说，将"大同"与共产主义社会联系到一起，提出工人阶级、劳动人民和共产党"努力工作，创设条件，使阶级、国家

---

① 毛泽东.新民主主义论[M]//毛泽东选集：第2卷.北京：人民出版社，1991：707.
② 中国共产党中央委员会关于共产国际执委主席团提议解散共产国际的决定[M]//中央档案馆编.中共中央文件选集：第14册.北京：中共中央党校出版社，1992：41.
③ 中国共产党中央委员会关于共产国际执委主席团提议解散共产国际的决定[M]//中央档案馆编.中共中央文件选集：第14册.北京：中共中央党校出版社，1992：41.
④ 毛泽东.改造我们的学习[M]//毛泽东选集：第3卷.北京：人民出版社，1991：801.

权力和政党很自然地归于消灭，使人类进到大同境域"[①]。这一系列马克思主义的中国表达体现了革命时期以毛泽东为代表的中国共产党人积极推动马克思主义中国化、时代化、大众化的实践探索。

新民主主义革命时期，在反帝反封建革命任务的影响下，中国共产党人在对中国传统文化的认识上有较大转变，从忽视中国传统文化、将传统文化与马克思主义对立起来逐步转变为成熟地将马克思主义与中华优秀传统文化相结合。这一转变代表着马克思主义中国化进程的加快，也是中国共产党人深化民族性认同的体现。

二、从结合到偏废的曲折历程

中华人民共和国成立后，正式成为执政党的中国共产党立足中国实际开展社会主义建设，更加重视从中华传统文化中汲取养分。与经济改造相同步，中国共产党开展以改革旧文化、建设新文化为主要特征的文化建设，肃清帝国主义、封建主义文化的思想影响，开始逐步建立以马克思主义为指导的社会主义文化。

在对待传统文化上，在马克思主义的指导下，中国共产党着力荡涤其中的"糟粕"部分，扫除其中具有封建迷信、陈规陋习色彩的内容。"取其精华，去其糟粕"依然是这一时期党对中华传统文化的基本原则，周恩来1953年提出："在新文化运动初期，我们批判孔子，因为要反对封建文化。现在新文化已占住了阵地，我们就有必要回过头来肯定历史文化中的一些积极的东西"[②]。这一讲话明确了党应以批判继承的态度对待文学艺术遗产，体现了新中国的文化方针。

继续推进马克思主义中国化是党在社会主义革命和建设时期理论创新的主题主线，特别是1956年社会主义基本制度建立后，中国共产党对中国具体实际和中华优秀传统文化的认识逐渐深刻。建国初期，中国共产党坚持"一边倒"的外交方针，全面学习苏联，新中国在文化领域也深受苏联文化影响。1956年苏共二十大以后，中国共产党深刻认识到不能完全照搬苏联的社会主

---

① 毛泽东. 论人民民主专政 [M]// 毛泽东选集：第4卷. 北京：人民出版社，1991：1469.
② 周恩来. 为总路线而奋斗的文艺工作者的任务 [M]// 周恩来论文艺. 北京：人民文学出版社，1979：48.

义建设模式，必须立足中国实际，毛泽东提出马克思主义与中国实际进行第二次结合。

毛泽东在这一时期发表了一系列关于马克思主义同中华优秀传统文化相结合的重要论述。1956年4月，毛泽东在《论十大关系》中表示："我们的方针是，一切民族、一切国家的长处都要学，政治、经济、科学、技术、文学、艺术的一切真正好的东西都要学。但是，必须有分析有批判地学，不能盲目地学，不能一切照抄，机械搬用。他们的短处、缺点，当然不要学"[①]。这是对建国初期全面学习苏联的反思，强调的是以"批判吸收"的观点对待国外文化，不能一味地套用。同年8月，毛泽东在同音乐工作者的谈话时，以艺术形式为例强调中国文化的本位性："中国艺术为基础，吸收一些外国的东西进行自己的创造为好……国人还是要以自己的东西为主"[②]。同时，毛泽东认识到中国文化植根于中国悠久历史和传统，他强调："我们历史久，也有它的好处。把老传统丢掉，人家会说是卖国，要砍也砍不断，没有办法"[③]。这一深厚的文化底蕴决定了要推进马克思主义中国化就必须结合中华优秀传统文化。

自幼熟读经史、深受传统文化熏陶的毛泽东对传统文化的精华之处有深刻认识，1958年8月他在谈中国教育史时曾列举了古代先贤的人民性思想："孔子的有教无类，孟子的民贵君轻，荀子的人定胜天，屈原的批判君恶，司马迁的颂扬反抗，王充、范缜、柳宗元、张载、王夫之的古代唯物论，关汉卿、施耐庵、吴承恩、曹雪芹的民主文学"[④]。毛泽东善于挖掘传统文化中优秀元素，并与马克思主义的科学思想进行比对，发现二者的一致性。正如毛泽东1960年所提出："对中国的文化遗产，应当充分地利用，批判地利用"[⑤]。毛泽东运用马克思主义的辩证观点对待中国传统文化，以马克思主义的科学性作为批判传统文化优劣性的标准，进而更好地发掘其中的优秀内容，使其服务于社会主义文化建设。

1964年9月，中央音乐学院学生陈莲写信给毛泽东反映该校问题，她在信

---

① 毛泽东.论十大关系[M]//毛泽东文集：第7卷.北京：人民出版社，1999：41.
② 毛泽东.同音乐工作者的谈话[M]//毛泽东文集：第7卷.北京：人民出版社，1999：77.
③ 毛泽东.同音乐工作者的谈话[M]//毛泽东文集：第7卷.北京：人民出版社，1999：78.
④ 毛泽东.教育与劳动结合的原则是不可移易的[M]//毛泽东文集：第7卷.北京：人民出版社，1999：398.
⑤ 毛泽东.应当充分地利用文化遗产[M]//毛泽东文集：第8卷.北京：人民出版社，1999：225.

中反映中央音乐学院部分师生迷恋西洋音乐，轻视民族音乐，对音乐革命化、民族化、群众化有抵触情绪，学校教学工作上只教继承，不教批判等问题。毛泽东高度评价这封信，认为其中提出的问题是需要解决的，并在批语中正式提出"古为今用、洋为中用"的文化方针，① 体现了中国共产党的文化民族性思想，这也是中国共产党将马克思主义同中华优秀传统文化相结合的重要思想来源。

但1966年"文化大革命"的爆发改变了中国共产党的文化方针，马克思主义与中华优秀传统文化相结合的历史进程被打断，二者之间的关系转为分割乃至偏废。在"文革"期间，此前的文化方针遭到完全颠覆，文化生态萧瑟，斗私批修成为主流，以儒家文化为代表的中国传统文化作为"四旧"被扔进"历史的垃圾堆"。1971年林彪事件以后，"四人帮"发动了"批林批孔"运动，将批判传统文化与批判林彪个人相结合，大搞影射史学，中华传统文化遭到全面否定，其文化载体受到严重破坏。

社会主义革命和建设时期，中国共产党在一定时期内延续了对待传统文化的"批判继承"态度，结合社会主义建设的时代主题和任务，立足中华大地，推动马克思主义与中华优秀传统文化相结合，开拓了独立自主的前进道路。而后社会主义探索经历严重曲折，马克思主义与中华优秀传统文化未能达到良好结合，在一定程度上影响了马克思主义中国化的进程。

三、有机结合：建设中国特色社会主义文化

党的十一届三中全会以后，以邓小平为核心的中国共产党第二代领导集体总结经验教训，解放思想，实事求是，继续积极探索马克思主义与中华优秀传统文化的再次结合，创立了邓小平理论。

在文化建设领域，中国共产党调整了文艺政策，摒弃了"以阶级斗争为纲"的文化范式，正视中国传统文化。1979年10月30日，中国文学艺术工作者第四次代表大会召开，邓小平在大会祝词中再次提出的百花齐放、推陈出新、洋为中用、古为今用的社会主义文化发展方针，并在此基础上提出了"钻研、吸收、

---

① 毛泽东．关于《对中央音乐学院的意见》的批语[M]//建国以来毛泽东文稿：第11卷．北京：中央文献出版社，1988：172.

融化、发展"的八字原则。① 邓小平所总结的文化发展方针和原则，充分运用了马克思主义的科学观点，对中国传统文化的发展提出了继承和创新的要求，推动了社会主义文化繁荣。

要实现对中国传统文化的继承和创新，关键在于提取传统文化的优秀元素。邓小平认为对待中国传统文化"要划清文化遗产中民主性精华同封建性糟粕的界限"，这体现了邓小平将马克思主义灵活运用于分析中国传统文化的思想方法。同时，邓小平强调批判继承应保持谨慎性，坚持科学性，提出"不要又是一阵风，不加分析地把什么都说成是封建主义"②。这是立足过去正反两方面经验的总结，更好地提取中华文化的优秀基因，展现了中国共产党"以史为鉴"的工作态度。

1982年9月，党的十二大召开，邓小平在大会开幕词中鲜明指出："把马克思主义的普遍真理同我国的具体实际结合起来，走自己的道路，建设有中国特色的社会主义，这就是我们总结长期历史经验得出的基本结论"③。"有中国特色的社会主义"这一重大命题的提出，标志了马克思主义中国化进入了新的阶段，这进一步要求马克思主义与中华优秀传统文化在改革开放背景下的有机结合，中华文化在时代浪潮中愈发得到重视。

20世纪80年代西方社会思潮在中国大地涌动，一些民族虚无主义者和历史虚无主义者在此思潮中倡导"全盘西化"，否定中国传统文化，抵御这些危险的思潮成为这一时期中国共产党执政的重要课题。党的十三届四中全会选举产生了以江泽民同志为核心的党的第三代领导集体，新的领导集体在致力于深化改革的同时，对意识形态和思想政治工作给予高度重视。

1990年1月，全国文化艺术工作情况交流座谈会召开，主管意识形态工作的中央领导人李瑞环出席并就弘扬民族优秀文化问题发表长篇讲话，这在党的历史上尚属首次。李瑞环在讲话中高度评价中华民族文化的历史地位，总结了中华民族文化"源远流长、博大精深、影响深远"的特点，并从这三个方面展开论述。④关于对待民族文化的态度，他批评了食古不化和"全盘西化"两种错误观点，在

---

① 邓小平.在中国文学艺术工作者第四次代表大会上的祝词[M]// 邓小平文选：第2卷.北京：人民出版社，1994：210.

② 邓小平.党和国家领导制度的改革[M]// 邓小平文选：第2卷.北京：人民出版社，1994：335.

③ 邓小平.中国共产党第十二次全国代表大会开幕词[M]// 邓小平文选：第3卷.北京：人民出版社，1993：3.

④ 李瑞环.关于弘扬民族优秀文化的若干问题[M]// 十三大以来重要文献选编（中）.北京：人民出版社，1993：854-856.

重申"取其精华,去其糟粕""推陈出新、古为今用"等观念基础上,认为:"不能用今天的标准苛求历史和前人……我们既要看到文化遗产的阶级性、时代性,又要重视它的继承性和借鉴性"①。在此基础上,他进一步提出了关于落实弘扬民族文化的具体措施,这表明党的第三代领导集体对弘扬中华传统文化的认识深化,为马克思主义同中华优秀传统进一步结合提供了可能。

1992年10月召开的党的十四大提出加强社会主义精神文明建设的要求,会议强调:"我们要继承和发扬中华民族优良的思想文化传统,吸收人类文明发展的一切优秀成果,在生动丰富的社会主义实践中,创造出人类先进的精神文明"②。在精神文明建设过程中,中华优秀传统文化对人的塑造作用得到有效发挥。在马克思主义的世界观和方法论的指导下,中华优秀传统文化中的传统美德得到深入挖掘与传播,有效推进了爱国主义教育,促进了社会公德、职业道德、家庭美德、个人品德的加强。

党的十五大首次把"建设有中国特色社会主义的文化"的目标在报告中单列出来,并对有中国特色社会主义的文化的内涵作出具体阐释:"以马克思主义为指导,以培育有理想、有道德、有文化、有纪律的公民为目标,发展面向现代化、面向世界、面向未来的,民族的科学的大众的社会主义文化"③。同时,报告强调中国特色社会主义的文化渊源于中华民族五千年文明史,又植根于有中国特色社会主义的实践,具有鲜明的时代特点。④ 这充分反映了中国特色社会主义的文化是马克思主义同中华优秀传统文化相结合的产物。

进入新世纪,面对社会上各类道德失范现象,以胡锦涛同志为总书记的党中央切实加强思想道德建设,构建了社会主义核心价值体系。社会主义核心价值体系的灵魂是马克思主义,社会主义荣辱观等构成要素中充斥着中华优秀传统文化中"礼义廉耻"的道德风尚和精神力量。推进社会主义核心价值体系建设,展现了马克思主义同中华优秀传统文化的结合,对团结和动员全国人民投身中国特色社会主义建设奠定了思想基础。

---

① 李瑞环.关于弘扬民族优秀文化的若干问题[M]//十三大以来重要文献选编(中).北京:人民出版社,1993:863.

② 江泽民.加快改革开放和现代化建设步伐 夺取有中国特色社会主义事业的更大胜利[M]//十四大以来重要文献选编(上).北京:中央文献出版社,1995:28.

③ 江泽民.高举邓小平理论伟大旗帜,把建设有中国特色社会主义事业全面推向二十一世纪[M]//十五大以来重要文献选编(上).北京:中央文献出版社,2000:16.

④ 江泽民.高举邓小平理论伟大旗帜,把建设有中国特色社会主义事业全面推向二十一世纪[M]//十五大以来重要文献选编(上).北京:中央文献出版社,2000:30.

改革开放和社会主义现代化建设新时期，中国共产党继续发挥中华优秀传统文化的忠实传承者和弘扬者的作用，推进马克思主义同中华优秀传统文化相结合，形成邓小平理论、"三个代表"重要思想、科学发展观构成的中国特色社会主义理论体系，实现了马克思主义中国化新的飞跃。在此基础上，立足中华优秀传统文化，不断推进中国特色社会主义文化建设，开展社会主义精神文明建设，取得了一系列时代创造。

四、紧密结合：创造性转化与创新性发展

党的十八大以来，中国特色社会主义进入新时代。以习近平同志为核心的党中央统筹把握中华民族伟大复兴战略全局和世界百年未有之大变局，高度重视中华优秀传统文化的地位与价值，注重激发中华优秀传统文化的活力，将中华优秀传统文化运用于治国理政的实践中。习近平新时代中国特色社会主义思想充分吸收中华优秀传统文化的丰厚滋养，从"中华民族伟大复兴的中国梦"到"人类命运共同体"，许多思想精粹都有其深厚的传统文化底蕴和历史魅力。正是因为将马克思主义和中华优秀传统文化紧密结合，习近平新时代中国特色社会主义思想成为当代中国马克思主义、21世纪的马克思主义。

习近平总书记继承了中国共产党人代代相传的传统文化观，同时继续深化，将中华优秀传统文化的地位提升至更高的高度。习近平高度称中华优秀文化是"中华民族的突出优势"[1]"中华民族的基因"[2]"中华民族的文化根脉"[3]，指出："中华文化积淀着中华民族最深沉的精神追求，是中华民族生生不息、发展壮大的丰厚滋养"[4]。正是基于此，习近平总书记提出了文化自信的概念，并称其为"更基础、更广泛、更深厚的自信，更基本、更深沉、更持久的力量"[5]，体现了中

---

[1] 习近平在全国宣传思想工作会议上强调：胸怀大局把握大势着眼大事 努力把宣传思想工作做得更好 [N]. 人民日报，2013年8月21日，第1版。

[2] 习近平. 青年要自觉践行社会主义核心价值观——在北京大学师生座谈会上的讲话 [N]. 人民日报，2014年5月5日，第2版。

[3] 习近平在全国宣传思想工作会议上强调：举旗帜聚民心育新人兴文化展形象 更好完成新形势下宣传思想工作使命任务 [N]. 人民日报，2018年8月23日 第1版。

[4] 习近平在全国宣传思想工作会议上强调：胸怀大局把握大势着眼大事 努力把宣传思想工作做得更好 [N]. 人民日报，2013年8月21日，第1版。

[5] 习近平. 要有高度的文化自信 [M]// 习近平谈治国理政：第2卷. 北京：外文出版社，2017：349.

国共产党对中华文化的高度认同。在新时代，中华文化已经成为中华民族伟大复兴的文化源泉和不竭动力。

党的十九大报告指出：中国共产党从成立之日起，就是中华优秀传统文化的忠实传承者和弘扬者。中国特色社会主义文化，源自于中华民族五千多年文明历史所孕育的中华优秀传统文化。① 新时代中国共产党人如何做好传承者和弘扬者，更好地传承中华优秀传统文化，习近平总书记指出：要认真汲取中华优秀传统文化的思想精华和道德精髓，深入挖掘和阐发中华优秀传统文化讲仁爱、重民本、守诚信、崇正义、尚和合、求大同的时代价值，使中华优秀传统文化成为涵养社会主义核心价值观的重要源泉。② 这是对中国共产党"古为今用、推陈出新"文化方针的继承，其中对中华优秀传统文化的多维内涵的系统概括点明了传统文化的精华之处，对传承弘扬中华优秀传统文化具有重要指导意义。

在继承"古为今用、推陈出新"的文化方针的基础上，习近平总书记结合新时代的历史任务，提出了"创造性转化、创新性发展"的传统文化发展方略，激发全民族文化创新创造活力。创造性转化、创新性发展体现了马克思主义所坚持的发展创新的科学观点。要实现创造性转化、创新性发展，关键在于推动马克思主义同中华优秀传统文化相结合。

对此，习近平总书记指出："要把优秀传统文化的精神标识提炼出来、展示出来，把优秀传统文化中具有当代价值、世界意义的文化精髓提炼出来、展示出来"③。在提炼的基础上，中国共产党立足新时代的时代条件和时代特点，使优秀传统文化与当代社会相适应，与社会主义先进文化、红色文化相调适，充分运用于社会主义精神文明建设中。实施中华优秀传统文化传承发展工程，结合最新科技打造传统文化的创新载体，丰富传统文化的生动性与形象性，打造人民群众喜闻乐见的传统文化产品。以不忘本来、吸收外来、面向未来的文化态度，构筑中国精神、中国价值、中国力量，使中华优秀传统文化彰显时代价值，焕发生机与活力。

2021年7月1日，习近平总书记在庆祝中国共产党成立100周年大会上的

---

① 习近平.决胜全面建成小康社会 夺取新时代中国特色社会主义伟大胜利[N].人民日报，2017年10月28日，第3版.

② 习近平在中共中央政治局第十三次集体学习时强调：把培育和弘扬社会主义核心价值观作为凝魂聚气强基固本的基础工程[N].人民日报，2014年2月26日，第1版.

③ 习近平在全国宣传思想工作会议上强调：举旗帜聚民心育新人兴文化展形象 更好完成新形势下宣传思想工作使命任务[N].人民日报，2018年8月23日，第1版.

讲话中提出:"坚持把马克思主义基本原理同中国具体实际相结合、同中华优秀传统文化相结合"①。从"一个结合"到"两个结合",这是习近平新时代中国特色社会主义思想的重大创新,是党对新征程上继续推进马克思主义中国化的未来展望。此后,这一提法写入党的十九届六中全会通过的《中共中央关于党的百年奋斗重大成就和历史经验的决议》,成为马克思中国化百年进程的深刻总结。回顾党的百年辉煌历程,中国共产党将马克思主义同中华优秀传统文化相结合是马克思主义中国化的主流主线,展现了中国共产党人勇于担当、积极作为,坚持推动理论创新的不懈努力。

---

① 习近平.在庆祝中国共产党成立100周年大会上的讲话[N].人民日报,2021年7月2日,第2版。

东亚文化圈"黏性"食物中的年味

陈帝宇[①]

东亚文化圈,或称"东亚农耕文化圈",意为以农耕经济为主导,受中国汉文化影响使用汉字、采用封建帝制和中国律法治国、儒道教为主导思想的区域,包括今中国、朝鲜半岛、日本岛、东南亚和太平洋诸岛屿等。因文化源头相同,这些区域所形成的文化便具有极大的共性,被统称为"东亚文化圈"。

"岁时"作为东亚传统文明的重要组成部分,在农耕文明中占有举足轻重的地位。研究"岁时"对了解东亚时间概念、农耕生活作息、民俗风情有十分重要的意义。"岁时记"是有关节气岁时、节日礼仪与民生民俗的记述。自我国第一部真正意义上的地域性民俗志《荆楚岁时记》问世后,后世的文人墨客也纷纷效仿,相继出炉了一批批优秀的"岁时记"作品,如《玉烛宝典》《岁华纪丽》《岁时杂记》《岁时广记》《燕京岁时记》等。中国的岁时记作品流传到东亚诸国后,日朝知识分子们仿效此书的体例与内容撰写了诸多岁时民俗志,如《本朝月令》《洌阳岁时记》《东国岁时记》等,这对民俗文化的传承意义重大。

在东亚的时间文化体系中,元日占有举足轻重的地位,是古代东亚人最为重视的节日之一。元日,即中国农历正月初一,俗称新岁、新春,其历史悠久,可追溯至秦汉时期,自那时起,春季最重要的节日便从立春逐渐过渡为正月初一。通过东亚诸国的岁时记作品可知,东亚人民在欢度元日佳节时,有诸多相似习俗,如朝廷要举行朝贺仪式,民间要祭祖,大街小巷燃放烟花爆竹,人们相聚共饮"屠苏酒"并走亲访友等。元日这天,东亚的年节食物丰富多彩,其中可见众多相似之处。

本文选取中国、朝鲜、日本、越南的岁时著作,重点探讨东亚文化圈元日的食俗文化,分析其相似性背后的原因与文化逻辑。

---

① 陈帝宇(1996—),女,清华大学历史系2021级博士生,研究方向为俄国史、俄国中亚学。

一、东亚文化圈元日食物一览

（一）古代中国元日食物

据《玉烛宝典》卷一《正月孟春》中记载，元日人们进椒柏酒与屠苏酒，饮桃汤，吃五辛菜，服却鬼丸与"敷于散"，进胶牙饧，即一种用麦芽制成的饴糖。人们吃胶牙饧与祭祀灶神联系紧密，但祭祀之日多为腊月二十四，即小年。据《钦定古今图书集成·岁功典》中言，明朝人们在十二月二十四日"交年"这天便要"祀灶以胶牙饧糯米、花糖、豆粉、团为献"[1]，相传小年是灶君朝天祀的日子，人们用饴糖粘住灶君的牙"使勿言人过恶也"[2]。在元日这天，人们食用胶牙饧是"取胶固之义"，即为了让牙齿坚硬牢固，能吃能喝，是对身体健康的美好祝祷。

元旦，人们还会制作年糕食用，"蒸年糕，备珍果，以为迎年之用"[3]。德安府的元旦，"村中人必致糕相饷，俗曰年糕"[4]。《帝京景物略》中言，"正月元旦，夙兴盥漱，啖黍糕，曰'年年糕'"，可见清朝时期元旦食用年糕已成为节日必不可少的时令美食，当时的人们将黄米制成的黏黏糕改称为"年年糕"，这一名称的改变饱含了人们对新年的期许，即"取增高之义"[5]"谓之一年高一年"[6]，期盼未来可以"年年高"。此外，年糕还是除夕祭祀先祖必不可少的祭品，据《镇江府风俗考》，"除日写桃符，绘门神，祭先祖，悬真像于家庭，供奉烝年糕"[7]。《安平县杂记》中记载，"除夕之日，各家均备馔盒、牲醴、荤素、菜品、年糕等物以祀神、祭祖"[8]。

此外，中国北方地区的人民有元日食用饺子的习俗。据《钦定古今图书集成·岁功典》的元旦部汇考可知，肃宁县"元旦子时设盛馔同享，各食扁食，名角子，取更岁交子之义"[9]。这里的"扁食"便是饺子的别称，据此可见，元旦吃饺子取"更岁交子"的含义。元日食用饺子的习俗在明代已然出现，在《明宫史》中记载，

---

[1] 钦定古今图书集成·历象汇编·岁功典（第93卷）https://cnkgraph.com
[2] 钦定古今图书集成·方舆汇编·职方典（第715卷）https://cnkgraph.com
[3] 钦定古今图书集成·历象汇编·岁功典（第11卷）https://cnkgraph.com
[4] 钦定古今图书集成·历象汇编·岁功典（第22卷）https://cnkgraph.com
[5] 钦定古今图书集成·方舆汇编·职方典（第230卷）https://cnkgraph.com
[6] 澎湖厅志·卷九·风俗，https://cnkgraph.com
[7] 钦定古今图书集成·方舆汇编·职方典（第733卷）https://cnkgraph.com
[8] 安平县杂记·节令. https://cnkgraph.com
[9] 钦定古今图书集成·历象汇编·岁功典（第22卷）https://cnkgraph.com

正月初一宫人们"饮椒柏酒，吃水点心，即扁食也"[①]。元旦，明朝宫人们会在所食的饺子内放入一两枚银钱寓意吉祥，吃到的人则会终年大吉。

由此可见，元日中国人民喜食胶牙饧、年糕与饺子，是为求齿固、身健、吉祥与"年年高"之意。

琉球王国时期的元日食物深受中国影响。

据《年中仪令》可知，元日这天，琉球国王要接受三司官员礼拜。据《琉球国旧记》与《琉球国由来记》记载，元日黎明要行"禁城米莳"之礼，即将白砂播撒于宫殿内外的空地上，以求风调雨顺、作物丰收。元日，禁城庭上要摆上仪仗、五色旗、香案、花盆等，国王率百官向其年所值岁德方位行拜礼，而后群臣向国王行九拜朝贺新年。

据《冲绳的节日祭典与年中行事》记载，琉球人于除夕（也称大晦日）夜用门松和注连绳装点房屋并供奉镜饼。在琉球王国时期，除个别地区外，大多数地区不吃镜饼，猪肉才是正月食物中的主角，人们会在大年三十一家人欢聚一堂吃"大煮"，即将猪肉、海带、萝卜等炖在一起所制的菜，除夕杀猪并于晚上吃厚切盐的煮猪肉。摆放食器时需碗口向上，寓意"食福"，这一习俗延续到20世纪60年代。粟国岛地区有卖盐活动，将对新年的祝愿寄托于盐。也会供奉若水给火神（若水：元旦早晨汲取的水），保佑家人一年健康平安。

可见，琉球的元日饮食习俗受中国的影响很大，在琉球王国时期并没有新年吃年糕的习俗，而是以食用猪肉为主。

（二）古代朝鲜元日食物

据《东国岁时记》和《洌阳岁时记》所记，每逢元日，人们要到家庙举行祭祀活动，谓之"茶礼"，不论男女老少皆穿着新衣裳，称作"岁妆"，还应去拜访亲族中的长老，称为"岁拜"，招待亲友所食的时令食品，称为"岁馔"，所饮的酒称为"岁酒"。 提及岁馔与岁酒的起源，《东国岁时记》中引用了《荆楚岁时记》中的记述"元日，进屠苏酒，胶牙餳"[②]，即岁馔与岁酒起源于中国荆楚地区。

论及元日的饮食，《东国岁时记》中言，人们蒸粳米粉，放置在大板上，用

[①] 钦定四库全书·明宫史卷四. https://cnkgraph.com
[②] 东国岁时记·京都杂志·洌阳岁时记. 合编本. 朝鲜光文会，1991：11.

带柄的木杵来捶打，做成白饼，之后切成和钱一样薄的丝，放于酱汤中煮熟，放入鸡肉、牛肉和辣椒，称为"饼汤"，是祭祀与待客必不可少的"岁馔"食物。《洌阳岁时记》对"饼汤"的记载与《东国岁时记》中有些微出入，文中曰"将饼细切如钱形投之"①，可见，作者认为饼并非切成钱一样的丝，而要切成圆形。除夕夜半时分，家人们要一起吃一碗，人们还会用"今喫饼汤几碗"的问法来问年纪。

祭祖时，羌酊为上等珍馐，由烈酒和糯米粉制成，细切待干燥后用油煎，待浮起后捞出并加以佐料炒制。

通过朝鲜的岁时记作品可知，朝鲜人民所做的"饼汤"中的面饼做法和中国人元日所食年糕很类似，可见，朝鲜与中国的元日饮食有很强的共性。

（三）古代日本元日食物

据《年中行事秘抄》记载，13世纪的日本于元日要举行"四方拜"仪式。这一仪式于寅时在清凉殿东庭进行，"四方拜云云，向乾方，拜后土及五星"。元日宫廷内要进行朝贺，"朝拜，朝贺也，仍号小朝拜"，之后天皇要赐宴群臣。元日，日本宫廷内要"供御药"，这一习俗与中国的饮屠苏酒有异曲同工之妙，"金谷云，一人饮一家无病，一家饮一里无病。"

在传统饮食方面，日本的年夜饭为荞麦面条，据说有两层含义：寓意健康长寿，以及咬断面条即代表和去年的苦难一刀两断。元日人们会品尝"御节料理"，即将多种多样的冷盘摆放在木制"重箱"之中，既华丽又可延长保质期。正月前三天，日本人民会吃"杂煮"，即年糕红豆汤或菜肉汤，其中年糕是必不可少的正月美食。

此外，人们还会在家中摆放镜饼，或称为"福神"，是一种圆形糯米年糕，一大一小叠放，一般会装饰着红柿、柑橘、蕨类植物的叶子等。人们分头拉扯镜饼将其分成不同小块，这一行为在日本人看来可以分享福气，使人们受神明庇佑。正月十五或十八，人们会将元旦期间使用的装饰物烧掉，这一行为被称为火祭"左义长"，据说吃了这种火烤的年糕可以消除一年的灾病。

据此可知，元日日本人民会饮用屠苏酒并摆放"镜饼"，还会食用年糕，可见在日本春节文化中也有黏性食物，即年糕的身影。

---

① 东国岁时记·京都杂志·洌阳岁时记. 合编本. 朝鲜光文会，1991：135.

（四）古代越南元日食物

据《安南志略》卷一"风俗"篇可知，过年前两日，国王要乘车辇从皇宫出发去帝释殿祭拜，除日[①]国王正襟危坐于端拱门接受群臣行礼，晚上在洞仁宫祭祀祖先；在民间，人们要在家门口燃放烟花爆竹，还会摆满杯盘祭祖；元旦，国王坐于永寿殿接受百官及嫔御朝贺。[②]

按《安南风俗册》记载，腊月三十日为除夕节，除夕夜半为交承节，正月一日为元旦。祭祀灶神的时候，多用鲤鱼一条，称为"灶神马"；祭祀祖先时用一整株甘蔗，称为"先人杖"。元旦的饭食由鱼肉、米、瓜果、柑柚等组成。越南人们择吉时出门，或去别人家拜年，或去寺庙，取来一枝好看的花插于门前，称为"采禄"。临近元旦之前，人们用茶酒、鸡鸭、花果、糖蜜、银钱做礼物走亲访友。此外，越南人会制作粽子来迎接新春，粽子也是元旦祭祖时必不可少的供品，由糯米制成，分为豆沙馅与肉馅，外面裹上芭蕉叶，形状为四方形，因此也称为"方形粽"。

综上可知，越南的春节也有食用"黏性"食物，即粽子的习俗，这与东亚诸国的元旦饮食文化虽有差异，但也可发现其共同之处。

二、东亚文化圈元日食俗相似性原因探析

由上文可见，东亚农耕文化圈在元日的饮食习俗方面都很大的相似性：中国人吃胶牙饧、年糕与饺子，朝鲜人食用"饼汤"，日本人食年糕与"镜饼"，琉球王国时期琉球人食用猪肉，后冲绳人供奉"镜饼"，越南人制作粽子，以上均有一个最大的共同特征，即大部分都属于黏性很强的食物。

不难推断，东亚文化圈元日食用"黏性"食物的习俗是由中国传入到文化圈内其他国家的，原因在于东亚文化圈诸国绝大部分为中国的藩属国，且均采用中国的历法并受中国文化的极大影响，分国别而言：第一，因地缘政治的影响，朝鲜半岛史称"小中华"[③]，其历法制度与中国中原地区别无二致，均采用农历纪

[①] 即除夕，农历年最后一天。
[②] 《钦定四库全书·史部》：《安南志略》（卷一）。
[③] 穆禹含，李官福. 中朝韩文化共同体的心灵史诗——论原始宗教与中朝韩民间文学的生成发展[J]. 延边大学学报（社会科学版），2019，52（3）：93.

年法，众多的节日日期、名称也照搬了中国的岁时文化；第二，唐朝时期是中日文化交流的高峰期，日本向中国派出大量遣唐使，这些遣唐使将中国的政治制度、传统文化、科技等悉数带回日本，其中包括中国的历法，从时间维度上看，日本采用中国历法近千年，可见中国的历法和与之相辅相成的岁时文化对日本影响深远；第三，据《琉球国旧记》记载，"大明洪武二十五年壬申，敕赐闽人三十六姓，以敷文教于中山，兼令掌贡典"①。从明朝前往琉球王国的闽人为琉球的朝贡等礼法制度改革做出了突出贡献，使琉球王国这一明朝附属国的臣民受中国文化的熏陶与教化，并与宗主国保持一样的礼仪与体制；第四，越南位于中国南邻，自古便与中国来往密切。中国早期封建王朝在越南地区设置过国家（如南越国）和郡县，公元968年，丁部领在越南建立了独立的封建国家，并于中国宋太祖时期成为中国的藩属国，可见，越南在长达千年的时间跨度上直接受中华文化的影响。

因此在探求元日饮食习俗共性背后的原因时，我们不可忽视的是东亚文化圈中的文化母国——中国的作用。论及年糕等黏性食物在中国的出现，需溯源到其原料——糯米的产生。糯米属于水稻的一种，即粳稻，据今最早的水稻发掘于河姆渡遗址，距今已有7000多年，可见上古时期中国的先民们便已掌握了水稻种植技术。至于将糯米制成年糕等黏性食物起源于何时何地如今已不可考，但传说与伍子胥有关：春秋战国时期，伍子胥受吴王之命建造阖闾城，城池落成之日，他对心腹之人说："我死后，若国家遭难，在城门下掘地三尺便可看到食物。"后吴越战争之时饿殍遍野，人们忆起伍子胥的嘱托，拆城挖地，发现城基是由糯米制成的砖石，人们也靠着这些"糯米砖"成功渡过难关。这一传说的真伪性今人无法判断，但可从中得知的准确结论是：年糕的历史非常悠久。

至于因何"黏性"食物成为中国人元日的必备饮食，笔者认为可从以下五个方面考虑：第一，年糕的谐音为"年高"，有"年年登高""一年高一年"的吉祥寓意，饺子谐音"交子"，有"更岁交子"之义，在新旧交替的除夕和元旦，这两种寓意自然受到人们的推崇；第二，古人对牙齿的健康与否十分看重，牙齿的健康直接影响了进食和身体的强健，因此人们在元日食用胶牙饧是"取胶固之义"，即期盼牙齿强健、身体健康；第三，在儒家思想影响下的古代中国，人们对孝悌之道极尽推崇，除夕或元日祭祖是中国人特别看重的仪式，祭祖除了礼敬先人，还有希望得到祖先护佑的期许，因此用寓意"年年高"的年糕祭祖最为合适不过；第四，年糕的"年"与"黏"同音，"黏"字则与"团结凝聚、紧密相

---

① [琉球]郑秉哲.琉球国旧记.卷之一"唐荣"。

连、密不可分"的含义相关,包饺子和打年糕是一个群体性活动,需要家人们合力完成才能效率高,而春节是阖家欢乐的吉祥日子,制作食物与品尝食物皆能感受到亲人间其乐融融的氛围,可见这种食物作为家宴恰到好处;第五,元日吃年糕与饺子有"招财进宝"之意,饺子形如元宝,年糕有不同式样,其中方块形的黄、白年糕寓意金银。

综上所述,元日中国人食用"黏性"食物的习俗与祈求"万事顺遂、身体强健、阖家欢乐、招财进宝"等希冀息息相关,这一习俗随着中国文化影响力的不断扩大而逐渐蔓延至东亚文化圈其他国家,进而与当地的食俗结合,形成自己独特的"年味"文化。

三、东亚文化圈元日食俗相似背后的文化逻辑

不难看出,东亚文化圈中占据核心地位的文化母国是中国,但因何中国的文化可以传播到朝鲜半岛、日本,甚至越南,形成独特的东亚文化圈,而离我们相同距离的蒙古高原和中亚地区却没能融入其中?为何东亚文化圈的文化可以绵延千年不衰甚至至今仍焕发生机?这些是值得人们思考的问题。

北京大学韩茂莉教授认为,"若从地理的角度观察中国的疆土,东边是海洋,西边是青藏高原,这是古人无法逾越的天然屏障"[1]。其实,放在东亚文化圈也同样适用:观该地的地理情况,东亚文化圈处于亚洲东部,横跨热带、亚热带、温带季风气候区,西边是沙漠和高原,北边是原始森林,东边南边是海洋,而且日本群岛与中国本土相距不远,在古代并不是不可逾越的距离,朝鲜半岛和越南与中国接壤,可见东亚文化圈四周的天然屏障保护我们免于外族入侵,并为我们文化的连续性提供了重要地理保障,使东亚文化圈的文化得以代代相传,火种不断。

在探究东亚的地理因素时,我们也不能忽略年降水量400mm等降水量线的地位。这是农耕文明与游牧文明的分界线,也是农耕文化的生命线,只有降水大于等于400mm等降水量线的地方才能成为长久发展农业的区域,东亚文化圈内的国家均满足这一条件。岁时节日是人民生活中重要的一部分,自然与人们赖以生存的农耕有脱不开的联系。东亚文化圈内的大部分国家实行的是以家庭为单位

---

[1] 韩茂莉. 历史时期中国疆域伸缩的地理基础[J]. 中国文化研究,2016(2):73.

的自给自足的小农经济，农业生产严格地按照四时节气来规划，掌握准确的岁时与节气对农耕文明与农业的发展具有十分重要的意义。纵观东亚文化圈的节日与习俗，可见具有极大的共性，例如，每个月的重要节日（如初一、十五）几乎一致，重要节日的代表性饮食也有很高的相似性，各国使用的历法也照搬了中国的历法，而中国的历法恰恰是农耕文明的产物。因此，所谓"经济基础决定上层建筑"，正是得天独厚的自然条件才使得农耕文明得以存续并发扬光大，进而形成东亚文化圈独特的岁时文化。

其次，在东亚文化圈相似的元日食俗中，我们可以看到儒家文化与封建政权下对人们灌输的忠孝观的身影，例如，在中国年糕是除夕祭祀先祖必不可少的祭品；除夕夜半时分，朝鲜的每个家庭要一起吃一碗"饼汤"；日本的年夜饭荞麦面条中也包含着对家里老人福寿绵长的美好祝祷；在越南，粽子是元旦祭祖时不可或缺的供品。综上的食俗都体现了儒家倡导的"君君臣臣，父父子子"与"忠孝、孝悌之道"。因东亚文化圈内的朝鲜、越南、琉球均为中国的藩属国，日本也曾多次派遣唐使等入华学习文化与制度，这些国家的统治阶级对中国文化极为推崇，故在中国占据统治思想的儒家文化自然而然亦受到君主的重视，这些文化与观念逐渐深入人心，渐渐融入人民的节日与饮食中，使之变成东亚文化的重要组成部分。

此外，一些东亚文化圈国家的重要国策也促进了在农耕文明基础上的岁时文化的发展，例如重农抑商政策等。东亚文化圈诸国均使用汉字，这为中国文化的传入提供了传播捷径，使之可以更快融入寻常百姓家。

综上所述，东亚文化圈食俗文化的绵延不绝并在特定国家区域发扬光大的原因与地理、气候、统治思想、宗藩关系、政治制度、语言文字等因素息息相关。

结语

东亚文化圈得天独厚的地理环境促进了文化的交流与融合，相似的农耕文明也孕育了辉煌灿烂的食物文化，这些均可以在人们元日食用"黏性"食物的习俗中找到身影。东亚文化圈是中国文化源远流长、生生不息的见证，正是在这片神秘的东方土地之上，中国、朝鲜、日本、越南等一个个国家虽国别不同，但世世代代被同样的文化所孕育、所滋养，每个国家的文化都在焕发着相似又独特的神采，聚之为一团火，散之为满天星。

参考文献

[1] 安平县杂记·节令. https：//cnkgraph.com〔2022 年 6 月 5 日〕

[2] 东国岁时记·京都杂志·洌阳岁时记. 合编本，朝鲜光文会，1991.

[3] 澎湖厅志·卷九·风俗. https：//cnkgraph.com〔2022 年 6 月 7 日〕

[4] 钦定古今图书集成·方舆汇编·职方典. https：//cnkgraph.com〔2022 年 6 月 5 日〕

[5] 钦定古今图书集成·历象汇编·岁功典. https：//cnkgraph.com〔2022 年 6 月 5 日〕

[6] 钦定四库全书·明宫史卷四. https：//cnkgraph.com〔2022 年 6 月 11 日〕

[7] [琉球] 郑秉哲. 琉球国旧记. 卷之一"唐荣"

[8] 韩茂莉. 历史时期中国疆域伸缩的地理基础 [J]. 中国文化研究，2016（2）：71-79.

[9] 穆禹含，李官福. 中朝韩文化共同体的心灵史诗——论原始宗教与中朝韩民间文学的生成发展 [J]. 延边大学学报（社会科学版），2019，52（3）：89-95，144.

潮州窑与中华优秀传统文化的承继

王宾[①]

在中华优秀传统文化的传承、创新和传播过程中，商品和商人网络起着至关重要的作用。在相当长的历史时期里，瓷器都是中国对外交往的重要商品，瓷器甚至被与中国国家形象联系。瓷器不仅具有实用价值，还具有观赏价值和文化价值；不仅承载着中国人的历史经验及对世界的想象，还是文化输出和交流的重要载体。瓷器的生产和运输都离不开水源，瓷器出口主要仰赖于承载量较大的舰船进行运输，故而我国重要的陶瓷外销中心多处沿海地区，潮州便是其中之一。潮州是我国著名的陶瓷中心，潮州窑[②]依靠粤东地区蕴藏丰富的瓷土矿，以及自江西、福建和浙江等地传入的烧窑工艺，日渐发展成具有延续时间长、覆盖范围广等独特性的著名民窑。与景德镇等享誉天下的官窑不同，潮州窑因出产大量民间日用瓷器而备受关注。在历史上，潮州窑制品主要面向国内底层市场和海外市场，从业者不仅肩负着传承、创新和发展传统文化的职责，更担负着向海外消费者传播和宣扬中华优秀传统文化的职分。以潮州窑为中心，不仅能考察陶瓷商品与传统文化的结合问题，还能基于此探究民间对外交往的特征，为中华优秀传统文化的传承、发展和传播提供借鉴。

一、潮瓷与时代同音共律

潮州陶瓷从业者是中华优秀传统文化发展的亲历者和见证人。从石器时代起，粤东地区便开始通过陆上和海上交通方式与华中、华东和珠江三角洲等区域联系

---

① 清华大学人文学院 2020 级博士研究生。
② 潮州窑不仅仅指当下潮州市辖区发掘的窑址，还包括揭阳、梅州、汕头等广大粤东地区发掘的窑址，潮州窑产区主要分布于韩江流域和榕江流域。

着。在此期间,从出土陶器器型、纹路和出土青铜器史料可知,粤东不仅与广西和东北等区域有文化交流,还通过凤凰山与中原文化进行着交流,青铜器也通过陆路传入粤东。就此而言,粤东地区很早便参与中华文化的塑造和传播。到宋代,以许珏家族为主导的官府力量介入潮州陶瓷生产活动中,将潮州窑的发展推至高潮,这一时期,潮州笔架山窑出产的瓷器远销海外。明清时期,海禁政策使得许多潮州陶瓷从业者失业,在此背景下,民间日渐形成陶瓷走私网络和反对官府的海盗势力,明清帝王实录中常常出现关于镇压叛乱者的记载。

明清时期,随着小说的兴起,许多源自儒家经典的故事和反映社会生活的故事在民间广泛流布,如二十四孝的故事、《水漫金山》、《水浒》故事等备受民众喜爱。随着故事的传播,故事背后的社会规范和行为模式也得以推广,故事中提倡或斥责的伦理道德也影响着听众和读者。潮州陶瓷商人们深受传统义利观和儒家商业伦理的影响,许多陶瓷商人在海外经商获利后,便回到潮州大兴土木,建造宗祠,这些宗祠大多巧夺天工、雕梁画栋,潮州更是因此衍生出了独特的木雕文化,而木雕的内容多为当时盛行的儒家故事和民间小说。与此同时,民间日用瓷器上也绘上了这些故事的情节。可见,在社会相对安定的时期,潮州窑出产瓷器大多反映着民间心态,并借此参与塑造人们的观念。

清代晚期和民国时期,在国家屡弱、社会动荡的时代背景下,潮州窑出产的民间日用瓷器上出现了一系列具有时代特色的文字和图案。中国社会转型的大历史体现在潮州等具体城市中,而时代主题则通过瓷器得以表达,瓷器在参与时代情感表达的同时,其销量也因此而提升。潮州陶瓷史与中国历史和世界历史同频共振、同音共律。第一次世界大战期间,欧洲主要工业国家的陶瓷生产因战争而停摆,潮州陶瓷生产订单大增。第一次世界大战结束后,中国作为战胜国参加巴黎和会,却遭至不公正对待,相关消息传回国内,群情激奋。受五四运动的影响,枫溪出产的粉彩花鸟碗外壁上便书了"挽回利权"等字样,枫溪窑出产的一些瓷器上还书有"勿忘国耻 甲子年(1924)"的字样,直至1930年,潮州出产的大窑五彩花纹盖盒盒壁上还有"国货"字样。抗日战争时期,因潮州枫溪等主要陶瓷产地被日本侵略者攻占,许多陶瓷工人或惨遭屠杀,或举家逃往大埔、揭西、饶平等地,或迁往南洋,日本占领下的潮州陶瓷产区人去窑空,窑火熄灭。许多陶瓷从业者因日本侵略而家破人亡,数代人的家业积累毁于一旦。因此,在一些内迁的陶瓷作坊制作的瓷器上,便书有"还我河山""抗日"等字样。[①] 潮州陶

[①] 参见:蔡奕芝.南国瓷珍:潮州窑瓷器精萃[M].广州:岭南美术出版社,2011年。另可参见潮州市颐陶轩潮州窑博物馆馆藏瓷器。

瓷面向的消费者以平民为主，这就要求陶瓷生产商密切把握民间心态，将陶瓷生产与民间心态结合起来，从而推动瓷器销售。除在民间推广和发扬传统文化外，陶瓷商还肩负着向民众传播先进思想等时代任务。

概而言之，陶瓷产业的盛衰与社会经济发展水平相关，在经济生产水平不高的历史时期，陶瓷制品主要以满足人们日常生活必需为主。而随着工业社会和全球化时代的到来，陶瓷生产日渐专业化，陶瓷种类日渐丰富，瓷器在满足人们生活所需的同时也增添了更多的文化内容。当下，随着陶瓷技术的全球流动，潮瓷面临着产业升级和文化转型等现实挑战，应对这一挑战，着手潮瓷历史和文化研究成为大势所趋，在学术研究得到推进之后，重新思索传统文化与潮瓷的结合之道，亦为必需。在新的时代背景下，提炼时代所需的优秀传统文化，并结合已有历史经验，充分考虑东南亚等地消费群体的文化需求，进而将陶瓷技术和传统文化相结合，不仅有助于推广和传播优秀传统文化，共同确立起更多共识，进而减少摩擦，还有助于推动陶瓷产业的转型和升级。

二、潮州窑与优秀传统文化的结合

在潮州窑出产的瓷器上，存在许多值得关注的纹路、器型、图案和文字。这些符号的出现不仅与瓷器制造工艺的提升有关，例如施釉工艺、青花工艺等，还与社会文化的变迁不无关系。事实上，早在旧石器时代，生活在粤东地区的人们就开始有意在陶器上刻画绳纹、贝纹、夔龙纹等图案和符号。从明、清至民国，在潮州窑出产的碗、壶、杯等民间日用瓷器上，绘制的图案或文字日益丰富多彩，这些图案和文字既承载着民众对健康、财富和社会地位等美好事物的祈愿，又有着文化和娱乐等功能。尽管在瓷器上刻画和绘制丰富的图案和文字这一现象出现的时间晚，但这些图案、文字或符号所体现的意义和承载的共同期望则源远流长。

在中国历史上，植物很早就已进入文人视野，最迟在春秋战国时期，知识分子就已经开始观察和记录植物的生长规律和生命特征，并借用植物来论述人类社会的秩序，相较成熟的隐喻体系雏形显现。与植物相关的知识随后与儒家思想和佛教相结合，并随着科举制度的推行而下沉至民间，随着对植物的论述与赋义日渐稳定，对一些植物的赋义也受到推广和广泛认同，这些与植物相关的知识在漫长的历史进程中沉淀为基础知识。在此基础上，自明代起，随着陶瓷工艺以及社会经济的发展，文学知识日渐商业化，莲花形象的赓衍便是最为知名的案例。

莲花因"出淤泥而不染"等特性而备受赞颂，还因参与佛教知识的生产而平添神圣光环。在文人墨客的刻画下，莲花日渐与思想家理想中的处世态度联系起来，成为备受追捧的植物之一。对莲花的赞誉当以北宋理学思想家周敦颐的《爱莲说》最为知名，周敦颐提炼出莲花所具有的清高、不同流合污、中通外直等优秀品质。[①] 将莲花所具有的这些优秀品质迁移到人的身上，借以表达理学思想家理想中的人格特征和处世态度。就此而言，莲花已超脱其植物本性，被纳入人类社会的隐喻体系和道德体系中来。这也客观上推动着莲花的种植和培育，更是催生出一系列以莲花形象为底蕴的陶瓷器具。在粤东地区甚至中国大多数地区出土的宋代瓷器上，莲花纹和莲花型瓷器都不少见，粤东地区出土的明代碗、蝶等瓷器上还有丰富的莲花图案。

除植物之外，动物也加入到文人的想象世界和民间日常生活中来，其中颇具代表性的是鸡（凤）形象在粤东的传布，随着近代华工出国的风行，鸡形象也随移民传播到广大东南亚地区。自新石器时代起直至当下，鸡（凤）形象依旧在粤东地区及东南亚等地有着不可小觑的影响力，泰国许多城市都树立着雄鸡雕像。

鸡是较为常见的家禽之一，常被与凤相提并论。在西汉早期典籍《韩诗外传》中，韩婴记载了田饶与鲁哀公的对话，对话中田饶称公鸡有文、武、勇、仁、信五种美德。田饶在鲁国为官，却不受鲁哀公重用，于是辞别鲁哀公，前往燕国为相，临行前对鲁哀公称"君独不见夫鸡乎？头戴冠者文也，足傅距者武也，敌在前敢斗者勇也，见食相呼者仁也，守夜不失时者信也。鸡虽有此五德，君犹日瀹而食之者何也？"[②] 田饶原欲借此表达自己在鲁国不受重用的不满，但这一借喻流传下来，成为表达儒家思想的经典论述。公鸡是一种民间常见的家禽，根据韩婴的这一记载，公鸡因头顶红冠，而具备文人的特质；因长着锐利的鸡爪而成为武者的象征；因敢于与劲敌斗争而具有勇敢的品质；因有食物时不独享、心怀他者而有仁者风范；因每日准时打鸣报晓而不失信，因而具有守信这一美德。将鸡与五德联系起来，是儒学思想家借助常见家禽表达儒家思想的一种方式，随着儒学独尊以及科举制度的推行，这一借喻经文人的传播，也日渐流布民间，进而影响着民众对鸡这一家禽的看法。

在粤东地区，鸡的形象源远流长且影响深远。在粤东地区新石器晚期的"后

---

① 周敦颐.爱莲说[M]//周子全书.北京：商务印书馆.
② （西汉）韩婴.韩诗外传集释.卷2第23章[M].许维遹，校释.北京：中华书局，1979：60-61.

山类型"遗址中，就曾出土过数量可观的鸡形壶。① 其中，仅普宁市池尾镇塔丰村后山南坡就发掘出 5 件鸡形壶。② 之后各个历史时期皆有鸡或凤形陶瓷器出土。在畲族聚居的梅州地区，南朝墓葬遗址中也曾出土鸡首壶。③ 宋代笔架山窑出土器物中也有青白釉鸡首壶和青白釉凤首壶。④ 当下畲族流传的《高皇歌》和《祖源歌》中也将潮州凤凰山视为祖源地，并以凤凰为图腾。⑤ 这些广泛分布于粤东地区且历史悠久的鸡形器物，充分说明鸡（凤）形象的悠久历史。

  20 世纪，盛销东亚和东南亚的公鸡碗也与鸡形象不无关联。公鸡碗是 20 世纪中下叶盛销于中国东南和东南亚各地的一种日用瓷器，因碗上绘有黑尾公鸡而得名，经典的公鸡碗上还绘有红牡丹和绿蕉叶等图案。其中牡丹花有"花开富贵"之意，绿蕉叶则象征着顺利和吉祥。对于公鸡碗和公鸡在粤东和广大东南亚盛行的原因，民间有多种解释，或称"鸡"与"家"读音相似，谐音起着独特的表意效果，这也与西方借助所谓知识生产来诱导人们购买商品的做法殊途同归。人们相信使用公鸡碗便能使家庭和睦、兴旺，除此之外，语出韩婴的鸡有五德说也在民间广泛流布，由于售价低廉，公鸡碗很快走入寻常百姓家，同时在泰国、新加坡、马来西亚、越南、日本和韩国等国家亦销路大好。一言以蔽之，公鸡碗是一种对美好生活的追求，以及对财富、荣誉和健康的祈愿，当下，公鸡碗已然成为一种独特的文化记忆。

  潮州窑是我国著名民窑，潮州窑制品以民间日用瓷器为主。然而潮州窑出产的瓷器不仅仅是简单的日用商品，而是中国传统文化和陶瓷工艺结合的产物，是商业与知识结合的范例。潮州陶瓷上所刻画的图案、纹样都以中国传统文化为底蕴。窑业历史是文明冲突和互动的体现，更是民间心态的体现。潮州窑制品深受消费需求的影响。自明代以后，随着瓷器工艺的发展，碗、壶、杯等民间日用瓷器上出现了越来越多的图案和文字，图案主要以梅、兰、菊等植物为主，文字主要为"福""寿""元"等吉祥文字，无论是植物还是文字，都共同体现着民众对富贵、荣誉、健康的美好追求。随着潮州陶瓷在海外市场的畅销，承载着中国人民美好生活祈求的日用瓷器传播到海外，成为对外交流的媒介。

---

  ① 吴学彬.广东普宁市池尾后山遗址发掘简报 [J].考古，1998（7）：6. 曾骐，吴学彬.揭阳榕江流域的后山类型 [M]// 揭阳考古队等编.揭阳考古（2003—2005）.北京：科学出版社，2005：235.

  ② 广东省文物考古研究所等.广东普宁市池尾后山遗址发掘简报 [J].考古，1998（7）.

  ③ 广东省博物馆.广东梅县古墓葬和古窑址调查、发掘简报 [J].考古，1987（3）.

  ④ 广东省博物馆编.南国瓷珍：潮州窑瓷器精品荟萃 [M].广州：岭南美术出版社，2011：33-35.

  ⑤ 参见：高皇歌 [M]// 潮州市委宣传部编.畲歌：潮州凤凰山畲族文化.深圳：海天出版社，2010.

三、民间色彩浓烈的粤东对外交往

在历史上,东南亚不仅与中国有着千丝万缕的联系,还曾是华人下南洋的目的地,更是中西文化交流和碰撞发生的地方。对传统文化的提炼和反思,不能忽略历史上的华人所进行的努力,这些历史表明,中国的发展和繁荣有助于世界稳定和共同发展,而不会带来战争、扩张和压迫。

潮州地处中国东南部的粤东地区,粤东地区地处广东北部,背莲花山脉而濒南海,北接赣南、闽南,南连珠江三角洲,是我国著名的陶瓷生产中心和侨乡。因毗邻赣南、华东等传统陶瓷制造中心,加之域内瓷土资源丰富、水网密布,粤东地区早在新石器时代中期的陈桥遗址中便有贝纹陶的出现,历经新石器时代晚期的后山文化和商周青铜文化等历史时期,至汉代,粤东地区的制陶文化已趋于成熟。唐代以后,粤东地区出产的瓷器工艺日精、器型愈繁、销量愈大、销售地也愈加广远。随着陶瓷业的发展,以及对外贸易规模的扩大,粤东地区与日本、暹罗、波斯等广大东亚、东南亚和中东地区的交往日益密切。尽管历经了明清时期的海禁与封关,但粤东地区的对外交往却体现出较强的延续性和顽强的生命力。

与泉州、广州等国际性沿海城市不同,粤东地区对外交往有着显著的民间色彩。这从潮州窑出产的瓷器可见一斑,潮州窑的陶瓷生产技术主要从邻近省份引入,个中之一便是从江西南部沿韩江进入潮州,另一条路径则是从福建进入潮州。因为潮州窑制品不如景德镇等地出产的瓷器那般工艺精湛,加之潮州窑使用匣体生产等因素,因而潮州窑日渐发展成著名的民窑,其出产的瓷器主要面向普通民众,出产产品以碗、碟、瓮等日用品为主。在历史上,潮州窑还一度获得官府支持,其产品不仅畅销于我国东南沿海,更远销海外。已发掘的宋代笔架山窑器物中,还包括一些预计销往中东的瓷器,这些瓷器的出现表明,潮州早在宋代就已是全球贸易网络中的重要据点,是全球商业和文化交流的参与者。①

粤东地区是中国面向东南亚的门户。粤东背靠凤凰山,三面环山一面面海,形成了一个相对封闭的地理单元。但粤东地区北部存在两条连接江西和福建的通道。在历史上,这两条通道曾是著名的移民通道,其中梅州地区的通道便是客家人向南移民的重要中转点和落脚点,另一条则处于潮州北部毗邻福建的地区。在历史上,许多饱受战乱之苦的中原难民或受官府通缉的盗贼便是通过这两条通道

---

① 广东省博物馆.潮州笔架山宋代窑址发掘报告[M].北京:文物出版社,1981.

抵达潮州，随后又从潮州等沿海港口起航，逃往加里曼丹岛、苏门答腊岛等东南亚地区。

历史上，粤东和邻近的闽南地区曾是人们下南洋的起点，一些闽南粤东人到东南亚后，在当地发挥着不容小觑的作用。梁启超在《中国殖民八大伟人传》①中记载了8位值得纪念的殖民者，其中有7位广东人，1位福建人，广东人之中，有一位名为郑昭的潮州人，郑昭曾一度成为暹罗国王。据《明史》记载，明代嘉靖年间，潮州饶平人张琏为患广东、江西和福建，明廷会三省之兵清剿，"调兵二十余万，凡三年乃平之。"张琏兵败后逃至苏门答腊岛的三佛齐国，并成为该国国王。明万历年间，郑和出使婆罗国，随行的福建人留在了婆罗国，这些留居的福建人后裔日渐掌控了该国，随着西班牙殖民者的到来，该国受到冲击，国王率众遁入山中，在水中投毒将西班牙人赶走。清嘉庆年间，出生于嘉应的叶来流寓新加坡，嘉庆末年，马来半岛南端的柔佛国王开始驱逐华人，在叶来的率领下，华人不仅打败了柔佛国，还夺取了大量土地，但叶来最终因不敌英国而将该地主权交给了英国人。

概而言之，华人在东南亚的殖民活动有几大特点：第一，下南洋的华人多以在潮州难以维生的人群为主，当中也包括一些受迫害的贵族或被通缉的罪犯。一些人在南洋站稳脚跟后，成为当地一股不容小觑的势力。第二，官府并不会为在南洋活动的华人提供政治或军事支持，甚至会取缔和镇压南洋的华人势力。在官府看来，南洋更多是蛮荒之地，故而既无心经略这些距中原遥远的土地，更不愿为华人移民提供支持，甚至不鼓励或反对华人在这些地方建立政权。第三，下南洋的华人保留了相对完整的社会组织结构，以宗族为特色的集体移民数见不鲜。质言之，在加里曼丹岛、暹罗等地活动的华人多以闽南、粤东人为主，他们将家乡根深蒂固的以血缘为纽带的宗族传统移植到南洋，并在移民社会中以血缘、业缘和地缘这"三缘"组织起东南亚的华人社会。②第四，东南亚的华人社会受儒家思想的影响较大，对儒家文化的认同也相对更强，却又不得不背负化外之民的身份，但这并不影响南洋华人社会构建起区别于本地人的此儒家文化身份。最后，东南亚华人社会日益与东南亚的西方殖民者和原住民进行竞争与妥协，最终成为自治性较强的政治体。即使在明清海禁政策下，生活在粤东地区的人们

---

① 梁启超.中国殖民八大伟人传[M]//饮冰室合集.第三册.北京：中华书局，2015.
② 参见：李炳炎.潮瓷下南洋：19世纪以来潮瓷与东南亚潮人陶瓷业[J].海洋史研究.第十一辑，2017-10.

仍旧有对外交往的需求和实践，尽管这种实践大多不为朝廷所许可，但这些最早抵达东南亚的华人较早与西方殖民者进行接触，成为中西文明交往和碰撞的早期触手。

在中华传统文化中，蕴藏着不对外殖民的优秀传统，安土重迁的思想和居天下之中的思想，这些思想不仅影响着上层统治者，也下沉到民间，在民众中有着坚实的信仰基础，在日常生活中发挥着至关重要的作用。究其本源，中国自身的组织方式是这种殖民模式出现的根本原因，在中央集权制度下，朝廷有能力统筹调度全国物资，并组建起稳定的税收体制，这种税收体制有力地保障了皇室和国家的经济收入，使皇帝和精英不愿继续对外扩张和殖民。故而下南洋的华人主要是沿海各省的不得志之人，进而言之，明清以降出现的华人下南洋现象是中国东南诸省出现人口压力、经济压力的结果。

综上所述，潮州所处的粤东地区不仅很早就参与了中华文化的整合和型塑，为中华文化注入了颇具海洋特色的文化因素，还在历史进程中以陶瓷为依托，不断扩大文化交流的范围，将中华传统文化进行在地化改造。在长期摸索中，潮州窑从业者将上层文化中的诗词歌赋、文学意象等，以及下层民众耳熟能详的民间神话、故事、小说等与陶瓷生产和制造结合起来。进而借助陶瓷将优秀传统文化推广。商业与文化的结合具有悠久的历史，从旧石器时代的陶纹到宋代瓷器上的瓷器纹样，再到明清时期的青花日用瓷，直至民国年间绘有民间小说的茶缸等瓷器，足见瓷器与文化结合的悠久传统。当下，商业与传统文化的有机结合，不仅有助于传统文化的发展和推广，更有助于陶瓷产业的发展和升级。以潮州陶瓷贸易历史以及陶瓷文化为依托，构建近代以来华人对外交往和置业的文化记忆，不仅有助于加强中国与东盟国家的文化联系，推动国际商贸和文化交流，更有助于承继和发扬中华优秀传统文化，为地区稳定和世界和平贡献力量。

中文书店"尚斯博库"与中国文化在海外传播与弘扬

李静

马克西姆·高尔基曾有"书籍是人类进步的阶梯"这一名言流传于世,侧面表现出俄罗斯人对书籍的热爱。俄罗斯人的生活离不开书籍——俄罗斯正是世界人均藏书量最多的国家,因此也被称之为"全球最爱阅读的国家"。可见,作为真正值得尊重和推崇的事物,书籍一直是俄罗斯人生活中的重要部分。

在莫斯科,有一家书店搭起了中俄文化交流的桥梁,它就是莫斯科第一家中文书店——尚斯博库书店(Книжный магазин «Шанс»)。这里不仅有中文畅销书的俄文版,也有俄文著作的中文翻译版本,还有对中国历史、文化的介绍。每逢周末,这里还会不定期举办中国传统文化交流活动,且毛笔字、水墨画、茶道、麻将一应俱全。正如书店老板穆平所说:"我们书店的存在已经不仅仅是卖书这么简单,这已经是两国文化交流的窗口。"

一、作为莫斯科"文化新气象"的中文书店:尚斯博库书店

尚斯博库书店位于莫斯科最有文化艺术气息的阿尔巴特街,这是世界十大步行街之一。从内部布局上看,尚斯博库书店的书架上囊括了从远古到现代、从经典到流行的中国主题图书,墙上用中文写着"让世界了解中国"的标语,房顶上悬挂着灯笼作为装饰,也有供读者休息品茗的地方。

该书店于 2016 年开业。而在 2016 年前,整个莫斯科数百家书店中没有一家专门的中文书店,零零散散只能找到苏联时期留下来的 350 多种中文图书,大部分都是《孔子》《论语》等"大部头",这些中国古籍对俄罗斯人来讲难懂难读,所以很少有人购买。由于实地探访中国的俄罗斯人数量较少也没有合适的中文书

籍，导致大多数人只能从电影里了解中国，致使俄罗斯人对中国的整体了解非常少，从而出现信息匮乏的情况。这种信息的匮乏也导致在一些偏远地区的人们的刻板印象，例如部分人认为中国人还停留在穿着长袍马褂的时代。莫斯科大学亚非学院中文系主任马·由·乌利亚诺夫（М.Ю.Ульянов）回想起20多年前的状况曾感慨道："那时在莫斯科很难买到中文书，只有一家小店摆着一桌中文书，对于当年研究中国的苏联学者而言，这一桌书也显得弥足珍贵。"

莫斯科第一家中文书店的创办彻底改变了这种窘境。目前，尚斯博库书店的在售书籍约有上万种，有500余种俄文版中国主题图书以及近万种中文版中国主题图书，以及大量中国文化类图书。书店的开张不仅对于当地华人来讲是个精神宝库，对于俄罗斯人民来讲也是一个了解中国、研究中国的绝佳渠道。书店不仅是一个卖书的地方，还是一个文化交流场所：读者在此不仅能买到书，还能切身体验到中国传统文化活动，如茶道、中国水墨画品鉴、毛笔字教学、汉语听读培训、太极拳、麻将、观赏中国电影等。而参加这些活动的绝大多数是热爱中国文化的俄罗斯人，还有一些中国同胞。因此，尚斯博库书店给俄罗斯人创造了接触和了解中国书籍和中国文化的机会，也成为中俄青年聚集和交流的场所和传播中国文化的新窗口，营造了"沉浸式"的中国文化体验感。

二、"沉浸式"中国体验：书店的文化交流活动

文化交流活动不是一种单向的，而是一种双向的且具有互动性质的活动形态。书店作为中俄两国文化交流活动的中介，其作用毋庸置疑。

2018年3月，俄罗斯汉学家阿利别尔特·克里斯科伊（Альберт Крисской）在这所书店里举办了个人讲座。这位俄语笔名为Папахуху（马马虎虎）的"中国通"，是一位致力于将中国古诗之美介绍给俄罗斯人民的学者。他通过这次讲座向俄罗斯听众们介绍了中国人和欧洲人在思维方式上的差异，这使得更多俄罗斯人对中国文化产生了兴趣。

2018年10月，书店里举办了中国（福建）图书展销会暨"清新福建"图片展，展出了中国图书400余册，其中包括了中国国家主席习近平所著的《摆脱贫困》和《习近平谈治国理政》，以及有关他的系列采访实录《习近平的七年知青岁月》。通过这次展览俄罗斯人欣赏到了福建省的优美风景，对中国改革开放四十周年所取得的硕果有所了解。

2019年，正值俄罗斯中国年，也是中俄建交70周年，尚斯博库书店把中国春节的热闹氛围传递给了俄罗斯民众。北京时间大年三十的下午，中文书店里早已热热闹闹坐满了人，俄罗斯学者为听众们讲授《易经》后，一位身着黑色绣花旗袍的俄罗斯姑娘在黑板上写下"春节"两个汉字，从这两个汉字出发讲述有关春节的历史和习俗。晚上8点的春节联欢晚会马上开始了，书店店员走上前去调试电脑和电视投屏，7000公里以外的画面就这样到达了阿尔巴特街，人们聚在这里欣赏着春节联欢晚会直播的精彩节目。电视前坐着的全是对中国和中国文化感兴趣的俄罗斯人，他们中有学识渊博的汉学家，有业余时间学习中国文化的普通公司职员，也有喜欢中国文化的俄罗斯孩子。春节传承着中国几千年文化脉搏，每个中国人都对春节有者与生俱来的独特情感。在全球化时代，随着中国在国际上的影响力越来越大，外国人也越来越重视中国的节日，尤其是中国的春节。他们对中国节日感到新奇，效仿节日习俗，通过节日加深与中国人的互动、拉近与中国人的距离感。这反过来也彰显了中国的重要地位，以及中国文化的广泛传播，这一切都代表着中国越来越融入了这个大的"地球村"。看似毫无相关的俄罗斯人与中国春晚，就这样和谐地在莫斯科的中文书店交汇在一起。

这家书店不仅是俄罗斯民众了解中华文化的"窗口"，同时也是俄罗斯人表达对中国文化喜爱的"桥梁"。2017年，由俄罗斯学者撰写的《骑着飞龙去北京》在尚斯博库书店举行了新书发布会，作者在发布会上动情地说道："《骑着飞龙去北京》，这本书虽然是少儿图书，但是却包含了我对中国的感情。我在中国生活了很多年，北京对我来说非常亲近。我身边的人都知道，不可以在我的面前说中国不好。尽管中国不是我的国家，但是我听到有人说中国不好，我会很不高兴。这对我来说，是一种伤害，因为我热爱中国。"通过这本书和尚斯博库书店，作者展示了自己对中国的认识与对北京的热爱和向往。很多汉学家都对这里充满了深厚的感情，他们说，每每提到阿尔巴特街上的中文书店，自豪感油然而生，这里是俄罗斯唯一的中文主题书店，就像一个中国文化的烙印刻在了这里，这种情感挥之不去。

三、书店的功能：作为中国文化海外传播的"使者"与"桥梁"

中俄两国互为传统友好国家，两国的文化交流源远流长。中俄两国丰富又持续的文化交流活动，如，"俄语年""汉语年""中俄青年友好交流年""中俄媒体交流年"等，为中国图书、中国出版、中国文化走进俄罗斯打下了基础。

尚斯博库书店借助这股"东风"成为解决"学中国文化"难题的平台。近年来，在中俄全面战略协作伙伴关系的指引下，两国在文化领域的合作欣欣向荣。随着"一带一路"发展和中俄两国贸易合作的加强，越来越多的俄罗斯人开始对中国文化感兴趣，开始关注中国的发展，想要了解中国的历史和现状。俄罗斯大众的需要意味着中国出版在俄罗斯的市场机遇，能够极大地拉动中国出版在俄罗斯的发展。尚斯博库书店通过各种活动和推广打响了品牌，莫斯科中文学习者开始了解并光顾这家书店。莫斯科大学、莫斯科国际关系学院及俄罗斯师范大学的汉语教材也采购于此，除莫斯科以外，连喀山的学校教辅类图书也是专程来此购买。对于汉语学习者而言，终于有机会在莫斯科就可以买到《初级汉语教程》《HSK新汉语水平考试教程》等过去在俄难以获取的"宝藏"。这就改变了过去俄罗斯人买中文书难、买中文教材难的困境。过去，因为中文教材短缺及价格昂贵，很多学生还是使用复印资料来学习汉语，这就成为限制他们了解中国、学习中文的一个难题。由此，解决了难题的尚斯博库书店成为莫斯科人甚至俄罗斯人认识中国、了解中国、爱上中国的平台。

尚斯博库书店还成为展示中国文化的"讲坛"。2018年，著名中国学者于丹在尚斯博库书店举办了《于丹〈论语〉心得》（俄文版）读者见面会，与读者交流互动，带领读者体会中国智慧与儒家经典，讲述其对经典、对文化、对人生、对社会的感悟，并与多位俄罗斯汉学家就《论语》及其现世意义展开对话。俄罗斯对中国儒学的研究可追溯至17世纪。20世纪以来，俄罗斯汉语教育与汉学研究蓬勃发展，随着大量孔子学院、俄罗斯科学院远东研究所、东方研究所等机构的设立，中国儒学在俄罗斯得到了广泛的传播，俄罗斯人对东方儒学也越来越重视，并给予了高度评价。汉学传统是俄罗斯传播和推广中国文化的基本力量，为中国出版走进俄罗斯提供了条件。此时尚斯博库书店就成为作者与读者充分互动、宣传中华传统文化的良好平台。于丹访问莫斯科更是掀起了俄罗斯人研究、学习中国传统文化的高潮。于丹对儒家经典及中国传统文化的解读为俄罗斯儒学界及汉学界提供了新的研究思路，也为俄罗斯民众解答了生活中的众多疑惑，推动了中国传统文化的海外传播，让俄罗斯感受到了《论语》中蕴含的东方智慧。由此可见，中文书店在中俄文化交流中扮演着重要角色，为中国主题图书在俄罗斯及"一带一路"国家和地区的传播做出了重要贡献。

尚斯博库书店也成为中国出版"出海"的又一大亮点。为了实现民心相通、文化互通，中国加快了对外传播中华文化的步伐。这其中，影视剧、广播、网络小说、图书都成为传播中华文化的载体。以《习近平谈治国理政》为例，该书已出版 20 多个语种，发行到世界 160 多个国家和地区。2018 年 12 月 14 日，由尚斯国际出版（集团）公司翻译出版的《习近平讲故事》俄文版新书发布会在莫斯科的书店举行，超过百人参加，受欢迎程度大大超出预期，许多俄罗斯政要都以私人身份参加发布会。2019 年 2 月，出版社推出的俄语版《社会主义核心价值观》中的两册在中文主题图书销售榜位列第二、三名。中国的主旋律在俄罗斯人中也激起了共鸣。中国与俄罗斯，同为疆域辽阔、民族众多的大国，又有过相似的历史经历，这使得俄罗斯人更加希望了解中国这个社会主义大国的制度和政策制定的方式。以马克思主义理论为基础、中国特色社会主义实践为抓手，反思历史，比较当下，正是顺应俄罗斯人这样的阅读需求。

2016 年，书店开业之际，适逢时任中国国务院副总理的刘延东访问莫斯科，这里也成为她莫斯科之行的最后一站。参加过剪彩仪式、参观书店后，刘延东指出："2016 年是中俄战略伙伴关系建立 20 周年，也是《中俄睦邻友好合作条约》签署 15 周年。所以在这样一个值得纪念的日子里，俄罗斯第一家中文书店开业也是对这个活动很好的庆祝。现在的中俄战略伙伴关系，从历史上来看，前所未有。越来越多的俄罗斯人也希望了解中国。但过去我们的书翻译不多，这次，中国政府也支持浙江出版集团与'尚斯博库'国际出版集团合作，开办这样一家中文书店。这件事意义很好，'尚斯'在俄语里是机遇的意思，所以要抓住这个机遇。至于'博库'，从英文来讲就是 Book，要用中文解释，就是书库应该更广博地把书籍集中起来，使中国书籍在书店里都能买得到，真正成为书库，更好地增进两国人民的相互了解和友谊"①。这段话高度概括了这家中文书店在海外传播中华文化的使命以及它对所作贡献的肯定。

四、未来展望：中文书店将走向全球

发展迅速的尚斯博库书店归属于"尚斯"国际出版（集团）公司（Международная издательская компания «Шанс»）。作为俄罗斯首家用俄语出版中国文学的出版社，它成立于 2010 年，并于 2015 年在俄罗斯上市，现已经成为俄罗斯的三大中国主题图书出版

---

① https://sputniknews.cn/20160705/1019969462.html，2002 年 2 月 27 日下载．

社之一（另外两家分别是：圣彼得堡科学出版社和圣彼得堡东方出版社），年平均出版主题图书数量位列第一，所出版图书在俄罗斯政府以及各种行业协会评比中多次获得大奖。公司的总部设在莫斯科，并在不同国家和城市设有办事处。除了在莫斯科，尚斯国际出版（集团）公司在吉尔吉斯斯坦、乌兹别克斯坦、哈萨克斯坦等国开办了中国主题书店，这使得在欧亚的每个角落都将会有更多中国图书的身影，中华文化将传播到世界每个角落。除了用俄语出版中国文学外，还用哈萨克语、吉尔吉斯语、乌兹别克语、白俄罗斯语和乌克兰语出版了大量有关中国的书籍。2020年初，在日本首都东京和白俄罗斯首都明斯克也设立了办事处。这让中华文化在海外得到很好的展示——有关中国文化的书籍在莫斯科、圣彼得堡、新西伯利亚、萨马拉等城市热销。且出版社拥有自己的翻译团队，翻译团队成员绝大部分来自俄罗斯研究所、俄罗斯大专院校的教授、研究人员。来自莫斯科大学亚非学院、俄罗斯外交学院、俄罗斯科学院远东研究所等高校机构的知名汉学家，以及吉尔吉斯斯坦、哈萨克斯坦汉语研究所等院校的教授、汉学家等都加入到了翻译团队。这大大保证了在外出版的书籍质量。如今，尚斯博库书店不仅是莫斯科最大的中文书店，同时也有着良好的口碑。除线下购买外，在尚斯网上书店中，中国文化、中国历史、中文教辅的相关图书也是一应俱全。

俄罗斯政府在2020年将汉语纳入国家统一考试体系后，"中文"与"中国"在莫斯科人的口中出现的次数越来越多。因此，尚斯博库书店里最好卖的书有两种：汉语学习教辅材料和介绍中国历史文化的书籍。而尚斯国际出版（集团）公司翻译和出版了大量中文书籍，其中涵盖了中国当代文学，中国艺术，中国历史，中国儿童文学和汉语学习材料等领域，这些都大受欢迎。《中国文学史》《中国文物史》《这就是马云》《茶人三部曲》《中华文明史话丛书》，以及莫言、曹文轩、沈石溪、王蒙、三毛等优秀中国文学作品俄文译本出现在了俄罗斯人的书桌上。

2020年，"尚斯"国际出版（集团）公司出版了《中华百科全书》俄语版，这本收录了800多篇介绍中国地理、历史、文化、习俗、哲学和文学相关文章的书籍在尚斯博库书店的线上书店大受欢迎。这也引发了包括俄罗斯卫星通讯社、俄罗斯国家电视台第一频道在内的俄罗斯各大媒体争相报道。中华文化在俄罗斯的影响力和市场日渐增强，中国文化借助中国图书成功实现了"走出去"。

作为莫斯科，甚至是俄罗斯第一家中文书店，尚斯博库书店积极传播、弘扬了中国文化，俨然成为中俄文化交流的窗口。它让俄罗斯人更了解中国人、中国历史和中国文化，让中国走向全球。疫情肆虐的当下，中文书店可以走出国门并取得成功，体现了中国文化在全球的需求日益增长的现实。随着中国日益走近世界舞台中央，全球读者对中国故事的好奇与期待与日俱增。无论是俄罗斯莫斯科尚斯博库书店，还是英国伦敦光华书店、法国巴黎凤凰书店、美国旧金山中国书刊社、美国洛杉矶长城书店，无一例外地展示了中华文化的魅力。而博大精深的中华文化不仅经受住了疫情的冲击，还得到了俄罗斯人民，乃至全球人民的喜爱，中国传统文化以更生动的姿态进入了更多国外读者视野！

文旅结合：关于旅游助力中华传统文化传播的研究

秦雪迪

古人云："读万卷书，行万里路。"旅游是人们增长人生体验的重要方式。而随着人们生活水平的提高，大家更加注重自己精神文化水平的提升，因而越来越多的人选择通过旅游来感受祖国的大好河山，拓宽自己的视野，陶冶自己的情操。同时，旅游可以让忙碌的都市人从繁杂的工作生活中抽身出来，放松自己的身心，愉悦自己的心情。在众多的旅游景点中，一些特色文化旅游景点引起了众多旅游爱好者的关注。这些景点将传统文化与景点资源结合，为传统文化的传播做出了巨大贡献。因而本文将致力于研究如何通过文旅结合来弘扬优秀中华传统文化，这正是本文的选题背景所在。

现如今，旅游业已经成为经济发展中十分重要的一环，在很多城市的经济发展中占据着越来越重要的地位，尤其是很多的城市已经把旅游经济发展作为了当地的支柱型产业。而旅游在人文学方面看来，是一种十分复杂的人类行为，既是人际交往的过程，又是经济流通的手段，同时还是文化交流与互动的过程。对这些旅游业在经济版图上占比较重的城市，或者将旅游视作支柱性产业的城市居民来说，旅游业在十分广泛而深刻地改变着人们的日常生活习惯和生产方式。随着如今全球格局的改变，世界现代化和全球化步伐的进程也不断加快，旅游更加能够以其独特的行业特征在社会发展中担当起越来越重要的角色，给接待地带来全方位的深刻影响。而传统文化作为我国自古以来民众的精神传承，可以说是中华民族的民族魂，在发展经济的同时还可以弘扬我国的传统文化，这无论是对经济还是我国的文化传承来说都是百利而无一害的。我国拥有着上下五千年的文化传承，这悠悠历史当中的鲜明的人物故事或者是光鲜绚丽的独特文化建筑，对于旅游业的发展都是具有显著的正面影响作用的。因此旅游可以大大地促进传统文化的复兴，而另一方面由于异质文化的冲击或者传统文化的商业化，会对传统文化的传承留下负面的影响。于是如何能够利用旅游的方式，更好地传播弘扬我国的优秀传统文化，并做好文旅结合，成为重要的讨论议题。

本研究将从以下几个方面对文旅结合进行研究：首先分析利用旅游进行中华传统文化传播的优势所在；接着对几个成功的文旅结合的案例进行分析；最后研究通过何种方式来更好地进行文旅结合，达到弘扬优秀中华传统文化的目的。

一、利用旅游进行中华传统文化传播的优势所在

首先，利用旅游进行中华传统文化传播具有极大的优势。如今旅游产业已经不只是观光休闲的意义，它还被赋予了更深层次高领域的意义，即传播中国文化，带动中国经济发展。随着国内疫情的逐渐好转，我国旅游业在疫情过后迎来了井喷式的爆发，市场逐渐恢复活力。在刚过去的五一假期，近2.3亿人走出家门，去感受祖国的大好河山，而在未曾暴发疫情之前，我国每逢假日，旅游所带来的人口流量更是一个可怕的数字，人们动辄全家出动，带着老人孩子，这不仅可以温馨家庭氛围，还能开阔眼界增长见识。如今的互联网上流行的一句话"世界这么大我想去看看"充分体现出了人们离开钢筋丛立的城市的渴望。而且随着如今大都市的人们生活逐渐快餐化，信息化，碎片化，人们的心也逐渐疲惫起来，在这样一个充斥着冰冷汽笛声的世界当中生活久了，难免想要得到精神上的慰藉。所谓"生活不只眼前的苟且，还有诗和远方"，正是在说如今人们的精神想法。人们渴望离开需要小心翼翼应付的人际关系，希望逃离充满着假笑面具的可笑虚伪，想要得到古时诗人们所歌颂的"采菊东篱下，悠然见南山"的惬意与恬适。如今的新闻报道上，甚至不乏有人自驾房车环游整个中国的报道。于是在人们普遍发生心理转变和新冠疫情逐渐好转的情况下，加之我国人口基数巨大的多重因素作用下，借助旅游来传播中华传统文化成为了一个极好的契机。并且随着我国经济水平的不断发展，人们的物质生活水准也在不断提高，人们的消费观念也与之前大不相同。如今的人们，尤其是年轻人们，对精神上的满足更为重视，能够陶冶情操，获得精神层面放松的旅行也是其中的重要选项。因此，如今的旅游产业能够更好地为祖国的年轻一代树立文化自信，弘扬正确的传统文化价值观。

其次，我国拥有丰富广袤的自然资源和悠久绵长的历史文化，在此之上，可以发展出很多独具特色的旅游景点和引人入胜的民俗活动，让人们尽情沉浸在中

华传统文化的深厚底蕴中，从而达到弘扬中华优秀文化的目的。旅游业不仅仅可以促进当地经济的发展，改善当地人们的生活水准，扩展大家的眼界，还可以让当地居民们在享受着旅游所带来的巨大收益的同时，逐渐认识到本地传统文化的重要性和不可或缺性。在这样一个逐渐清晰的自我认知和肯定中，人们可以逐渐消除过去面对其他文化的文化自卑，从而越来越珍视自己的传统文化，树立起当地文化自豪感和归属感，使人们从心底感受到保护和传播当地传统文化的认同感和重要性。随着旅游业的不断发展，也会间接地使人们意识到传统文化的重要性，从而增强人们保护传统文化的意识。例如纳西族随着旅游业的发展不断弘扬发展传统文化，近年来，丽江的旅游业以一种前所未有的速度发展，在国内外产生了日益广泛和深远的影响。据旅游主管部门统计，2005年，丽江共接待海内外游客 404.23 万人次，旅游综合收入突破 38.59 亿元。丽江已经从"被遗忘的角落"变成了具有世界自然遗产和世界文化遗产双重身份的旅游热点城市。集自然风光和人文景观为一体的丽江，越来越受到人们的重视和珍爱。而其中的纳西族们，更是在这样的一个过程当中，得知了自己的传统文化的珍贵和优越性。原本的东巴文化鲜有人了解，悠久而独特的历史沉淀险些被埋没，而当地旅游业的开发，给东巴文化的恢复带来了契机。原本仅限于学术界研究而被人们视为神秘深奥的东巴文化，现已飞速步入市场，成为当地一道最为亮丽的人文景观，发展为推动丽江旅游大潮的主要文化因素。他们也对自己的传统文化更加自信和重视，现如今纳西族们都更加愿意为自己的文化传承和传播献出自己的一分力量，而前来旅游的游客们也可以感受到本地人民的热情和真挚，如此双方都能够获得一个优秀的正面反馈。这样的反馈能够帮助人们之间进行良好的信息传递：游客获得了良好的游玩体验，就会回馈给平台更多的好评，而好评则可以吸引更多的游客，如此循环往复，便可以将传统文化发扬光大。

  最后，旅游资源的呈现方式可以是多变的，人们旅游可去的景点资源也是多种多样的，不仅包括文物古迹、艺术园林、建筑景观等物质文化遗产，还包括传统习俗、民俗特色、文化表演等非物质文化遗产，同时还有博物馆、艺术馆、文化公园、历史街区等新型旅游形式。丰富多样的旅游渠道和呈现方式为传统中华文化提供了更多、更好、更灵活的传播介质和渠道。

  但是与此同时，我们也要注意切勿让只片面地追求旅游所能带来的效益，而全然不顾当地社会人文资源的特性与原有的文化风貌，进行完全趋从于旅游者口味的运作这种事情发生。正如世界上的所有事情都有着利弊双面性一样，我们在通过旅游的形式将优质传统文化融入景点的旅游体验，将丰富多彩的人文风情百花齐放地展示给世界各地的友人的同时，当地所存在的原有特质风土风情也在接受着来自异质文化的猛烈冲击。例如对于一种民族文化最重要的民族语言，在日复一日接待外来游客的持久冲击下，其独特性可能会不断地被冲散减弱，甚至逐渐走向灭亡。同时，因旅游业的不断发展而引发的"文化一体化"进程正在逐渐加速，蚕食着原本独特的民族文化。很多拥有着自己别具一格的鲜明文化特征的名地，能够熟练操着一口正宗本地语言的人越来越少，自己的特色文化服饰也越来越轻便现代。与之相反的则是，当地父辈们普遍教育小孩子说标准的普通话，大街小巷上到处都可听到人们操着一口标准的普通话互相交流。这就是旅游业对传统民族文化的弱化乃至同化。更为严重的弊端则是传统文化的舞台化和商业化。

二、成功的文旅结合示例分析

通过初步调研，我们发现有很多旅游景点都很好地将传统文化融入到了景点的旅游体验中，达到了传播中华传统文化的目的。比如位于西安唐人街的大唐不夜城，大唐不夜城位于陕西省西安市雁塔区的大雁塔脚下，以盛唐文化为背景，以唐风元素为主线，建有大雁塔北广场、玄奘广场、贞观广场、创领新时代广场四大广场，西安音乐厅、陕西大剧院、西安美术馆、曲江太平洋电影城等四大文化场馆，大唐佛文化、大唐群英谱、贞观之治、武后行从、开元盛世等五大文化雕塑，是西安唐文化展示和体验的首选之地。大唐不夜城重现了盛唐时期长安城彩灯迷离，繁花似锦，热闹非凡的夜间景色，让人仿佛置身于"月色灯光满帝都，香车宝辇隘通衢"的长安街区。大唐不夜城充分地将唐文化的多样性与现代商业活动内容相结合，包括政治、经济、文化、民生等。运用盛唐文明的元素与现代展示手法相结合的方式突出传统文化在现代商业中的地位，虽然强调经济效益，但仍然不丢掉弘扬传统文化的初心。并且在大唐不夜城的设计和使用当中，广泛而细密地将实用性与科学性、艺术性相结合，技术工艺的先进性与可行性相结合，是文旅结合成功的经典之作。

大唐不夜城的运营特色也十分的出色：首先，依托超级IP，打造新IP。去过大唐不夜城的人都知道，西安大唐不夜城的灵魂是大雁塔和盛唐文化，而西安的地方政府、民众和企业能够通过对传统文化的再度挖掘和再创新，从而使大唐不夜城能够巧妙地培育出像"不倒翁小姐姐"等这种火爆整个互联网的行为艺术表演，再依托抖音、B站等网络平台实现裂变传播，逐渐形成了新的具有极高知名度的全新IP。而弘扬传统文化的发展手段，也包括不限于手办、电视节目表演、文艺演出等多种多样的新鲜传播方式。其次，打造顶级的体验式旅游模式。随着世界的发展和各种全新产业的到来，旅游2.0时代也随之到来。传统的逛景点的旅游项目已经无法再充分地满足游客，尤其是年轻游客的需求。而大唐不夜城汇集的创意表演、歌手驻演和网红景点这些新鲜潮流的项目深受年轻游客们喜爱。自媒体时代，拍个"不倒翁小姐姐"的视频就可以获赞十几万，这对喜爱社交媒体的年轻人来讲几乎是致命的吸引力。再次，大唐不夜城充分发挥了个体的最大化价值。大唐不夜城除了有花费几十亿的大手笔项目，还对只需几千月工资支出的演出项目极为重视。去过大唐不夜城的游客都会被那里形形色色的表演吸引，那些表演不仅是传统的歌舞，它们更年轻、更具传播性。这些表演正是网络喜欢的，抖音等自媒体平台是它们传播的最佳载体。最后，文旅反哺商业。文旅项目很难盈利是世界难题，更何况，大唐不夜城所有项目基本都是免费的。文旅项目想实现变现，只能在引流方面下大力气，只有获得了顶级流量，配套商业才具有价值。而大唐不夜城也放弃了传统的商业配合旅游项目的模式，转而引进更为大众化、年轻化、专业化的"大盒子"综合体，不仅给游客提供了不亚于繁华商圈的服务，也成为本地消费者的新的消费聚集地。这便是西安大唐不夜城能够充分地将文旅结合，并吸引来大量的游客们来参观游玩的原因。因此在这里，游客不仅感受到了极具冲击力的视觉盛宴，还感受到了贞观之治、开元盛世、霓裳羽衣等盛唐历史故事所带来的文化体验。

  再比如西北民族传统文化和旅游产业的融合发展，西北少数民族地区历史悠久，传统文化鲜明特色，相较于中原地区传统文化的温润儒雅与谦逊随和，他们的文化传统更具游牧民族的独特魅力，沙场豪情，金秋点兵的韵味在这里得到了完美的诠释。例如天下第一关的"嘉峪关"位于甘肃省嘉峪关市西5000米处最狭窄的山谷中部，是古代"丝绸之路"的交通要塞，中国长城三大奇观之一。在这里，人们可以在这里感受"大漠孤烟直，长河落日圆"的壮美景色；也可翻身上马，体验一把肆意驰骋的豪迈，尽享"春风得意马蹄疾，一日看尽长安花"的旷达。不仅如此，当地丰富的历史还可以让游客们穿越千年历史尘埃，透过嘶声战吼，看到一代代名将们刻在历史长河当中的浓重痕迹。传统文化的魅力与这些优秀的旅游景点完美交融，让人们再次感受到中国传统文化的沉韵的魅力。

三、通过何种方式来更好地进行文旅结合

为了更好地利用旅游来达到传播传统文化的目的，本文提出了以下几点意见：首先，要加强中华传统文化与旅游景点开发的相互融合和发展，党的十九届五中全会通过的《中共中央关于制定国民经济和社会发展第十四个五年规划和二零三五年远景目标的建议》中明确提出："推动文化和旅游融合发展，建设一批富有文化底蕴的世界级旅游景区和度假区，打造一批文化特色鲜明的国家级旅游休闲城市和街区，发展红色旅游和乡村旅游"，进一步明确了文化和旅游融合发展要求，为"十四五"时期文化和旅游改革发展提供了方向。文化和旅游融合发展是以习近平同志为核心的党中央立足党和国家事业全局、把握文化和旅游发展规律作出的战略决策，是贯彻习近平总书记关于文化和旅游工作重要论述的重大实践。实施"文化+""旅游+"战略，找准产业结合点，推动文化和旅游产业与相关产业融合发展，特别是文化和旅游产业深度融合，打造兼具文化和旅游特色的新业态、新主体、新模式，形成宜居宜业宜游的服务网络。打造别开生面的视觉盛宴，引人入胜的历史故事，丰富多彩的文化体验，以及群众喜闻乐见的民俗活动，比如在清明节、端午节等传统节日举办氛围浓厚的踏青、放风筝、赛龙舟、做粽子等民俗活动。

其次，要善于利用好移动互联网的传播效应，打造品牌策略，增强推广意识，提高景点话题度。如今有着一种名为智慧文化旅游的新型趋势，智慧文化旅游是基于"互联网+"产生的一种新型旅游方式，以文化为主要旅游资源，借助于5G、云计算、物联网等新技术实现智慧化旅游，将景区管理者、经营者和使用者进行有效连接，提升景区运营能力和品牌影响力，提升游客体验感，促进文化旅游蓬勃发展。如今"互联网+"已是炙手可热的议题，任何事物都必须随着时代潮流的发展而不断前进，得益于互联网的高效传播能力，如今各种网红打卡圣地遍地开花。比如，大唐不夜城的"不倒翁小姐姐"的跳舞视频在抖音、微博等社交媒体上广泛流传，一时间大唐不夜城成为了网红打卡地，吸引了众多游客。并且在此之后与不倒翁小姐姐所相关的周边产业也随着热度一度销量大增倍受欢迎。

最后，要开发具有"中国味儿"的特色景区，在文旅深度融合发展的过程中文化IP的力量至关重要。据联合国教科文组织和世界旅游组织测算，全球近40%的旅游业是由文化驱动的。深挖各地文化IP的独特魅力，也将成为我国

文旅产业走出有内涵的差异化之路的关键所在。从往年来看，中国 IP 呈现出几大特征：第一是网红传统文化 IP，直播网红等拥有巨大粉丝基数的公众人物拥有着很强的影响力；第二是以文化 IP 为核心，打造区域旅游目的地品牌。例如 2020"故宫以东，一见如故"旅游产品是城市旅游目的地品牌打造的代表；第三是夜游持续受到越来越多人的欢迎。从"紫禁城上元之夜"后，夜游经济崛起的速度也是非常惊人。2020 年旅游市场逐步复苏后，"夜游经济"价值持续释放。中国旅游研究院发布的《2020 中国夜间经济发展报告》显示，夜间旅游市场复苏快于本地夜生活，2020 年国庆期间游客夜间消费金额和笔数占比均高于全国居民水平。因此如何加强非物质文化遗产特色景区的建设，打造非遗主题乐园 IP 就成为了重中之重。众所周知，上海的迪士尼乐园和北京的环球影城吸引了众多影迷和 IP 爱好者的目光，那么，我们中国能否建造属于自己主题乐园呢？这是一个值得我们深思的问题。中华文化浩瀚璀璨，传奇故事数不胜数，我们完全有理由相信我们也可以打造具有"中国味儿"的主题乐园，并将这个 IP 推向全世界，让所有人都听听中国的声音。

人工智能技术对弘扬优秀传统文化的影响探究

赵天宇 张文思

当前，人工智能（AI）技术的浪潮已经席卷中国乃至世界各国。作为当代最优研究潜力和利用价值的技术之一，人工智能技术也可以从多个方面、在不同场景下对弘扬优秀中华传统文化起到十分重要的作用。如何更好地利用这一技术以便更好地弘扬和推广中国优秀传统文化，需要我们进行深入的探索和研究。

2016年，人工智能围棋软件AlphaGo与围棋世界冠军李世乭进行了五番棋对弈，并最终以4∶1的比分取得胜利，在震惊世界的同时，也让大众初次看到了人工智能与传统文化两个看似泾渭分明的领域碰撞产生的火花。深度学习、神经网络、自然语言处理（NLP）、光学字符识别（OCR）、计算机视觉技术（AR）等前沿的计算机技术作为先进的生产工具的同时，也作为文化传播的工具与载体出现。

作为人工智能的核心，机器学习是现阶段解决很多人工智能问题的主流方法，在人工智能的快速发展中大放异彩。机器学习起源于人类对自身的意识、自我、心灵等哲学问题的探索，投射到科学的层面，最早可以追溯到对人工神经网络的研究。1943年，Warren McCulloch和Wallter Pitts提出的神经网络层次结构模型，确立了神经网络的计算模型理论，从而为机器学习的发展奠定了基础。1950年，"人工智能之父"图灵提出了著名的"图灵测试"，使人工智能成为了科学领域的一个重要研究课题。从1980年机器学习称为一个独立的方向开始算起，已经独立发展了40年有余。如今，机器学习的应用已遍及人工智能的各个分支，如专家系统、自动推理、自然语言理解、模式识别、计算机视觉、智能机器人等领域。

基于学习方式，机器学习可分为有监督学习，无监督学习，强化学习等，主要做法是使用算法来解析海量的数据，从而模拟出或实现出人类的学习行为，以获取新的知识或技能，对已有的知识体系进行重构以不断加强自身的性能，然后对真实世界中的事件做出决策和预测。

作为当代计算机科学的产物，人工智能乃至机器学习技术在中国传统文化的继承、传播与弘扬等各方面有不同的应用，正在文化存续与繁衍的生命历程中发挥着不可或缺的重大作用。

在继承方面，自然语言处理等人工智能技术的发展为传统文化典籍与资料的整理提供了快速、高效的方法，在降低人工成本的基础上，给予传统文化研究者以更广阔的思路、更充足的时间进行思想探索。在这个"机器代人"这个层面上，龙泉寺贤超法师利用人工智能为《大藏经》等古籍经书识别、断句、翻译，为我们证实了思路的可行性与先进性。

《大藏经》，佛教典籍的丛书，又名一切经。凡以经、律、论为中心的大规模佛典集成，皆可称为"大藏经"。自北宋开宝四年（971年）第一部木刻版汉文大藏经成书始，历朝历代都对《大藏经》进行了翻译、增补、修订。流传至今有数十个版本，少的有五千多字，多的有一亿两千万字。在龙泉寺中有一个"藏经办公室"，旨在探索利用人工智能技术，研发基于深度学习文字识别引擎。

光学字符识别（Optical Character Recognition，OCR）是指对文本资料的图像文件进行分析识别处理，获取文字及版面信息的过程。通常，图像信息通过扫描仪、照相机、电子传真软件等设备获取并存储在图像文件中，然后 OCR 软件读取、分析图像文件并通过字符识别提取出其中的字符串。典型的技术路线分为图像预处理、文字检测、文字识别三个阶段。目前，基于深度学习的 OCR 技术取得了较高的准确率，极大地提升了人对文字识别和处理的效率。目前，龙泉寺人工智能与信息技术中心团队开发的 OCR 方法能够进行古籍的单字识别、单列识别和半自动的多列识别，能够有效地完成各类古籍的电子化工作。

在传播方面，新媒体和 AI 结合辅助传统文化传播的效能不断增强，以腾讯视频、抖音等为代表的视频网站的 AI 智能推荐算法直接或间接地推动了以兴趣为主导的传统文化传播途径的建立过程。通过提取内容特征、用户特征、环境特征等行为构建的推荐模型与智能算法，可以通过用户的点击、收藏、阅读时间等数据分析用户的喜好，如用户对涵盖传统文化的视频、文章等内容感兴趣，下次点击软件将会推送传统文化相关内容。

智能推荐算法由来已久，在基于内容推荐的传统思路上，逐渐形成了从三个特征维度的用户内容推荐，包含主题词、标签、热度、转载、失效、相似度的内容特征，包含性别、职业、年龄、兴趣、短期点击行为等用户特征，包含时间、地域、天气、网络环境等环境特征。人工智能推荐系统根据用户的信息进行用户建模，同时给内容频道进行建模，如传统文化频道。根据不同的算法，推荐系统对用户兴趣与频道信息进行筛选匹配，找到用户感兴趣的频道后推送给用户。在不断迭代的过程中，系统会根据用户行为记录等对用户进行划分，对同一群体的用户推荐其余用户喜欢的内容。

为了实现更智能的搜索与推荐，谷歌在 2012 年提出知识图谱（KnowledgeGraph）的概念，此后开始在学术界和业界普及。目前，随着智能信息服务应用的不断发展，知识图谱已被广泛应用于智能搜索、智能问答、个性化推荐、情报分析、反欺诈等领域。

知识图谱是结构化的语义知识库，可以快速描述物理世界的相互关系。知识图谱可以将结构化数据、半结构化数据和非结构化数据串联起来，以事实作为单位存储知识。整个构建过程包含信息抽取、知识融合、知识加工三个阶段。通过循环往复、迭代更新形成知识图谱，不仅将互联网中的碎片化信息以人类思维方式和文化习惯组织起来，也为知识和文化内容提供了一种科学的管理和利用方式。由苹果公司智能手机个人助理 Siri、和小米旗下的人工智能语音交互引擎"小爱同学"都是知识图谱在智能设备上应用的范本。

在传统文化领域，浙江大学运用人工智能技术打造了文学编年史知识图谱和基于编年史知识库的问答系统，杜甫颠沛流离的一生都踏足过哪些地方？白居易交过哪些朋友？人物关系如何？都能从中得到答案。通过人工智能技术打通融合智慧图书馆服务，帮助传播传统文化，收录从古代到现代数千名文学家的各类资料，方便学生的学习生活同时也极大提升了对在机器上"活起来"的传统文化的学习兴趣。

在中华民族伟大复兴的新的历史起点上，在文化强国战略深化实践的道路上，在民族自信心与自豪感日益加深的民众基础上，专注内容的互联网平台中传统文化的相关内容不断增多，兴趣群体日渐壮大，以汉服、传统书画、古典舞为代表的博主在视频网站上逐步建立起了观众群体。这其中离不开人工智能推荐算法和知识图谱对用户黏性的贡献，个性化、精准化的推荐算法方便了传统文化内容的兴趣群体进行知识的深化学习与拓展，从传播对象对于知识输入的深度与广度两个方向进行拓展，有助于形成传统文化传播群体，进一步形成机器传播与人的传播的互补互促的良性循环机制。

在弘扬方面，AlphaGo，"九歌"等 AI 人机互动程序的出现为传统文化的现代创新与创作提供了"互联网+"时代的新思路。

棋者，弈也。下棋者，艺也。博弈是东方文化生活的重要组成部分，它不但不同于一般的消遣游戏，还影响和陶冶着人们的道德观念、行为准则、审美趣味和思维方式。

"AlphaGo"是第一个击败人类职业围棋选手、第一个战胜围棋世界冠军的人工智能程序。它的主要工作原理是深度学习。通过训练两个人工神经网络——策略网络（policynetwork）与价值网络（valuenetwork），将当前棋盘的落子信息作为输入，以 -1（对手的绝对胜利）到 1（AlphaGo 的绝对胜利）的标准，预测所有可行落子位置的结果，并将这两种网络整合进基于概率的蒙特卡罗树搜索（MCTS）中，并且在机器学习过程中产生了大量自我对弈棋局，为下一代版本提供了训练数据。2017 年 5 月，在中国乌镇围棋峰会上，继打败李世乭后，它与排名世界第一的世界围棋冠军柯洁对战，以 3 比 0 的总比分获胜。围棋界公认阿尔法围棋的棋力已经超过人类职业围棋顶尖水平。AlphaGo 在世界范围内掀起了新一轮的围棋热潮，反向吸引了更多年轻人参与到传统棋艺的学习中来。

除了人工智能围棋"AlaphGo"这一轰动世界的人工智能对弈引擎外，上海交通大学—燧原科技云端 AI 加速系统联合研发中心开发的中国象棋 AI 引擎"小原"也在 2021 年问世，象棋特级大师孙勇征在与"小原"的实战中最终投子认输，人类与人工智能的对弈结果似乎已经渐渐开始失去争议。

在人工智能对弈软件的蓬勃发展条件下，对人类棋手的对弈习惯和思维方式也产生了一系列影响。现代引擎棋力水平远超人类，借助引擎分析对局也逐渐成为了新时代棋手的"独门秘籍"，年轻棋手在训练中逐渐习惯以软件辅助人工的方式来进行学习，将赢棋的棋谱输入人工智能引擎中以得到破局的方法。象棋国手柳大华认为，"人工智能软件对于普通象棋爱好者的提高，特别是对于交通不便地区的棋友，起到了巨大的帮助作用，对于专业棋手的提高也起到了很好的作用。"

在棋文化的传承上，人工智能可以说已经达到了"机器超人"的水平，它的普及使得人类棋手的普遍水平也开始提高。苏轼在《祭欧阳文忠公文》中道："斯文有传，学者有师"。在给出"标准答案"方面，人工智能似乎作为人类的"老师"已经驾轻就熟，近年来逐步火热的人工智能教育辅导软件已经逐步实现中小学理科题目解答、中文作文批改等一系列文化教育活动。但是，"师者，所以传道授业解惑也"。"传道"与"解惑"的过程蕴含着人类无限的思考。利用引擎作为学习手段时，这种只有答案没有过程的帮助对于思考历程只字未提，也使得棋类游戏这一以"人的思维碰撞"为中心的人类文化活动方式走向以"背书"的

"套路"来谋求胜利的活动，长此以往，带来的将是棋类游戏的观赏性和乐趣下降，从而渐渐失却棋类文化本身的意义。

在国际象棋领域，国外学者开始尝试为机器加入人类的思考。在引擎广泛使用之前，棋手共同复盘、各抒己见，讨论出更精确的走法是人类学习的通用思路。近来，佐治亚理工学院的 Devleena Das 和 Sonia Chernova 研究了高效帮助提升棋手棋力的引擎。该团队在引擎的训练过程中引入人类对国际象棋的理解，在对弈过程中提供落子线索提示，让引擎学会通过现有的术语"表达思想"，从而起到引导的作用，更好地服务于人类的思想和学习过程，也为以棋类为代表的高互动属性的传统文化赋予了信息时代的新价值。

"机心造化本无私，智略功夫巧笑时。过客不须频眺望，人间天上有新诗。"这首《机智过人》是中央电视台《机智过人》栏目组上海新闻发布会时，机器人"九歌"自动生成的七言藏头诗。它在这场发布会上与当代优秀青年诗人同台竞技比拼诗词创作，成功通过现场观众图灵测试。"九歌"是清华大学孙茂松教授团队开发的人工智能诗歌创作系统。2019 年 7 月 30 日，在欧洲文艺复兴运动的发祥地——佛罗伦萨举行的第 57 届国际计算语言学年会（ACL 2019）会场上，"九歌"V2.0 版正式发布，可支持关键词、语句段落、图片等多模态的输入、多体裁多风格生成以及诗歌的人机交互创作。孙茂松教授表示，计算机作诗相关研究成果，将有利于互联网时代中华传统文化的传承与发扬光大，被进一步设计成能随时随地辅导广大人群习作古诗的虚拟助教。

从技术上来讲，AI 作诗是自然语言处理领域中的一个具体应用。自然语言处理属于人工智能的一个分支，是计算机科学与语言学的交叉学科，又常被称为计算语言学。它将语言学、计算机科学、数学融为一体，主要应用于机器翻译、舆情监测、文本分类、问题回答、文本语义对比、语音识别、中文 OCR 等方面。由于其分析任务是人类语言所带来的特殊性，自然语言处理与文化的传承和繁衍有着密不可分的关系。在文化领域的应用包含机器翻译、手写体和印刷体字符识别、语音识别及文语转换、信息检索、信息抽取与过滤、文本分类与聚类、舆情分析和观点挖掘等方面，它涉及与语言处理相关的数据挖掘、机器学习、知识获取、知识工程、人工智能研究和与语言计算相关的语言学研究，语法分析、语义分析、篇章理解等都属于其题中之义。

计算机自然语言处理技术兴起于美国。二战后美国为获取苏联科技的前沿发展技术，开始发展计算机的自动翻译功能，以期利用计算机将大量俄语材料翻译成英语直接供相关人员研究。研究者从破译军事密码中得到启示，初步认为可以通过译码技术，由破译不同语言对同一语义的"编码"的思路来实现机器翻译。然而，人类语言文化丰富多样，人类典籍浩如烟海。各种人类语言在语言逻辑、行文方式、情感表达等方面截然不同，语言所描述的内容的复杂度高，由此带来的理解语言需要的知识的复杂度就更高，在单词界定、短语级别歧义、上下文知识的获题、背景知识等问题上都存在较大的难点，对于人工智能"理解"人类语言也提出了更高的要求。

在以互联网为主要标志的海量信息时代来临之前，自然语言处理技术的发展曾一度处于近乎停滞的发展状态，进入互联网时代以来，自然语言处理技术逐步发展出了两种思路——一种是基于规则描述的理性主义；另一种是基于统计模型的经验主义。随着深度学习技术的发展，综合规则描述和统计模型的，以数据驱动的深度学习技术解决自然语言处理的方案逐渐成为主流。深度学习的分布式语义表示和多层网络架构具有强大的拟合和学习能力，显著提升了自然语言处理各种任务的性能，从而催生了一系列自然语言处理的新应用场景。

百度、谷歌等互联网巨头提供的日益精确的搜索引擎、由"句不成篇"逐渐发展到"信""达"的机器翻译，基于自然语言处理的中文输入法（如搜狗、微软、谷歌等输入法）成为计算机用户的必备工具，无一协助用户更有效地工作学习。

在传统文化的传播、继承和发扬的每个环节中，不断涌现着新的人工智能应用场景，机器学习助力人的进步，人类的智慧推动机器学习算法的不断迭代更新，从而更好地服务于人类文化的发展。

传统文化是对民族优秀文化的积累和沉淀，是"千磨万击还坚劲"，亦是"吹尽黄沙始到金"。当前的技术条件下，人工智能还远远不能具备人的甄别能力和提炼能力，在海量的数据的支撑下，机器学习给予人们的更多是效率的提升和选择的多元化，而不是代替人思考和做出选择。"人工智能"终究不能代替"人工"，人工智能对文化的传承作用依然建立在以人为主体的文化活动基础上。

机器学习处理的大多数任务都是数据驱动，在少部分领域算法驱动也给出了不错的效果，但不论是数据还是算法，他们都是高度抽象的事实或者方法本身。机器可以有学习能力，但没有人类丰富的情感支撑，机器学习和深度学习等技术亦存在着不可解释性。这类算法主要处理的是不确定的世界中相关问题，机器学习给我们的答案实际上是一个不确定的概率性的拥有统计意义的答案，在没有标准答案的命题下，我们到底能够多大程度的相信这些答案？如知识图谱的研究过程中，现有深度学习技术尚未考虑人类积累的丰富知识，如包括语言知识、世界知识、常识知识、认知知识、行业知识等，从单一的切入点入手，所得不过沧海一粟。人工智能文化领域应用的背后是大量前人总结的宝贵财富，在此基础上进行的一系列人文资源整合与创新活动仍是以人的意志为先的，在不断的更新迭代中，把握已有的传统文化，温故而知新，用已知来开辟未知，让传统和现代建立联系，亦是"互联网+"时代传统文化迸发新生机的闪光点。

随着人工智能技术的不断完善，未来还将有更先进的技术进入传统文化传播领域，把握好传统文化与前沿技术的融合点与前进方向，更好地继承与发扬传统文化，将一直是学者今后不断奋斗的命题。

参考文献

[1] Warren McCulloch and Wallter Pitts.A logical calculus of the ideas immanentin nervous activity[J].The bulletin of mathematical biophysics，1943，5（4）：115-113.

[2] 张润，王永滨.机器学习及其算法和发展研究 [J].中国传媒大学学报（自然科学版），2016，23（2）：10-18+24.

[3] 向斯.中国佛经总集《大藏经》[J].紫禁城，2001（4）：13-16.

[4] Ye Q，Doermann D . Text Detection and Recognition in Imagery：A Survey[J]. IEEE Transactions on Pattern Analysis and Machine Intelligence，2015，37（7）：1480-1500.

[5] A. Singhal，Introducing the knowledge graph：Things，not strings，May 2012. [Online].http：//googleblog.blogspot.com/2012/05/introducingknowledge-graph-things-not.html.

[6] 吴江琴，黄诗磊，庄越挺 . 一种基于知识图谱的文学编年史问答系统的构建方法：CN109766417A[P]. 2019.

[7] Das D，Chernova S. Leveraging rationales to improve human task performance[C]//Proceedings of the 25th International Conference on Intelligent User Interfaces. 2020：510-518.

[8] 郑树泉主编 . 工业智能技术与应用 [M]. 上海：上海科学技术出版社，2019：111.

文化大数据管理促进中华文化产品在互联网的传播

骆昱宇

一、引言

中华文化博大精深，中华文化资源是体现中国文化实力的核心要素，也是中国文化及文化产业发展的基础。当下，互联网和新媒体技术快速发展，为中华文化的传播提供了新鲜的土壤。文化被从原始的符号和概念，经过现代化信息技术的加工，以数字文化产品的形式在互联网中传播和消费，形成了文化大数据。文化大数据泛指人类文化和社会的数字数据：从古代文献、文物和文化符号到如今的社交媒体、数字艺术和虚拟世界等文化产品。文化大数据通常具有以下几个特点：规模性（Volume）、多样性（Variety）、高速性（Velocity）和价值性（Value）。规模性通常是指随着现代信息技术和传播渠道的拓展，文化产品的数据量呈爆炸性增长。多样性通常指文化大数据的来源广、数据类型多和数据关联性强三个方面。数据来源广体现在这些文化大数据既可以是原始的文化符号，也可以是初步加工的数字文化产品，或者数字文化产品的再加工。同时，多样性也体现在跨语言和跨文化上。数据类型多主要体现在文化大数据既可以是结构化的（如表格和符号）、半结构化和非结构化（如文本、图像和视频）。数据关联性强主要体现在不同载体之间的文化数据具有强关联、同义性和整体局部的关系。高速性通常指文化大数据被每时每刻生产和消费。价值性泛指文化大数据之间的价值密度不一，与受众和场景高度相关。

文化大数据的四个特性表明，如果不对其加以进行有效的管理，那么文化大数据在互联网的传播必带来生产成本高、消费周期长、内容冗余和复用管理难等痛点。另外，在大数据管理领域，数据管理旨在通过现代信息技术，高效且安全地实现数据的收集、存储、处理和分析使用。本文将讨论如何利用大数据管理技术来对中华文化的互联网传播全周期进行有效的建模，讨论中华文化资源在互联网传播的数据全生命周期的管理问题。

二、文化大数据管理现状分析

（一）文化大数据流动链条分析

如下图所示，使用互联网和新媒体技术进行文化传播需要经过从供给端获取相应的文化素材进行加工创作，并在消费端进行传播消费等步骤。本文称上述过程为文化大数据的流动链条。首先，在文化加工生产步骤，通常由创作者将原始文化符号加工成文字、图片和视频等传播载体的数字文化产品。在这个过程，创作者首先需要面对结构不一、形式多样和来源复杂的文化素材。其次，创作者在加工创作的阶段，常常需要先进行文化资源检索和语义关联后再进行创作。在数字文化产品的消费阶段，通常需要依赖平台对数字文化产品进行分发，如定向将数字文化产品推送给潜在的互联网受众。

文化大数据流动链条 供给—生产—消费

根据上述文化大数据流动链条分析，不难发现该流程的供给端存在文化资源以文化实体的形式出现，需要创作者具备较深厚的专业知识储备，另外，对于部分数字化后的文化资源（素材），缺乏统一的表示和管理。

在利用文化大数据进行文化产品创作的"生产端"，同样也会产生大量的文化大数据。这些文化大数据通常以图片、文本、视频、表格等表现形式，这类异构的资源想要在互联网高效传播的前提是需要被"管理"起来，即这类资源应该使用一定的数据模型进行管理，以便于被高效地查询、更改、增加和删除。不难发现，这些经过加工创作的文化产品在某种意义上，也可以被视为文化"元数据"。这类数据同样也需要通过数据库进行统一的集成、存储和管理，与原始文化符号进行关联。在这种视角下，可以为后续的文化产品生产和创作提供有效文化数据的查找和语义关联的概念发现。

完成数字文化产品创作之后,在互联网语境下,通常需要通过互联网平台分发给特定的受众,这些受众在互联网平台上浏览以文本、图片或者视频为载体的文化产品。站在平台的视角,同样需要对这些多源异构但又存在内在语义关联的数据进行统一的管理,可以为后续的平台监管、内容生态和内容分发提供数据支撑。

(二)文化大数据宏观分析

五千年历史文化的沉淀,使得中华文化符号灿若繁星,是人类文明史上浓墨重彩的一笔。然而,灿若繁星的中华文化符号众多,有地域性、时间性和特等的语境,这些文化符号在信息化时代容易产生"文化信息孤岛"。这不只是体现在文化源头或者称之为文化素材"供给端",这还体现在文化大数据的"生产端"。这具体表现为,经过生产端创作的不同文化产品分散在不同的平台,且形式多样结构不一,没有统一的格式标准,这容易造成一系列新的"文化信息孤岛"。各大互联网平台将这些在自己平台流通的数字文化产品视作资产,平台之间难以实现数字文化产品的流通和交换,也这大大地限制了数字文化产品的最大价值。

另外,即使平台间的"文化信息孤岛"问题得以解决,海量的文化符号之间的体系、脉络和关联如果仅仅依靠专家进行人工归纳、总结、构建和数字化,其代价也是十分巨大的。因此,以大数据管理为代表的现代信息技术在构建中华文化资源族谱方面也将发挥巨大的作用。

三、文化大数据管理与文化产品的互联网传播

本章将根据文化大数据流动链条,讨论如何利用大数据管理技术来对中华文化的互联网传播全周期进行有效的建模,并在此基础上,讨论中华文化资源在互联网传播的数据全生命周期的管理问题。

(一)文化大数据供给端管理

文化大数据供给端的核心作用是从文化遗产中萃取出可以进一步开发使用的文化资源,在数字化之后,经过一定的数据组织管理,为下游的文化产品生产端

提供数字文化资源。通过 2.1 节的分析，上述数据文化资源对象的现状暴露出我们需要在文化资源数字化的前提下，对其进行标注、存储和关联。这个步骤具体可以通过数据库和知识库技术完成。例如，以文化资源数字化成果为对象，可通过大数据管理技术，在供给端进行文化数据的集成、标注和关联，萃取中华文化元素和符号，使用数据库进行管理，以实现高效的文化符号的入库、删除、更新和查询。此外，不同中华文化资源之间存在关联和同义性等特点，即谈起"孔子"，人们很容易将其关联到"论语"和"儒家"等文化符号。因此，还可以利用数据挖掘、自然语言处理和知识库等技术，通过对库内文化符号进行充分挖掘和分析，可以进一步构建语义知识图谱。那么，在使用互联网传播中华文化资源的时候，可以快速地进行相关文化资源实体之间的关联查找和推荐，可以辅助创作者进行高效地生成中华文化资源的生产。另外，该类的研究也可以为互联网上的普罗大众提供文化资源的相似检索。

（二）文化大数据生产端管理

文化大数据（产品）生产端是指数字文化产品的生产创作环节，主要是基于文化大数据供给端，将不同的文化资源符号通过信息化技术，以一定的形式进行表达创作，生产出用于在互联网上进行传播的数字文化内容产品。

文化大数据的"生产端"利用文化大数据"供给端"提供的文化数据资源，进行文化产品的创作。通常生产端需要对供给端提供的数据进行检索，以获取进一步加工的文化符号。这个过程可能会获取一大批异构同义的数字文化符号，创作者可能需要对其进行数字文化概念的清洗和对齐操作，也可能会进一步地进行相关的数据标注和关联标识操作。此后，创作者可能会对数据文化进行结构和重构，以生产出特定的数字文化产品。总结来说，在文化大数据生产端，大数据管理技术主要是做异构同义文化实体的发现、对齐和清洗；并对生产端产生的文化"元数据"与供给端的文化数据进行关联和构建数据族谱。上述过程是为了让创作者可以高效地查询和更新相应的文化数据，提高文化创作的效率和文化数据的复用程度。

（三）文化大数据消费端管理

在文化大数据（产品）的消费端，在互联网连接的消费端场景中，通常是以在线的形式，即消费者通过手机、电脑、电视和机构大屏进行文化产品的消费。在这个场景中，消费者通常需要进行搜索发现自己感兴趣的文化产品。上文提到，数字文化产品可以图片、语音、视频和文本等载体出现，因此，如何从异构数据中进行语义关联，也是提高消费者发现感兴趣的文化产品的有效手段之一。另外，互联网内容平台也需要对这些异构的数字文化产品进行有效的管理，进而为后续的潜在用户发现、内容推荐和内容监管等内容消费提供有效的数据支撑。总结而言，消费端的文化大数据管理可以做到以下几点：（1）首先通过数据管理技术，将需要互联网平台分发的数字文化内容产品进行表达和建模，为后续的内容分发和内容管理提供基础；（2）通过大数据技术挖掘数字文化内容产品和平台消费者之间的兴趣关联，为平台消费者提供个性化、差异化的数字文化内容服务，促进互联网文化市场繁荣；（3）收集平台消费者反馈，通过大数据技术，优化和改变数字文化产品供需双方的平衡，为互联网文化市场提供全局视野和精准的数据支撑。

（四）文化大数据体系建设

文化大数据体系建设的意义重大，主要体现在以下五个方面：（1）文化大数据体系建设可以把灿若繁星的中华文化符号进行数据化和标签化管理，利用以大数据管理技术为代表的现代信息技术，为文化创作提供海量优质的文化素材，提高文化创作的效率。（2）文化大数据体系建设可以为数字文化产品的生产和消费提供全局视野和精准部署，促进文化事业的繁荣发展。（3）文化大数据体系建设可以有机融合现代信息技术、优秀传统文化和数字经济，助力文化产业的跨界和可持续发展，有利于进一步拓展文化产业的市场。（4）文化大数据体系建设有利于具有时空跨度的文化资源在统一的平台下进行协调调配和共享，支持不同地域的文化繁荣工作。（5）文化大数据体系建设通过管理数字文化供给—生产—消费全生命周期，可以为文化产业的健康持续发展提供监管必要的数据支撑。

文化大数据体系的建设既需要在技术方面下功夫，更需要国家在政策方面的支持和协调。2020年5月，中央文改办下发《关于做好国家文化大数据体系建设工作的通知》（以下简称《通知》），《通知》中明确指出要推进文化和科技的深度融合，并依托现有的工作基础，采用分类采集和梳理文化遗产数据的方式，对全国公共文化机构、高等院校、科研院所和文化生产机构的各类藏品数据进行标注，萃取和凝练中华民族文化基因。对于非物质文化遗产，需要将其蕴含的优秀传统文化的精神内涵标识并提炼出来。《通知》还指出将建设物理分散、逻辑集中、政企互通、事企互联、数据共享、安全可信的文化大数据服务及应用体系。该体系可向全社会开放，将中华文化符号融入数字文化产品内容生产创作中，为城乡规划建设、生态文明建设、制造业、网络强国和数据中国等建设提供文化内涵支撑。在进行文化大数据体系顶层设计之时，还需要加强共性关键技术的研发和使用。例如，大数据管理技术、机器学习、自然语言处理和知识图谱等技术，在文化大数据的多源异构数据管理、语义关联挖掘、知识发现和检索等场景中具有举足轻重的作用。

小 结

中华传统文化博大精深，做好灿若繁星的中华文化资源在互联网下的有效传播，是提高我国文化软实力和繁荣文化产业的有效手段之一。步入互联网时代，也迎来了中华传统文化的信息化和网络化时代，也为中华文化的传统传播方式和网络传播方式的有机融合提供了契机。本文讨论了在互联网视角下，如何利用以大数据管理技术为代表的现代信息技术来对中华文化的互联网传播全周期进行有效的建模，讨论中华文化资源在互联网传播的数据全生命周期的管理问题，讨论文化大数据体系建设的必要性、急迫性和潜在收益。

参考文献

[1] 高书生. 体系再造：新时代文化建设的新命题 [J]. 经济与管理，2020（1）.

[2] 郭全中. 国家文化大数据体系建设的相关要点分析 [N]. 中国新闻出版广电报，2020-06-08.